Python

量化炒股

入门与实战技巧

王　征　李晓波◎著

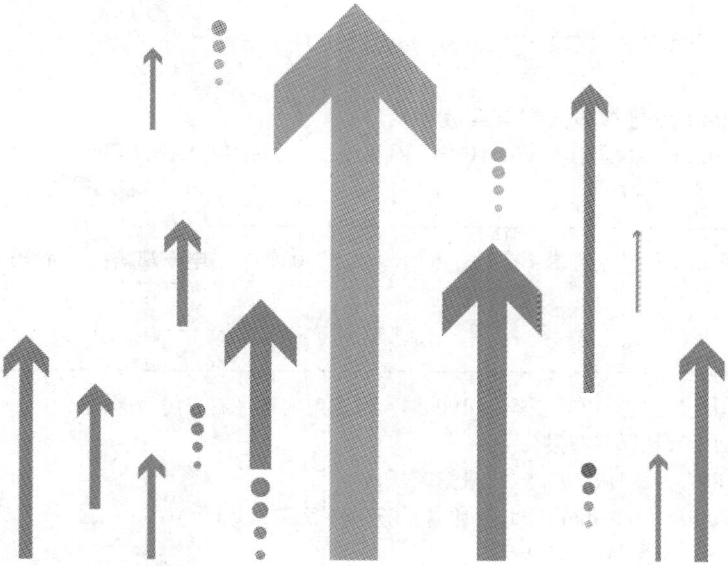

中国铁道出版社有限公司
CHINA RAILWAY PUBLISHING HOUSE CO., LTD.

内 容 简 介

本书首先讲解了Python量化炒股快速入门，即量化炒股的定义、特点、优势、不足和主要内容，Python语言的开发环境，以及量化炒股的注意事项。其次讲解量化炒股开发语言Python，即讲解Python语言的基本语法、选择结构、循环结构、常用数据结构、函数及应用和面向对象程序设计。接着讲解量化炒股中的3个常用包，即Numpy、Pandas和Matplotlib包。然后讲解如何利用Python编写量化炒股策略、量化炒股的获取数据函数、财务因子量化选股、数据信息获取、量化择时的技术指标函数、量化炒股的统计数据图、量化炒股策略的回测、量化炒股策略的因子分析。最后讲解Python量化炒股策略实战案例。

在讲解过程中既考虑读者的学习习惯，又通过具体实例剖析Python量化炒股实际交易过程中的热点问题、关键问题及种种难题。

本书适用于各种不同的投资者，如股民、中小散户、职业操盘手和专业金融评论人士，更适用于那些有志于在这个充满风险、充满寂寞的征程上默默前行的征战者和屡败屡战、愈挫愈奋并最终战胜失败、战胜自我的勇者。

图书在版编目（CIP）数据

Python量化炒股入门与实战技巧/王征，李晓波著. —北京：中国铁道出版社有限公司，2020.6（2025.2重印）

ISBN 978-7-113-26619-6

Ⅰ. ①P… Ⅱ. ①王… ②李… Ⅲ. ①股票交易-应用软件 Ⅳ. ①F830.91-39

中国版本图书馆CIP数据核字（2020）第021360号

书　　名： Python量化炒股入门与实战技巧
Python LIANGHUA CHAOGU RUMEN YU SHIZHAN JIQIAO
作　　者： 王　征　李晓波

责任编辑： 张亚慧　　**编辑部电话：**（010）51873035　　**电子邮箱：** lampard@vip.163.com
封面设计： 宿　萌
责任印制： 赵星辰

出版发行： 中国铁道出版社有限公司（100054，北京市西城区右安门西街8号）
印　　刷： 三河市兴达印务有限公司
版　　次： 2020年6月第1版　2025年2月第9次印刷
开　　本： 710 mm×1 000 mm　1/16　**印张：** 27.75　**字数：** 451千
书　　号： ISBN 978-7-113-26619-6
定　　价： 69.00元

前 言

在大多数股票投资者的想象中，量化炒股似乎应该是用十几个显示屏跑的数学模型，交易速度以微秒计算的、深不可测的投资方法。诚然，复杂模型和高频交易固然属于量化范畴，但从广义上来说，量化代表的是一种理性的思维方式。例如，当你着眼于真实数据，理性地运用逻辑分析和归纳统计得出一些市场的观点和规律，并据此制定和执行明确的交易策略时，你就是在做量化炒股。普通个人投资者完全可以运用量化的方法来指导自己的投资决策，甚至常常不经意间就已经用到基于经验、逻辑和数学的量化投资的思维来指导自己的交易。

以美国为主的成熟资本市场，量化炒股占比超过50%，量化对冲基金已经成为资管行业中的翘楚。中国的量化炒股起步较晚，量化炒股在证券市场中的占比还不足5%。随着科技的进步，中国的量化交易市场正在快速发展。

目前我国的量化交易主要应用在商品期货上。随着股指期货的上市，期货市场和证券市场实现了真正意义上的互动，投资者不仅可以在期货市场上进行投机交易，同时还可以在期货与股票之间进行套利交易。利用量化交易对股指期货进行操作将会是投资者（机构投资者）的一个重要的发展方向。

本书结构

本书共19章，具体章节安排如下。

- 第1章：讲解Python量化炒股快速入门，即量化炒股的定义、特点、优势、不足和主要内容，Python语言的开发环境，以及量化炒股的注意事项。
- 第2～7章：讲解量化炒股开发语言Python，即讲解Python语言的基本语法、选择结构、循环结构、常用数据结构、函数及应用和面向对象程序设计。
- 第8～10章：讲解量化炒股中的三个常用包，即Numpy、Pandas和Matplotlib包。
- 第11～18章：讲解如何利用Python编写量化炒股策略、量化炒股的获取数据函数、财务因子量化选股、数据信息获取、量化择时的技术指标函数、量化炒股的统计数据图、量化炒股策略的回测、量化炒股策略的因子分析。
- 第19章：讲解Python量化炒股策略实战案例。

本书特色

本书特色归纳如下。

（1）实用性：本书首先着眼于量化炒股实战应用，然后探讨深层次的技巧问题。

（2）详尽的例子：本书附有大量的例子，通过这些例子介绍知识点。每个例子都是作者精心选择的，投资者反复练习，举一反三，就可以真正掌握量化炒股技巧，从而学以致用。

（3）全面性：本书几乎包含量化炒股的所有知识，分别是量化炒股的基础知识、Python语言的开发环境、基本语法、选择结构、循环结构、常用数据结构、函数及应用、面向对象程序设计、Numpy包、Pandas包、Matplotlib包、量化炒股的获取数据函数、财务因子量化选股、数据信息获取、量化择时的技术指标函数、量化炒股的统计数据图、量化炒股策略的回测和因子分析以及Python量化炒股策略实战案例。

本书适合的读者

本书适用于各种不同的投资者，如股民、中小散户、职业操盘手和专业金融评论人士，更适用于那些有志于在这个充满风险、充满寂寞的征程上默默前行的征战者和屡败屡战、愈挫愈勇并最终战胜失败、战胜自我的勇者。

创作团队

本书由王征、李晓波编写，以下人员对本书的编写提出过宝贵意见并参与了部分编写工作，他们是陆佳、张振东、王真、周贤超、杨延勇、王荣芳、李岩、周科峰、陈勇、孟庆国、赵秀园、吕雷、孙更新、于超、栾洪东、尹吉泰、纪欣欣、王萍萍、高云、李永杰、盛艳秀。

由于时间仓促，加之水平有限，书中的疏漏和不足之处在所难免，敬请读者批评指正，另外，请牢记，股市有风险，投资须谨慎。

编　者

2020年1月

| 目 录 |

第 1 章

Python 量化炒股快速入门

量化炒股的主要特点是，买入和卖出股票不再由人的主观判断作出决定，而是由量化炒股模型决定。量化炒股是一套科学的方法，有严格的分析和计算，并由数据和模型作出决定。即便是简单的低市盈率投资方法，只要能够严格执行，也可以获得巨额利润。

本章主要内容包括：

- 量化炒股的定义和特点
- 量化炒股的优势和不足
- 量化选股和量化择时
- 算法交易和股指期货套利交易
- 为什么使用 Python 来开发量化炒股
- Python 的下载和安装
- Python 的环境变量配置
- 编写 Python 程序
- 量化炒股与普通炒股的比较
- 量化炒股的注意事项

1.1 初识量化炒股

量化炒股是未来炒股的趋势，在国外已经很普及，但在国内只被一部分投资者了解并加以运用。下面来讲解量化炒股的基础知识。

1.1.1 什么是量化炒股

量化炒股，是指运用先进的数学模型替代投资者的主观判断，利用计算机技术从海量的历史交易数据中选出能带来超额收益的多种“大概率”事件以制定策略，极大地减少了投资者情绪波动的影响，使投资者避免在市场极度狂热或悲观的情况下作出非理性的投资决策。

在实战应用中，量化炒股有两层意思，具体如下：

第一，从狭义上来说，量化炒股是将炒股的交易条件转变成程序，实现自动下单买入、自动卖出平仓功能。

第二，从广义上来说，量化炒股是一个整合的炒股交易系统，即根据一系列交易条件，智能化辅助决策体系，将丰富的从业经验与交易条件相结合，在交易过程中管理好风险控制。

1.1.2 量化炒股的特点

量化炒股的特点表现在 4 个方面，分别是严格的纪律性、完备的系统性、妥善运用套利的思想和靠概率取胜，如图 1.1 所示。

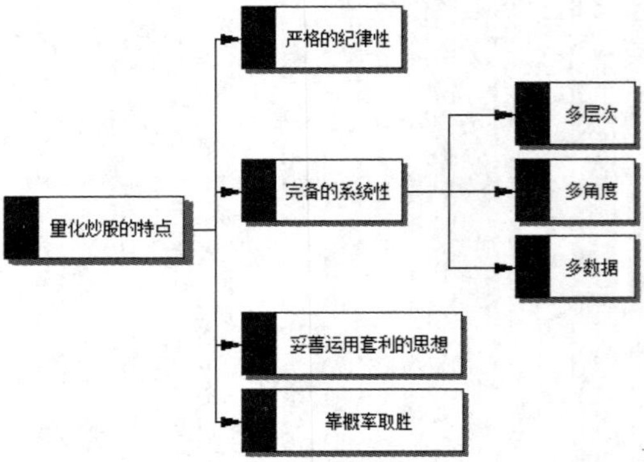

图 1.1　量化炒股的特点

1. 严格的纪律性

量化炒股有着严格的纪律性，这样就可以克服人性的弱点，如贪婪、恐惧、侥幸心理等，也可以克服认知偏差。一个优秀的炒股方法应该是一个“透明的盒子”，所以投资者的每一个决策都应该有理有据，特别是有数据支持。

例如，有人问你，某年某月某日，你为什么购买某只股票，你就可以打开量化炒股系统，系统会显示出当时被选择的这只股票与其他的股票相比在成长面、估值、资金、技术、买卖时机上的综合评价情况，而且该评价非常全面，比普通投资者拍脑袋或者简单看某一个指标买卖更具有说服力。

2. 完备的系统性

完备的系统性具体表现为“三多”。首先表现为多层次，包括在大类资产配置、行业选择、精选个股 3 个层次上都有模型。其次是多角度，量化炒股的核心投资思想包括宏观周期、市场结构、估值、成长、盈利质量、投资者盈利预测、市场情绪等多个角度。再者就是多数据，即海量数据的处理。

人脑处理信息的能力是有限的，如果一个资本市场只有几十只股票，那么其对定性投资基金经理是有优势的，他可以深刻分析这几十家公司，但在一个很大的资本市场，比如有成千上万只股票的时候，强大的定量化交易的信息处理能力能反映它的优势，能捕捉更多的投资机会，拓展更大的投资机会。

3. 妥善运用套利的思想

量化炒股正是在找估值洼地，通过全面、系统性的扫描捕捉错误定价、错误估值带来的机会。定性投资大部分时间在琢磨哪一个企业是伟大的企业，哪只股票是可以翻倍的股票。与定性投资不同，量化炒股大部分精力用于分析哪里是估值洼地，哪一个品种被低估了，买入低估的，卖出高估的。

4. 靠概率取胜

靠概率取胜表现在两个方面：一个是定量投资不断地从历史中挖掘有望在未来重复的历史规律并且加以利用；另一个是在股票的实际操作过程中，运用概率分析，提高买卖成功的概率和仓位控制。

1.1.3 量化炒股的优势

量化炒股的优势主要表现在 3 个方面，分别是交易成绩稳定、克服人性弱点从而实现理性投资和海量数据的处理能力强，如图 1.2 所示。

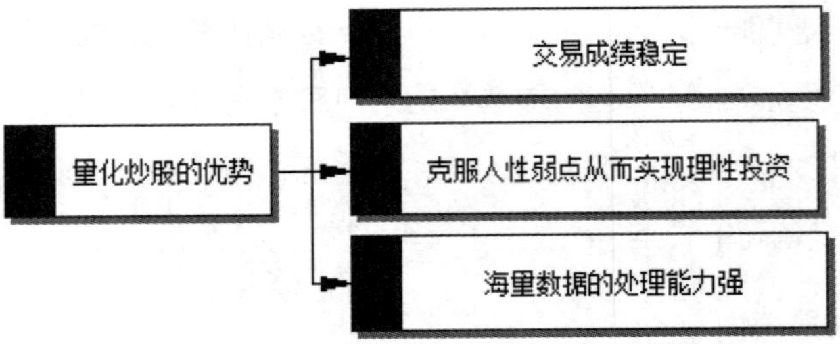

图 1.2　量化炒股的优势

1. 交易成绩稳定

量化炒股成绩是由很多次的大概率事件产生的利润累积起来的，达到它的交易要求才能够进行交易，这样可以极大地提高成功率。尽管量化炒股并不能保证投资者每一次都能够赚钱，然而它能够确定在一定长的时间内赚钱。也就是说，它靠概率取胜。这主要表现在两个方面：一个是量化炒股从历史数据中不断地挖掘有望在未来重复的历史规律并进行利用；另一个是依靠一组股票来获胜，而不是一只或者几只股票获胜。从投资组合理念来看就是捕捉大概率获胜的股票，而不是在单只股票上押宝。

2. 克服人性弱点从而实现理性投资

量化炒股可以克服人性的弱点，实现理性投资。在投资者容易失去理性的情况下，量化炒股可以帮助其保持理性，因而在市场反应过度、丧失理性的时候能够使投资者及时把握住时机。

3. 海量数据的处理能力强

个人投资者进入股票市场，就如同面对大海。在茫茫的大海中，要想持续地获取回报，就需要一个指引。而这个指引就是量化炒股的交易模型，它就像是在茫茫证券市场中航行时的 GPS。创建交易模型，需要处理大量交易数据，而量化炒股具有很强的海量数据处理能力，所以创建交易模型很容易。

1.1.4 量化炒股的不足

任何炒股方式都不可能尽善尽美，量化炒股也有不足之处，具体表现在如下两个方面：

第一，每笔股票交易的盈利都相对较小，所以能够提供流动性和波动性高的股票并不多。

第二，每笔股票交易都要付出一点佣金。量化炒股时间周期较短，即交易次数较多，这样付出的佣金就会多一些，从而造成盈利空间变小。

1.2 量化炒股的内容

量化炒股的内容主要包括 4 部分，分别是量化选股、量化择时、算法交易和股指期货套利交易，如图 1.3 所示。

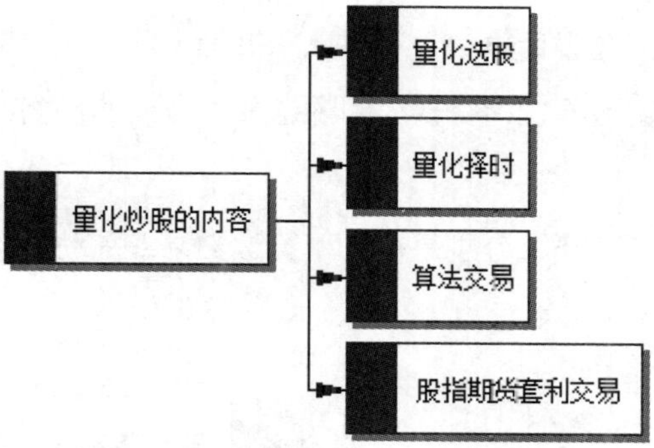

图 1.3 量化炒股的内容

1.2.1 量化选股

同样是投资股票市场，有的投资者可以赢利翻倍，而有的投资者则会出现亏损，这是为什么呢？虽然原因很多，但最重要的原因还是选股水平。

我国沪深股市发展至今，已有 3000 多只股票，经过二十多年的风风雨雨，投资者已日益成熟，从早期个股的普涨普跌发展到现在，已经彻底告别了齐涨齐跌时代。从近几年的行情来看，每次上涨行情中，涨升的个股所占比例不过二分之一左右，而走势超过大盘的个股更是稀少。很多投资者即使判断对了大势，却由于选股的偏差，仍然无法获取盈利，可见选股对投资者多么重要。

量化选股就是利用量化的方法判断某上市公司是否适合买进。根据某个量化方法，如果某上市公司满足该量化方法的条件，就把该股票放到自选股中。如果不满足该量化方法的条件，就不加入自选股或从自选股中删除。常用的量化选股方法有多因子选股、行业轮动选股、趋势跟踪选股、筹码选股等。

1.2.2　量化择时

量化择时是指采用量化的方式判断股票的买点和卖点。如果判断行情是上涨行情，即牛市，则可以买进后持有；如果判断行情是下跌行情，则要果断卖出清仓；如果判断行情是震荡行情，则可以进行高抛低吸，灵活操作。常用的量化择时方法有趋势量化择时、市场情绪量化择时、有效资金量化择时等。

1.2.3　算法交易

算法交易是指通过设计算法，利用计算机程序发出交易指令的方法。在交易中，程序可以决定的范围包括交易时间的选择、交易的价格，甚至包括最后需要成交的资产数量。

算法交易可以分 3 类，分别是被动型算法交易、主动型算法交易和综合型算法交易，如图 1.4 所示。

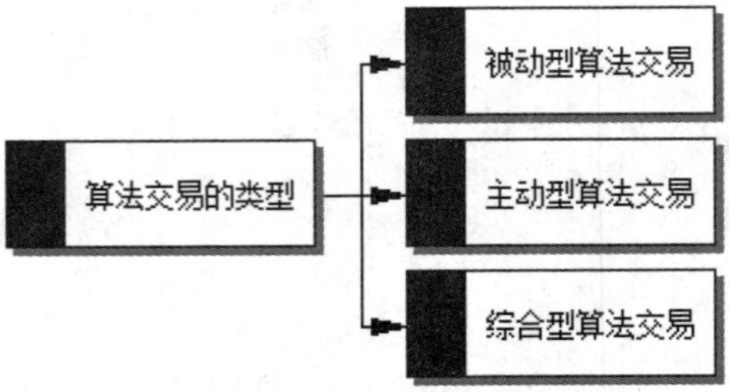

图 1.4　算法交易的类型

1. 被动型算法交易

被动型算法交易又称结构型算法交易，该交易算法除利用历史数据估计交易模型的关键参数外，不会根据市场的状况主动选择交易时机和交易的数量，而是按照一个既定的交易方针进行交易。该策略的核心是减少滑价（目标价与实际成交均价的差）。被动型算法交易最成熟，使用也最为广泛，如在国际市场上使用最多的成交加权平均价格（VWAP）、时间加权平均价格（TWAP）等都属于被动型算法交易。

2. 主动型算法交易

主动型算法交易，也称机会型算法交易，该交易算法根据市场的状况作出实时的决策，判断是否交易、交易的数量、交易的价格等。主动型交易算法除了努力减少滑价，还把关注的重点逐渐转向价格趋势预测上。

3. 综合型算法交易

综合型算法交易是前两者的结合。这类算法常见的方式是先把交易指令拆开，分布到若干个时间段内，每个时间段内具体如何交易由主动型交易算法进行判断。两者结合可达到单纯一种算法无法达到的效果。

算法交易的交易策略有 3 种，分别是降低交易费用、套利和做市，如图 1.5 所示。

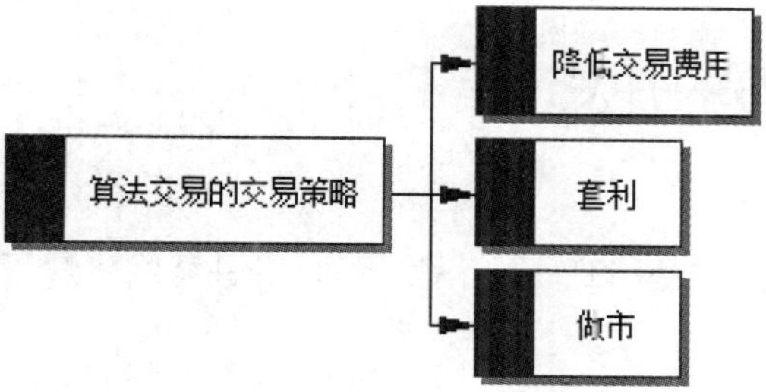

图 1.5　算法交易的交易策略

1. 降低交易费用

大单指令通常被拆分为若干个小单指令渐次进入市场。该策略的成功程度可以通过比较同一时期的平均购买价格与成交量加权平均价格来衡量。

2. 套利

典型的套利策略通常包含三四个金融资产，如根据外汇市场利率平价理论，国内债券的价格、以外币标价的债券价格、汇率现货及汇率远期合约价格之间将产生一定的关联，如果市场价格与该理论隐含的价格偏差较大，且超过其交易成本，则可以用四笔交易来确保无风险利润。股指期货的期限套利也可以用算法交易来完成。

3. 做市

做市包括在当前市场价格之上挂一个限价卖单或在当前价格之下挂一个限价买单，以便从买卖差价中获利。

此外，还有更复杂的策略，如“基准点”算法被交易员用来模拟指数收益，而“嗅探器”算法被用来发现最动荡或最不稳定的市场。任何类型的模式识别或者预测模型都能用来启动算法交易。

1.2.4 股指期货套利交易

股指期货套利交易，是指利用股指期货市场存在的不合理价格，同时参与股指期货与股票现货市场交易，或者同时进行不同期限、不同（但相近）类别股票指数合约交易，以赚取差价的行为。股指期货套利交易主要分为两种，分别是期现套利和跨期套利。

1.3 量化炒股的开发语言 Python

前面讲解了量化炒股的基础知识，下面来讲解量化炒股最常用的开发语言 Python。

1.3.1 为什么使用 Python 来开发量化炒股

量化炒股可以使用的语言很多，如 Java、R、Matlab、Python 等，但 Python 编程语言是最受欢迎的，具体原因如下。

第一，易于学习：Python 有相对较少的关键字，结构简单，有一个明确定义的语法，学习起来更加简单。

第二，易于阅读：Python 代码定义得更清晰。

第三，易于维护：Python 的成功在于它的源代码是非常容易维护的。

第四，可移植：基于其开放源代码的特性，Python 已经被移植（也就是使其工作）到很多平台。

第五，可扩展：如果你需要一段运行很快的关键代码，或者想要编写一些不愿开放的算法，那么你可以使用 C 或 C++ 完成那部分程序，然后从你的 Python 程序中调用。

第六，可嵌入：你可以将 Python 嵌入 C/C++ 程序，让你的程序用户获得“脚本化”的能力。

第七，内置量化炒股库：如 NumPy、Pandas、SciPy、Matplotlib、Scikit-learn 等。

1.3.2 Python 的下载和安装

Python 在 PC 三大主流平台（Windows、Linux 和 OS X）都可以使用。在这里只讲解 Python 在 Windows 操作系统下的开发环境配置。

在浏览器的地址栏中输入“https://www.python.org”，然后回车，进入 Python 官网的首页页面。鼠标指针指向导航栏中的“Downloads”，弹出下一级子菜单，如图 1.6 所示。

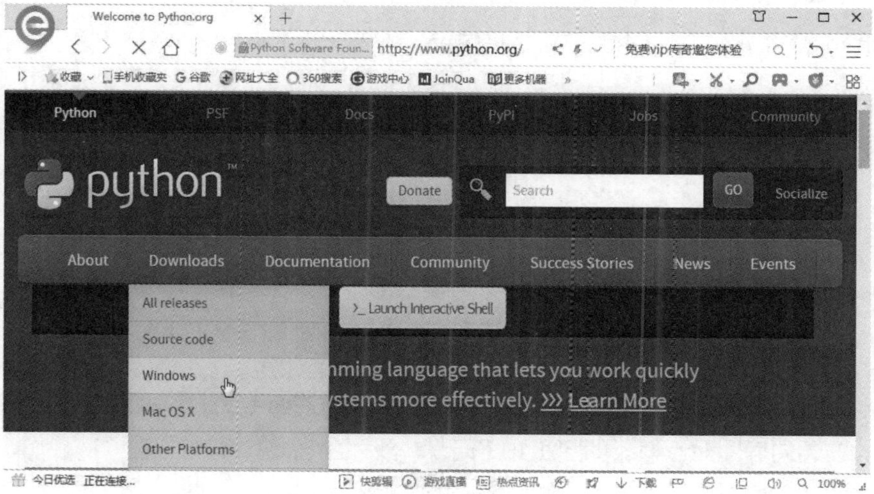

图 1.6　Downloads 的下一级子菜单

在 Downloads 的下一级子菜单中，单击“Windows”命令，进入 Python 下载页面，在这里可以看到 Python 的各个版本下载文件。当前 Python 的最新版本是 Python 3.7.4，如图 1.7 所示。

图 1.7　Python 下载页面

在这里需要注意：如果你的计算机是 64 位操作系统，那么既可以下载“Windows x86-64 executable installer”，也可以下载“Windows x86 executable installer”。如果你的计算机是 32 位操作系统，那么只能下载“Windows x86 executable installer”进行安装。

考虑到通用性，在这里下载“Windows x86 executable installer”，即单击该超链接，就会弹出“新建下载任务”对话框，如图 1.8 所示。

单击“下载”按钮，即可开始下载，下载完成后，就可以在桌面上看到 Python 3.7.4 安装文件图标，如图 1.9 所示。

图 1.8　“新建下载任务”对话框

图 1.9　桌面上的安装文件图标

Python 安装文件下载成功后，双击桌面上的安装文件图标，弹出“Python 3.7.4 安装向导”对话框，如图 1.10 所示。

提醒：在这里要选中“Add Python 3.7 to PATH”复选框，这样就可以把 Python 3.7.4 添加到 Path（路径）存储在环境变量中。

单击“Install Now”按钮，采用默认安装，把 Python 3.7.4 安装到 C 盘中。单击“Customize installation”按钮，即自定义安装，这样就可以选择 Python

3.7.4 安装位置。

在这里单击“Customize installation”按钮，即采用自定义安装，就可以设置 Python 的可选特性，如图 1.11 所示。

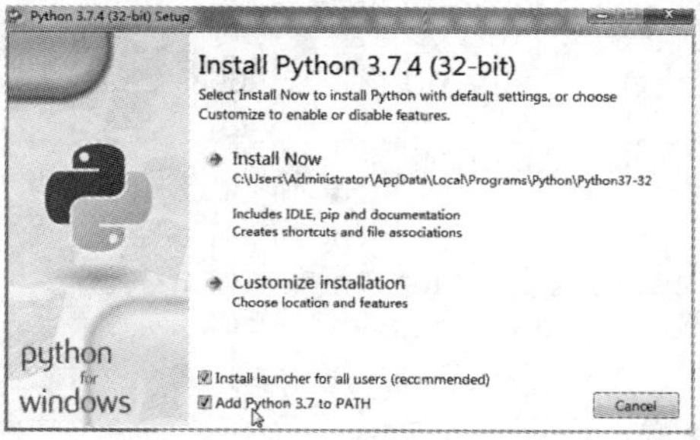

图 1.10 “Python 3.7.4 安装向导”对话框

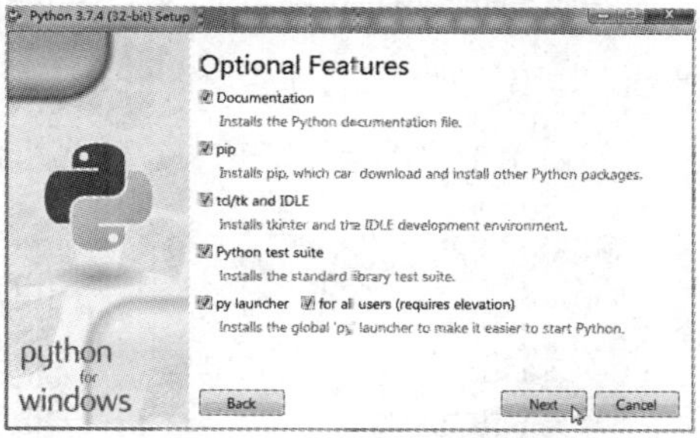

图 1.11 设置 Python 的可选特性

在这里选择所有特性，然后单击“Next”按钮，进入 Python 的高级选项页面，如图 1.12 所示。

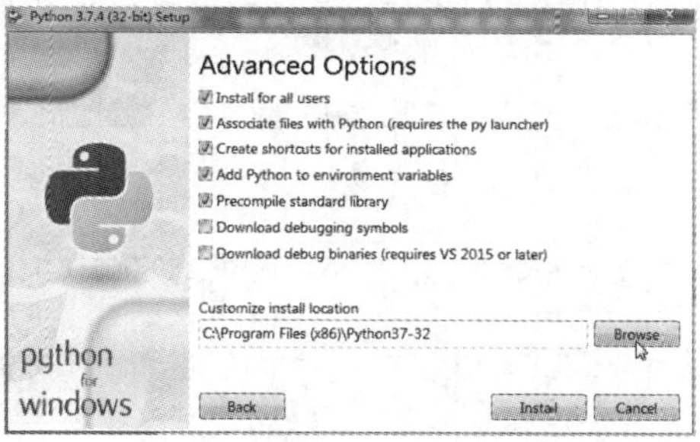

图 1.12 Python 的高级选项页面

高级选项有 7 项，各项意义如下：

第一，Install for all users，即安装所有用户。

第二，Associate files with Python (requires the py launcher)，即将文件与 python 关联（需要 py 发射器）。

第三，Create shortcuts for installed applications，即在桌面上创建 Python 快捷方式。

第四，Add Python to environment variables，即把 Python 添加到 Path（路径）存储在环境变量中。

第五，Precompile standard library，即预编译标准库。

第六，Download debugging symbols，即下载调试符号。

第七，Download debug binaries（requires VS 2015 or later），即下载调试二进制文件（需要 VS 2015 或更高版本）。

在这里选中前 5 项即可。接下来设置 Python 的安装位置，单击“Browse”按钮，弹出“浏览文件夹”对话框，在这里选择“E:\python37”，如图 1.13 所示。

然后单击“确定”按钮，这时高级选项页面如图 1.14 所示。

图 1.13 “浏览文件夹”对话框

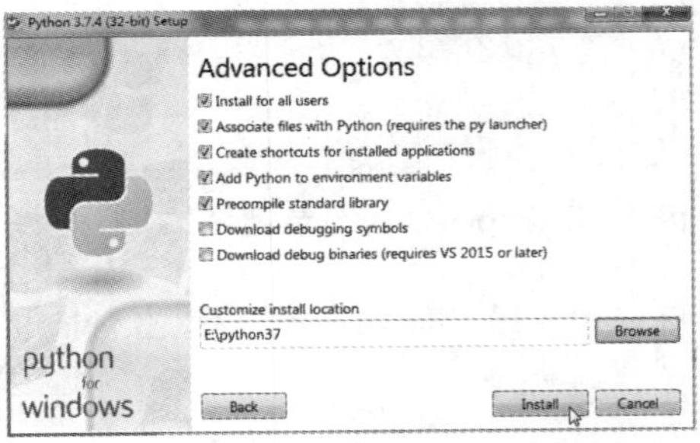

图 1.14 高级选项页面的最终设置

接下来，单击“Install”按钮，即可开始安装 Python，并显示安装进度，如图 1.15 所示。

安装完成后，就会显示“安装成功”对话框，如图 1.16 所示。

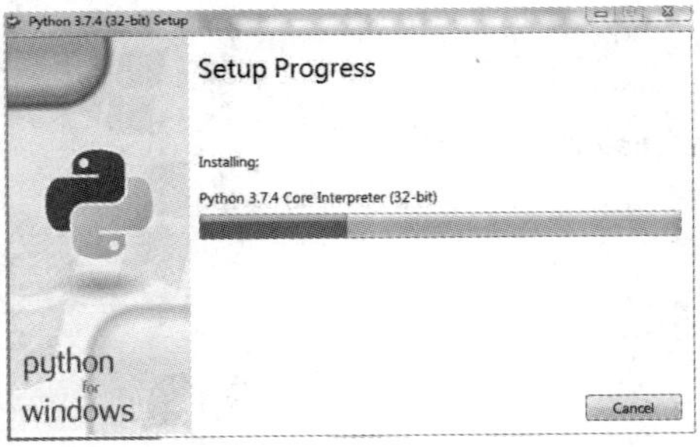

图 1.15 开始安装 Python 并显示安装进度

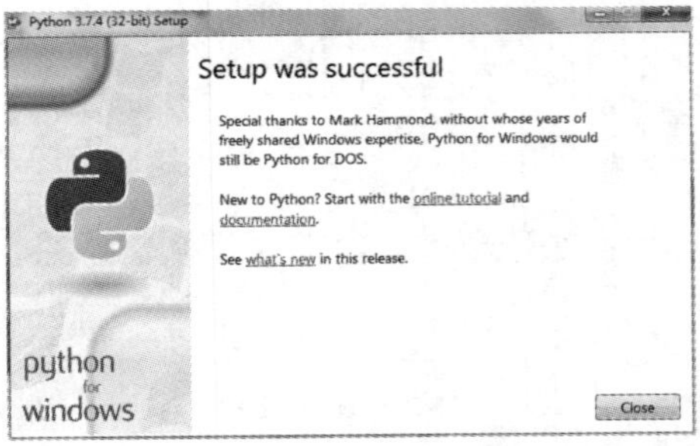

图 1.16 “安装成功”对话框

单击“Close”按钮，这样，整个安装程序完毕。

1.3.3 Python 的环境变量配置

程序和可执行文件可以在很多目录中，而这些路径很可能不在操作系统提供可执行文件的搜索路径中。Path（路径）存储在环境变量中，这是由操作系统维护的一个命名的字符串。这些变量包含可用的命令行解释器和其他程序的信息。

> 提醒：虽然在上述安装中已把 Python 3.7.4 添加到 Path（路径）存储在环境变量中，但很多读者在安装时，可能会没有选中“Add Python 3.7 to PATH”复选框，即没有把 Python 3.7.4 添加到 Path（路径）存储在环境变量中，所以这里做一下讲解。

在环境变量中添加 Python 目录，有两种方法：一种是利用命令提示框；另一种是利用计算机属性设置。

1. 利用命令提示框

单击桌面左下角的“开始”按钮，弹出“开始”菜单，然后在文本框中输入“cmd”，如图 1.17 所示。

然后回车，即可打开 Windows 系统命令行程序，如图 1.18 所示。

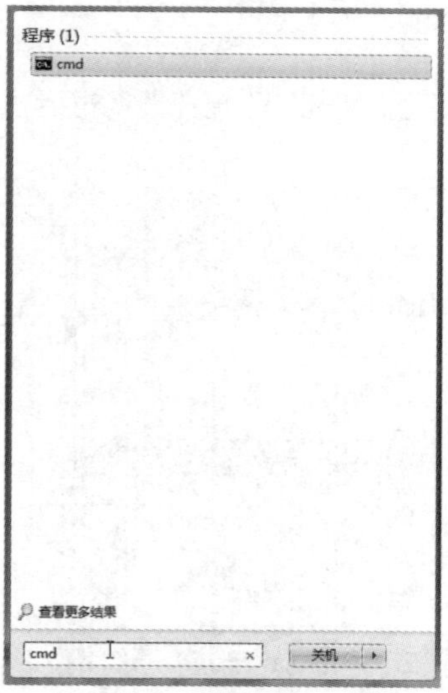

图 1.17 “开始”菜单

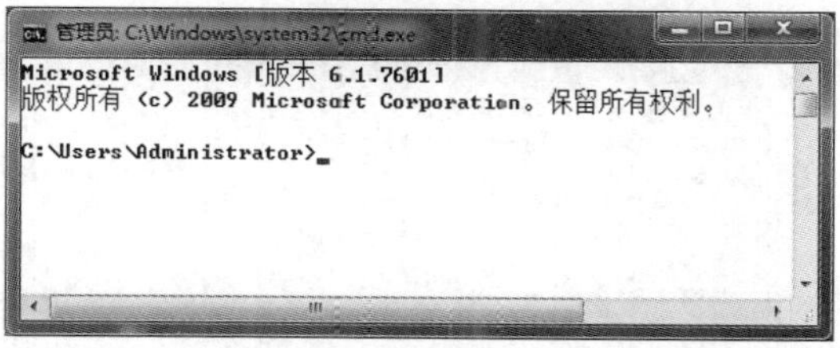

图 1.18 Windows 系统命令行程序

在 Windows 系统命令行程序中，输入如下代码：

```
path=%path%;E:\python37
```

然后回车即可。注意：E:\python37 是 Python 的安装目录。

2. 利用计算机属性设置

鼠标指针指向计算机图标，单击鼠标右键，在弹出的快捷菜单中选择“属性”命令，如图 1.19 所示。

弹出“控制面板”窗口，如图 1.20 所示。

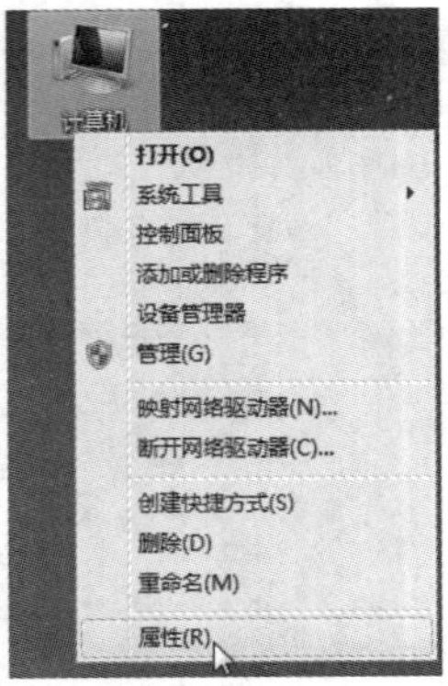

图 1.19　在弹出的快捷菜单中选择“属性”命令

图 1.20　“控制面板”窗口

在“控制面板”窗口中，单击“高级系统设置”选项，弹出“系统属性”对话框，如图 1.21 所示。

在“系统属性”对话框中，单击“环境变量”按钮，弹出“环境变量”对话框，如图 1.22 所示。

双击“系统变量”中的“Path”，弹出“编辑系统变量”对话框，然后在“变量名”文本框中添加 Python 安装路径，即 E:\Python37。需要注意的是，路径一定要用分号“；”隔开。

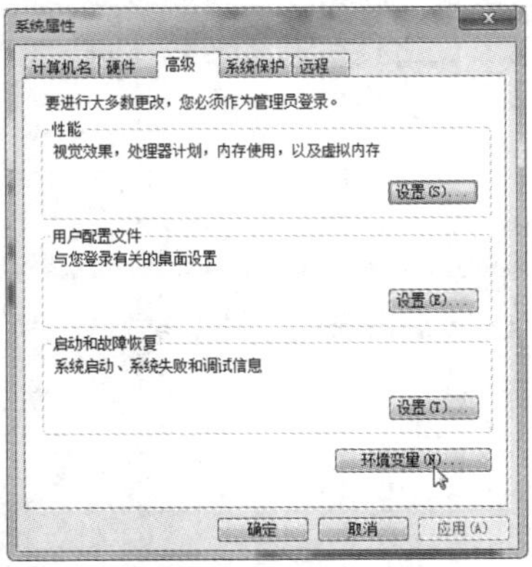

图 1.21　“系统属性”对话框

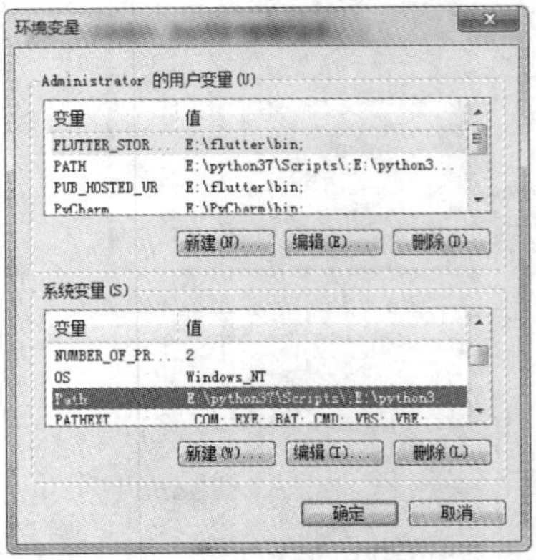

图 1.22　“环境变量”对话框

在环境变量中添加 Python 目录后，在 Windows 系统命令行程序中，输入如下代码：

```
Python  -h
```

然后回车，就可以看到 Python 的相关信息，如图 1.23 所示。

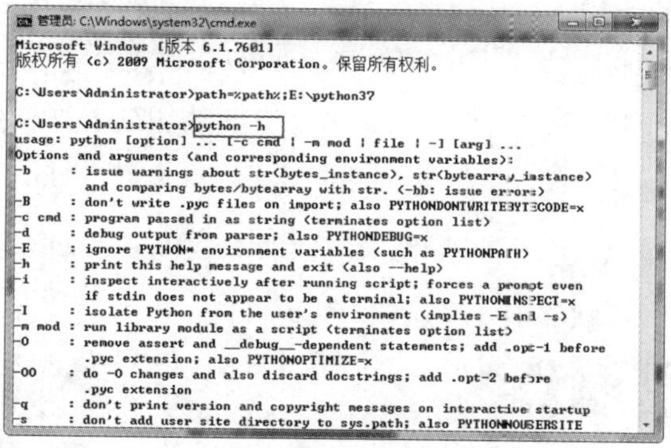

图 1.23　Python 的相关信息

1.3.4　编写 Python 程序

Python 开发环境搭建成功后，即可编写 Python 程序。

单击桌面左下角的“开始 / 所有程序”命令，就可以在“开始”菜单中看到“Python37”，再单击“Python37”命令，就可以看到 Python 自带的开发软件 IDEL 菜单命令，如图 1.24 所示。

单击“IDEL”菜单命令，打开 Python 3.7.4 Shell 软件，如图 1.25 所示。

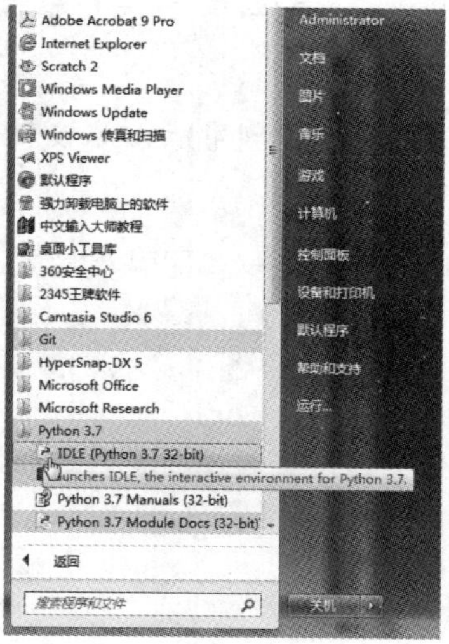

图 1.24　Python 自带的开发软件 IDEL 菜单命令

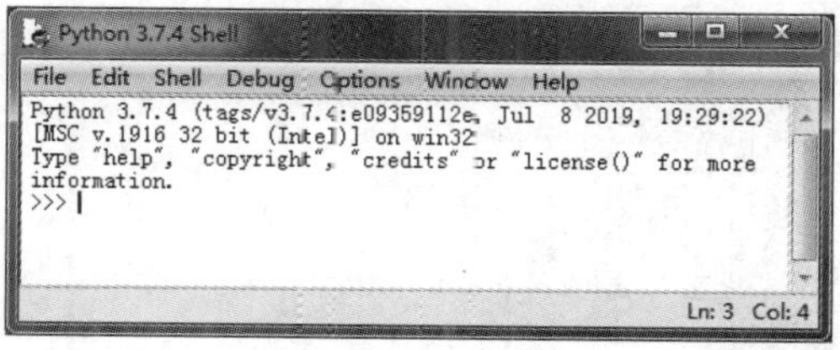

图 1.25　打开 Python 3.7.4 Shell 软件

在 Python 3.7.4 Shell 软件中，输入如下代码：

```
print ("hello world!")
```

然后回车，就可以看到程序运行结果，如图 1.26 所示。

这是 print 语句的一个实例。print 并不会真的往纸上打印文字，而是在屏幕上输出值。

print 语句还可以跟多个字符串，用逗号“,”隔开，就可以连成一串输出。在 Python 3.7.4 Shell 软件中，输入如下代码：

```
print("举杯邀明月，对影成三人。\n","长风破浪会有时，直挂云帆济沧海。\n","天生我材必有用，千金散尽还复来。\n")
```

注意：“\n”表示换行。然后回车，就可以看到程序运行结果，如图 1.27 所示。

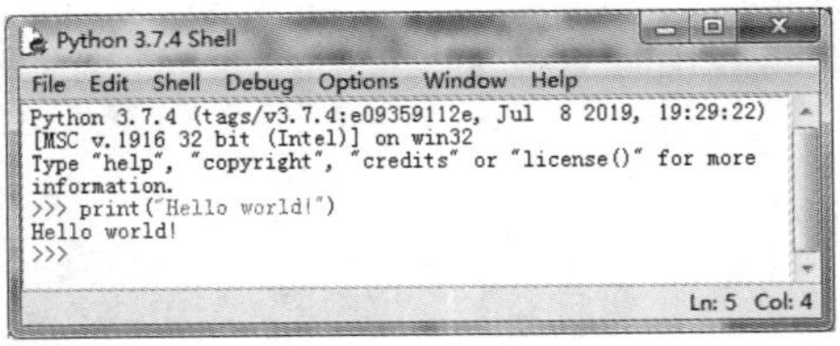

图 1.26 程序运行结果

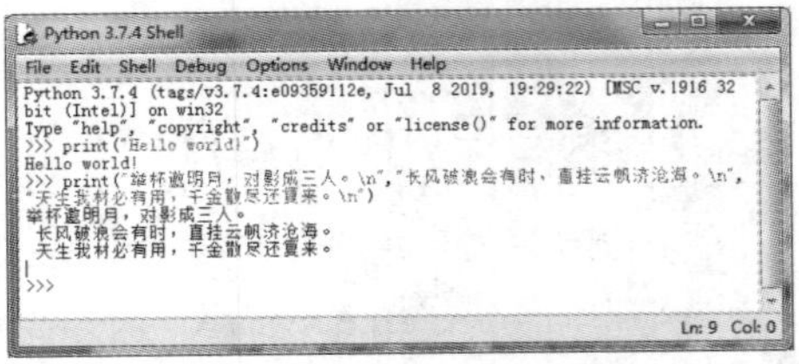

图 1.27 print 语句跟多个字符串

在这里还可以直接计算。在 Python 3.7.4 Shell 软件中，输入如下代码：

```
12+16, 32-8 , 12*6, 32/8
```

在这里一个语句实现加、减、乘、除运算。正确输入代码后，然后回车，就可以看到程序运行结果，如图 1.28 所示。

如果要编写多行代码程序，直接输入不太方便，就需要创建 Python 文件，然后运行文件。下面来举例说明。

单击“开始”菜单，打开 Python 3.7.4 Shell 软件。单击菜单栏中的“File/New File”命令，创建一个 Python 文件，如图 1.29 所示。

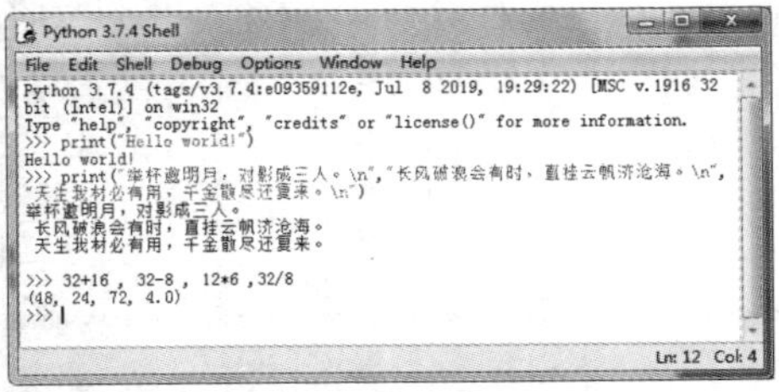

图 1.28 实现加、减、乘、除运算

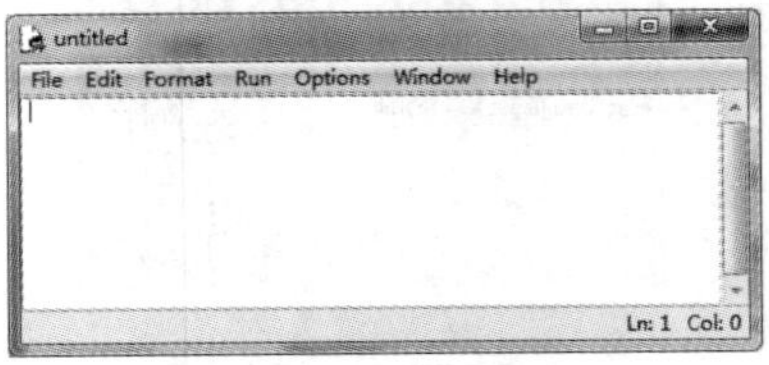

图 1.29 创建一个 Python 文件

在 Python 文件中输入如下代码：

```
n = 12                    # 定义整型变量，设置绘制等腰三角的 ¤ 个数
i = 0                     # 用来统计循环次数
while i < n:
    # 内容由两部分组成，空格和 ※ 符号
    # 空格一开始很多，是 2×（总行数 - 当前行数），然后越来越少
    #¤ 的个数与行号的关系 ： ¤ 个数 = 当前行号 × 2 + 1
    print("%s%s" % ("  "*(n - i), "¤"*(i * 2 - 1)))
    i += 1
```

这里利用 while 循环绘制等腰三角图形。正确输入代码后，单击菜单栏中的“File/Save”命令，弹出“另存为”对话框，保存位置为默认，即 Python 安装目录下，文件名为“Python1-1.py”，如图 1.30 所示。

单击“保存”按钮，就可以保存 Python 程序文件，下面来运行程序。单击菜单栏中的“Run”命令，弹出下一级子菜单，如图 1.31 所示。

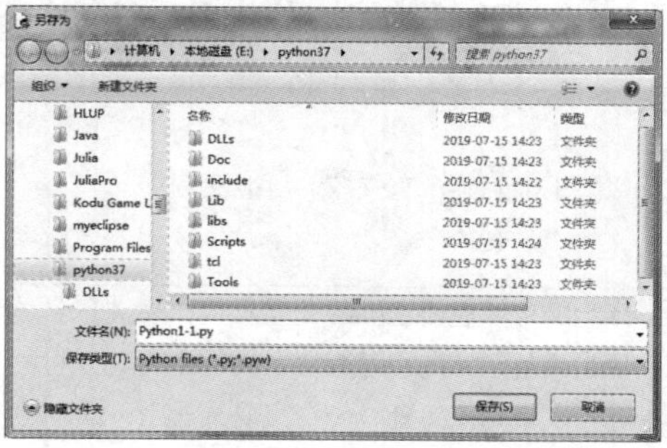

图 1.30　“另存为”对话框

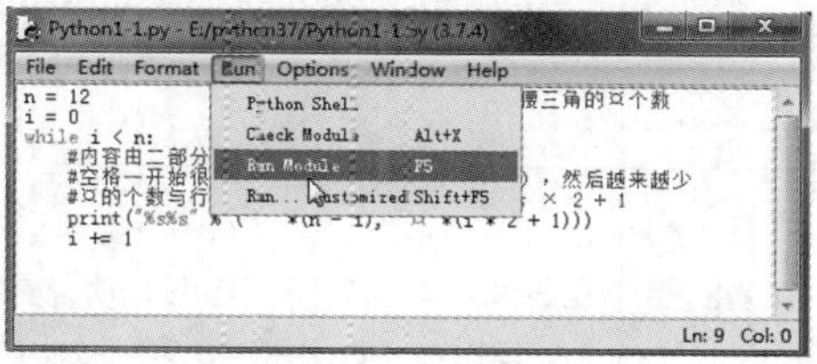

图 1.31　下一级子菜单

单击下一级子菜单中的“Run Module”命令或按键盘上的“F5”键，即可运行程序，如图 1.32 所示。

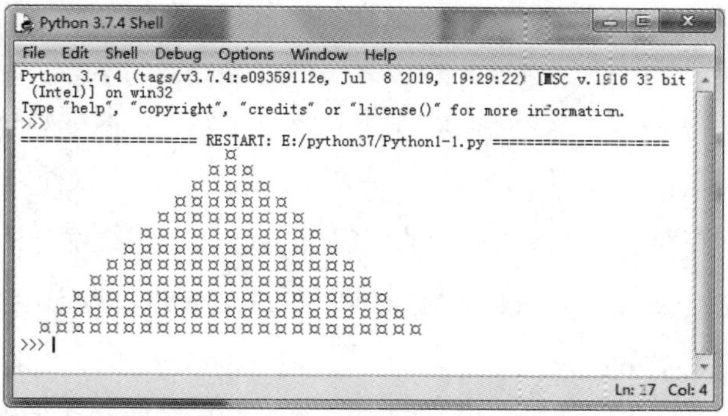

图 1.32　等腰三角形

1.4 量化炒股与普通炒股的比较

量化炒股与普通炒股的比较如表 1.1 所示。

表 1.1 量化炒股与普通炒股的比较

	量化炒股	普通炒股
纪律性	忠实地执行设计者的思路，不存在主观情绪的影响，总之纪律严明	主观情绪化，具有恐惧、贪婪、赌气等人性弱点，导致交易变形，总之纪律性较差
精力	只要计算机正常，电源正常，不知道疲倦	总得睡觉、吃饭、离开计算机；长时间在计算机前盯盘不利于身体健康
效率性	理论上，从判断到下单瞬间完成；对突发行情可以捕捉到	从决定到执行需要几个步骤，至少 30 秒；对突发行情难以捕捉或捕捉的时机不好
系统性	严格按照既定的一套或多套操作方法交易，可能判断系统优劣并进行改进	随意性较大，很难评估优劣对错，对订单的处理“艺术性”更强
可控制性	对于风险、胜率、回测率等可以根据历史数据来检测。在实际使用中根据设定的参数，风险是明确的。只要系统严谨，失控的可能性就会很小	风险不太明确，有失控的可能性
可复制性	赢利模式可以无限复制，“一劳永逸”。在时间上可以复制过往的成功；空间上，可以在无数个账户上复制成功	经验的形成需要足够的交易次数，并且要求交易员具备超常的心理素质，其过往的赢利能力才可以复制。另外，一个交易员人工可操作的账户有限，所以空间上复制赢利能力更差

1.5 量化炒股的注意事项

量化炒股的注意事项有 6 项，具体如下：

第一，没有任何一个交易系统既能够在趋势中获利，又能够在振荡走势中获利，只有在恰当的时间使用了适合的交易系统才会获取最大收益。

第二，任何交易系统都是人设置的，不同的人，由于对技术分析的理解、解读、使用不同，设置出的交易系统也是完全不一样的。因此，只有适合自己交易风格的交易系统才是最有效的。

第三，把人为的主观分析编成理性的计算机程序，需要我们舍去很多以往交易中的经验，而这些宝贵经验往往是无法通过计算机语言来描绘的。

第四，时间周期不同，如 5 分钟、30 分钟、60 分钟、日线、周线、月线等，交易系统给出的交易信号可能会完全不同，投资者应当根据交易品种的特性选择不同的时间周期，并且应当严格按照交易系统选择的时间周期交易。

第五，参数调整是决定交易系统成败的关键，因为没有任何一组参数适合所有交易品种。要根据交易品种特性不断地磨合、测试，找到适合该交易品种的参数，并且还要在今后交易过程中根据市场变化，不断加以修正。

第六，量化炒股系统体现了交易者的交易思路和交易风格，但它只是交易的辅助手段，人才是交易的主体，不能本末倒置。只有将交易系统、风险管理、资金管理相互结合，才能发挥其最大功效。

第 2 章

Python 编程的初步知识

每门编程语言都有自己的语法结构，如变量的命名规则、基本数据类型、运算符等。虽然大同小异，但各有特点，本章就来讲解 Python 编程的初步知识。

本章主要内容包括：

- 什么是变量
- 变量命名规则
- 变量的赋值
- 数值类型和字符串类型
- 算术运算符、赋值运算符和位运算符
- Python 的语法规则

2.1 变量

无论使用什么语言编程，其最终目的都是对数据进行处理。程序在编写过程中，为了处理数据更加方便，通常会将其存储在变量中。

2.1.1 什么是变量

变量是指在程序执行过程中其值是可以变化的量，系统为程序中的每个变量分配一个存储单元。变量名实质上就是计算机内存单元的命名。因此，借助变量名就可以访问内存中的数据。

2.1.2 变量命名规则

变量是一个名称，给变量命名时，应遵循以下规则：

第一，名称只能由字母、数字和下画线组成。

第二，名称的第一个字符可以是字母或下画线，但不能是数字。

第三，名称对大小写敏感。

第四，名称不能与 Python 中的关键字相同。

关键字，即保留字。Python 的标准库提供了一个 keyword 模块，可以输出当前版本的所有关键字。

单击“开始”菜单，打开 Python 3.7.4 Shell 软件，然后单击菜单栏中的“File/New File”命令，创建一个 Python 文件，并命名为“Python2-1.py”，然后输入如下代码：

```
import  keyword                                    # 导入 keyword 模块
print(" 显示 Python 中所有的关键字: \n",keyword.kwlist)
print("\n\n 判断 if 是否是关键字: ",keyword.iskeyword('if'))
print("\n\n 判断 dog 是否是关键字: ",keyword.iskeyword('dog'))
```

首先导入 keyword 模块，然后利用该模块中的 kwlist 列表，可以显示 Python 中所有的关键字。利用该模块的 iskeyword() 函数可以判断某字符串是否是关键字。

单击菜单栏中的“Run/Run Module”命令或按下键盘上的“F5”键，就可以运行程序代码，如图 2.1 所示。

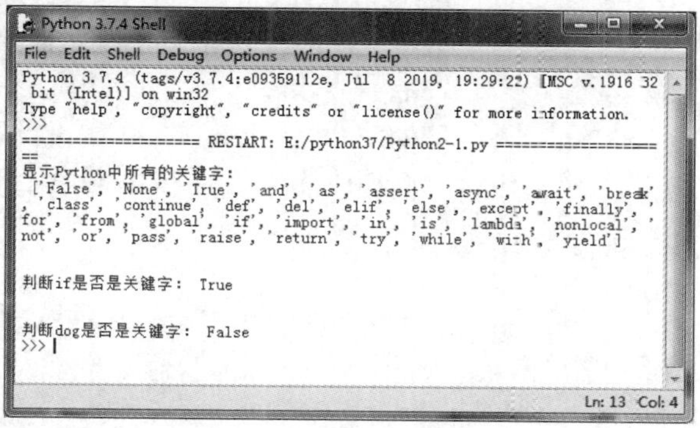

图 2.1　关键字

2.1.3　变量的赋值

每个变量在使用前都必须赋值，变量赋值以后该变量才会被创建。在 Python 中，变量就是变量，它没有类型，我们所说的“类型”是变量所指的内存中对象的类型。

等号（=）用来给变量赋值。等号（=）运算符左边是一个变量名，等号（=）运算符右边是存储在变量中的值，例如：

```
counter = 87                                    # 整型变量
miles   = -32.16                                # 浮点型变量
name    =  "python"                             # 字符串
```

另外，Python 允许同时为多个变量赋值，例如：

```
a = b = c = 126
```

上述代码表示，创建一个整型对象，赋值为 126，3 个变量被分配到相同的内存空间。

还可以为多个对象指定多个变量，例如：

```
a, b, c = 26, 56.23, "python"
```

上述代码表示，两个整型对象 26 和 56.23 分配给变量 a 和 b，字符串对象“python”分配给变量 c。

利用 type() 函数，可以查看变量的数据类型。下面举例说明。

单击“开始”菜单，打开 Python 3.7.4 Shell 软件，然后单击菜单栏中的“File/

New File”命令，创建一个 Python 文件，并命名为“Python2-2.py”，然后输入如下代码：

```
a, b, c , d = 87, 31.28,  4+3j, "Python"          # 为多个对象指定多个变量
print(" 变量 a 的数据类型是：",type(a))              # 查看变量的数据类型
print(" 变量 b 的数据类型是：",type(b))
print(" 变量 c 的数据类型是：",type(c))
print(" 变量 d 的数据类型是：",type(d))
```

单击菜单栏中的“Run/Run Module”命令或按下键盘上的“F5”键，就可以运行程序代码，如图 2.2 所示。

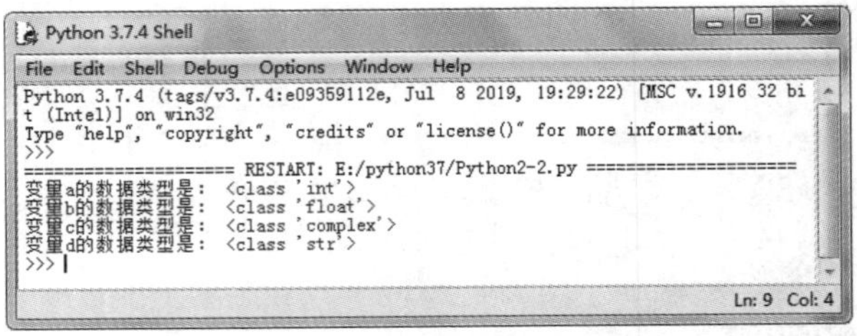

图 2.2　查看变量的数据类型

int 表示整型，float 表示浮点型，complex 表示复数，str 表示字符串。

2.2　变量的基本数据类型

在 Python 中，变量的标准类型只有 6 个，分别是数值、字符串、列表、元组、集合和字典。相对于 C 语言来讲，Python 的数据类型很少，但 Python 该有的功能一个都不少。即使 C 语言的“代表作”链表和二叉树，Python 也可以轻松应对。下面先来讲解 Python 的基本数据类型，即数值和字符串。

2.2.1　数值类型

Python 支持 3 种不同的数值类型，分别是整型（int）、浮点型（float）和复数（complex），如图 2.3 所示。

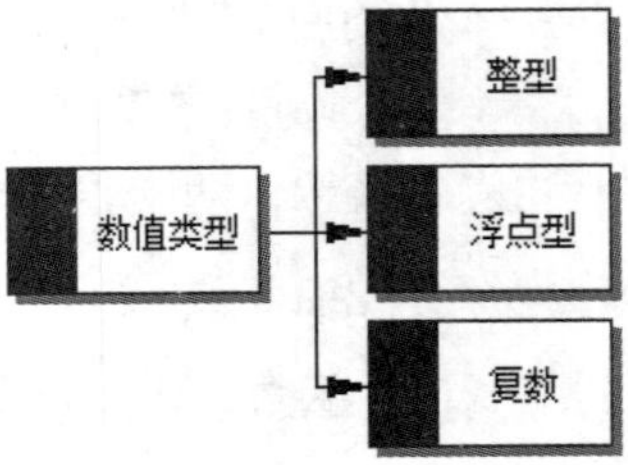

图 2.3　数值类型

1. 整型（int）

整型（int），通常被称为整数，是正或负整数，不带小数点。Python3 整型是没有限制大小的，可以当作长整型（Long）类型使用，所以 Python3 没有 Python2 的长整型（Long）类型。需要注意的是，可以使用十六进制和八进制来代表整数。

八进制是指在数学中一种逢 8 进 1 的进位制。在 Python 中，八进制用 0o 来表示，例如 0o24 表示 20，即 8×2 + 4=20。

十六进制是指在数学中一种逢 16 进 1 的进位制。一般用数字 0 到 9 和字母 A 到 F（或 a~f）表示，其中，A~F 表示 10~15，这些称作十六进制数字。十六进制用 0x 来表示，例如 0x12 表示 18，即 16×1 + 2=18。

2. 浮点型（float）

浮点型由整数部分与小数部分组成，浮点型也可以使用科学计数法表示（2.5E+03 = 2.5×10^3 = 2500）。

3. 复数（complex numbers）

复数由实数部分和虚数部分构成，可以用 a+ bj 或者 complex（a，b）表示，复数的实部 a 和虚部 b 都是浮点型。

Python 的数值类型如表 2.1 所示。

表 2.1 Python 的数值类型

int	float	complex
30	0.8	3.14j
−60	−21.8	−25j
0o14	2.5E+2	3+4j
−0o26	−2.8E−5	9.322e−36j
0x72	−5E+3	3e+26j
−0x260	−8E−9	−0.6545+3j

有时候，我们需要对数值类型进行转换，有关数据类型的转换，只需将数值类型作为函数名即可，具体如下。

int(x)：将 x 转换为一个整数。

float(x)：将 x 转换为一个浮点数。

complex(x)：将 x 转换为一个复数，实数部分为 x，虚数部分为 0。

complex(x,y)：将 x 和 y 转换为一个复数，实数部分为 x，虚数部分为 y。

下面来举例说明数值类型。

单击“开始”菜单，打开 Python 3.7.4 Shell 软件，然后单击菜单栏中的“File/New File”命令，创建一个 Python 文件，并命名为“Python2-3.py”，然后输入如下代码：

```
a1 = 126                                       # 整型变量
a2 = -256                                      # 整型变量
a3 = 0o36                                      # 八进制整型变量
a4 = -0x49                                     # 十六进制整型变量
a5 = -86.26                                    # 浮点型变量
a6 = 6.4E+8                                    # 浮点型变量用科学计数法表示
a7 = 8+9j                                      # 复数变量
                                               # 显示各变量的值
print("整型变量 a1: ",a1)
print("整型变量 a2: ",a2)
print("八进制整型变量 a3: ",a3)
print("十六进制整型变量 a4: ",a4)
print("浮点型变量 a5:",a5)
print("浮点型变量 a6:",a6)
print("复数变量 a7:",a7)
print()                                        # 换行
                                               # 数据类型的转换
print("把整型变量 a1 转化为浮点型变量: ",float(a1))
print("把浮点型变量 a6 转化为整型变量: ",int(a6))
print("把整型变量 a2 转化为复数: ",complex(a2))
print("把整型变量 a1 和浮点型变量 a6 转化为复数: ",complex(a1,a6))
```

单击菜单栏中的“Run/Run Module”命令或按下键盘上的“F5”键，就可以运行程序代码，结果如图 2.4 所示。

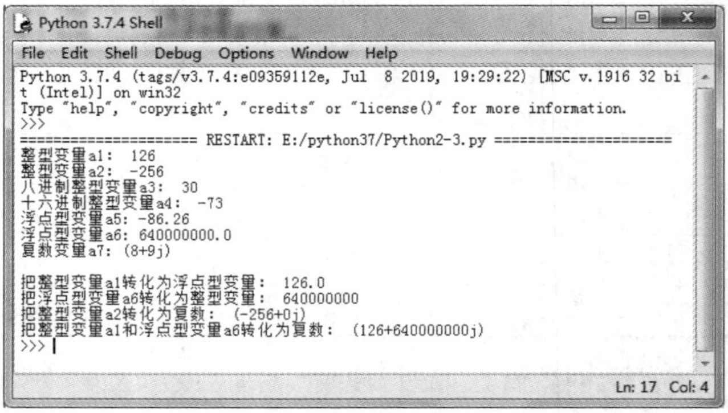

图 2.4　转换数值类型

2.2.2 字符串类型

字符串是 Python 编程语言中最常用的数据类型，可以使用单引号（'）或双引号（"）来创建字符串。需要注意的是，Python 不支持单字符类型，单字符在 Python 中也作为一个字符串使用。

需要在字符中使用特殊字符时，Python 用反斜杠 (\) 转义字符。转义字符及意义如表 2.2 所示。

表 2.2　转义字符及意义

转义字符	意义
\(在行尾时)	续行符
\\	反斜杠符号
\'	单引号
\"	双引号
\a	响铃
\b	退格 (Backspace)
\e	转义
\000	空
\n	换行
\v	纵向制表符
\t	横向制表符
\r	回车
\f	换页
\oyy	八进制数，yy 代表的字符，例如：\o12 代表换行
\xyy	十六进制数，yy 代表的字符，例如：\x0a 代表换行
\other	其他的字符以普通格式输出

单击“开始”菜单，打开 Python 3.7.4 Shell 软件，然后单击菜单栏中的“File/New File”命令，创建一个 Python 文件，并命名为“Python2-4.py”，然后输入如下代码：

```
str1 = "I like Python!"                              #字符串变量
str2 = "I am liping, \t  I like red!"                #带有转义字符的字符串变量
                                                     #输出字符串变量
print("字符串变量 str1:",str1)
print("带有转义字符的字符串变量 str2: ",str2)
                                                     #输出字符串中的字符
```

```
print("字符串变量 str1 中的第一个字符：",str1[0])
print("字符串变量 str1 中的第三个到第六个字符：",str1[2:6])
```

单击菜单栏中的“Run/Run Module”命令或按下键盘上的“F5”键，就可以运行程序代码，结果如图 2.5 所示。

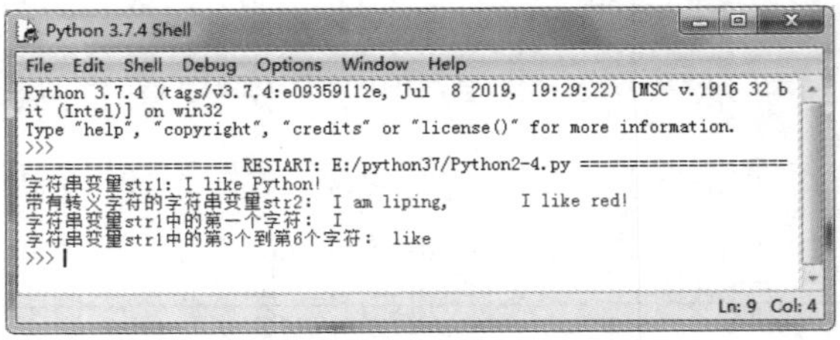

图 2.5　字符串

Python 支持格式化字符串的输出，尽管这样可能会用到非常复杂的表达式，但最基本的用法是将一个值插入一个有字符串格式符 %s 的字符串中。

> 提醒：在 Python 中，字符串格式化使用与 C 语言中 printf ( ) 函数一样的语法。

单击“开始”菜单，打开 Python 3.7.4 Shell 软件，然后单击菜单栏中的“File/New File”命令，创建一个 Python 文件，并命名为“Python2-5.py”，然后输入如下代码：

```
workername = input("请输入工人的姓名：")
workerwage = input("请输入工人的工资：")
print("工人的姓名是%s,\t 工资是%f" % (workername,float(workerwage)))
```

这里调用 input() 函数实现利用键盘动态输入。还要注意：input() 函数默认的数据类型是字符串型，要想输出浮点型，需要使用 float() 函数进行数据类型转换。

单击菜单栏中的“Run/Run Module”命令或按下键盘上的“F5”键，就可以运行程序代码，这时程序要求输入工人的姓名，如图 2.6 所示。

在这里输入“周亮”，然后回车，这时程序要求输入工人的工资，如图 2.7 所示。

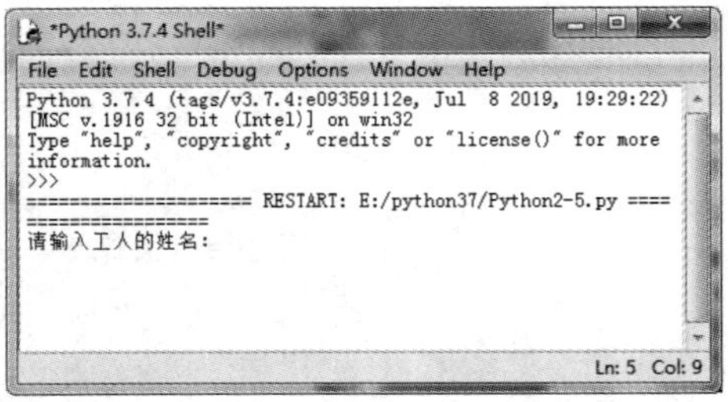

图 2.6　要求输入工人的姓名

图 2.7　要求输入工人的工资

在这里输入“8976.5”，然后回车，这时程序就会显示你输入的姓名和工资信息，如图 2.8 所示。

图 2.8　格式化显示输入的信息

Python 字符串格式化符号及意义如表 2.3 所示。

表 2.3　字符串格式化符号及意义

字符串格式化符号	意义
%c	格式化字符及其 ASCII 码
%s	格式化字符串
%d	格式化整数
%u	格式化无符号整型
%o	格式化无符号八进制数
%x	格式化无符号十六进制数
%f	格式化浮点数字，可指定小数点后的精度
%e	用科学计数法格式化浮点数
%p	用十六进制数格式化变量的地址

2.3　运算符

运算是对数据的加工，最基本的运算形式可以用一些简洁的符号来描述，这些符号称为运算符。被运算的对象（数据）称为运算量。例如，31 + 24 = 55，其中 31 和 24 称为运算量，“+”称为运算符。

2.3.1　算术运算符

算术运算符及意义如表 2.4 所示。

表 2.4　算术运算符及意义

算术运算符	意义
+	两个数相加
–	两个数相减
*	两个数相乘
/	两个数相除，求商
%	取模，即两个数相除，求余数
//	两个数相除，求商，但只取商的整数部分
**	幂，即返回 x 的 y 次幂

单击“开始”菜单，打开 Python 3.7.4 Shell 软件，然后单击菜单栏中的“File/New File”命令，创建一个 Python 文件，并命名为“Python2-6.py”，然后输入如下代码：

```
num1 = input("请输入第一个数：")              #用于计算的第一个数
num2 = input("请输入第二个数：")              #用于计算的第二个数
print("第一个数是：%d，  第二个数是：%d " %(int(num1),int(num2)))
print()
print("两个数相加：",int(num1)+int(num2))
print("两个数相减：",int(num1)-int(num2))
print("两个数相乘：",int(num1)*int(num2))
print("两个数相除：",int(num1)/int(num2))
print("两个数相除，求余数，即取模：",int(num1)%int(num2))
print("两个数相除，但只取商的整数部分：",int(num1)//int(num2))
print("幂，即返回 x 的 y 次幂：",int(num1)**int(num2))
```

单击菜单栏中的“Run/Run Module”命令或按下键盘上的“F5”键，就可以运行程序代码，这时程序要求输入第一个数，在这里输入“7”，如图 2.9 所示。

然后回车，这时程序要求输入第二个数，在这里输入“3”，如图 2.10 所示。

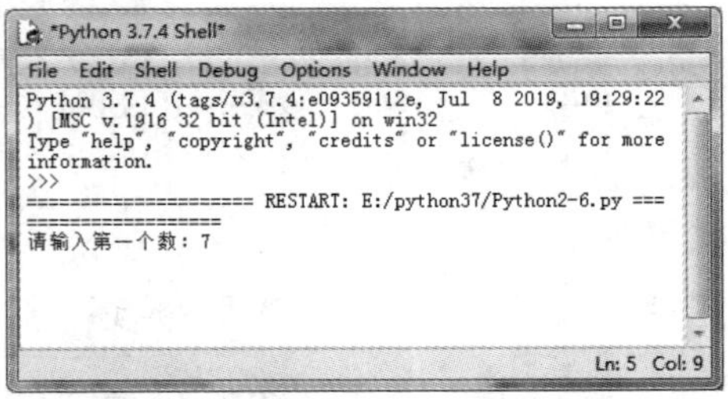

图 2.9　程序要求输入第一个数

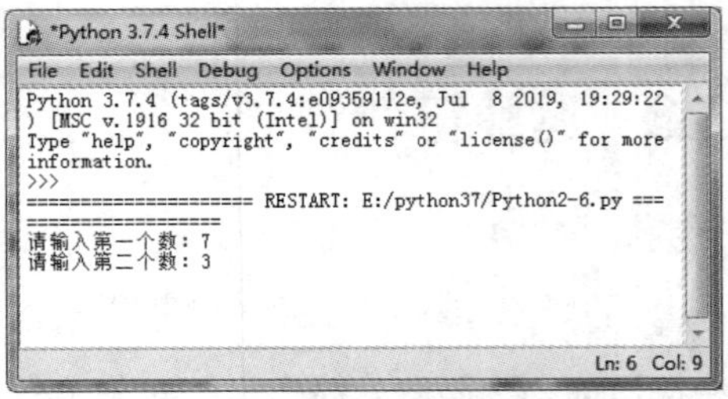

图 2.10　程序要求输入第二个数

然后回车，就可以看到这两个数的值以及这两个数的加、减、乘、除等运算结果，如图 2.11 所示。

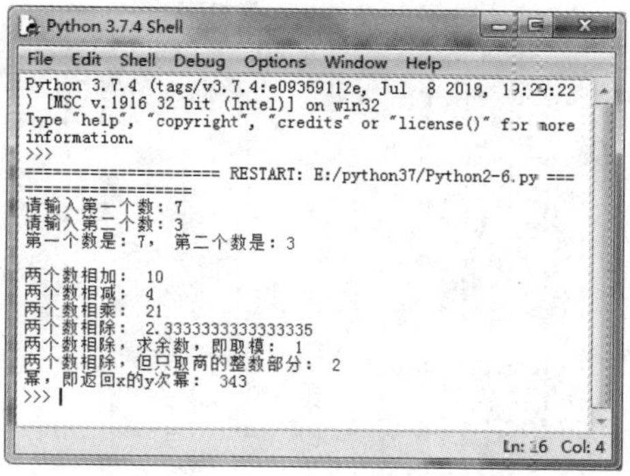

图 2.11　算术运算符

2.3.2　赋值运算符

赋值运算符及意义如表 2.5 所示。

表 2.5　赋值运算符及意义

赋值运算符	意义
=	简单的赋值运算符
+=	加法赋值运算符
-=	减法赋值运算符
*=	乘法赋值运算符
/=	除法赋值运算符
%=	取模赋值运算符
//=	取整除赋值运算符
**=	幂赋值运算符

单击“开始”菜单，打开 Python 3.7.4 Shell 软件，然后单击菜单栏中的“File/New File”命令，创建一个 Python 文件，并命名为“Python2-7.py”，然后输入如下代码：

```
x = 128                                        # 整型变量 x，并赋值为 128
y = 15                                         # 整型变量 y，并赋值为 15
print(" 变量 x 的初始值为 :",x," 变量 y 的初始值为: ",y )
y += x
print("y += x 后，变量 y 的值为: ",y)
y -= x
print("y -= x 后，变量 y 的值为: ",y)
y *= x
```

```
print("y *= x后，变量y的值为：",y)
y /= x
print("y /= x后，变量y的值为：",y)
y %= x
print("y %= x后，变量y的值为：",y)
y //= x
print("y //= x后，变量y的值为：",y)
y **= x
print("y **= x后，变量y的值为：",y)
```

单击菜单栏中的“Run/Run Module”命令或按下键盘上的“F5”键，就可以运行程序代码，结果如图 2.12 所示。

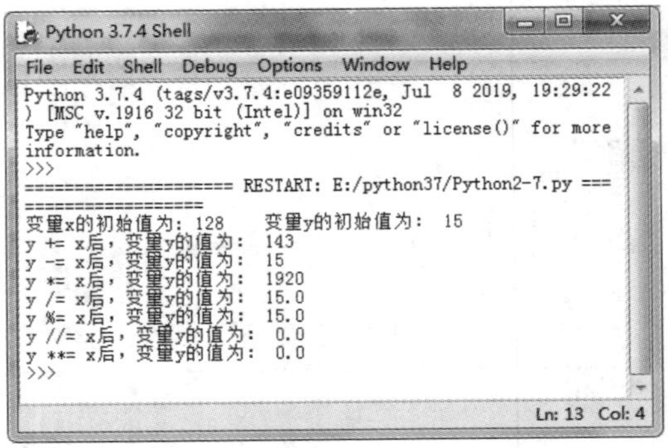

图 2.12 赋值运算符

2.3.3 位运算符

位运算符是把数字看作二进制来进行计算的。位运算符及意义如表 2.6 所示。

表 2.6 位运算符及意义

运算符	意义
&	按位与运算符：参与运算的两个值，如果两个相应位都为 1，则该位的结果为 1，否则为 0
|	按位或运算符：只要对应的 2 个二进位有一个为 1，结果位就为 1
^	按位异或运算符：当两个对应的二进位相异时，结果为 1
~	按位取反运算符：对数据的每个二进制位取反，即把 1 变为 0，把 0 变为 1
<<	左移动运算符：运算数的各二进位全部左移若干位，由 "<<" 右边的数指定移动的位数，高位丢弃，低位补 0
>>	右移动运算符：把 ">>" 左边的运算数的各二进位全部右移若干位，由 ">>" 右边的数指定移动的位数

单击“开始”菜单，打开 Python 3.7.4 Shell 软件，然后单击菜单栏中的“File/

New File”命令，创建一个 Python 文件，并命名为“Python2-8.py”，然后输入如下代码：

```
a = 60              # 60 = 0011 1100
b = 13              # 13 = 0000 1101
c = 0
c = a & b           # 12 = 0000 1100
print ("a & b 的值为：", c)
c = a | b           # 61 = 0011 1101
print ("a | b 的值为：", c)
c = a ^ b           # 49 = 0011 0001
print ("a ^ b 的值为：", c)
c = ~a              # -61 = 1100 0011
print ("~a 的值为：",  c)
c = a << 2          # 240 = 1111 0000
print ("a << 2 的值为：",  c)
c = a >> 2          # 15 = 0000 1111
print ("a >> 2 的值为：",  c)
```

单击菜单栏中的“Run/Run Module”命令或按下键盘上的“F5”键，就可以运行程序代码，结果如图 2.13 所示。

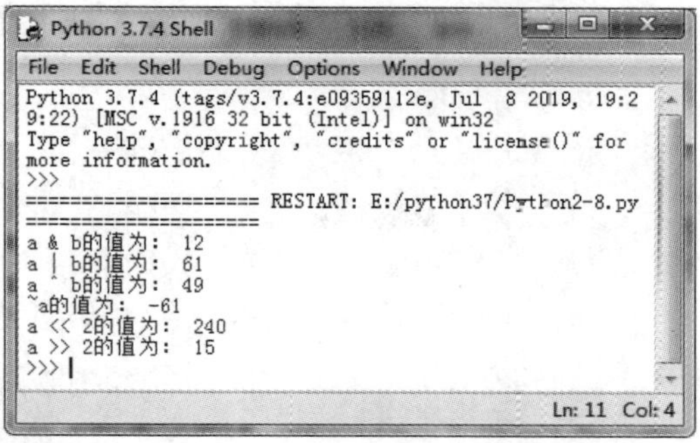

图 2.13　位运算符

2.4　Python 的语法规则

像人类使用的语言一样，所有的编程语言也都有自己的一套语法规则，用来详细说明应该如何使用这种语言来编写程序，例如，规定变量名是什么样的，注释应该使用什么字符，等等。对不同的编程语言来说，许多规则是类似的，如果你已经熟悉了某种或某些编程语言，比如 C++、Java 等，就会发现 Python 的语法规则与这些语言很相似，这将有助于你快速掌握 Python。但是这些语言之间也存在不少差异，需要注意区分它们之间的不同之处。下面进行具体讲解。

2.4.1 大小写敏感性

Python 是一种区分大小写的语言。也就是说，在输入语言的关键字、变量、函数名以及所有的标识符时，都必须采取一致的字符大小写形式。例如，Python 定义函数的保留字是“def”，如果把它拼写成其他形式，如“Def”或者“DEF”，那么 Python 解释器就不能正确地识别该保留字，从而导致程序错误或这段代码被解释器忽略。同样，如果在 Python 中定义了变量：“area”“Area”和“AREA”，那么一定要格外注意，这是 3 个不同的变量，而不是一个变量。

2.4.2 代码缩进

Python 最具特色的就是使用缩进来表示代码块，不需要使用大括号 {}。缩进的空格数是可变的，但是同一个代码块的语句必须包含相同的缩进空格数。实例如下：

```
if True:
    print ("正确")
else:
    print ("错误")
```

以下代码最后一行语句缩进的空格数不一致，会导致运行错误：

```
if True:
    print ("Answer")
    print ("True")
else:
    print ("Answer")
  print ("False")                            # 缩进不一致，会导致运行错误
```

错误信息如图 2.14 所示。

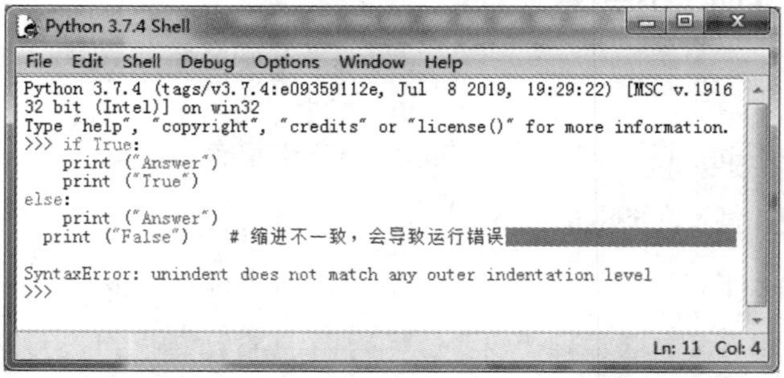

图 2.14 缩进不一致，会导致运行错误

2.4.3 代码注释

注释是加到编程中的解释和说明信息，用来描述整个程序功能或部分程序功能。注释的功能是帮助开发人员理解、维护和调试脚本程序，而 Python 解释器并不执行注释，而是直接跳过注释，因而有无注释并不会对程序的运行结果产生影响，但是不要因此而不写注释。其实，注释是优秀编程的主要组成部分，注释有利于提高程序的可读性。在程序中加入适当的注释，人们就可以借助它们来理解和维护程序，从而有利于团队合作开发，提高开发效率。

Python 可以使用两种方式书写注释：单行注释和多行注释。

1. 单行注释

单行注释以 # 开头，然后在该行中书写注释文字，注释内容不超过一行。例如：

```
# 这是一个单行注释
```

2. 多行注释

多行注释又叫注释块，它表示一段文字都是注释的内容。多行注释以 3 个单引号（'''）或三个双引号（"""）开头，并以三个单引号（'''）或三个双引号（"""）结尾，中间部分为注释的内容，注释内容可以跨越多行，但其中不能有嵌套的注释。例如：

```
''' 这是一个多行注释，这一行是注释的开始
这里我们还可以写更多注释
……
直到这一行作为注释的结束 '''

"""
第五行注释
第六行注释
"""
```

2.4.4 空行

函数之间或类的方法之间用空行分隔，表示一段新的代码的开始。类和函数入口之间也用一行空行分隔，以突出函数入口的开始。

空行与代码缩进不同，空行并不是 Python 语法的一部分。书写时不插入空行，Python 解释器运行也不会出错。空行的作用在于分隔两段不同功能或含义的代码，便于日后代码的维护或重构。

> 提醒：空行也是程序代码的一部分。

2.4.5 同一行显示多条语句

Python 可以在同一行中使用多条语句，语句之间使用分号(;)分割，在 Python 3.7.4 Shell 软件中，输入如下代码。

```
x=16;y=82;z=156;print(x*y+16/4-z)
```

回车，执行代码，就会显示运行结果，如图 2.15 所示。

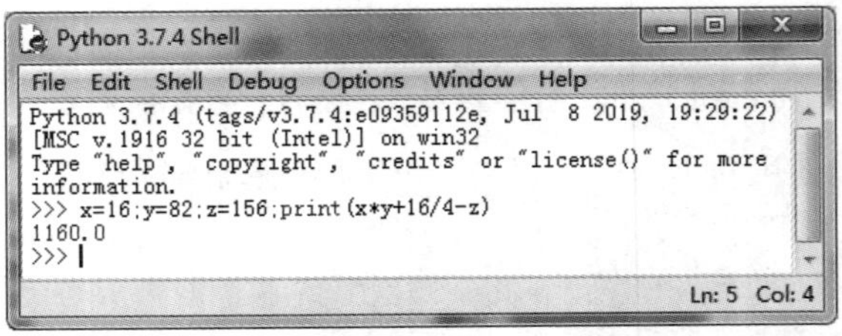

图 2.15　同一行显示多条语句

第3章

Python编程的选择结构

选择结构是一种程序化设计的基本结构，它用于解决这样一类问题：可以根据不同的条件选择不同的操作。对选择条件进行判断只有两种结果，"条件成立"或"条件不成立"。在程序设计中通常用"真"表示条件成立，用"True"表示；用"假"表示条件不成立，用"False"表示。"真"和"假"称为逻辑值。

本章主要内容包括：

- if语句的一般格式
- if语句的注意事项
- 实例：游戏登录判断系统
- 实例：输入一个正数，判断是偶数还是奇数
- 多个if...else语句
- 实例：每周计划系统
- 实例：企业奖金发放系统
- 关系运算符及意义
- 实例：学生成绩评语系统
- 实例：分解一个不多于5位的正整数
- 逻辑运算符及意义
- 实例：闰年和平年
- 实例：剪刀、石头、布游戏
- 嵌套if语句的一般格式
- 实例：后台用户登录系统
- 实例：判断一个数是否是2或3的倍数

3.1 if...else 语句

if...else 语句在 Python 编程语言中用来判定所给定的条件是否满足，根据判定的结果（真或假）决定执行给出的两种操作之一。

3.1.1 if 语句的一般格式

在 Python 中，if 语句的一般格式如下：

```
if  表达式1:
    语句1
else:
    语句2
```

if 语句的执行具体如下：

第一，如果“表达式 1”为 True，则将执行“语句 1”块语句，if 语句结束。

第二，如果“表达式 1”为 False，则将执行“语句 2”块语句。

3.1.2 if 语句的注意事项

if 语句的注意事项有如下 3 点：

第一，每个条件后面要使用冒号（：），表示接下来是满足条件后要执行的语句块。

第二，使用缩进来划分语句块，相同缩进数的语句在一起组成一个语句块。

第三，在 Python 中没有 switch–case 语句。

3.1.3 实例：游戏登录判断系统

现在很多游戏禁止未成年人玩，也就是说，如果你是小于 18 岁的未成年人，就无法成功登录游戏系统。如果你大于或等于 18 岁，则可以成功登录游戏系统。下面编程实现游戏登录判断系统。

单击“开始”菜单，打开 Python 3.7.4 Shell 软件，然后单击菜单栏中的“File/New File”命令，创建一个 Python 文件，并命名为“Python3–1.py”，然后输入如下代码：

```
myyear = input(" 请输入您的年龄：")   # 动态输入年龄放到 myyear 变量中
nyear = int(myyear)                   # 把 myyear 变量转化为整型放到 nyear 变量中
if nyear<18 :
    print("\n 您的年龄是：",nyear)
    print(" 您还未成年，不能登录游戏系统玩游戏！ ")
else :
    print("\n 您的年龄是：",nyear)
    print(" 欢迎您登录游戏系统，正在登录，请耐心等待！")
```

单击菜单栏中的“Run/Run Module”命令或按下键盘上的“F5”键，就可以运行程序代码，提醒“请输入您的年龄”，如图 3.1 所示。

假如在这里输入“15”，然后回车，就可以判断能否登录游戏系统玩游戏，如图 3.2 所示。

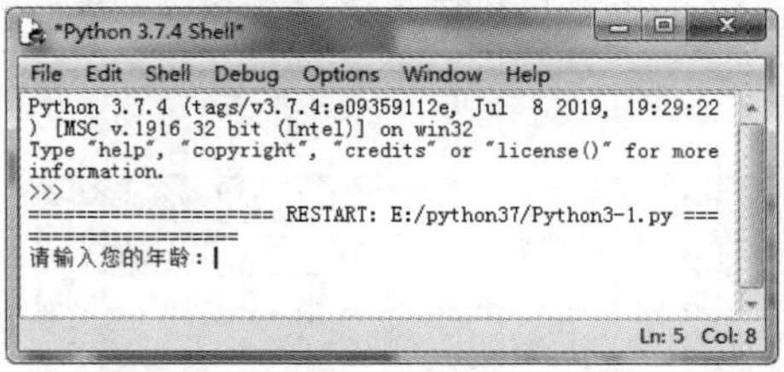

图 3.1　提醒“请输入您的年龄”

图 3.2　显示“您还未成年，不能登录游戏系统玩游戏”

假如在这里输入“21”，然后回车，就可以看到“欢迎您登录游戏系统，正在登录，请耐心等待！”，如图 3.3 所示。

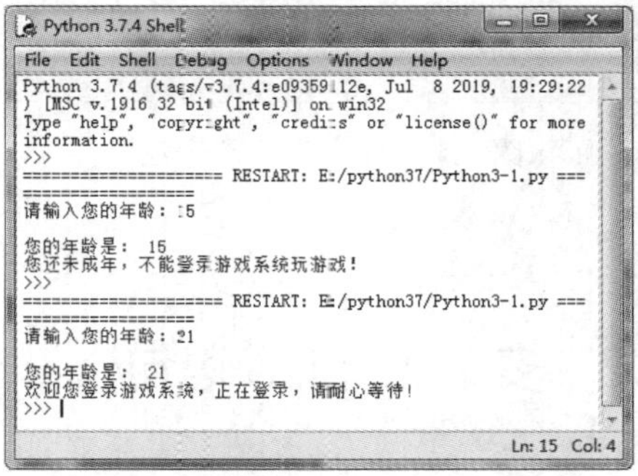

图 3.3　显示正在登录游戏系统

3.1.4　实例：输入一个正数，判断是偶数还是奇数

单击“开始”菜单，打开 Python 3.7.4 Shell 软件，然后单击菜单栏中的“File/New File”命令，创建一个 Python 文件，并命名为“Python3-2.py”，然后输入如下代码。

```
num = input("请输入一个正数：")
mynum = int(num)
# 下面利用 if 语句，判断输入的正数是奇数，还是偶数
if  mynum%2 == 0  :
    # 如果输入的数取模于 2，即除以 2 求余数，如果余数为 0，就是偶数
    print("\n 输入的正数是：",num)
    print(num,"是偶数。")
else  :
    print("\n 输入的正数是：",num)
    print(num,"是奇数。")
```

上述代码首先利用键盘输入一个数，然后将输入的数取模于 2，即除以 2 求余数，如果余数为 0，就是偶数。如果余数不为 0，就是奇数。

单击菜单栏中的“Run/Run Module”命令或按下键盘上的“F5”键，就可以运行程序代码，提醒“请输入一个正数”，假如在这里输入“97”，然后回车，就可以判断 97 是奇数，还是偶数，如图 3.4 所示。

假如在这里输入“188”，然后回车，就可以判断 188 是奇数，还是偶数，如图 3.5 所示。

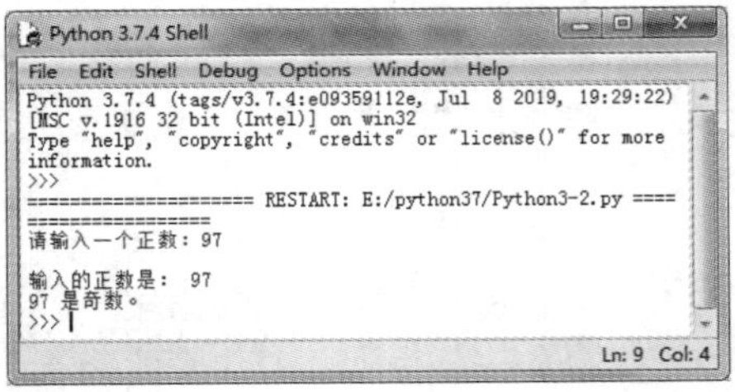

图 3.4 显示“97 是奇数”

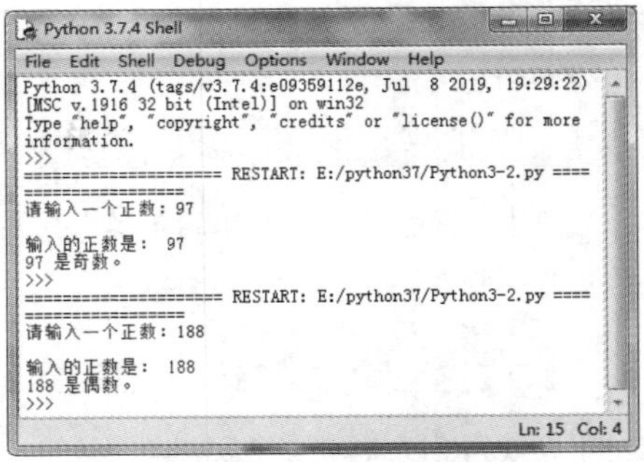

图 3.5 显示“188 是偶数”

3.2 多个 if...else 语句

if...else 语句可以多个同时使用，构成多个分支。多个 if...else 语句的语法格式如下：

```
if  表达式 1:
    语句 1
elif  表达式 2:
    语句 2
……
```

```
elif  表达式 n:
    语句 n
else:
    语句 n+1
```

if 语句的执行具体如下：

如果“表达式 1”为 True，则将执行“语句 1”块语句，if 语句结束。

如果“表达式 1”为 False，则将判断“表达式 2”，如果“表达式 2”为 True 则将执行“语句 2”块语句，if 语句结束。

……

如果“表达式 n”为 True，则将执行“语句 n”块语句，if 语句结束。

如果“表达式 n”为 False，则将执行“语句 n+1”块语句，if 语句结束。

提醒：Python 中用 elif 代替 else if，所以 if 语句的关键字为 if，elif，else。

3.2.1 实例：每周计划系统

下面编写程序，实现星期一，即输入 1，显示“新的一周开始，开始努力学习！”；星期二到星期五，即输入 2~5 之间的任何整数，显示“努力学习中！”；星期六到星期天，即输入 6 或 7，显示“世界这么大，我要出去看看！”；如果输入 1~7 之外的数，会显示“兄弟，一周就七天，您懂的！”。

单击“开始”菜单，打开 Python 3.7.4 Shell 软件，然后单击菜单栏中的“File/New File”命令，创建一个 Python 文件，并命名为“Python3-3.py”，然后输入如下代码：

```
myday = input("请输入今天星期几：")
day = int(myday)
if day == 1 :
    print("\n 新的一周开始，开始努力学习！ ")
elif day >=2  and  day <=5 :
    print("\n 努力学习中！ ")
elif day == 6 or day == 7 :
    print("\n 世界这么大，我要出去看看！ ")
else :
    print("\n 兄弟，一周就七天，您懂的！ ")
```

单击菜单栏中的“Run/Run Module”命令或按下键盘上的“F5”键，就可以运行程序代码，提醒“请输入今天星期几”，如果输入 1，然后回车，就会显示“新的一周开始，开始努力学习！”，如图 3.6 所示。

如果输入 2、3、4 或 5，然后回车，就会显示“努力学习中！”，如图 3.7 所示。

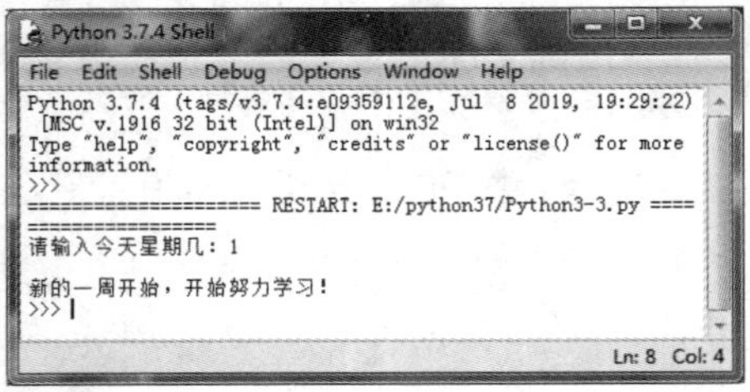

图 3.6　显示“新的一周开始，开始努力学习！”

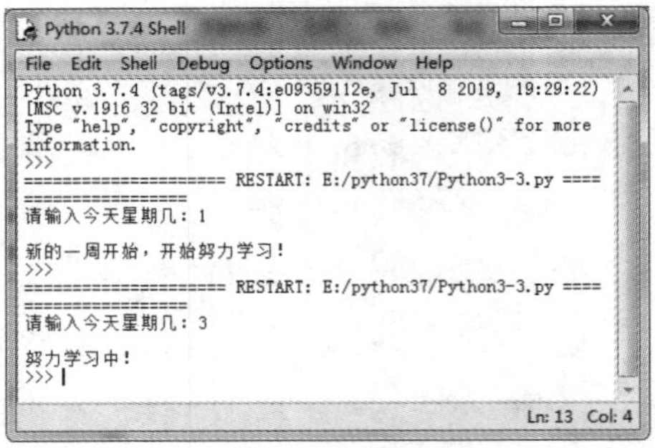

图 3.7　显示“努力学习中！”

如果输入 6 或 7，然后回车，就会显示“世界这么大，我要出去看看！”，如图 3.8 所示。

如果输入 1~7 之外的数，如果输入 9，然后回车，就会显示“兄弟，一周就七天，您懂的！”，如图 3.9 所示。

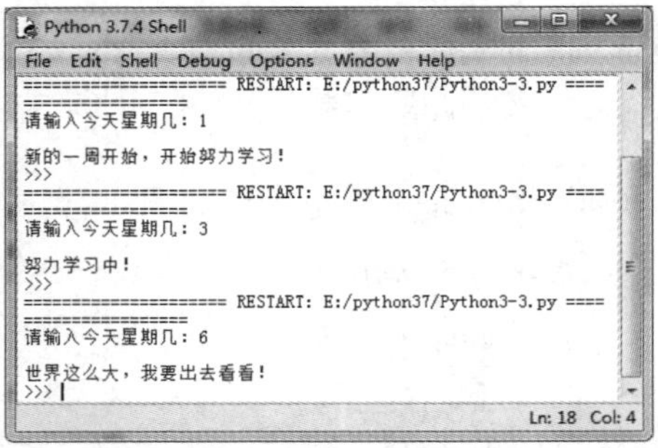

图 3.8　显示“世界这么大，我要出去看看！”

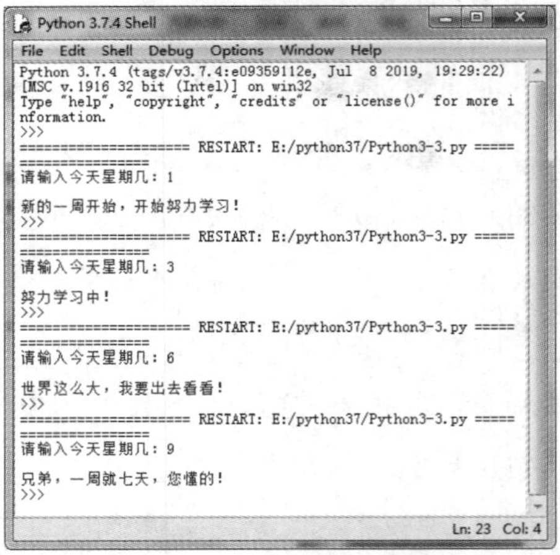

图 3.9　显示“兄弟，一周就七天，您懂的！”

3.2.2　实例：企业奖金发放系统

企业发放奖金一般根据利润提成来定，具体规则如下：

第一，利润低于或等于 10 万元时，奖金可提成 5%。

第二，利润高于 10 万元，低于 20 万元时，低于 10 万元的部分按 5% 提成，高于 10 万元的部分，可提成 8%。

第三，利润为 20 万～ 40 万元之间时，高于 20 万元的部分，可提成 10%。

第四，利润为 40 万 ~ 60 万元之间时，高于 40 万元的部分，可提成 15%。

第五，利润为 60 万 ~ 100 万元之间时，高于 60 万元的部分，可提成 20%。

第六，利润高于 100 万元时，超过 100 万元的部分按 25% 提成。

下面编写代码，实现动态输入员工的利润，算出员工的提成，即发放的奖金。

单击“开始”菜单，打开 Python 3.7.4 Shell 软件，然后单击菜单栏中的“File/New File”命令，创建一个 Python 文件，并命名为“Python3-4.py”，然后输入如下代码：

```
mygain = input("请输入你当前年份的利润：")
gain = float(mygain)
#根据不同的利润，编写不同的提成计算方法
reward1 = 100000 * 0.05
reward2 = reward1 + 100000 * 0.08
reward3 = reward2 + 200000 * 0.1
reward4 = reward3 + 200000 * 0.15
reward5 = reward4  + 400000 * 0.2
#利用 if 语句实现，根据输入利润的多少，计算出奖金提成来
if  gain < 100000  :
    reward = gain * 0.05
elif  gain < 200000  :
    reward = reward1 + (gain-100000) * 0.08
elif  gain < 400000  :
    reward = reward2 + (gain-200000) * 0.1
elif  gain < 600000  :
    reward = reward3 + (gain-400000) * 0.15
elif  gain < 1000000  :
    reward = reward4 + (gain-600000) * 0.2
else :
    reward = reward5 + (gain- 1000000) * 0.25
print("\n\n 员工的利润是：",gain,"\t 员工的奖金是：",reward)
```

单击菜单栏中的“Run/Run Module”命令或按下键盘上的“F5”键，就可以运行程序代码，提醒“请输入你当前年份的利润”，假如在这里输入“790000”，然后回车，就可以看到其奖金，如图 3.10 所示。

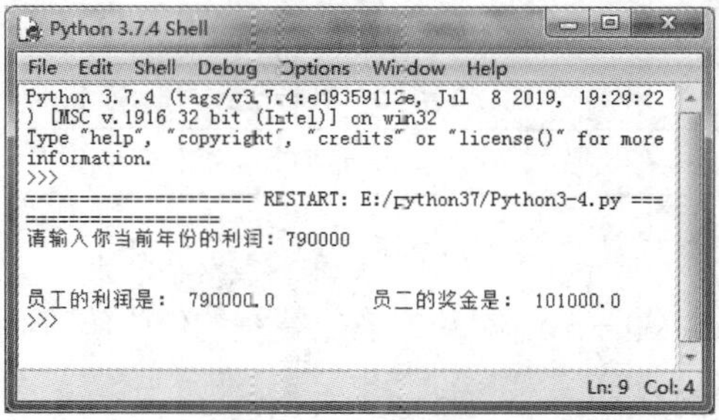

图 3.10 企业奖金发放系统

需要注意的是，101000 元的奖金的来源如下：

第一个利润 10 万元，奖金为 100000 × 0.05=5000 元。

第二个利润 10 万元，奖金为 100000 × 0.08=8000 元。

第一个利润 20 万元，奖金为 200000 × 0.1 = 20000 元。

第二个利润 20 万元，奖金为 $200000 \times 0.15 = 30000$ 元。

79−10−10−20−20=19（万元），这 19 万元的提成比例为 20%，奖金为 $190000 \times 0.2 = 38000$ 元。

这样，奖金为 5000+8000+20000+30000+38000=101000 元。

3.3 关系运算符

关系运算用于对两个量进行比较。在 Python 中，关系运算符有 6 种关系，分别为小于、小于等于、大于、等于、大于等于和不等于。

3.3.1 关系运算符及意义

关系运算符及意义如表 3.1 所示。

表 3.1 关系运算符及意义

关系运算符	意义
==	等于，比较对象是否相等
!=	不等于，比较两个对象是否不相等
>	大于，返回 x 是否大于 y
<	小于，返回 x 是否小于 y。所有比较运算符返回 1 表示真，返回 0 表示假。这分别与特殊的变量 True 和 False 等价。注意：这些变量名需要大写
>=	大于等于，返回 x 是否大于等于 y
<=	小于等于，返回 x 是否小于等于 y

在使用关系运算符时，要注意如下 3 点：

第一，后 4 种关系运算符的优先级别相同，前 2 种也相同。后 4 种优先级高于前 2 种。

第二，关系运算符的优先级低于算术运算符。

第三，关系运算符的优先级高于赋值运算符。

3.3.2 实例：学生成绩评语系统

现在学生的成绩分为 5 级，分别是 A、B、C、D 和 E。A 表示学生的成绩在全市或全区的前 10%；B 表示学生的成绩在全市或全区的前 10%~20%；C 表示学生的成绩在全市或全区的前 20%~50%；D 表示学生的成绩在全市或全区的 50%~80%；E 表示学生的成绩在全市或全区的后 20%。在一次期末考试成绩中，成绩大于等于 90 的是 A；成绩大于等于 82 的是 B；成绩大于等于 75 的是 C；成绩大于等于 50 的是 D；成绩小于 50 的是 E。下面编程实现学生成绩评语系统。

单击“开始”菜单，打开 Python 3.7.4 Shell 软件，然后单击菜单栏中的“File/New File”命令，创建一个 Python 文件，并命名为“Python3-5.py”，然后输入如下代码：

```
stuscore = input("请输入学生的成绩：")
score  = int(stuscore)
if score > 100 :
    print("\n 学生的成绩最高为 100，您太会逗了！ ")
elif  score == 100 :
    print("\n 您太厉害了，满分，是 A 级！ ")
elif  score >= 90 :
    print("\n 您的成绩很优秀，是 A 级！ ")
elif  score >= 82 :
    print("\n 您的成绩优良，是 B 级，还要努力呀！ ")
elif  score >= 75 :
    print("\n 您的成绩中等，是 C 级，加油才行哦！ ")
elif  score >= 50 :
    print("\n 您的成绩差，是 D 级，不要放弃，爱拼才会赢！ ")
elif  score >= 0 :
    print("\n 您的成绩很差，是 E 级，只要努力，一定会有所进步！ ")
else:
    print("\n 哈哈，您输错了吧，不可能 0 分以下！ ")
```

在这里，首先定义变量 stuscore，用于存放 input() 函数动态输入的值，注意这里的变量 stuscore 是字符串。为了在后面的 if 语句利用 stuscore 变量进行判断，要把它转化为整型变量。score= int(stuscore) 代码，就把 stuscore 变量转化为整型变量，并存放在 score 变量中。

在这里，如果整型变量 score 大于 100，则会显示“学生的成绩最高为 100，您太会逗了！”

如果整型变量 score 等于 100，则会显示“您太厉害了，满分，是 A 级！”

如果整型变量 score 大于或等于 90，则会显示“您的成绩很优秀，是 A 级！”

如果整型变量 score 大于或等于 82，则会显示“您的成绩优良，是 B 级，还要努力呀！”

如果整型变量 score 大于或等于 75，则会显示“您的成绩中等，是 C 级，加油才行哦！”

如果整型变量 score 大于或等于 50，则会显示“您的成绩差，是 D 级，不要放弃，爱拼才会赢！”

如果整型变量 score 大于或等于 0，则会显示“您的成绩很差，是 E 级，只要努力，一定会有所进步！”

如果整型变量 score 小于 0，则会显示“哈哈，您输错了吧，不可能 0 分以下！”

单击菜单栏中的“Run/Run Module”命令或按下键盘上的“F5”键，就可以运行程序代码，并提醒“请输入学生的成绩”，如果输入 94，就会显示“您的成绩很优秀，是 A 级！”，如图 3.11 所示。

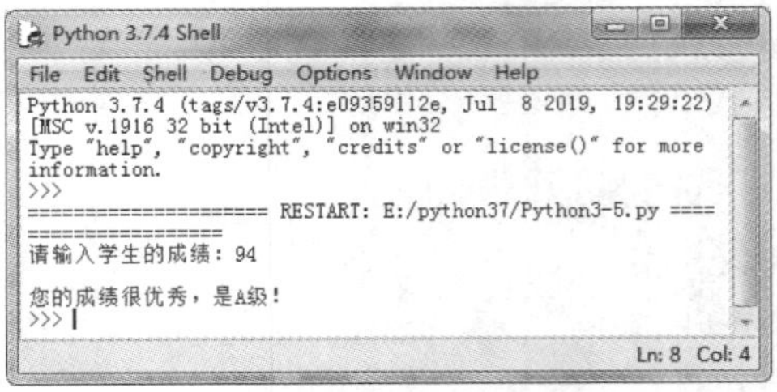

图 3.11　成绩评语系统

3.3.3　实例：分解一个不多于 5 位的正整数

任意输入一个不多于 5 位的正整数，通过 Python 代码编程实现：

第一，求出输入的数是几位数；

第二，逆序打印出各位数字。

单击“开始”菜单，打开 Python 3.7.4 Shell 软件，然后单击菜单栏中的“File/New File”命令，创建一个 Python 文件，并命名为“Python3-6.py”，然后输入如下代码：

```
x = int(input("请输入一个不多于5位的正整数:"))  #输入一个不多于5位的正整数
a = int(x / 10000)         #变量a为，x除以10000的商的整数
b = int(x % 10000 / 1000)  #变量b为，x除以10000的余数，再除以1000的商的整数
c = int(x % 1000 / 100)    #变量c为，x除以1000的余数，再除以100的商的整数
d = int(x % 100 / 10)      #变量d为，x除以100的余数，再除以10的商的整数
e = int(x % 10)            #变量x为，x除以10的余数
if a != 0:                 #如果a不等于0，则是5位数
   print("输入的数是 5 位数，这个数逆序打印为：",e,d,c,b,a)
elif b != 0:
   print("输入的数是 4 位数，这个数逆序打印为：",e,d,c,b)
elif c != 0:
   print("输入的数是 3 位数，这个数逆序打印为：",e,d,c)
elif d != 0:
   print("输入的数是 2 位数，这个数逆序打印为：",e,d)
else:
   print("输入的数是 1 位数，这个数为：",e)
```

单击菜单栏中的“Run/Run Module”命令或按下键盘上的“F5”键，就可以运行程序代码，提醒“请输入一个不多于 5 位的正整数”，如果输入 56329，然后回车，则结果如图 3.12 所示。

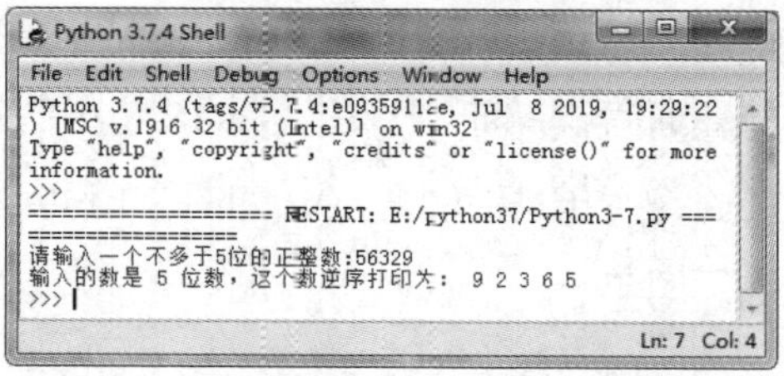

图 3.12 分解一个不多于 5 位的正整数

3.4 逻辑运算符

逻辑运算符可以把语句连接成更为复杂的复杂语句。在 Python 中，逻辑运算符有 3 个，分别是 and、or 和 not。

3.4.1 逻辑运算符及意义

逻辑运算符及意义如表 3.2 所示。

表 3.2 逻辑运算符及意义

运算符	逻辑表达式	意义
and	x and y	布尔“与”，如果 x 为 False，则 x and y 返回 False，否则它返回 y 的计算值
or	x or y	布尔“或”，如果 x 为 True，则它返回 x 的值，否则它返回 y 的计算值
not	not x	布尔“非”，如果 x 为 True，则返回 False。如果 x 为 False，则返回 True

在使用逻辑运算符时，要注意如下两点：

第一，逻辑运算符的优先级低于关系运算符。

第二，当 not、and 和 or 在一起使用时，优先级为 not>and>or。

3.4.2 实例：闰年和平年

平年一年有 365 天，而闰年一年有 366 天。闰年是为了弥补因人为历法规定造成的年度天数与地球实际公转周期的时间差而设立的，补上时间差的年份为闰年。

闰年分为两种，即普通闰年和世纪闰年。

普通闰年是指能被 4 整除但不能被 100 整除的年份。例如，2012 年、2016 年是普通闰年，而 2017 年、2018 年不是普通闰年。

世纪闰年是指能被 400 整除的年份。例如，2000 年是世纪闰年，而 1900 不是世纪闰年。

下面编写程序实现判断输入的年份是闰年还是平年。

单击“开始”菜单，打开 Python 3.7.2 Shell 软件，然后单击菜单栏中的“File/New File”命令，创建一个 Python 文件，并命名为“Python3-7.py”，然后输入如下代码：

```
year = input("请输入一个年份：")
myyear  =  int(year)
if   myyear % 4 ==0 and myyear % 100 !=0 :
    print("\n 您输入的年份是：",myyear,"，这一年是普通闰年！ ")
elif  myyear % 400 ==0 :
    print("\n 您输入的年份是：",myyear,"，这一年是世纪闰年。" )
else :
    print("\n 您输入的年份是：",myyear,"，这一年是平年。")
```

单击菜单栏中的“Run/Run Module”命令或按下键盘上的“F5”键，就可以运行程序代码，并提醒“请输入一个年份”，这里输入 2000，回车，则结果如图 3.13 所示。

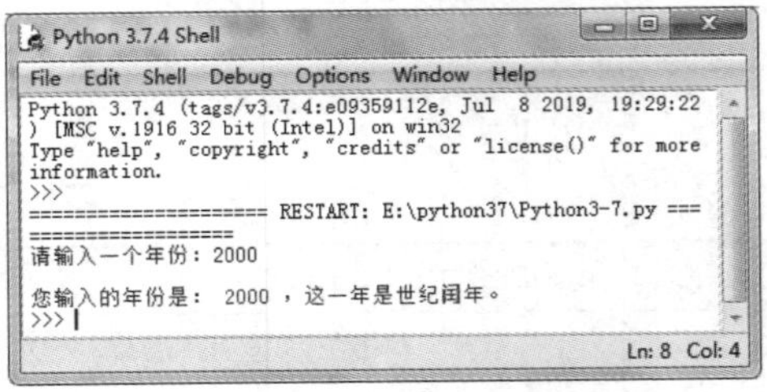

图 3.13　2000 年是世纪闰年

如果运行程序后，输入 2019，回车，则结果如图 3.14 所示。

如果运行程序后，输入 2020，回车，则结果如图 3.15 所示。

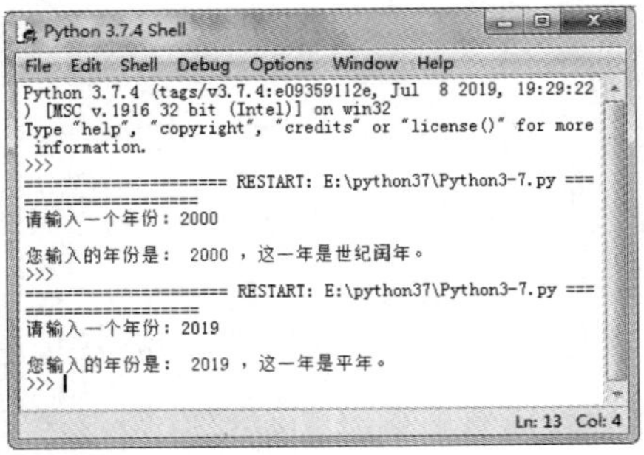

图 3.14　2019 年是平年

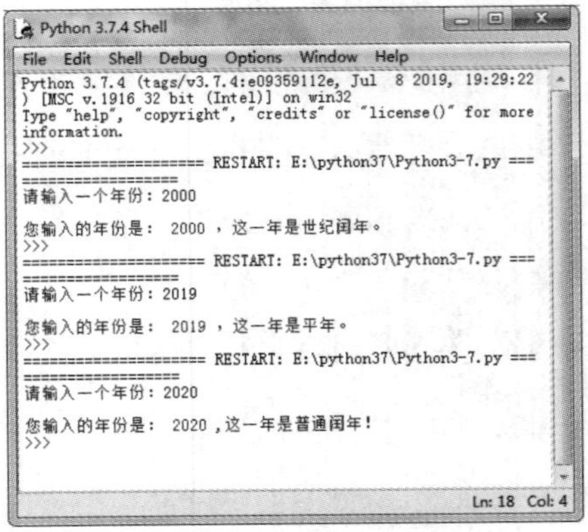

图 3.15　2020 年是普通闰年

3.4.3 实例：剪刀、石头、布游戏

下面利用 Python 代码，实现剪刀、石头、布游戏，其中 1 表示布，2 表示剪刀，3 表示石头。

单击“开始”菜单，打开 Python 3.7.4 Shell 软件，然后单击菜单栏中的“File/New File”命令，创建一个 Python 文件，并命名为“Python3-8.py”，然后输入如下代码：

```
import  random                                   # 导入 random 标准库
gameplayer = int(input("请输入您要出的拳，其中 1 表示布、2 表示剪刀、3 表示石
头 :"))
gamecomputer = random.randint(1,3)               # 产生一个 1~3 的随机整数
if ((gameplayer ==1 and gamecomputer == 3 ) or (gameplayer == 2 and
gamecomputer == 1) or (gameplayer == 3 and gamecomputer == 2)):
    print("\n 您是游戏高手，比赛结果是您赢了！ ")
elif  gameplayer == gamecomputer :
    print("\n 您玩游戏和计算机一样厉害，比赛结果是平了！ ")
else :
    print("\n 计算机玩游戏就是厉害，比赛结果是计算机赢了！ ")
```

这里要使用随机函数，所以要先导入 random 标准库。然后利用 input() 函数输入一个数，注意只能是 1、2 或 3，其中 1 表示布，2 表示剪刀，3 表示石头。由于这里使用的是整型变量，所以还要把 input() 函数输入的数利用 int() 函数转化为整型。

接着调用 random.randint(1,3)，产生一个 1~3 的随机整数，然后利用 if 语句进行判断。

单击菜单栏中的“Run/Run Module”命令或按下键盘上的“F5”键，就可以运行程序代码，并提醒“请输入您要出的拳”，如果输入 1，即布，则这时计算机随机产生一个数，然后进行条件判断，结果如图 3.16 所示。

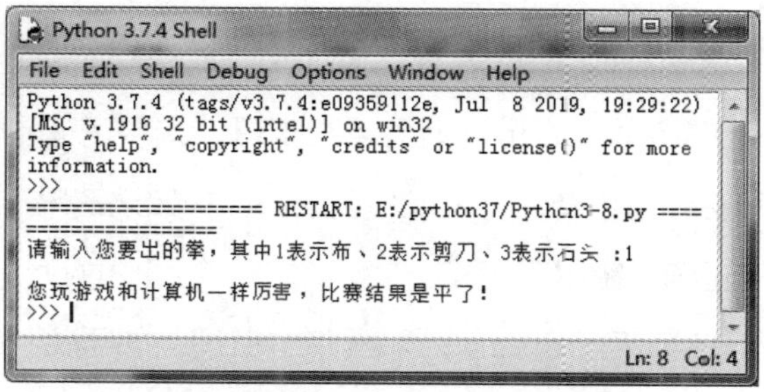

图 3.16　剪刀、石头、布游戏

3.5 嵌套 if 语句

在嵌套 if 语句中，可以把 if...elif...else 结构放在另一个 if...elif...else 结构中。

3.5.1 嵌套 if 语句的一般格式

嵌套 if 语句的一般格式如下：

```
if 表达式 1:
    语句 1
    if 表达式 2:
        语句 2
    elif 表达式 3:
        语句 3
    else:
        语句 4
elif 表达式 4:
    语句 5
else:
    语句 6
```

嵌套 if 语句的执行具体如下：

如果“表达式 1”为 True，则将执行“语句 1”块语句，并判断“表达式 2”；如果“表达式 2”为 True 则将执行“语句 2”块语句；如果“表达式 2”为 False，则将判断“表达式 3”，如果“表达式 3”为 True 则将执行“语句 3”块语句。如果“表达式 3”为 False，则将执行“语句 4”块语句。

如果“表达式 1”为 False，则将判断“表达式 4”。如果“表达式 4”为 True 则将执行“语句 5”块语句；如果“表达式 4”为 False，则将执行“语句 6”块语句。

3.5.2 实例：后台用户登录系统

如果输入的用户名是 admin，则再判断密码。如果密码是 admin2020，就会显示“用户名和密码都正确，可以成功登录！”；如果密码不是 admin2020，就会显示“用户名正确，密码不正确！”。

如果输入的用户名不是 admin，则再判断密码。如果密码是 admin2020，就会显示“用户名不正确，密码正确！”；如果密码不是 admin2020，就会显示“用户名和密码都不正确！”。

单击“开始”菜单，打开 Python 3.7.4 Shell 软件，然后单击菜单栏中的“File/New File”命令，创建一个 Python 文件，并命名为“Pythcn3-9.py”，然后输入如下代码：

```
name = input(" 请输入用户名： ")
pwd = input(" 请输入用户密码： ")
if name == "admin" :
    if pwd == "admin2020" :
        print(" 用户名和密码都正确，可以成功登录！ ")
    else :
        print(" 用户名正确，密码不正确！ ")
else :
    if pwd == "admin2020" :
        print(" 用户名不正确，密码正确！ ")
    else :
        print(" 用户名和密码都不正确！ ")
```

单击菜单栏中的“Run/Run Module”命令或按下键盘上的“F5”键，就可以运行程序代码，提醒“请输入用户名”。如果输入 admin，然后回车，则又会提醒“请输入用户密码”。如果输入 qd123456，然后回车，则这时会显示“用户名正确，密码不正确！”，如图 3.17 所示。

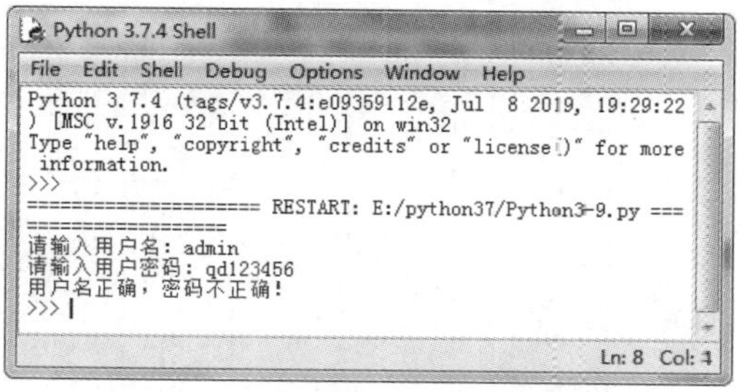

图 3.17　后台用户登录系统

3.5.3 实例：判断一个数是否是 2 或 3 的倍数

单击“开始”菜单，打开 Python 3.7.4 Shell 软件，然后单击菜单栏中的“File/New File”命令，创建一个 Python 文件，并命名为“Python3-10.py”，然后输入如下代码：

```
mynum = input(" 输入一个数字： ")
num = int(mynum)
if num % 2 == 0  :
    if num % 3 == 0 :
        print ("\n 输入的数字可以整除 2 和 3")
    else:
        print ("\n 输入的数字可以整除 2，但不能整除 3")
```

```
else:
    if num % 3 == 0 :
        print ("\n 输入的数字可以整除 3, 但不能整除 2")
    else:
        print  ("\n 输入的数字不能整除 2 和 3")
```

单击菜单栏中的“Run/Run Module”命令或按下键盘上的“F5”键，就可以运行程序代码，并提醒“输入一个数字”。如果输入 12，就会显示“输入的数字可以整除 2 和 3”；如果输入 22，就会显示“输入的数字可以整除 2，但不能整除 3”。在这里输入 27，显示“输入的数字可以整除 3，但不能整除 2”，如图 3.18 所示。

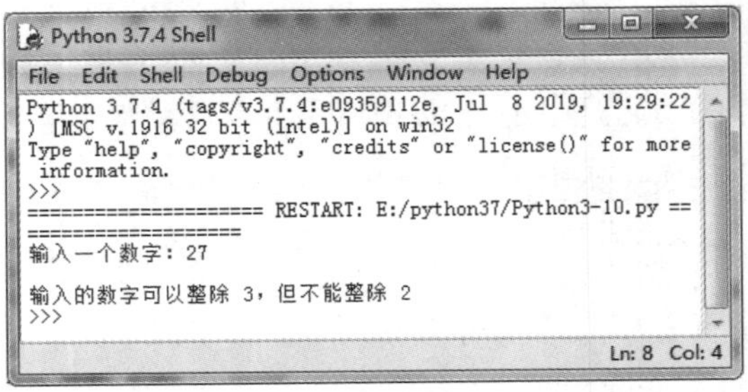

图 3.18　判断一个数是否是 2 或 3 的倍数

第 4 章

Python 编程的循环结构

在程序设计中，循环是指从某处开始有规律地反复执行某一块语句的现象，我们将反复执行的块语句称为循环的循环体。使用循环体可以简化程序，节约内存、提高效率。

本章主要内容包括：

- while 循环的一般格式
- 实例：计算 1+2+3+…+120 的和
- 实例：显示 150 之内的自然数
- while 循环中使用 else 语句的一般格式
- 实例：计算 120 之内偶数的和
- 实例：随机产生 15 个随机数，并显示最小的数
- 实例：阶乘求和
- 无限循环
- 实例：可以玩多次的剪刀、石头、布游戏
- 实例：可以查多次的学生成绩评语系统
- for 循环的一般格式
- 实例：遍历显示学生的姓名
- range() 函数
- 实例：显示 150 之内的奇数
- 实例：求两个正整数的最大公约数
- 实例：9×9 乘法表
- 实例：绘制 ※ 的菱形
- 实例：弗洛伊德三角形
- break 语句
- continue 语句

4.1 while 循环

while 循环是计算机的一种基本循环模式，当满足条件时进入循环，进入循环后，当条件不满足时，跳出循环。

4.1.1 while 循环的一般格式

在 Python 中，while 循环的一般格式如下：

```
while 判断条件:
    语句
```

对 while 循环语句同样需要注意冒号和缩进。另外，在 Python 中没有 do...while 循环。

4.1.2 实例：计算 1+2+3+…+120 的和

下面编写 Python 代码，计算 1+2+3+…+120 的和。

单击“开始”菜单，打开 Python 3.7.4 Shell 软件，然后单击菜单栏中的“File/New File”命令，创建一个 Python 文件，并命名为“Python4-1.py”，然后输入如下代码：

```
mysum = 0            # 定义两个整型变量
num = 1
while num<=120 :     # 条件是 num 小于等于 120，就继续执行 while 循环体中的代码
    mysum= mysum + num
    num +=1          #mysum 变量就是 1+2+……+120 的和，而 num 变量是循环计数
print("1 加到 120 的和为: " ,mysum)
```

单击菜单栏中的“Run/Run Module”命令或按下键盘上的“F5”键，就可以运行程序代码，如图 4.1 所示。

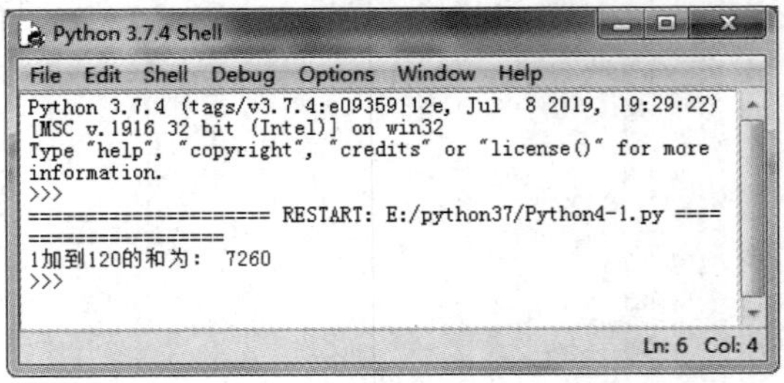

图 4.1 计算 1+2+3+…+120 的和

4.1.3 实例：显示 150 之内的自然数

单击“开始”菜单，打开 Python 3.7.4 Shell 软件，然后单击菜单栏中的“File/New File”命令，创建一个 Python 文件，并命名为“Python4-2.py”，然后输入如下代码：

```
i = 1
print("\n\n------------------显示 150 之内的自然数------------------\n\n")
while i<= 150 :
    print(i,"\t",end="")     # 不换行显示
    i = i+1
```

单击菜单栏中的“Run/Run Module”命令或按下键盘上的“F5”键，就可以运行程序代码，如图 4.2 所示。

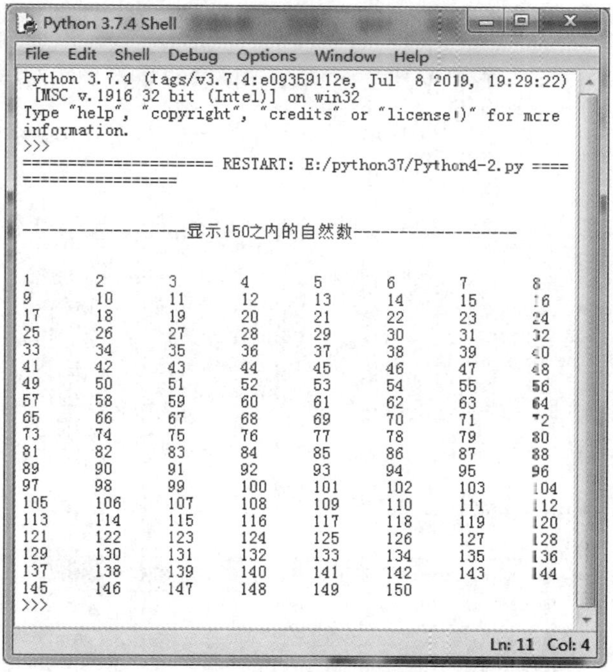

图 4.2 显示 150 之内的自然数

4.2 while 循环中使用 else 语句

在 while...else 语句中，如果条件语句为 False，则执行 else 语句块。

4.2.1 while 循环中使用 else 语句的一般格式

在 Python 中，while 循环中使用 else 语句的一般格式如下：

```
while 判断条件:
    语句 1
else
    语句 2
```

while 循环中使用 else 语句：

第一，如果“判断条件”为 True，则进入循环，即反复执行“语句 1”块语句。

第二，进入循环后，当条件不满足时，跳出 while 循环，开始执行“语句 2”块语句。

4.2.2 实例：计算 120 之内偶数的和

单击“开始”菜单，打开 Python 3.7.4 Shell 软件，然后单击菜单栏中的“File/New File”命令，创建一个 Python 文件，并命名为“Python4-3.py”，然后输入如下代码：

```
mysum = 0
num = 1
while num<= 120 :
    if num % 2 == 0 :
        mysum= mysum + num
    num +=1
else :
    print("120 之内偶数的和为: " ,mysum)
```

单击菜单栏中的“Run/Run Module”命令或按下键盘上的“F5”键，就可以运行程序代码，计算出 120 之内偶数的和，如图 4.3 所示。

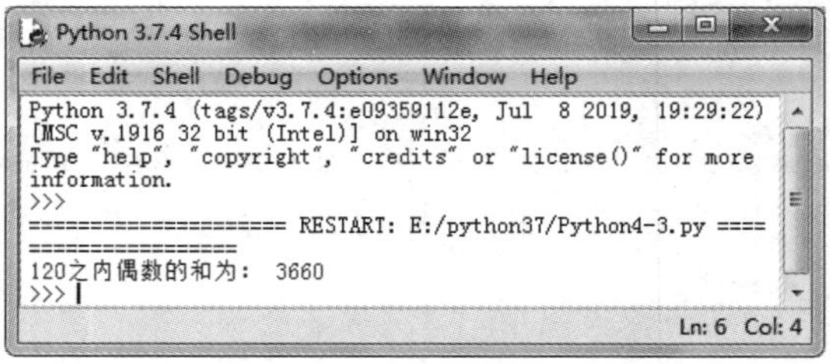

图 4.3　120 之内偶数的和

4.2.3 实例：随机产生 15 个随机数，并显示最小的数

单击“开始”菜单，打开 Python 3.7.4 Shell 软件，然后单击菜单栏中的“File/

New File”命令，创建一个 Python 文件，并命名为“Python4-4.py”，然后输入如下代码：

```
import random                                    # 导入 random 标准库
mymin =200                                       # 定义变量，存放随机数中的最小数
i = 1                                            # 定义变量，用于统计循环次数
while i <= 15 :
    r = random.randint(50,150)                   # 在 50~150 之间随机产生一个数
    i += 1                                       # 循环次数加 1
    print(" 第 %d 随机数是 : %s "%(i-1,r))      # 显示第几个随机数是几
    if r < mymin:
        mymin = r                                # 把随机数中的最小数放到 mymin 中
else :
    print("\n\n 这 15 个数中，最小的数是：",mymin)
```

首先导入 random 标准库，这样在下面的程序中，就可以利用 random.randint() 函数。然后定义两个整型变量，分别存放随机数的最小值和用于统计循环次数。

接下来，利用 while 循环语句，产生 15 个随机数，并显示这 15 个随机数，最后显示这 15 个数中最小的数。

单击菜单栏中的“Run/Run Module”命令或按下键盘上的“F5”键，就可以运行程序代码，如图 4.4 所示。

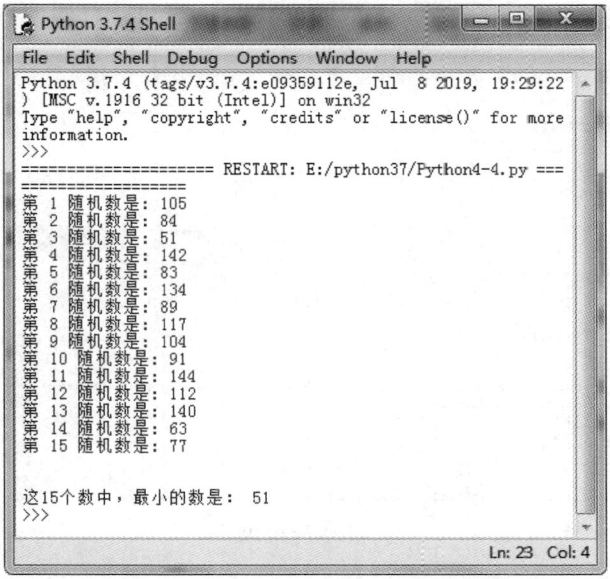

图 4.4　随机产生 15 个随机数，并显示最小的数

4.2.4 实例：阶乘求和

阶乘是基斯顿·卡曼（Christian Kramp，1760 ~ 1826）于 1808 年发明的运算符号，是数学术语。

一个正整数的阶乘是所有小于及等于该数的正整数的积，并且 0 的阶乘为 1。自然数 n 的阶乘写作 n!，其计算公式如下：

n!=1×2×3×…×n

下面编写 Python 代码，求出 1！ +2！ +……+12！ 之和。

单击“开始”菜单，打开 Python 3.7.4 Shell 软件，然后单击菜单栏中的“File/New File”命令，创建一个 Python 文件，并命名为“Python4-5.py”，然后输入如下代码：

```
n = 0                    # 定义整型变量，用于统计循环次数
t = 1                    # 定义整型变量，用于计算每个数的阶乘
s = 0                    # 定义整型变量，用于计算阶乘之和
while  n < 12 :
    n = n +1             # 变量 n 加 1
    t = t * n            # 每个数的阶乘
    s = s + t            # 阶乘之和
else :
    print("1!+2!+……+12! = %d" % s)
```

在这里首先定义 3 个变量，分别用于统计循环次数、计算每个数的阶乘、计算阶乘之和。接下来利用 while 循环语句实现阶乘之和，最后打印输出。

单击菜单栏中的“Run/Run Module”命令或按下键盘上的“F5”键，就可以运行程序代码，求出 1！ +2！ +……+12！ 之和，如图 4.5 所示。

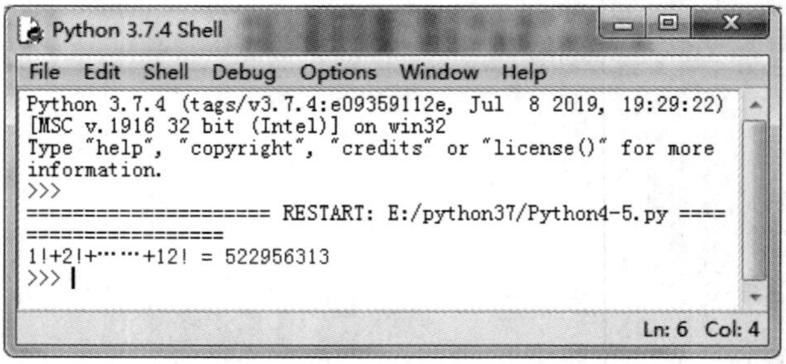

图 4.5 阶乘求和

4.3 无限循环

可以通过设置条件表达式永远为 True 来实现无限循环。下面通过实例来说明。

单击“开始”菜单，打开 Python 3.7.4 Shell 软件，然后单击菜单栏中的“File/New File”命令，创建一个 Python 文件，并命名为“Python4-6.py”，然后输入如下代码：

```
num = 5
while num == 5 :        # 表达式永远为 true
    mystr = input(" 请输入一个字母或一个数字  :")
    print (" 您输入的字母或数字是 : ", mystr)
```

单击菜单栏中的“Run/Run Module”命令或按下键盘上的“F5”键，就可以运行程序代码，这时显示“请输入一个字母或一个数字”，随便输入一个字母或数字，就会显示这个字母或数字，并继续显示“请输入一个字母或一个数字”，程序就这样无限循环运行下去，如图 4.6 所示。

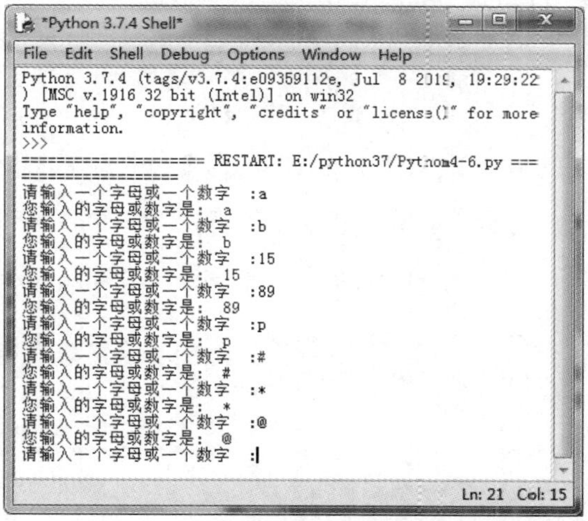

图 4.6 无限循环

对于无限循环，如何结束程序运行呢？按下键盘上的“Ctrl+C”键，就可以结束无限循环。

4.3.1 实例：可以玩多次的剪刀、石头、布游戏

单击“开始”菜单，打开Python 3.7.4 Shell软件，然后单击菜单栏中的“File/New File”命令，创建一个Python文件，并命名为“Python4-7.py”，然后输入如下代码：

```
import  random                                            # 导入 random 标准库
num = 1
while num == 1 :
     gameplayer = int(input("\n\n 请输入您要出的拳，其中 1 表示布、2 表示剪刀、3 表示石头 :"))
     if  gameplayer == 666 :
         print(" 剪刀、石头、布游戏结束！ ")
         break
     gamecomputer = random.randint(1,3)              # 产生一个 1~3 的随机整数
     if  ((gameplayer ==1  and  gamecomputer  ==  3  )  or  (gameplayer  ==  2  and gamecomputer == 1) or (gameplayer == 3 and gamecomputer == 2)):
         print("\n 您是游戏高手，比赛结果是您赢了！ ")
     elif  gameplayer == gamecomputer  :
         print("\n 您玩游戏和计算机一样厉害，比赛结果是平了！ ")
     else :
         print("\n 计算机玩游戏就是厉害，比赛结果是计算机赢了！ ")
```

首先为变量num赋值为1，而while循环的条件是num==1，所以条件始终成立，这样就是一个无限循环，可以玩多次游戏。

为了退出循环，这里添加一个退出条件，即gameplayer == 666，当此条件成立时，运行break语句，就可以退出while循环，即结束玩游戏。

单击菜单栏中的“Run/Run Module”命令或按下键盘上的“F5”键，就可以运行程序代码，提醒“请输入您要出的拳，其中1表示布、2表示剪刀、3表示石头”，假如输入2，即出的是剪刀，然后回车，如图4.7所示。

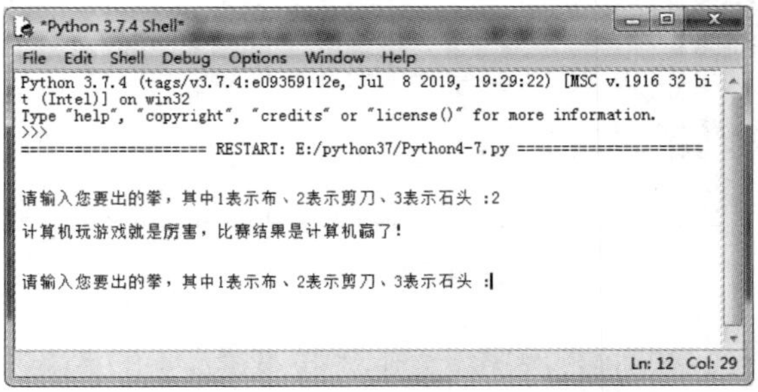

图 4.7　第一次玩游戏

这时又提醒“请输入您要出的拳，其中1表示布、2表示剪刀、3表示石头”，只要不输入666，就可以无限次玩游戏，如图4.8所示。

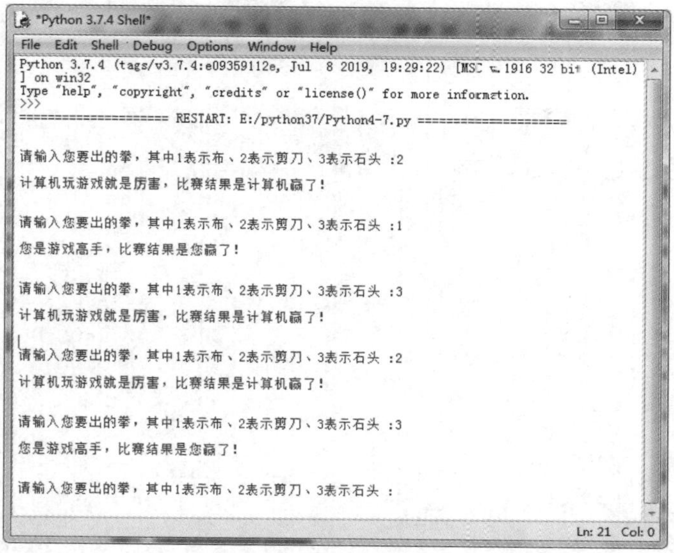

图 4.8　无限次玩游戏

如果输入 666，然后回车，游戏就会结束，如图 4.9 所示。

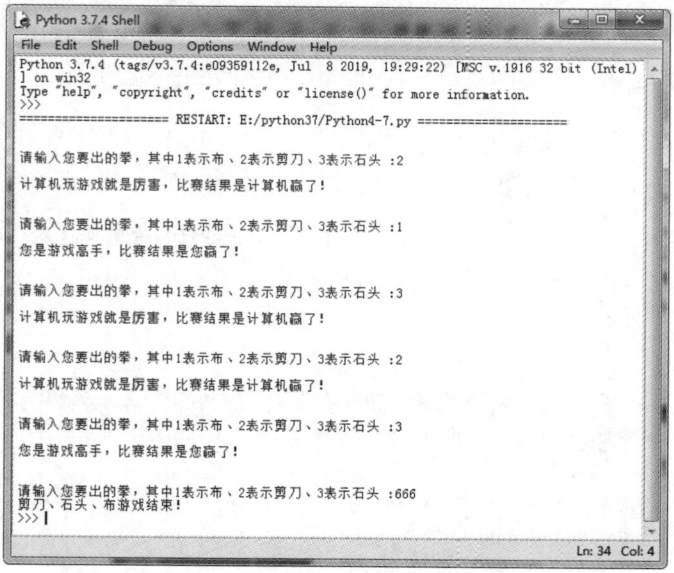

图 4.9　游戏结束

4.3.2　实例：可以查多次的学生成绩评语系统

单击“开始”菜单，打开 Python 3.7.4 Shell 软件，然后单击菜单栏中的“File/

New File”命令，创建一个 Python 文件，并命名为“Python4-8.py”，然后输入如下代码：

```
num =1
while num == 1 :
    stuscore = input("\n\n 请输入学生的成绩：")
    score  = int(stuscore)
    if score == 888 :
        print(" 程序结束！ ")
        break
    if score > 100 :
        print("\n 学生的成绩最高为 100，您太会逗了！ ")
    elif  score == 100 :
        print("\n 您太厉害了，满分，是 A 级！ ")
    elif  score >= 90 :
        print("\n 您的成绩很优秀，是 A 级！ ")
    elif  score >= 82 :
        print("\n 您的成绩优良，是 B 级，还要努力呀！ ")
    elif  score >= 75 :
        print("\n 您的成绩中等，是 C 级，加油才行哦！ ")
    elif  score >= 50 :
        print("\n 您的成绩差，是 D 级，不要放弃，爱拼才会赢！ ")
    elif  score >= 0 :
        print("\n 您的成绩很差，是 E 级，只要努力，一定会有所进步！ ")
    else:
        print("\n 哈哈，您输错了吧，不可能 0 分以下！ ")
```

首先为变量 num 赋值为 1，而 while 循环的条件是 num==1，所以条件始终成立，这样就是一个无限循环，可以查看多次学生成绩评语。

为了退出循环，这里添加一个退出条件，即 score == 888，当此条件成立时，运行 break 语句，就可以退出 while 循环，即结束程序。

单击菜单栏中的“Run/Run Module”命令或按下键盘上的“F5”键，就可以运行程序代码，提醒“请输入学生的成绩”，假如输入 92，然后回车，如图 4.10 所示。

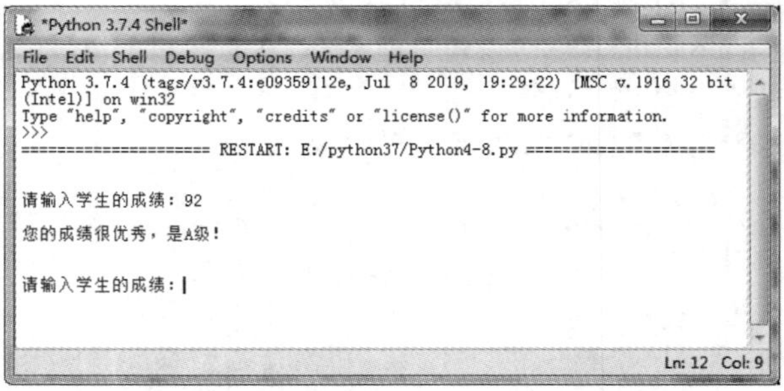

图 4.10 查看学生成绩评语

这时又提醒“请输入学生的成绩”，只要不输入 888，就可以无限次查看学生成绩评语，如图 4.11 所示。

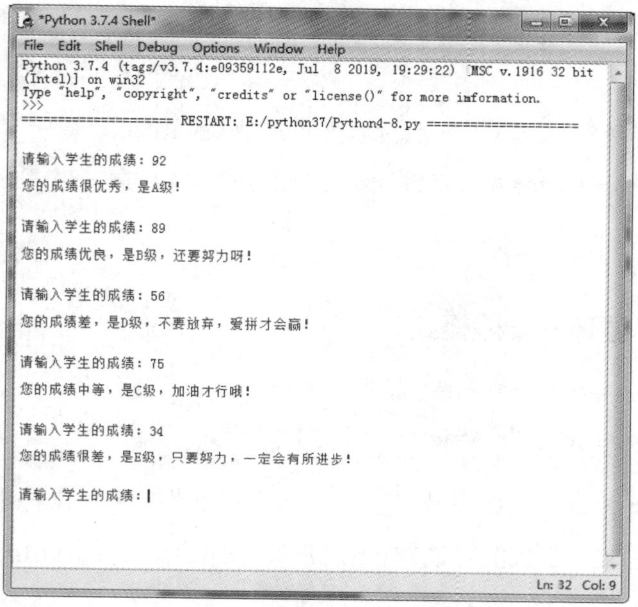

图 4.11　无限次查看学生成绩评语

如果输入 888，然后回车，程序就会结束，如图 4.12 所示。

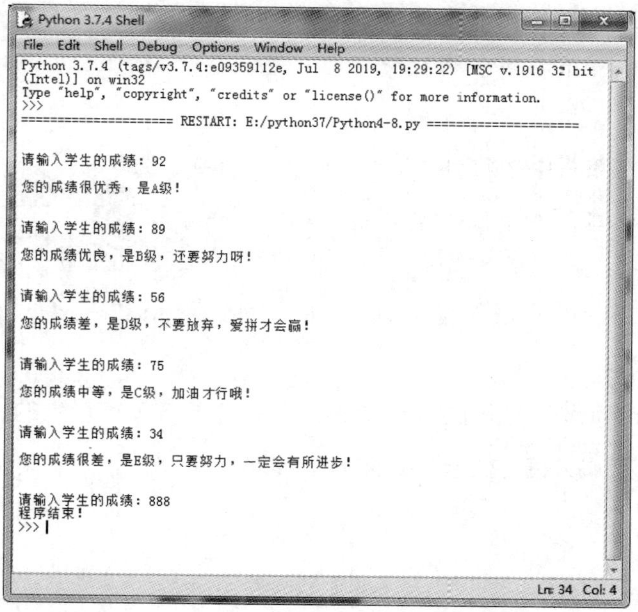

图 4.12　游戏结束

4.4 for 循环

for 循环提供了 Python 中最强大的循环结构。for 循环是一种迭代循环机制，而 while 循环是条件循环，迭代即重复相同的逻辑操作，每次操作都是基于上一次的结果而进行的。for 循环可以遍历任何序列的项目，如一个列表或者一个字符串等。

4.4.1 for 循环的一般格式

在 Python 中，for 循环的一般格式如下：

```
for <variable> in <sequence>:
    <statements>
```

每次循环，variable 迭代变量被设置为可迭代对象（字符串、序列、迭代器或者其他支持迭代的对象）的当前元素，提供给 statements 语句块使用。

4.4.2 实例：遍历显示学生的姓名

下面编写 Python 程序，遍历显示学生的姓名。

单击“开始”菜单，打开 Python 3.7.4 Shell 软件，然后单击菜单栏中的“File/New File”命令，创建一个 Python 文件，并命名为“Python4-9.py”，然后输入如下代码：

```
names = ["周涛", "王佳欣", "王雨欣", "张高远","高飞","李硕","周文康","宫志伟"]
print("\n遍历显示学生的姓名：\n")
for stuname in names:
    print(stuname)
```

首先定义了一个列表变量 names，用于存放学生的姓名，然后就利用 for 循环进行遍历显示。

单击菜单栏中的“Run/Run Module”命令或按下键盘上的“F5”键，就可以运行程序代码，遍历显示学生的姓名，如图 4.13 所示。

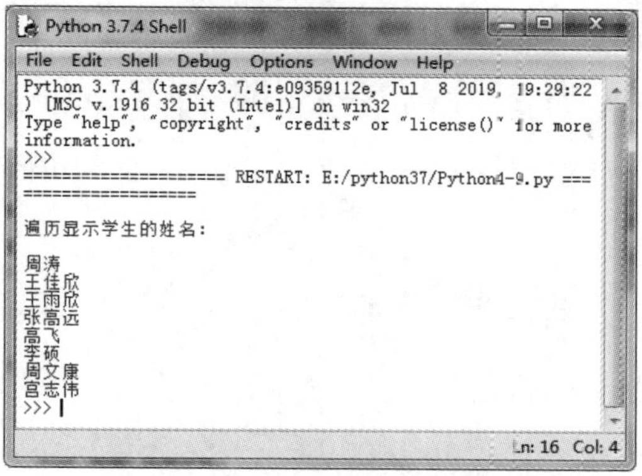

图 4.13　遍历显示学生的姓名

4.5　在 for 循环中使用 range() 函数

如果需要遍历数字序列，则可以使用内置 range() 函数，它会生成数列。

4.5.1　range() 函数

range() 函数的语法如下：

```
range(stop)
range(start, stop[, step])
```

range() 函数是一个用来创建算数级数序列的通用函数，返回一个 [start, start + step, start + 2 * step, ……] 结构的整数序列。range 函数具有如下特性：

第一，如果 step 参数缺省，则默认 1；如果 start 参数缺省，则默认 0。

第二，如果 step 是正整数，则最后一个元素（start + i×step）小于 stop。

第三，如果 step 是负整数，则最后一个元素（start + i×step）大于 stop。

第四，step 参数必须是非零整数，否则显示异常。

需要注意的是，range() 函数返回一个左闭右开（[left,right)）的序列数。例如 range(4)，显示的是 0，1，2，3，没有 4；range(2，5)，显示的是 2，3，4，没有 5。

4.5.2 实例：显示 150 之内的奇数

单击“开始”菜单，打开 Python 3.7.4 Shell 软件，然后单击菜单栏中的“File/New File”命令，创建一个 Python 文件，并命名为“Python4-10.py”，然后输入如下代码：

```
print("显示 150 之内的奇数 \n")
for i in  range(1,151)  :
    if  i % 2 == 1 :
        print(i,"\t",end="")
```

单击菜单栏中的“Run/Run Module”命令或按下键盘上的“F5”键，就可以运行程序代码，效果如图 4.14 所示。

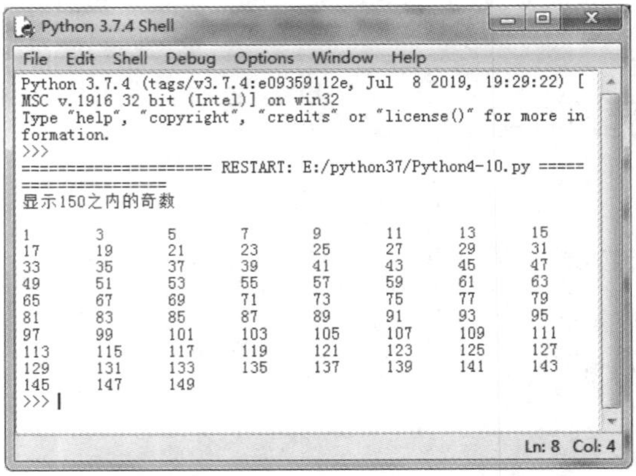

图 4.14 显示 150 之内的奇数

4.5.3 实例：求两个正整数的最大公约数

最大公约数，又称最大公因子，是指两个或多个正整数共有约数中最大的一个。

单击“开始”菜单，打开 Python 3.7.4 Shell 软件，然后单击菜单栏中的“File/New File”命令，创建一个 Python 文件，并命名为“Python4-11.py”，然后输入如下代码：

```
num1 = int(input("请输入第一个正整数："))
num2 = int(input("请输入第二个正整数："))
# 如果 num2 大于 num1，就交换两个变量
if  num2 > num1  :
    temp = num2
    num2 = num1
    num1 = temp
```

```
for i in range(1,num2+1) :
    if num1 % i == 0 and num2 % i == 0 :
        mymax = i
print("\n\n 两个数的最大公约数是：",mymax)
```

首先输入两个正整数，分别赋值给 num1 和 num2，在这里为了计算这两个整数的最大公约数，如果 num2 大于 num1，就交换两个变量值，这样就可以保证 num1 始终大于 num2。

然后利用 for 循环，从 1 开始循环，一直到 num2，在循环体内查看从 1 到 num2 有哪些数可以同时被 num1 和 num2 整除，即是 num1 和 num2 的公约数，把最大公约数赋值给 mymax，最后显示最大公约数。

单击菜单栏中的“Run/Run Module”命令或按下键盘上的“F5”键，运行程序代码，提醒“请输入第一个正整数”，在这里输入 128，然后回车，提醒“请输入第二个正整数”，在这里输入 96，如图 4.15 所示。

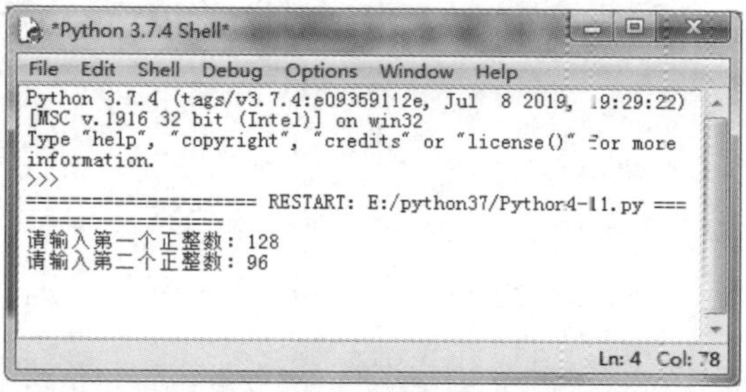

图 4.15　输入两个数

然后回车，就可以看到这两个数的最大公约数，如图 4.16 所示。

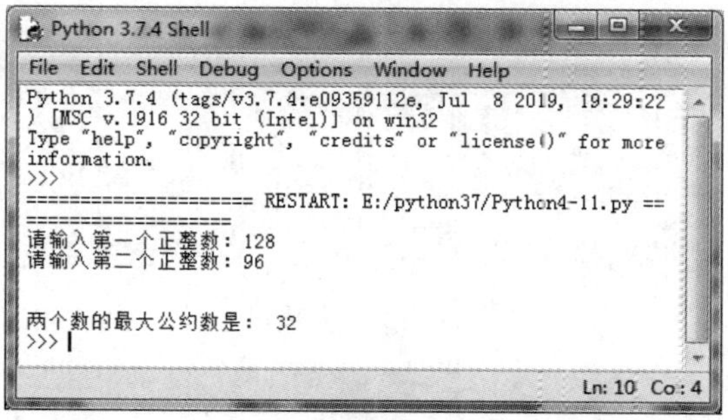

图 4.16　两个数的最大公约数

4.6 循环嵌套

while 循环和 for 循环，这两种形式的循环可以互相嵌套，构成多层次的复杂循环结构，从而解决一些实际生活中的问题。但需要注意的是，每一层循环在逻辑上必须是完整的。另外，采用按层缩进的格式书写多层次循环有利于阅读程序和发现程序中的问题。

4.6.1 实例：9×9 乘法表

单击“开始”菜单，打开 Python 3.7.4 Shell 软件，然后单击菜单栏中的“File/New File”命令，创建一个 Python 文件，并命名为“Python4-12.py”，然后输入如下代码：

```
print("9×9 乘法表 \n")
for i in range(1, 10):
    print()
    for j in range(1, i+1):
        print("%d×%d=%d  " % (i, j, i*j),end='')
```

这里是利用双 for 循环语句，实现 9×9 乘法表的显示。单击菜单栏中的“Run/Run Module”命令或按下键盘上的“F5”键，运行程序代码，如图 4.17 所示。

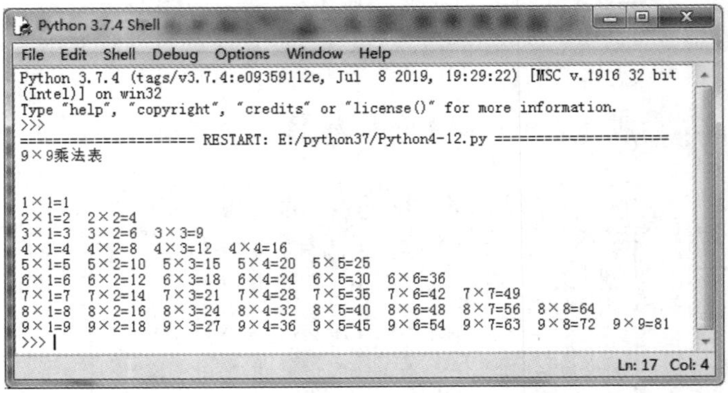

图 4.17 9×9 乘法表

4.6.2 实例：绘制 ※ 的菱形

下面编写 Python 代码，绘制 ※ 的菱形。

单击“开始”菜单，打开 Python 3.7.4 Shell 软件，然后单击菜单栏中的“File/

New File”命令，创建一个 Python 文件，并命名为“Pythcn4-13.py”，然后输入如下代码：

```
print("绘制※的菱形\n")
for i in range(4):
    for j in range(2 - i + 1):
        print("  ",end="")
    for k in range(2 * i + 1):
        print('※',end="")
    print()
for i in range(3):
    for j in range(i + 1):
        print("  ",end="")
    for k in range(4 - 2 * i + 1):
        print('※',end="")
    print()
```

单击菜单栏中的“Run/Run Module”命令或按下键盘上的“F5”键，就可以运行程序代码，效果如图 4.18 所示。

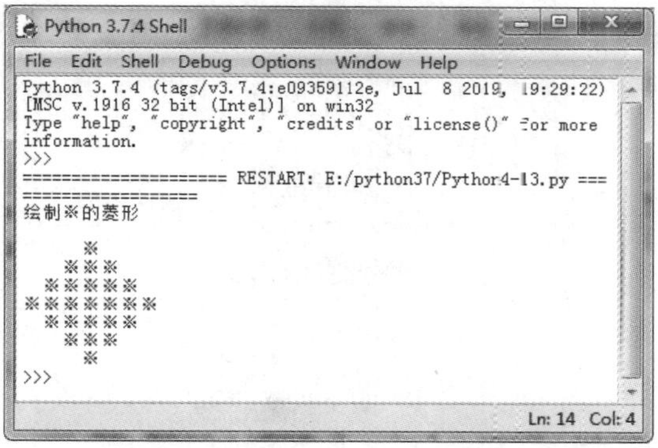

图 4.18　绘制 ※ 的菱形

4.6.3　实例：弗洛伊德三角形

弗洛伊德三角形是一组直角三角形自然数，用于计算机科学教育。它是以罗伯特·弗洛伊德的名字命名的。其定义是用连续的数字填充三角形的行，从左上角的 1 开始。

单击“开始”菜单，打开 Python 3.7.4 Shell 软件，然后单击菜单栏中的“File/New File”命令，创建一个 Python 文件，并命名为“Python4-14.py”，然后输入如下代码：

```
n = int(input("请输入要显示弗洛伊德三角形的行数:"))
j = 1
```

```
    # 利用 i 控制行数
    for i in range(1,n+1) :
        # 利用 l 控制每行有多个数，利用 j 输入每行的具体数值
        for l in range (1,i+1) :
            print(j,"\t",end="")
            j = j + 1
    # 换行
        print()
```

单击菜单栏中的“Run/Run Module”命令或按下键盘上的“F5”键，运行程序代码，提醒“请输入要显示弗洛伊德三角形的行数”，假如在这里输入“12”，然后回车，就可以看到弗洛伊德三角形的 12 行数据，如图 4.19 所示。

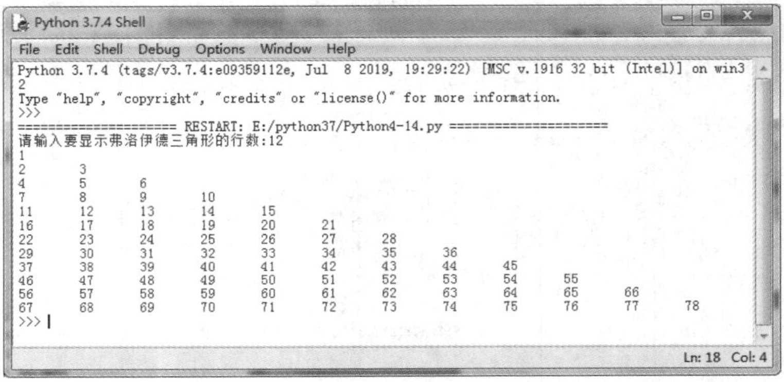

图 4.19　弗洛伊德三角形

4.7　break 语句

使用 break 语句可以使流程跳出 while 或 for 的本层循环，特别是在多层次循环结构中，利用 break 语句可以提前结束内层循环。

需要注意的是，如何从 for 或 while 循环中终止，任何对应的循环 else 块将不再执行。

单击“开始”菜单，打开 Python 3.7.4 Shell 软件，然后单击菜单栏中的“File/New File”命令，创建一个 Python 文件，并命名为“Python4-15.py”，然后输入如下代码：

```
    for letter in "Python":            # 第一个实例
        if letter == 'o':
            break
```

```
    print ('当前字母为 :', letter)
print()
var = 25                          # 第二个实例
while var > 0:
    print ('当期变量值为 :', var)
    var = var -1
    if var == 17 :
        break
print ("\n程序运行完毕，再见！")
```

单击菜单栏中的“Run/Run Module”命令或按下键盘上的“F5”键，运行程序代码，如图 4.20 所示。

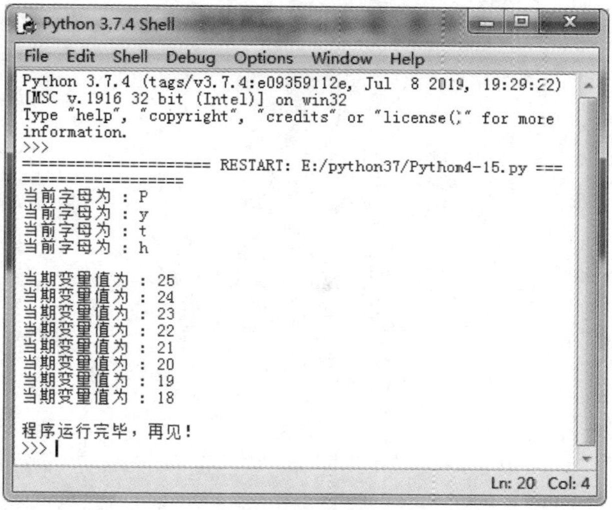

图 4.20　break 语句

4.8　continue 语句

continue 语句用来告诉 Python 跳过当前循环块中的剩余语句，然后继续进行下一轮循环。下面通过实例来说明。

单击“开始”菜单，打开 Python 3.7.4 Shell 软件，然后单击菜单栏中的“File/New File”命令，创建一个 Python 文件，并命名为“Python4-16.py”，然后输入如下代码：

```
var = 12
while var > 0:
    var = var -1
```

```
    if var == 5 or var == 7 or var == 9 :  # 变量为 5、7、9 时跳过输出
        continue
    print ('当前变量值 :', var)
print ("\n 程序运行完毕，再见！ ")
```

单击菜单栏中的“Run/Run Module”命令或按下键盘上的“F5”键，运行程序代码，如图 4.21 所示。

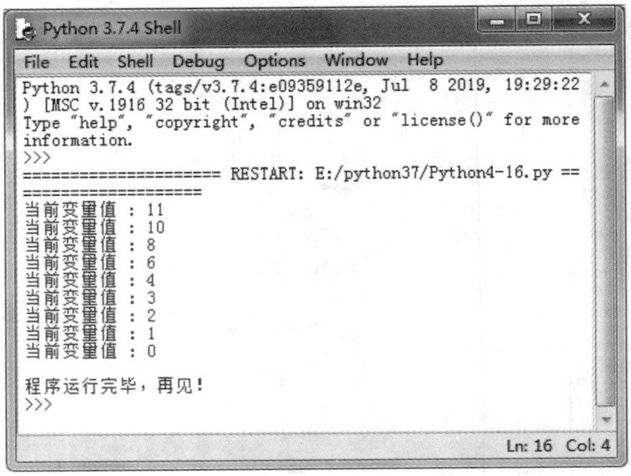

图 4.21 continue 语句

第 5 章

Python 编程的常用数据结构

Python 有 4 个常用数据结构，分别是列表（list）、元组（tuple）、字典（dict）和集合（set）。这 4 种数据结构都可用于保存多个数据项，这对编程来说是非常重要的，因为程序不仅需要使用单个变量来保存数据，还需要使用多种数据结构来保存大量数据，而列表、元组、字典和集合就可以满足保存大量数据的需求。还需要注意：元组的元素不能修改。

本章主要内容包括：

- 列表的定义
- 显示列表中的数据信息
- 修改列表和删除列表
- 列表的函数和方法
- 实例：排序随机数
- 元组的创建、连接和删除
- 显示元组中的数据信息
- 元组函数的应用
- 实例：显示用户名和密码信息
- 字典的创建、修改及函数的应用
- 显示字典中的值和键
- 实例：利用字典实现用户注册功能
- 实例：利用字典实现用户登录功能
- 集合的创建和运算
- 集合的两个基本功能
- 实例：利用集合实现无重复的随机数排序

5.1 列表

列表是 Python 程序设计中最常用的数据类型。列表是一个可变序列，序列中的每个元素都分配一个数字，即它的位置或索引。第一个索引是 0，第二个索引是 1，依此类推。

5.1.1 什么是列表

在 Python 语言中，是用中括号 [ ] 来解析列表的。列表中的元素可以是数字、字符串、列表、元组等。创建一个列表，只要把逗号分隔的不同的数据项使用中括号括起来即可，具体如下：

```
list1 = ["C" , "python", "C++" , "Java"]
list2 = [11, 22, 53, 84, 95 ,98 ]
list3 = ["李红", "女", 96]
```

还可以定义空列表，具体代码如下：

```
List4 = []
```

5.1.2 显示列表中的数据信息

可以使用下标索引来显示列表中的数据信息，也可以使用中括号的形式截取字符，还可以利用 for 循环语句来遍历列表中的值。

单击“开始”菜单，打开 Python 3.7.4 Shell 软件，然后单击菜单栏中的“File/New File”命令，创建一个 Python 文件，并命名为“Python5-1.py”，然后输入如下代码：

```
#定义列表变量
list = ["C" , "python", "C++" , "Java" , "Julia" ]
#显示列表中所有数据信息
print("\n我喜欢的编程语言是：",list)
#使用下标索引来访问列表中的值
print ("\n\n列表中的第一个值：", list[0])
print ("列表中的第三个值：", list[2])
#使用中括号的形式截取字符
print ("\n\n列表中的第二个和第三个值：", list[1:3])
#利用 for 循环语句来遍历列表中的值
print("\n\n利用 for 循环语句来遍历列表中的值：")
```

```
    for i in list:
        print(i)
```

单击菜单栏中的“Run/Run Module”命令或按下键盘上的“F5”键，就可以运行程序代码，结果如图 5.1 所示。

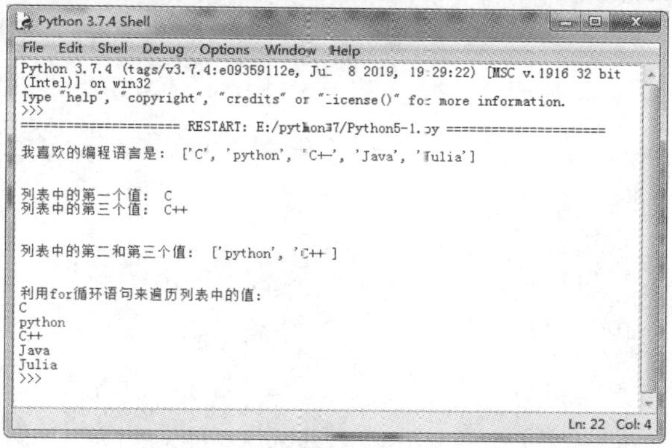

图 5.1　显示列表中的数据信息

5.1.3　修改列表

可以对列表的数据项进行修改或更新，也可以使用 append() 方法来添加列表项，需要注意的是，利用 append() 每次只能添加一个列表项。

单击“开始”菜单，打开 Python 3.7.4 Shell 软件，然后单击菜单栏中的“File/New File”命令，创建一个 Python 文件，并命名为“Python5-2.py”，然后输入如下代码：

```
#定义列表变量
list1 = ["admin","admin888","zhangping","zhangping2019"]
print("\n 列表中的初始数据信息：",list1)
#修改第二项数据，即把 admin888 改为 admin2018
list1[1] = "admin2018"
print("修改数据后的列表信息：",list1)
#向列表中添加数据
list1.append("lihong")
list1.append("lihong2016")
print("添加数据后的列表信息：",list1)
```

单击菜单栏中的“Run/Run Module”命令或按下键盘上的“F5”键，就可以运行程序代码，结果如图 5.2 所示。

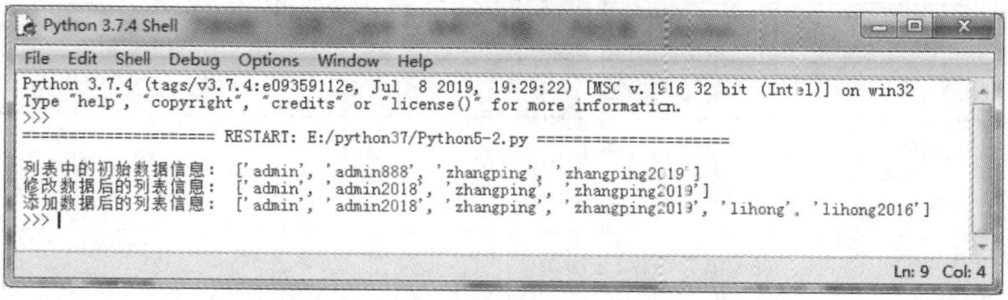

图 5.2　修改列表中的数据信息

5.1.4 删除列表

可以使用 del 语句来删除列表中的元素。

单击“开始”菜单，打开 Python 3.7.4 Shell 软件，然后单击菜单栏中的“File/New File”命令，创建一个 Python 文件，并命名为“Python5-3.py”，然后输入如下代码：

```
# 定义列表变量
list1 = ["admin","admin888","zhangping","zhangping2019"]
print("\n 列表中的初始数据信息：",list1)
# 删除数据，即删除第三项和第四项数据
del list1[2:4]
print("\n 删除数据后的列表信息：",list1)
# 删除列表，就可以删除列表中所有数据
del list1
print("\n 成功删除所有列表数据！")
```

单击菜单栏中的“Run/Run Module”命令或按下键盘上的“F5”键，就可以运行程序代码，结果如图 5.3 所示。

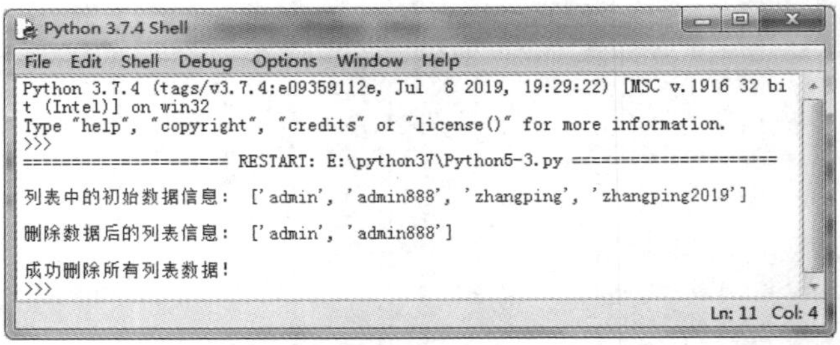

图 5.3 删除列表中的数据信息

5.1.5 列表的函数

列表包括 5 个函数，列表的函数名及意义如表 5.1 所示。

表 5.1 列表的函数名及意义

列表的函数名	意义
len(list)	列表元素个数
max(list)	返回列表元素最大值
min(list)	返回列表元素最小值
list(seq)	将元组转换为列表
id(list)	获取列表对象的内存地址

需要注意的是，如果要使用 max() 和 min() 函数，那么列表中的数据要属于同一个类型，即要么都是数值类型，要么都是字符串。

单击“开始”菜单，打开 Python 3.7.4 Shell 软件，然后单击菜单栏中的“File/New File”命令，创建一个 Python 文件，并命名为“Python5-4.py”，然后输入如下代码：

```
#list1 列表中都是字符串数据
list1 = [" 我 "," 爱 ","python"]
#list2 列表中都是数值型数据
list2 = [100, 200, 300,400,125]
print( "list1 的最大值 :", max(list1) )
print( "list2 的最大值 :", max(list2) )
print( "list1 的最小值 :", min(list1) )
print( "list2 的最小值 :", min(list2) )
print("\nlist1 的元素个数 :",len(list1))
print("list2 的元素个数 :",len(list2))
 # id()  函数用于获取对象的内存地址
print("\n 我的内存地址值: ", id(list1[0]) )
print(" 爱的内存地址值: ", id(list1[1]) )
print("python 的内存地址值 ", id(list1[2]) )
aTuple = (123, 'www.baidu.com', 'www.163.com')   # 定义元组
list1 = list(aTuple)                              # 把元组变成列表
print ("\n 列表元素 : ", list1)
```

单击菜单栏中的“Run/Run Module”命令或按下键盘上的“F5”键，就可以运行程序代码，结果如图 5.4 所示。

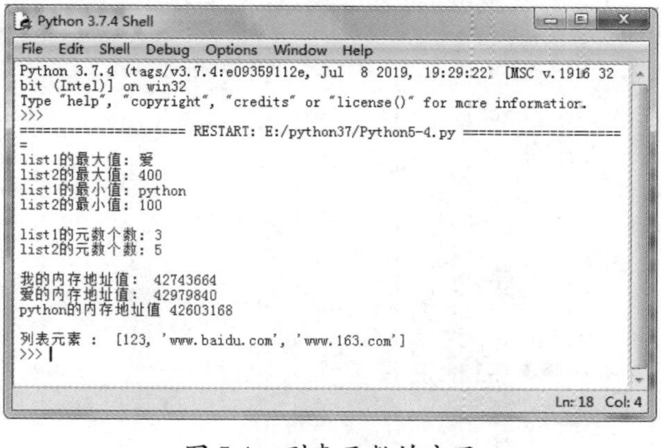

图 5.4　列表函数的应用

5.1.6　列表的方法

前面已讲解列表的 append() 方法，下面来讲解其他列表方法。列表的方法名称及意义如表 5.2 所示。

表 5.2　列表的方法名称及意义

列表的方法名称	意义
list.copy()	复制列表
list.clear()	清空列表
list.sort([func])	对原列表进行排序
list.reverse()	反向列表中的元素
list.remove(obj)	移除列表中某个值的第一个匹配项
list.pop(obj=list[-1])	移除列表中的一个元素（默认最后一个元素），并且返回该元素的值
list.insert(index，obj)	将对象插入列表
list.index(obj)	从列表中找出某个值第一个匹配项的索引位置
list.extend(seq)	在列表末尾一次性追加另一个序列中的多个值（用新列表扩展原来的列表）
list.count(obj)	统计某个元素在列表中出现的次数

单击“开始”菜单，打开 Python 3.7.4 Shell 软件，然后单击菜单栏中的“File/New File”命令，创建一个 Python 文件，并命名为“Python5-5.py”，然后输入如下代码：

```
#定义列表变量
list1 = ["C" , "python", "C++" , "Java" ]
print("原来列表 list1 中的数据：",list1)
list2 = list1.copy()            #复制列表
print("\n 复制列表 list2 中的数据：",list2)
list2.reverse()
print("反向显示列表 list2 中的数据：",list2)
list2.sort()
print("排序显示列表 list2 中的数据：",list2)
list2.remove("C++")
print("\n 移除 "C++" 后的列表 list2 中的数据：",list2)
list2.pop()
print("移除最后一项数据后的列表 list2 中的数据",list2)
list2.insert(1,"C#")
print("\n 利用 insert 插入一项数据：",list2)
list2.extend(["VB","VC","C","Julia","C++","PHP"])
print("利用 extend 插入多项数据：",list2)
print("\n 查找 list2 中是否有 "C#"，如果有，是第几个数据：",list2.index("C#"))
print("统计一下 "C" 在 list2 中出现几次：",list2.count("C"))
list2.clear()
print ("\n 列表 list2 清空后 ：", list2)
print("原来列表 list1 中的数据：",list1)
```

在这里需要注意的是，list2.clear() 只是把列表中的数据清空了，但 list2 对象还存在。而 del list2 不仅把列表中的数据清空了，还删除了 list2 对象。

单击菜单栏中的“Run/Run Module”命令或按下键盘上的“F5”键，就可以运行程序代码，结果如图 5.5 所示。

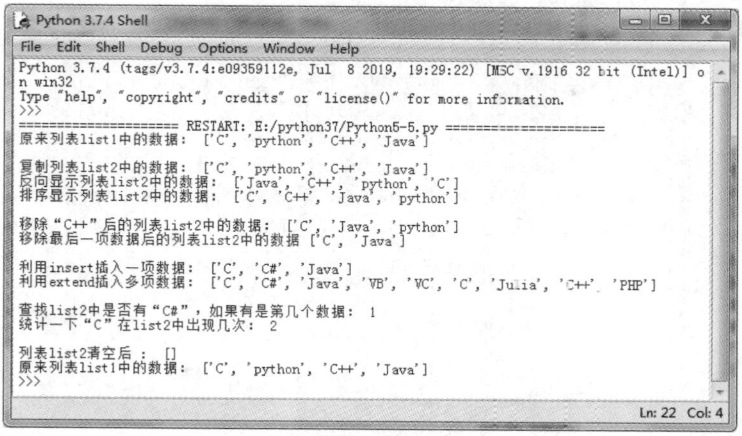

图 5.5 列表的方法

5.1.7 实例：排序随机数

前面利用 if 语句实现 3 个数的排序，很麻烦，但如果利用列表来实现，就会简单很多，并且可以实现多个随机数的排序。下面通过实例来讲解。

单击“开始”菜单，打开 Python 3.7.4 Shell 软件，然后单击菜单栏中的“File/New File”命令，创建一个 Python 文件，并命名为“Python5-6.py”，然后输入如下代码：

```
import random
list1 = []                          # 定义一个空列表
for i in  range(8) :                # 利用 for 循环向列表中添加数据
    mynum = random.randint(100,1000)
    list1.append(mynum)
print("\n 随机产生的 8 个随机数是：",list1)
list1.sort()                        # 默认为升序
print("\n\n 从小到大排序 8 个随机数 :",list1)
list1.sort(reverse = True)          # 设置排序为降序
print(" 从大到小排序 8 个随机数 :",list1)
print("\n\n8 个随机数中的最大数：",max(list1))
print("8 个随机数中的最小数：",min(list1))
```

首先导入 random 标准库，这样在下面程序中，就可以利用 random.randint() 函数产生随机数。

然后利用列表的 sort() 方法来排序。需要注意的是，默认排序方式为升序，要降序排列数字，则要添加 reverse=True。最后调用 max() 和 min() 函数显示数字中的最大值和最小值。

单击菜单栏中的“Run/Run Module”命令或按下键盘上的“F5”键，就

可以运行程序代码，结果如图 5.6 所示。

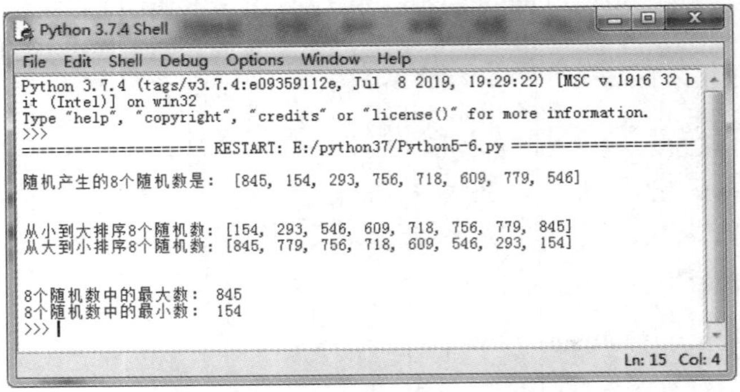

图 5.6 排序随机数

5.2 元组

Python 程序设计中的元组与列表类似，不同之处在于元组的元素不能修改。另外，元组使用小括号，列表使用中括号。

5.2.1 什么是元组

元组的创建很简单，只需在括号中添加元素，并使用逗号隔开即可，具体代码如下：

```
tup1 = ("Google", "Baidu", 2018, 2019)
tup2 = (1,2,3,4,5,6,7,8,9)
tup3 = "a", "b", "c", "d","f","g"      # 不需要括号也可以
```

还可以定义空元组，具体代码如下：

```
tup1 = ()
```

元组中只包含一个元素时，需要在元素后面添加逗号，否则括号会被当作运算符使用。下面举例说明。

单击“开始”菜单，打开 Python 3.7.4 Shell 软件，然后单击菜单栏中的“File/New File”命令，创建一个 Python 文件，并命名为“Python5-7.py”，然后输入如下代码：

```
tup1 = (24.32)
```

```
tup2 = (24.32,)
tup3 = ("Python")
tup4 = ("Python",)
print("tup1 = (24.32) 的数据类型是：",type(tup1))
print("tup2 = (24.32,) 的数据类型是：",type(tup2))
print("\ntup3 = ("Python") 的数据类型是：",type(tup3))
print("tup4 = ("Python",) 的数据类型是：",type(tup4))
```

单击菜单栏中的“Run/Run Module”命令或按下键盘上的“F5”键，就可以运行程序代码，结果如图 5.7 所示。

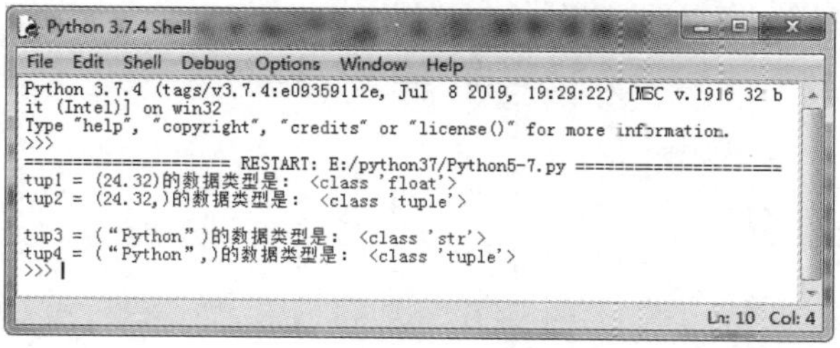

图 5.7　元组数据类型

5.2.2　显示元组中的数据信息

可以使用下标索引显示元组中的数据信息，也可以使用中括号的形式截取字符，还可以利用 for 循环语句来遍历元组中的值。

单击“开始”菜单，打开 Python 3.7.4 Shell 软件，然后单击菜单栏中的“File/New File”命令，创建一个 Python 文件，并命名为“Python5-8.py”，然后输入如下代码：

```
#创建元组
tup1 = ("苹果" , "香蕉", "葡萄", "橙子", "梨")
#显示元组中所有数据信息
print("\n我喜欢吃的水果是：",tup1)
#使用下标索引显示元组中的数据信息
print ("\n\n元组中的第二个值：", tup1[1])
#使用中括号的形式截取字符
print ("元组中的第二个和第五个值：", tup1[1:5])
#利用 for 循环语句来遍历元组中的值
print("\n\n利用 for 循环语句来遍历元组中的值：")
for i in tup1:
    print(i)
```

单击菜单栏中的“Run/Run Module”命令或按下键盘上的“F5”键，就可以运行程序代码，结果如图 5.8 所示。

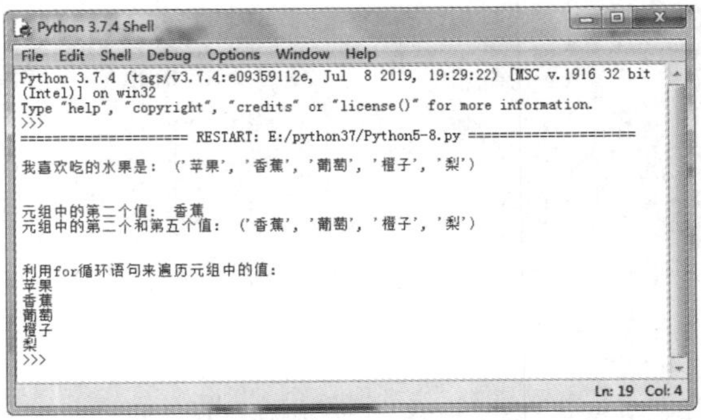

图 5.8　显示元组中的数据信息

5.2.3　连接元组

元组中的元素值是不允许修改的，但可以利用“+”号对元组进行连接组合。

单击“开始”菜单，打开 Python 3.7.4 Shell 软件，然后单击菜单栏中的“File/New File”命令，创建一个 Python 文件，并命名为“Python5-9.py”，然后输入如下代码：

```
tup1 = ("周文康","李硕","李晓波")
tup2 = ('男', '女','男')
tup3 = (96, 89 ,97)
# 以下修改元组元素操作是非法的
# tup1[3] = 100
# 创建一个新的元组
tup4 = tup1 + tup2 + tup3
print ("连接元组后的信息: \n",tup4)
```

单击菜单栏中的“Run/Run Module”命令或按下键盘上的“F5”键，就可以运行程序代码，结果如图 5.9 所示。

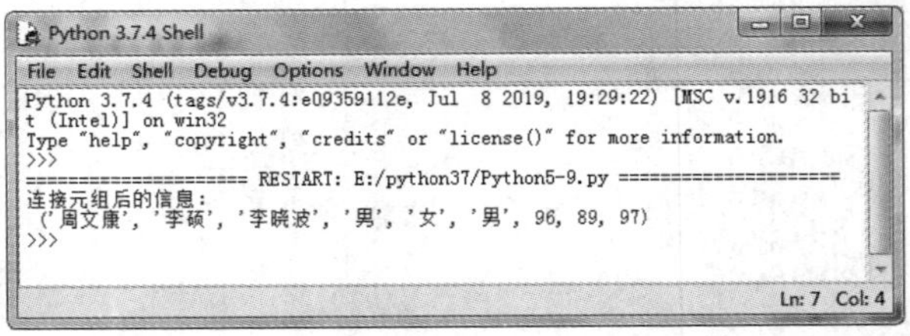

图 5.9　连接元组

5.2.4　删除整个元组

元组中的元素值是不允许删除的，但可以使用 del 语句来删除整个元组。

单击“开始”菜单，打开Python 3.7.4 Shell软件，然后单击菜单栏中的“File/New File”命令，创建一个Python文件，并命名为“Python5-10.py”，然后输入如下代码：

```
tup = ("周文康","李硕","李晓波")
print (tup)
del tup
print ("删除后的元组 tup : ")
print (tup)
```

第一行代码为元组赋值；第二行代码用于显示元组内容；第三行代码利用del语句删除元组；第四行代码显示提示信息。这些都会正常运行，不会出错。在运行第五行代码时，程序就会报错，即元组删除后，就没有该元组了，所以再显示元组，就会报错。

单击菜单栏中的“Run/Run Module”命令或按下键盘上的“F5”键，就可以运行程序代码，结果如图5.10所示。

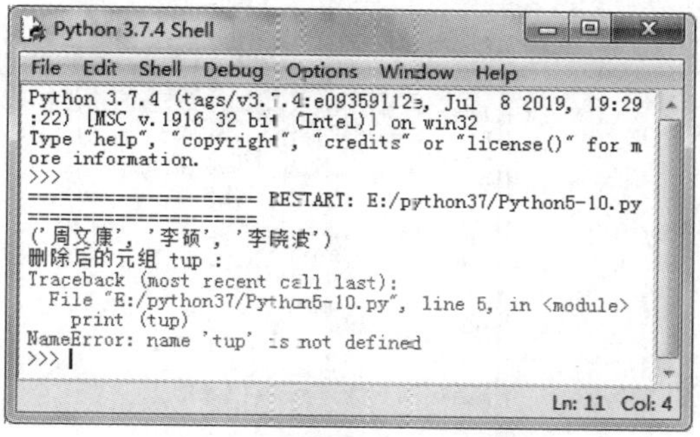

图5.10　删除整个元组

5.2.5　元组的函数

元组包括4个函数，元组的函数名及意义如表5.3所示。

表5.3　元组的函数名及意义

元组的函数名	意义
len(tuple)	元组元素个数
max(tuple)	返回元组元素最大值
min(tuple)	返回元组元素最小值
tuple (seq)	将列表转换为元组

需要注意的是，如果要使用max()和min()函数，那么元组中的数据要属于同一个类型，即要么都是数值类型，要么都是字符串。

单击“开始”菜单，打开Python 3.7.4 Shell软件，然后单击菜单栏中的“File/New File”命令，创建一个Python文件，并命名为“Python5-11.py”，然后输入如下代码：

```
tuple1 = (18, 72, 63,12,16,38,156,369)
tuple2 = ("who", "what", "whose", "when")
print("\ntuple1 元组中元素的最大值: ",max(tuple1))
print("tuple1 元组中元素的最小值: ",min(tuple1))
print("\n\ntuple2 元组中元素的最大值: ",max(tuple2))
print("tuple2 元组中元素的最小值: ",min(tuple2))
print("\n\ntuple1 元组中元素的个数: ",len(tuple1))
print("tuple2 元组中元素的个数: ",len(tuple2))
print("\n\n 把元组转换为列表, 并显示: ",list(tuple1))
print("\n\n 把列表转换为元组, 并显示: ",tuple(list(tuple1)))
```

单击菜单栏中的“Run/Run Module”命令或按下键盘上的“F5”键，就可以运行程序代码，结果如图 5.11 所示。

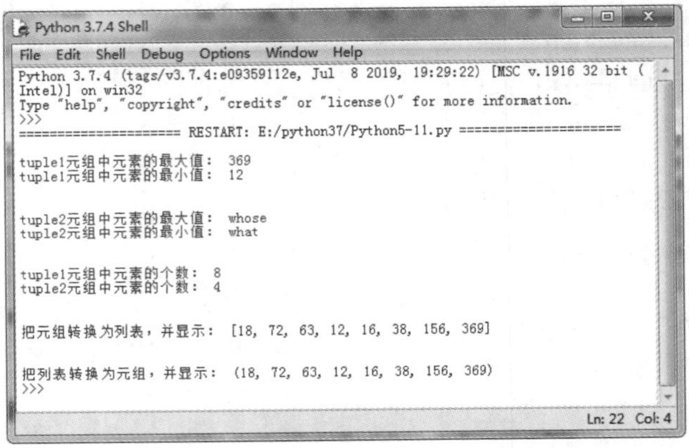

图 5.11　元组的函数

5.2.6　实例：显示用户名和密码信息

单击“开始”菜单，打开 Python 3.7.4 Shell 软件，然后单击菜单栏中的“File/New File”命令，创建一个 Python 文件，并命名为“Python5-12.py”，然后输入如下代码：

```
#定义元组，注意是嵌套元组
accounts = ((" 张 平 ","qd123456"),(" 李 红 ","liping2019"),(" 赵 杰 ","sdqd2018"))
print(" 编号 \t\t 用户名 \t\t 密码 ")
for index , value in enumerate(accounts):
print ("%s\t\t%s\t\t%s" %(index,value[0],value[1]))
```

首先定义用户名和密码数据，注意元组中的数据还是元组。然后利用转义字符 \t 来制定表格，再利用 enumerate() 函数将一个可遍历的数据对象 (如列表、元组、字典或字符串) 组合为一个索引序列，这样就可以利用 for 循环语句进行格式化输出。

单击菜单栏中的“Run/Run Module”命令或按下键盘上的“F5”键，就可以运行程序代码，结果如图 5.12 所示。

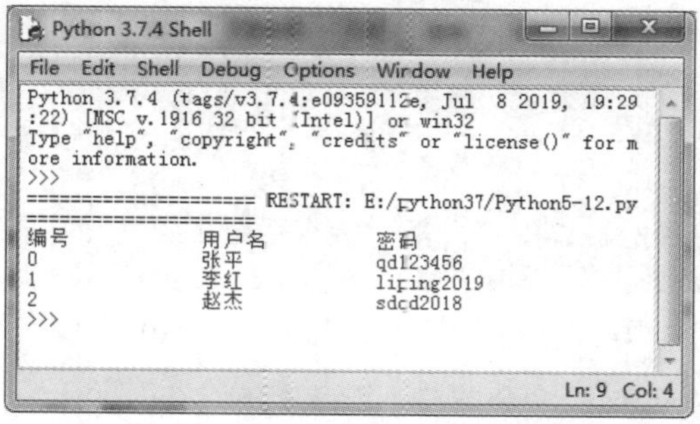

图 5.12 显示用户名和密码信息

5.3 字典

从某种意义上来讲，字典和列表是相似的。字典使用的是{ }，列表使用的是 []，元素的分隔符都是逗号。不同的是列表的索引是从 0 开始的有序整数，并且不能重复，而字典的索引称为键，虽然字典中的键和列表中的索引一样是不可重复的，但键是元素的。字典中元素的任意排列都不影响字典的使用。

5.3.1 什么是字典

字典中的键，可以是数字、字符串、元组等，但一般用字符串来表示，键与键值之间用冒号分开。创建一个字典，代码如下：

```
dict1 = {'姓名': '张可可', '年龄': 15, '年级': '8','学习成绩':'优'}
```

提醒：字典中的键必须是唯一的，并且不可变；字典中的值可以不唯一，也可以变。

5.3.2 显示字典中的值和键

显示字典中的值，可以使用下标索引来访问，也可以利用 values() 方法来访问。可以利用 keys() 方法访问字典中的键，利用 items() 方法同时访问字典中的值和键。

单击“开始”菜单，打开 Python 3.7.4 Shell 软件，然后单击菜单栏中的“File/New File”命令，创建一个 Python 文件，并命名为“Python5-13.py”，然后输入如下代码：

```
dict1 = {'姓名': '赵杰', '年龄': 19, '年级': '大一','学习成绩':'优'}
print("姓名: ",dict1['姓名'])
print("年龄: ",dict1['年龄'])
```

```
    print("年级：",dict1['年级'])
    print("学习成绩：",dict1['学习成绩'])
    print ("\n字典所有值是 ： ",  tuple(dict1.values()))   #以元组方式返回字典中
的所有值
    print ("\n字典所有的键是 : ",  list(dict1.keys()))    #以列表方式返回字典中
的所有键
    print ("\n字典所有值和键是 ： %s" %  dict1.items())    #利用items()方法同
时访问字典中的值和键
```

单击菜单栏中的“Run/Run Module”命令或按下键盘上的“F5”键，就可以运行程序代码，结果如图 5.13 所示。

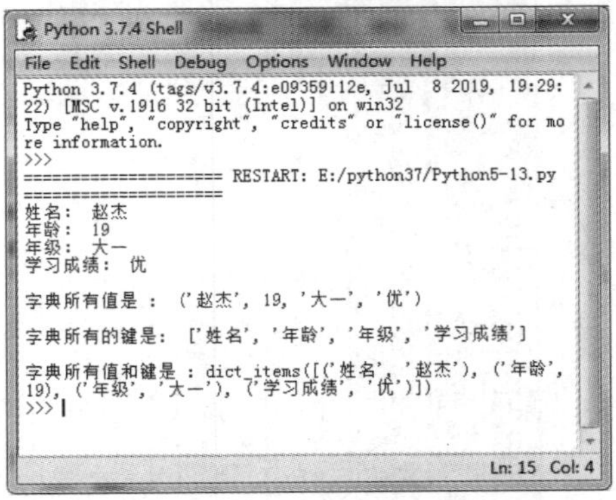

图 5.13　显示字典中的值和键

还可以利用 for 循环语句来遍历字典中的值和键。

单击“开始”菜单，打开 Python 3.7.4 Shell 软件，然后单击菜单栏中的“File/New File”命令，创建一个 Python 文件，并命名为“Python5-14.py”，然后输入如下代码：

```
dict1 = {'姓名': '赵杰', '年龄': 19, '年级': '大一','学习成绩':'优'}
for i,j in dict1.items():
    print(i, ":", j)
```

单击菜单栏中的“Run/Run Module”命令或按下键盘上的“F5”键，就可以运行程序代码，结果如图 5.14 所示。

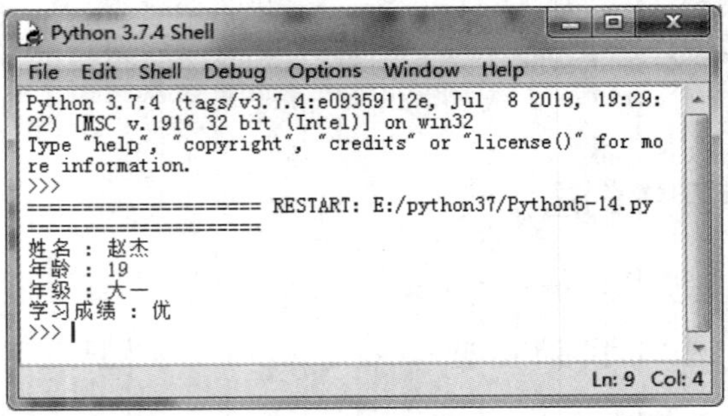

图 5.14　利用 for 循环语句来遍历字典中的值和键

5.3.3 修改字典

修改字典，即向字典中添加新的数据项、修改字典中原有的数据项、删除字

典中的某一项数据、清空字典中所有数据项。

单击“开始”菜单，打开 Python 3.7.4 Shell 软件，然后单击菜单栏中的“File/New File”命令，创建一个 Python 文件，并命名为“Python5-15.py”，然后输入如下代码：

```
dict1 = {'姓名': '赵杰', '年龄': 19, '年级': '大一','学习成绩':'优'}
print("字典的初始数据：",dict1.items())
dict1['性别'] = '男'    #添加新的数据项
print ("\n添加数据项后字典是 : %s" % dict1.items())
dict1['学习成绩'] = '及格'    #修改原有的数据项
print ("\n修改数据项后字典是 : %s" % dict1.items())
del dict1['学习成绩']    #删除字典中的某一项数据
print ("\n删除某一项数据后字典是 : %s" % dict1.items())
dict1.clear()    #清空字典中所有数据项
print ("\n清空所有数据后字典是 : %s" % dict1.items())
```

单击菜单栏中的“Run/Run Module”命令或按下键盘上的“F5”键，就可以运行程序代码，结果如图 5.15 所示。

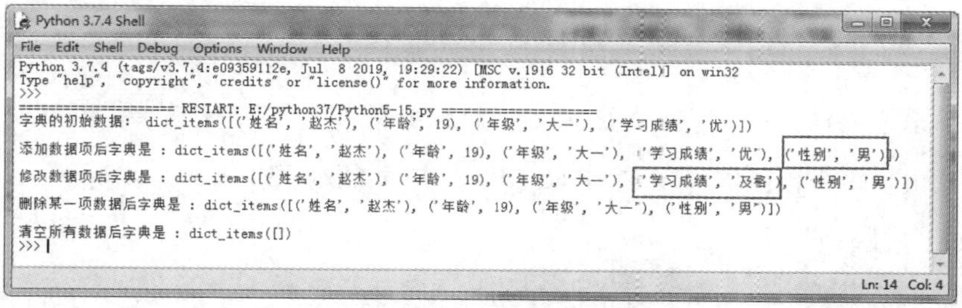

图 5.15 修改字典

5.3.4 字典的函数

字典包括 3 个函数，字典的函数名及意义如表 5.4 所示。

表 5.4 字典的函数名及意义

字典的函数名	意义
len(dict)	字典中元素个数，即键的总数
str(dict)	输出字典，以可打印的字符串表示
type(dict)	返回输入的变量类型，如果变量是字典就返回字典类型

单击“开始”菜单，打开 Python 3.7.4 Shell 软件，然后单击菜单栏中的“File/New File”命令，创建一个 Python 文件，并命名为“Python5-16.py”，然后输入如下代码。

```
dict1 = {'姓名': '赵杰', '年龄': 19, '年级': '大一','学习成绩':'优'}
print("字符串表示的字典数据:",str(dict1))
print("\n字典中的元素个数,即键的总数:",len(dict1))
print("\n字典的数据类型:",type(dict1))
```

单击菜单栏中的“Run/Run Module”命令或按下键盘上的“F5”键，就可以运行程序代码，结果如图 5.16 所示。

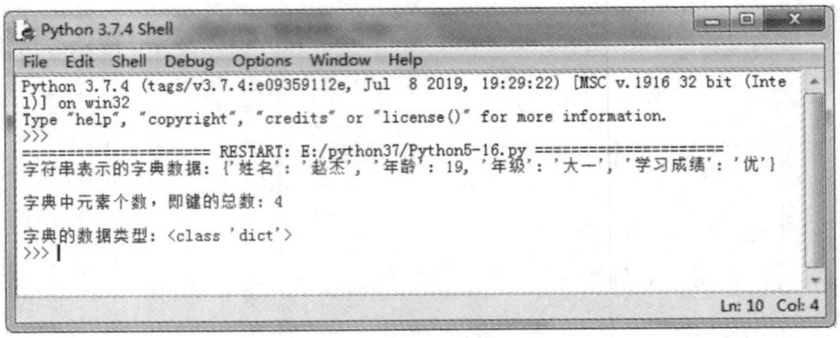

图 5.16　字典函数的应用

5.3.5　实例：利用字典实现用户注册功能

单击“开始”菜单，打开Python 3.7.4 Shell软件，然后单击菜单栏中的“File/New File”命令，创建一个 Python 文件，并命名为“Python5-17.py”，然后输入如下代码：

```
users = {'num1':{"name":"admin","passwd888":"admin","sex":"1"},}
# 字典的初始值
list1 = []    # 定义一个空列表
for name,info in users.items():  # 利用双 for 循环，提出嵌套字典中的数据
    for key,value in info.items():
        list1.append(value)        # 把字典中的数据添加到列表中
print("用户注册之前信息: ",users)
print(" ******************* 用户的创建 *********************")
                                   # 提示信息
print('注册'.center(50,'*'))       # 注册
name = input('请输入注册姓名:')     # 利用 input() 函数输入注册姓名
if not name in list1[0]:  # 如果姓名没有在 users 中，就可以继续输入其他信息
    passwd = input('请输入注册密码:')
    sex = input("请输入性别: 0表示'女',1表示'男':")
    users["num2"] = {"name":name,"passwd":passwd,"sex":sex}
                                   # 向字典中添加数据
    print("新用户注册成功!")
    print("新用户注册成功后的信息: ",users)
else :
    print("该用户名已注册，对不起! ")
```

首先定义字典变量，存放已注册的用户，再定义一个列表变量，用于存放双 for 循环提取的嵌套字典中的数据。接着显示注册的用户信息，并显示用户注册

提示信息。然后利用 input() 函数输入注册姓名，如果姓名没有在 users 中，就可以继续输入其他信息，继续填写其他注册信息。接着添加到字典变量 users 中，最后显示新用户注册成功后的信息。

单击菜单栏中的“Run/Run Module”命令或按下键盘上的“F5”键，就可以运行程序代码，首先输入注册用户的姓名，如图 5.17 所示。

在这里输入“赵杰”，然后回车，如果该用户名没有被注册，就可以继续输入注册密码和性别信息，如图 5.18 所示。

图 5.17　输入注册用户的姓名

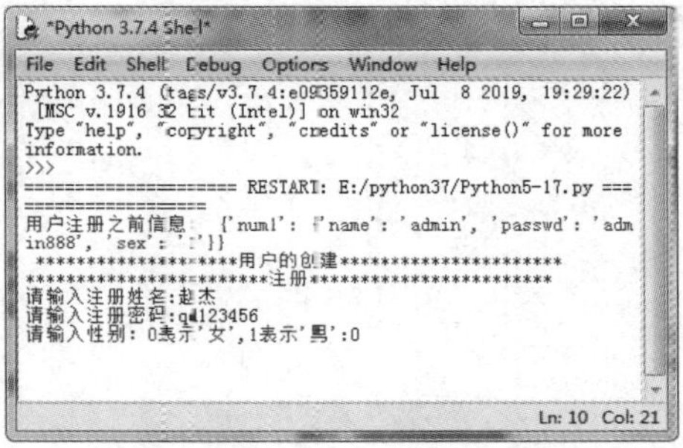

图 5.18　输入注册密码和性别信息

正确输入注册信息后，然后回车，就可以看到注册成功提示信息，并显示新用户注册成功后的信息，如图 5.19 所示。

在程序运行时，如果输入注册用户的姓名在字典中已经存在，回车后，就会显示“该用户名已注册，对不起！”，如图 5.20 所示。

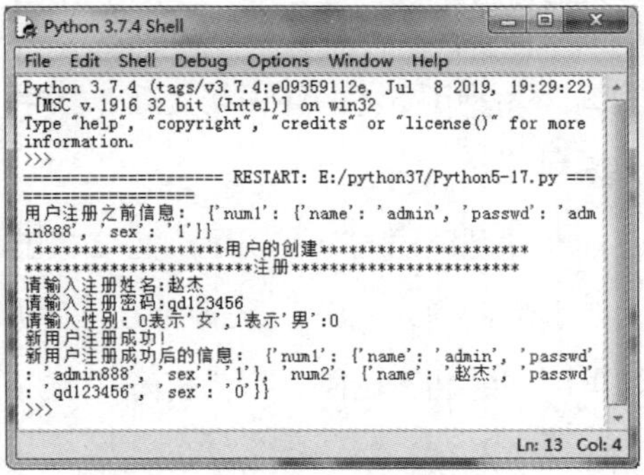

图 5.19　用户注册成功

图 5.20　输入注册用户的姓名在字典中已经存在

5.3.6 实例：利用字典实现用户登录功能

单击“开始”菜单，打开 Python 3.7.4 Shell 软件，然后单击菜单栏中的“File/New File”命令，创建一个 Python 文件，并命名为“Python5-18.py”，然后输入如下代码：

```
    #定义一个嵌套字典变量
    users = {'num1': {'name': 'admin', 'passwd': 'admin888', 'sex': '1'},
'num2': {'name': '赵杰', 'passwd': 'qd123456', 'sex': '0'}}
    list1 = []                                  #定义两个空的列表
    list2 = []
    for key1 ,value1 in users.items() :
        list1.append(value1['name'])            #添加用户姓名
        list2.append(value1['passwd'])          #添加用户密码
    print("用户登录系统".center(50,'*'))
    timeout = 0                                 #定义整型变量，用于统计次数
    name = input("请输入用户的姓名：")
    while timeout < 3 :
        if  not name in  list1 :                #如果用户姓名不在嵌套字典中
            if timeout == 2 :                   #如果已输入 3 次，就会显示登录失败
                print("登录失败！")
                break
            print("用户不存在，请重新输入！")    #显示提示信息
            timeout = timeout +1                #统计次数加上，并显示还有几次机会
            print("您还有 %d 次机会（共有 3 次机会）" %(3-timeout),"\n")
            name = input("请输入用户的姓名：")
        else :                                  #如果用户姓名在嵌套字典中
            passwd = input("请输入用户的密码：")
                                                #利用 input() 函数输入密码
              if  (name == list1[0] and passwd == list2[0]) or (name ==
list1[1] and passwd == list2[1]):
                print("登录成功！")              #如果密码正确，就会显示登录成功
                break
            else :                              #如果密码不正确，就会显示提示信息，
并显示还有几次机会，当 timeout 等于 2 时，就会显示登录失败，并结束程序
                if timeout == 2 :
                    print("登录失败！")
                    break
                print("密码不正确，请重新输入")
                timeout = timeout +1
                print("\n您还有 %d 次机会（共有 3 次机会）" %(3-timeout) ,"\n")
```

首先定义一个嵌套字典和两个空的列表，然后利用 for 循环语句提取嵌套字典中用户姓名和用户密码，添加到两个空列表中。

接下来实现用户登录的判断，首先通过 while 循环语句，实现用户有 3 次出错机会。用户姓名正确，就判断用户密码，如果都正确，就可以登录成功，否则就显示密码错误，并显示还有几次机会。如果用户姓名不正确，就会提醒“用户不存在，请重新输入！”，并显示还有几次机会。

单击菜单栏中的“Run/Run Module”命令或按下键盘上的“F5”键，就

可以运行程序代码，首先输入用户的姓名，如图 5.21 所示。

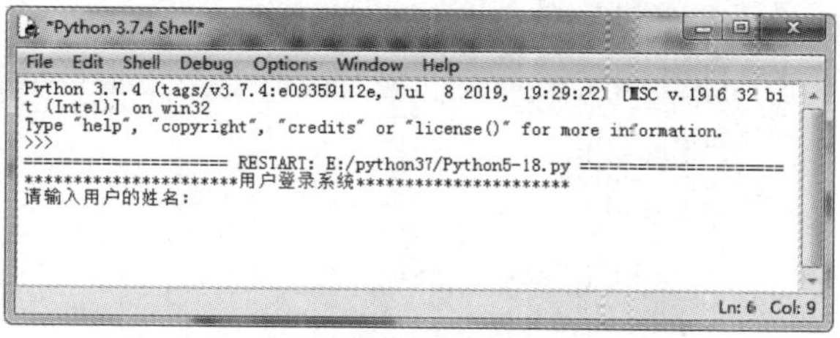

图 5.21　输入用户的姓名

在这里输入“张亮”，由于张亮不在嵌套字典中，所以就会显示“用户不存在，请重新输入！”和“您还有 2 次机会（共有 3 次机会）”，还显示“请输入用户的姓名”，如图 5.22 所示。

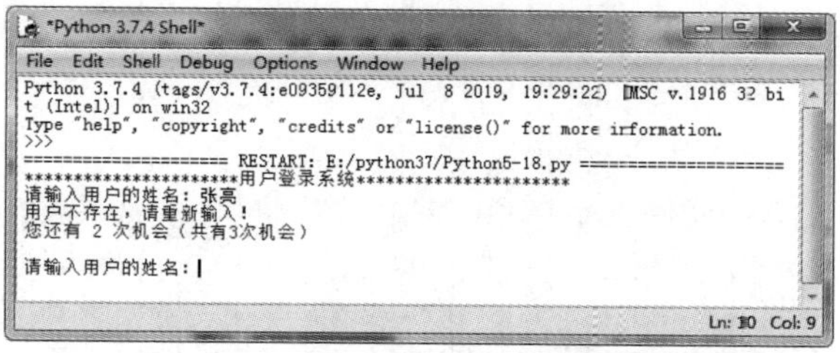

图 5.22　张亮不在嵌套字典中的提示信息

如果连续输入 3 次用户姓名，都不在嵌套字典中，就会显示登录失败，如图 5.23 所示。

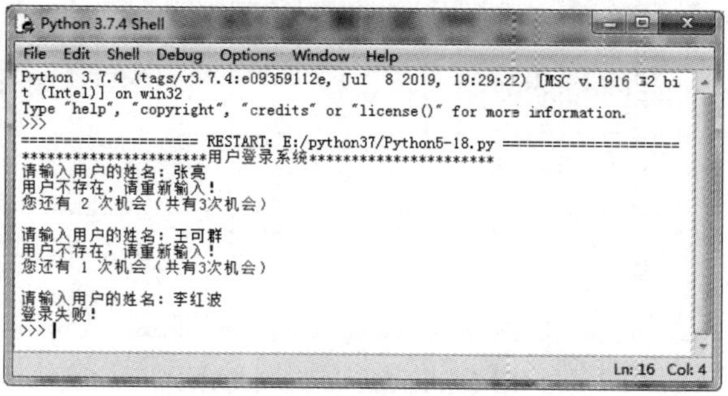

图 5.23　显示登录失败

如果输入的用户名存在，但连续输入 3 次密码，都错了，那么也会显示登录失败，如图 5.24 所示。

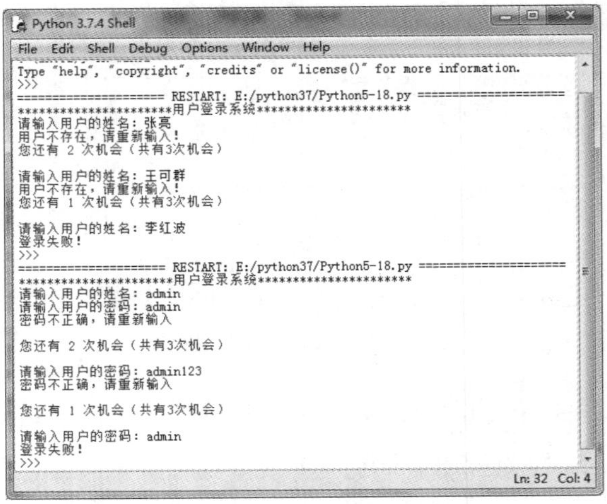

图 5.24　3 次密码都错误的提示信息

如果输入的用户名存在，输入的密码也正确，就会显示登录成功，如图 5.25 所示。

图 5.25　显示登录成功

5.4 集合

集合（set）是一个无序不重复元素的序列。集合可分为两种，分别是不可变的集合和可变的集合。

5.4.1 什么是集合

可以使用大括号 { } 或者 set() 函数创建集合。需要注意的是，创建一个空集合必须用 set() 而不是 { }，因为 { } 用来创建一个空字典。创建集合，代码如下：

```
student = {'Tom', 'Jim', 'Mary', 'Tom', 'Jack', 'Rose',1,2}
a = set('who what how when')
b = set()
```

需要注意的是，前面创建的集合都是可变集合。若要创建不可变集合，则要使用 frozenset() 函数来创建，具体代码如下：

```
numset = frozenset([1,2,3,4,5,6])
```

5.4.2 集合的两个基本功能

集合的两个基本功能分别是去重和成员测试。

去重是指把一个还有重复元素的列表或元组等数据类型转变成集合，其中的重复元素只出现一次。

成员测试，即判断元素是否在集合内。

单击“开始”菜单，打开 Python 3.7.4 Shell 软件，然后单击菜单栏中的“File/New File”命令，创建一个 Python 文件，并命名为“Python5-19.py”，然后输入如下代码：

```
#定义一个集合
stus = {'张平', '李亮', '张可', '赵杰', '李亮', '赵杰',10,52,10,52,"
张可","周涛"}
print("输出集合，重复的元素被自动去掉：",stus)
# 成员测试
if('张可' in stus) :
    print('\n张可在集合中，所以张可是一名学生！')
else :
    print('\n张可不在集合中，所以张可不是一名学生！')
if('李杰' in stus):
    print('\n李杰在集合中，所以李杰是一名学生！')
else:
    print('\n李杰不在集合中，所以李杰不是一名学生！')
```

单击菜单栏中的“Run/Run Module”命令或按下键盘上的“F5”键，就可以运行程序代码，结果如图 5.26 所示。

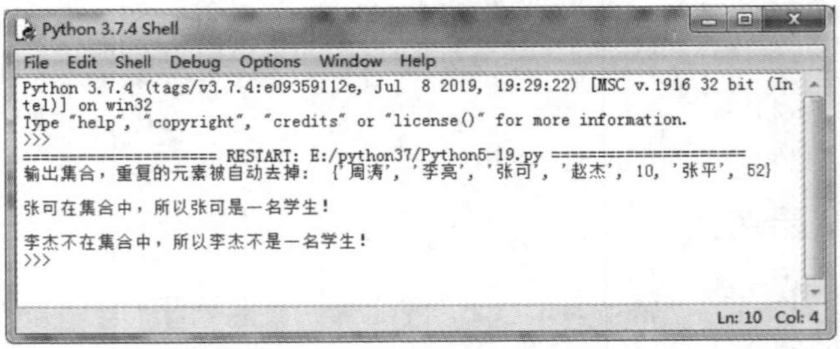

图 5.26　去重和成员测试

5.4.3 集合的运算符

集合的运算符及意义如表 5.5 所示。

表 5.5　集合的运算符及意义

数学符号	Python 符号	说明
∩	&	交集，如 a&b
∪	|	并集，如 a|b
− 或 \	−	差补或相对补集
△	^	对称差分
⊂	<	真子集
⊆	<=	子集
⊃	>	真超集
⊇	>=	超集
=	==	等于，两个集合相等
≠	!=	不等于
∈	in	属于，是里面的元素
∉	not in	不属于

单击“开始”菜单，打开 Python 3.7.4 Shell 软件，然后单击菜单栏中的“File/New File”命令，创建一个 Python 文件，并命名为“Python5-20.py”，然后输入如下代码：

```
a = set('I like Python!')
b = set('I like Java too!')
```

```
print("a 集合中的元素: ",a,"\n")
print("b 集合中的元素: ",b,"\n")
print(" 集合的差、并、交集运算结果: \n")
print("a 和 b 的差集 :",a - b)
print("a 和 b 的并集 :",a | b)
print("a 和 b 的交集 :",a & b,"\n")
print(" 集合的其他运算结果: \n")
print("a 和 b 中不同时存在的元素 :",a ^ b)
print("a 和 b 的真子值 :",a < b)
print("a 和 b 的子值 :",a <= b)
print("a 和 b 的真超值 :",a > b)
print("a 和 b 的超值 :",a >= b)
print("a 和 b 的相等 :",a == b)
print("a 和 b 的不相等 :",a != b,"\n")
print(" 集合的成员测试运算结果: \n")
print("a 属于 b:",a in b)
print("a 不属于 b:",a not in b)
```

单击菜单栏中的“Run/Run Module”命令或按下键盘上的“F5”键，就可以运行程序代码，结果如图 5.27 所示。

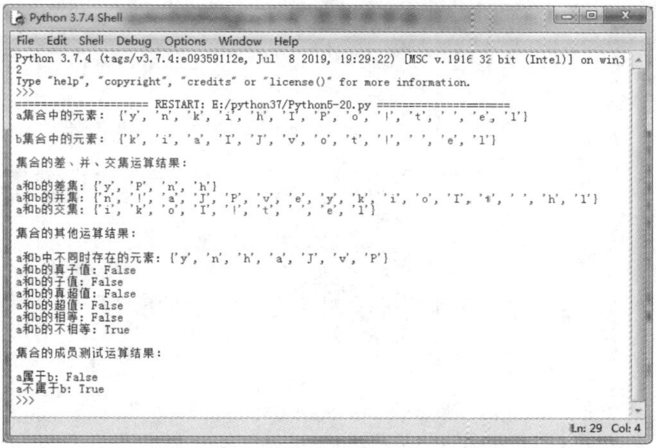

图 5.27 集合的运算符

5.4.4 实例：利用集合实现无重复的随机数排序

单击“开始”菜单，打开 Python 3.7.4 Shell 软件，然后单击菜单栏中的“File/New File”命令，创建一个 Python 文件，并命名为“Python5-21.py”，然后输入如下代码：

```
import random
mynum = input(" 请输入要排序的数字个数: ")
mylist1 = []
for  i in range(int(mynum)) :
    num =random.randint(100,1000)
```

```
        mylist1.append(num)
        mylist1.sort()
        print("输入的数字排序：",mylist1)
    myset1 = set(mylist1)
    print("\n\n无重复数字：",myset1)
    print("\n升序排列无重复数字",sorted(myset1))
    print("\n降序排列无重复数字",sorted(myset1,reverse=True))
```

单击菜单栏中的“Run/Run Module”命令或按下键盘上的“F5”键，就可以运行程序代码，提醒“请输入要排序的数字个数”，在这里输入 20，然后回车，如图 5.28 所示。

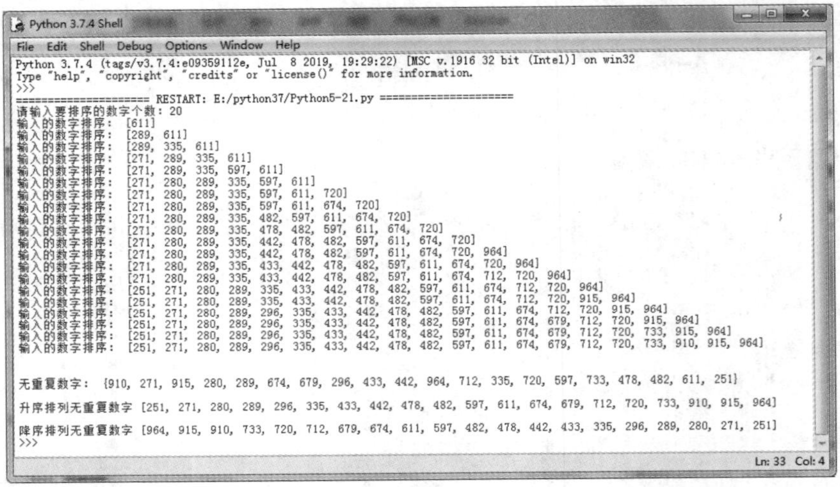

图 5.28　利用集合实现无重复的随机数排序

第 6 章

Python 编程的函数

函数是集成化的子程序，是用来实现某些运算和完成各种特定操作的重要手段。在程序设计中，灵活运用函数库，能体现程序设计智能化，提高程序可读性，充分体现算法设计的正确性、可读性、建壮性、效率与低存储量需求。

本章主要内容包括：

- 初识函数
- 数学函数和随机函数
- 三角函数和字符串函数
- 函数的定义和调用
- 函数的参数类型和参数传递
- 匿名函数和递归函数
- 实例：计算一个数为两个质数之和
- 实例：利用内置函数实现小学四则运算

6.1 初识函数

程序需要完成多个功能或操作，每个函数可以实现一个独立功能或完成一个独立的操作，因此学习“程序设计”必须掌握函数的编写。因为函数可以被多次调用，所以可以减少重复的代码，即函数能提高应用的模块性和代码的重复利用率。

Python 提供了很多内置函数，比如 print()。用户也可以自己创建函数，这被叫作用户自定义函数。

6.2 内置函数

Python 提供大量功能强大的内置函数，即数学函数、随机函数、三角函数和字符串函数。下面进行详细讲解。

6.2.1 数学函数

数学函数用于各种数学运算。数学函数及意义如表 6.1 所示。

表 6.1 数学函数及意义

数学函数	意义（返回值）
abs(x)	返回数字的绝对值，如 abs(−5) 返回 5
ceil(x)	返回数字的上入整数，如 math.ceil(4.3) 返回 5
floor(x)	返回数字的下舍整数，如 math.floor(4.9) 返回 4
round(x [，n])	返回浮点数 x 的四舍五入值，如给出 n 值，则代表舍入小数点后的位数
exp(x)	返回 e 的 x 次幂，如 math.exp(1) 返回 2.718281828459045
log10(x)	返回以 10 为基数的 x 的对数，如 math.log10(100) 返回 2.0
pow(x， y)	x**y 运算后的值
sqrt(x)	返回数字 x 的平方根
max(x1， x2，...)	返回给定参数的最大值，参数可以为序列
min(x1， x2，...)	返回给定参数的最小值，参数可以为序列

单击“开始”菜单，打开 Python 3.7.4 Shell 软件，然后单击菜单栏中的“File/New File”命令，创建一个 Python 文件，并命名为“Python6-1.py”，然后输入如下代码：

```
import math    # 导入 math 标准库
print("-123 的绝对值：",abs(-123))
print("16.2 的上入整数：",math.ceil(16.2))
print("16.2 的下舍整数：",math.floor(16.2))
print("16.2 的四舍五入整数：",round(16.2))
print("e 的 3 次幂：",math.exp(3))
print("以 10 为基数的 1000 的对数：",math.log10(1000))
print("4 的 5 次方：",math.pow(4,5))
print("64 的平方根：",math.sqrt(64))
print("96、6、13、68 数中的最大数：",max(96,6,13,68))
print("96、6、13、68 数中的最小数：",min(96,6,13,68))
```

在这里需要说明的是，首先要导入 math 标准库，这样才可以使用该库中的函数，否则程序会报错。

单击菜单栏中的“Run/Run Module”命令或按下键盘上的“F5”键，就可以运行程序代码，结果如图 6.1 所示。

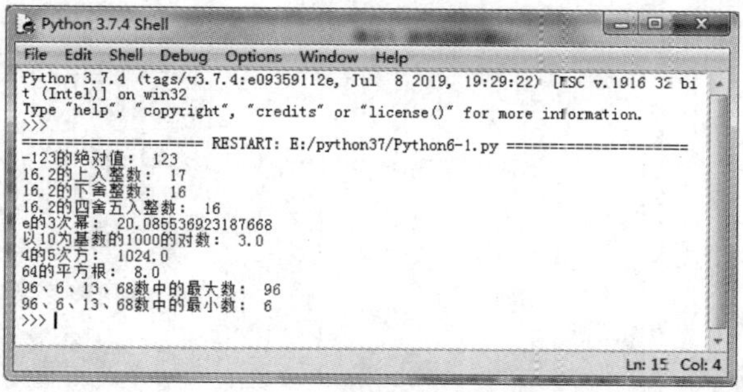

图 6.1　数学函数的应用

6.2.2　随机函数

随机函数可以用于数学、游戏、安全等领域中，还经常被嵌入算法中，用于提高算法效率，并提高程序的安全性。随机函数及意义如表 6.2 所示。

表 6.2　随机函数及意义

随机函数	意义（返回值）
choice(seq)	从序列的元素中随机挑选一个元素
sample(seq,n)	从一个序列中随机选择 n 个元素，不改变原始序列

续表

随机函数	意义（返回值）
randint(a,b)	随机生成一个随机整数，该随机数在 [a，b] 范围内
uniform(x， y)	随机生成下一个浮点数，它在 [x，y] 范围内
randrange ([start，] stop [， step])	从指定范围内，按指定基数递增的集合中获取一个随机数，基数缺省值为 1
random()	随机生成下一个实数，它在 [0，1) 范围内
seed([x])	改变随机数生成器的种子 seed。如果你不了解其原理，那么你不必特别去设定 seed，Python 会帮你选择 seed
shuffle(lst)	将序列的所有元素随机排序

单击“开始”菜单，打开 Python 3.7.4 Shell 软件，然后单击菜单栏中的“File/New File”命令，创建一个 Python 文件，并命名为“Python6-2.py”，然后输入如下代码：

```
import random  # 导入 radmom 标准库
print ("从一个列表中随机返回一个元素 : ", random.choice(['红色','蓝色','绿色','黄色']))
print ("从一个元组中随机返回一个元素 : ", random.choice(('A级','B级','C级','D级','E级')))
print ("从字符串中随机返回一个字符 : ", random.choice('Python!'))
print()
print ("从一个列表中随机返回两个元素 : ", random.sample(['红色','蓝色','绿色','黄色'],2))
print ("从一个元组中随机返回三个元素 : ", random.sample(('A级','B级','C级','D级','E级'),3))
print ("从字符串中随机返回四个字符 : ", random.sample('Python!',4))
print()
print("从1~100之间随机产生一个整数: ",random.randint(1,100))
print("从80~100之间随机产生一个整数: ",random.randint(80,100))
print()
print("从1~100之间随机产生一个浮点数: ",random.uniform(1,100))
print("从80~100之间随机产生一个浮点数: ",random.uniform(80,100))
print()
print("从1~100之间随机产生一个整数: ",random.randrange(100))
print("从1~99之间随机产生一个奇数: ",random.randrange(1,99,2))
print("从3~99之间随机产生一个3的倍数: ",random.randrange(3,99,3))
print()
print("在0~1之间产生一个随机数: ",random.random())
print()
random.seed()
print("使用默认种子生成随机数: ",random.random())
random.seed(10)
print("使用整数种子生成随机数: ",random.random())
random.seed("hello",2)
print("使用字符串种子生成随机数: ",random.random())
print()
```

```
    list1 = [12,15,11,99,32,86,52,33]
    print(" 列表中原来的数据: ",list1)
    random.shuffle(list1)
    print(" 随机排序列表后的数据 :",list1)
```

在这里需要说明的是，首先要导入 random 标准库，这样才可以使用该库中的函数，否则程序会报错。

单击菜单栏中的“Run/Run Module”命令或按下键盘上的“F5”键，就可以运行程序代码，结果如图 6.2 所示。

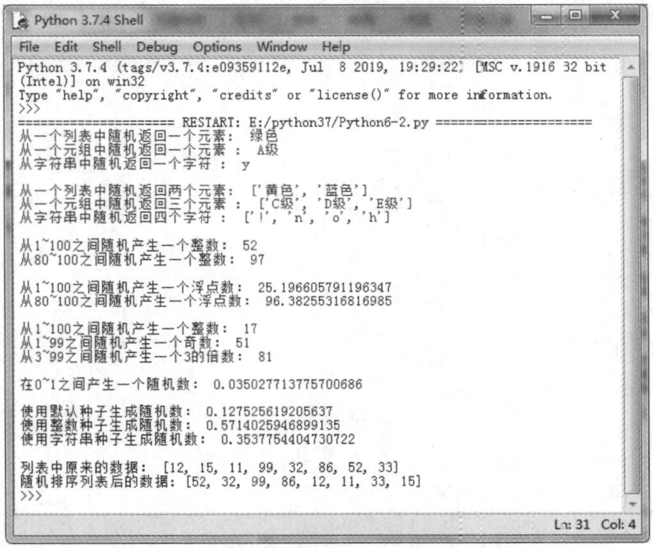

图 6.2　随机函数及应用

6.2.3 三角函数

三角函数及意义如表 6.3 所示。

表 6.3　三角函数及意义

三角函数	意义（返回值）
acos(x)	返回 x 的反余弦弧度值
asin(x)	返回 x 的反正弦弧度值
atan(x)	返回 x 的反正切弧度值
atan2(y，x)	返回给定的 x 及 y 坐标值的反正切值
cos(x)	返回 x 弧度的余弦值

续表

三角函数	意义（返回值）
hypot(x， y)	返回欧几里得范数 sqrt(x*x + y*y)
sin(x)	返回 x 弧度的正弦值
tan(x)	返回 x 弧度的正切值
degrees(x)	将弧度转换为角度
radians(x)	将角度转换为弧度

单击“开始”菜单，打开 Python 3.7.4 Shell 软件，然后单击菜单栏中的“File/New File”命令，创建一个 Python 文件，并命名为“Python6-3.py”，然后输入如下代码：

```
import math     # 导入 math 标准库
print ("acos(0.64) 的值是 : ", math.acos(0.64))
print ("acos(0) 的值是 : ",  math.acos(0))
print ("asin(-1) 的值是 : ",  math.asin(-1))
print ("asin(1) 的值是 : ",  math.asin(1))
print ("atan(0) 的值是 : ",  math.atan(0))
print ("atan(10) 的值是 : ",  math.atan(10))
print ("atan2(5, 5) 的值是 : ",  math.atan2(5,5))
print ("atan2(-10, 10) 的值是 : ",  math.atan2(-10,10))
print()
print ("cos(3) 的值是 : ",  math.cos(3))
print ("cos(-3)  的值是 : ",  math.cos(-3))
print ("hypot(3, 2) 的值是 : ",  math.hypot(3, 2))
print ("hypot(-3, 3) 的值是 : ",  math.hypot(-3, 3))
print ("sin(3) 的值是 : ",  math.sin(3))
print ("sin(-3) 的值是 : ",  math.sin(-3))
print ("(tan(3) 的值是 : ",  math.tan(3))
print ("tan(-3)  的值是 : ",  math.tan(-3))
print()
print ("degrees(3) 的值是 : ",  math.degrees(3))
print ("degrees(-3) 的值是 : ",  math.degrees(-3))
print ("radians(3) 的值是 : ",  math.radians(3))
print ("radians(-3) 的值是 : ",  math.radians(-3))
```

在这里需要说明的是，首先要导入 math 标准库，这样才可以使用该模块中的函数，否则程序会报错。

单击菜单栏中的“Run/Run Module”命令或按下键盘上的“F5”键，就可以运行程序代码，结果如图 6.3 所示。

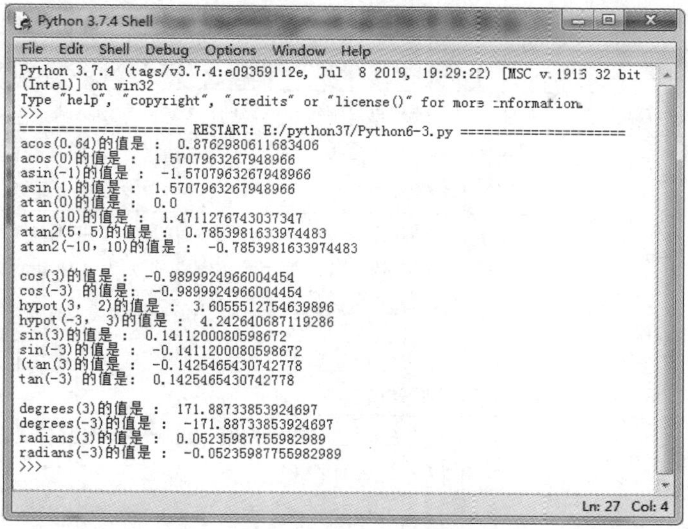

图 6.3 三角函数

6.2.4 字符串函数

字符串函数及意义如表 6.4 所示。

表 6.4 字符串函数及意义

字符串函数	意义（返回值）
capitalize()	将字符串的第一个字符转换为大写
center(width， fillchar)	返回一个指定的宽度 width 居中的字符串，fillchar 为填充的字符，默认为空格
count(str， beg= 0， end=len(string))	返回 str 在 string 中出现的次数，如果 beg 或者 end 指定则返回指定范围内 str 出现的次数
expandtabs(tabsize=8)	把字符串 string 中的 tab 符号转换为空格，tab 符号默认的空格数是 8
find(str， beg=0 end=len(string))	检测 str 是否包含在字符串中，如果指定范围 beg 和 end，则检查是否包含在指定范围内，如果包含则返回开始的索引值，否则返回 -1
index(str， beg=0， end=len(string))	与 find() 方法一样，只不过如果 str 不在字符串中则会报一个异常
isalnum()	如果字符串中至少有一个字符并且所有字符都是字母或数字则返回 True，否则返回 False
isalpha()	如果字符串中至少有一个字符并且所有字符都是字母则返回 True，否则返回 False
isdigit()	如果字符串中只包含数字则返回 True，否则返回 False

续表

字符串函数	意义（返回值）
isspace()	如果字符串中只包含空白，则返回 True，否则返回 False
islower()	如果字符串中包含至少一个区分大小写的字符，并且所有这些（区分大小写的）字符都是小写，则返回 True，否则返回 False
isupper()	如果字符串中包含至少一个区分大小写的字符，并且所有这些（区分大小写的）字符都是大写，则返回 True，否则返回 False
join(seq)	以指定字符串作为分隔符，将 seq 中所有的元素（的字符串表示）合并为一个新的字符串
len(string)	返回字符串长度
ljust(width[，fillchar])	返回一个原字符串左对齐，并使用 fillchar 填充至长度 width 的新字符串，fillchar 默认为空格
rjust(width[，fillchar])	返回一个原字符串右对齐，并使用 fillchar(默认空格）填充至长度 width 的新字符串
lstrip()	截掉字符串左边的空格或指定字符
rstrip()	删除字符串末尾的空格
strip([chars])	在字符串上执行 lstrip() 和 rstrip()
max(str)	返回字符串 str 中最大的字母
min(str)	返回字符串 str 中最小的字母
replace(old，new [，max])	将字符串中的 str1 替换成 str2，如果 max 指定，则替换不超过 max 次
split(str=""，num=string.count(str))	num=string.count(str) 以 str 为分隔符截取字符串，如果 num 有指定值，则仅截取 num 个子字符串
splitlines([keepends])	按照行 ('\r'，'\r\n'，'\n') 分隔，返回一个包含各行作为元素的列表。如果参数 keepends 为 False，则不包含换行符；如果为 True，则保留换行符
swapcase()	将字符串中大写转换为小写，小写转换为大写
upper()	转换字符串中的小写字母为大写
lower()	转换字符串中所有大写字母为小写

单击“开始”菜单，打开 Python 3.7.4 Shell 软件，然后单击菜单栏中的“File/New File”命令，创建一个 Python 文件，并命名为“Python6-4.py”，然后输入如下代码：

```
str = "how are you?"
print ("将字符串的第一个字母转换为大写 : ", str.capitalize())
str = "www.baidu.com"
print ("指定的宽度 50 并且居中的字符串 : ", str.center(50, '*'))
```

```
str="www.qq.com"
sub='q'
print ("返回字符串中某字符出现的次数 : ", str.count(sub))
print()
str = "this is\tstring example....wow!!!"
print ("原始字符串 : " , str)
print ("替换 \\t 符号 : " , str.expandtabs())
print ("使用 16 个空格替换 \\t 符号 : " , str.expandtabs(16))
print()
str1 = "I like python!"
str2 = "pyth";
print ("在 str1 字符串中查找 str2:",str1.find(str2))
print ("在 str1 字符串中查找 str2, 从第 6 个字符开始 :",str1.find(str2, 5))
print ("在 str1 字符串中查找 str2, 从第 11 个字符开始 :",str1.find(str2, 10))
print()
str = "qd2019"                                # 字符串只有字母和数字
print (str.isalnum())
str = "www.163.com"                           # 字符串除了字母和数字，还有小数点
print (str.isalnum())
str = "python"                                # 字符串只有字母
print (str.isalpha())
str = "www.baidu.com"                         # 字符串除了字母，还有别的字符
print (str.isalpha())
str = "123456"                                # 字符串只有数字
print (str.isdigit())
str = "I like python!"
print (str.isdigit())
str = "GOOD,python"                           # 字符串有大写定母
print (str.islower())
str = "good,python"                           # 字符串只有小写定母
print (str.islower())
str = "        "                              #字符串中只包含空白
print (str.isspace())
str = "I like python!"
print (str.isspace())
str = "I LIKE PYTHON"                         # 字符串只有大写定母
print (str.isupper())
str = "I Like Python!"
print (str.isupper())
print()
s1 = "-"
s2 = ""
seq = ("p", "y", "t", "h", "o", "n")          # 字符串序列
print (s1.join( seq ))
print (s2.join( seq ))
print()
str = "python"
print("字符串长度 :",len(str))                 # 字符串长度
l = [1,2,3,4,5]
print("列表元素个数 :",len(l))                 # 列表元素个数
print()
str = "I like python!"
print ("左对齐: ",str.ljust(50, '*'))
print ("右对齐: ",str.rjust(50, '*'))
print()
str = "     I like python!     "
print("删除字符串左边的空格: ",str.lstrip() )
```

```
    print(" 删除字符串右边的空格: ",str.rstrip() )
    print(" 删除字符串左右两边的空格: ",str.strip() )
    print()
    str = "python"
    print (" 最大字符 : " + max(str))
    print (" 最小字符 : " + min(str));
    str = "www.qdlike.com"
    print (" 网站原来的网址: ", str)
    print (" 网站新的网址: ", str.replace("www.qdlike.com", "www.chinalike.
com"))
    str = "I like python!"
    print (str.split( ))
    print("ab c\n\nde fg\rkl\r\n".splitlines())
    print()
    str = "I like python!"
    print (" 将字符串中大写转换为小写，小写转换为大写 :",str.swapcase())
    print (" 转换字符串中的小写字母为大写 : ", str.upper())
    print( " 转换字符串中的大写字母为小写 : ",str.lower() )
```

单击菜单栏中的“Run/Run Module”命令或按下键盘上的“F5”键，就可以运行程序代码，结果如图 6.4 所示。

图 6.4　字符串函数

6.3 自定义函数

前面讲解了 Python 的内置函数，下面来讲解 Python 的自定义函数。

6.3.1 函数的定义

在 Python 中，自定义函数的规则如下：

第一，函数代码块以 def 关键词开头，后接函数标识符名称和圆括号 ()。

第二，任何传入参数和自变量必须放在圆括号中间，圆括号之间可以用于定义参数。

第三，函数的第一行语句可以选择性地使用文档字符串，用于存放函数说明。

第四，函数内容以冒号起始，并且缩进。

第五，return[表达式] 结束函数，选择性地返回一个值给调用方。不带表达式的 return 相当于返回 None。

自定义函数的一般格式如下。

```
def 函数名（参数列表）：
    函数体
```

默认情况下，参数值和参数名称是按函数声明中定义的顺序匹配起来的。

定义一个简单函数，实现输出“Python，您好！”，具体代码如下：

```
def  myprint() :
   print("Python, 您好！ ")
```

再定义一个含有参数的函数，实现三角形的面积计算，具体代码如下：

```
def myarea(x1,x2):
    return 1/2*x1*x2
```

6.3.2 调用自定义函数

自定义函数后，就可以调用函数。函数的调用很简单，下面举例说明。

单击“开始”菜单，打开 Python 3.7.4 Shell 软件，然后单击菜单栏中的“File/New File”命令，创建一个 Python 文件，并命名为“Python6-5.py”，然后输入如下代码：

```
def  myprint() :            # 自定义函数，实现输出 "Hello, Python, 您好！ "
   print("Hello,Python, 您好！ ")
def myarea(x1,x2):          # 自定义函数，实现三角形的面积计算
    return 1/2*x1*x2
```

```
    myprint()                    # 调用自定义函数 myprint()
    print()
    # 调用自定义函数 myarea()
    w = int(input("请输入三角形的底: "))
    h = int(input("请输入三角形的高: "))
    print("三角形的底 =", w, " 三角形的高 =", h, " 三角形的面积 =",
myarea(w, h))
```

在上述代码中，先自定义函数，再调用函数。首先调用的是自定义函数 myprint()，然后利用 input() 输入三角形的底和高，接着调用 myarea() 函数，计算三角形的面积。

单击菜单栏中的“Run/Run Module”命令或按下键盘上的“F5”键，就可以运行程序代码，显示“Hello,Python,您好！”并提醒“请输入三角形的底”，如图 6.5 所示。

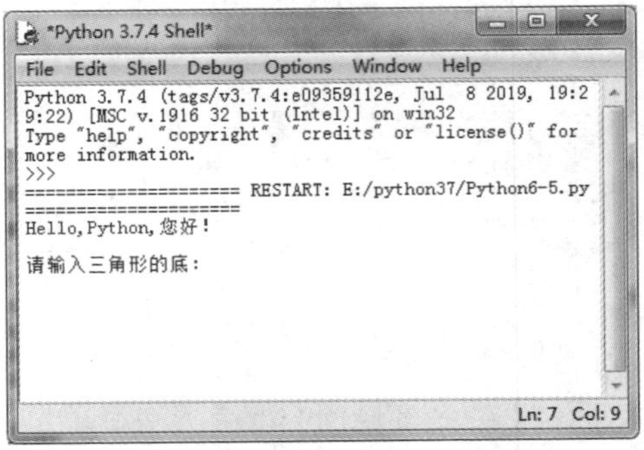

图 6.5　输入三角形的底

在这里输入 9，然后回车，这时提醒“请输入三角形的高”，如图 6.6 所示。

在这里输入 8，然后回车，就可以看到三角形的面积，如图 6.7 所示。

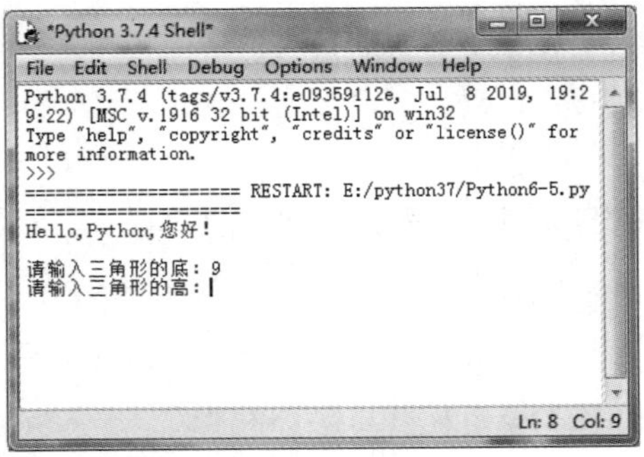

图 6.6　输入三角形的高

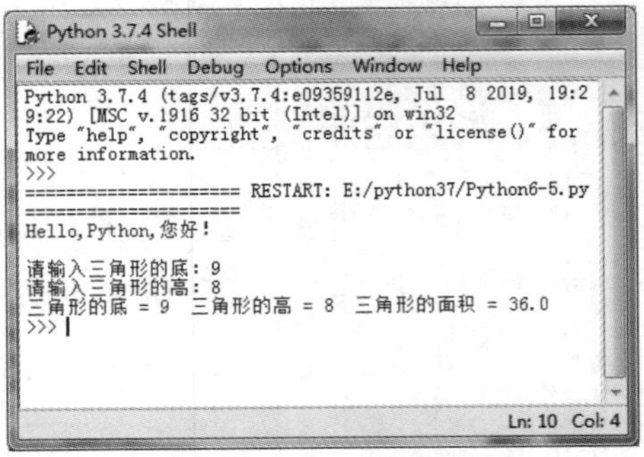

图 6.7　三角形的面积

6.3.3 函数的参数传递

在 Python 中，类型属于对象，变量是没有类型的，例如：

```
x = [10,22,36,48,57,69]
y = "python"
```

在上述代码中，[10,22,36,48,57,69] 是列表（list）类型，“python”是字符串（string）类型，而变量 x 没有类型，它仅仅是一个对象的引用（一个指针），可以指向 list 类型对象，也可以指向 string 类型对象。

1. 不可更改对象

在 Python 中，字符串（string）、元组（tuple）和数值型（number）是不可更改对象。例如，变量赋值 a=6 后再赋值 a=18，这里实际新生成一个 int 值对象 18，再让 a 指向它，而 6 被丢弃，不是改变 a 的值，而是相当于新生成了 a。

在 Python 函数的参数传递中，不可变对象类似 C++ 的值传递，如整数、字符串、元组等。例如 fun(a)，传递的只是 a 的值，没有影响 a 对象本身。比如在 fun(a) 内部修改 a 的值，只是修改另一个复制的对象，不会影响 a 本身。

单击“开始”菜单，打开 Python 3.7.4 Shell 软件，然后单击菜单栏中的“File/New File”命令，创建一个 Python 文件，并命名为“Python6-6.py”，然后输入如下代码：

```
def ChangeInt( a ):
    print(" 函数参数 a 的值：",a)                     # 结果是 2
    a = 10
    print(" 函数参数重新赋值后的值：",a,"\n")          # 结果是 10
    return a
b = 2
print()
print(" 调用函数，并显示函数返回值：",ChangeInt(b))    # 返回值是 10
print( "\n 变量 b 的值：",b )                          # 结果是 2
```

在这里可以看到，变量 b 首先赋值为 2，然后调用自定义函数 ChangeInt(b)，这时把 b 的值传给函数，所以自定义函数中的 a 就是传过来的值，即 2。

在自定义函数中，重新为变量 a 赋值为 10，这样，a 的值就为 10。所以函数的返回值是 a，即 return a，函数的返回值是 10。

需要注意的是，自定义函数外，参数 b 的值仍是原来的值，即 2。

单击菜单栏中的“Run/Run Module”命令或按下键盘上的“F5”键，就可以运行程序代码，结果如图 6.8 所示。

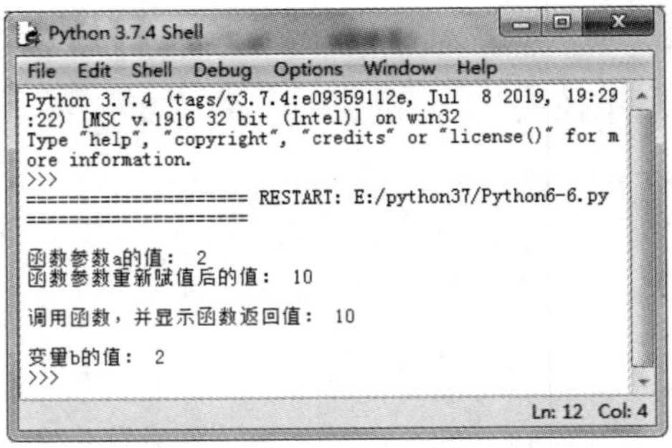

图 6.8　不可更改对象

2. 可更改对象

在 Python 中，列表 (list)、字典（dict）等是可以修改的对象。例如，变量赋值 la=[1,2,3,4] 后再赋值 la[2]=5，则是将列表 la 中的第三个元素值更改，本身 la 没有动，只是其内部的一部分值被修改了。

在 Python 函数的参数传递中，可变对象类似 C++ 的引用传递，如列表、字典等。例如 fun（la），则是将 la 真正地传过去，修改后 fun 外部的 la 也会受到影响。

> 提醒：python 中一切都是对象，严格意义上不能说值传递还是引用传递，应该说传不可变更对象和传可变更对象。

单击“开始”菜单，打开 Python 3.7.4 Shell 软件，然后单击菜单栏中的“File/New File”命令，创建一个 Python 文件，并命名为“Python6-7.py”，然后输入如下代码：

```
def changeme( mylist1 ):
    print(" 函数参数 mylist1 的值：",mylist1)
    # 修改传入的列表
    mylist1.append([' 青色 ',' 黑色 '])
    print (" 函数内取值 : ", mylist1)
    return
mylist = [" 红色 "," 绿色 "," 蓝色 "," 黄色 "]
print(" 列表最初数据信息：",mylist)
print()
# 调用 changeme 函数
changeme( mylist )
print()
print (" 函数外取值 : ", mylist)
```

传入函数的和在末尾添加新内容的对象用的是同一个引用，所以函数内取值和函数外取值是一样的。

单击菜单栏中的“Run/Run Module”命令或按下键盘上的“F5”键，就

可以运行程序代码，结果如图 6.9 所示。

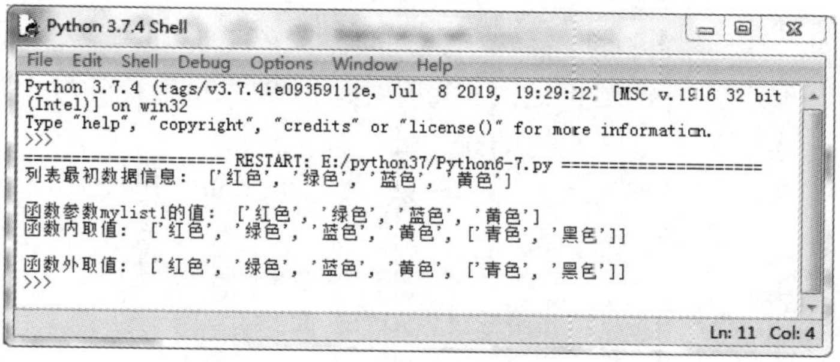

图 6.9 可更改对象

6.3.4 函数的参数类型

调用函数时，可以使用的正式参数类型有 4 种，分别是必需参数、关键字参数、默认参数和不定长参数，如图 6.10 所示。

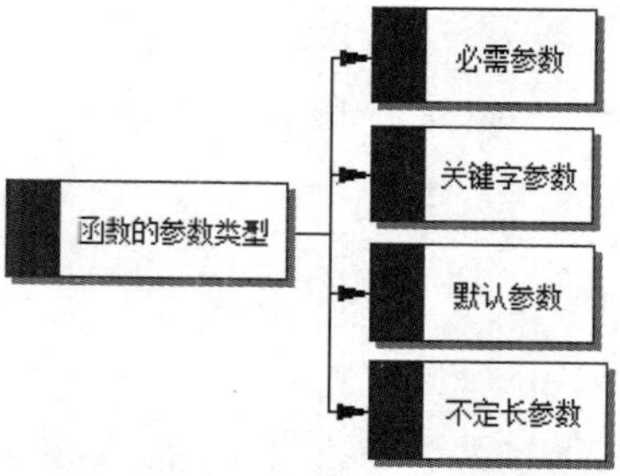

图 6.10 函数的参数类型

1. 必需参数

必需参数须以正确的顺序传入函数，并且调用时的数量必须和声明时的一样。下面举例说明。

单击“开始”菜单，打开 Python 3.7.4 Shell 软件，然后单击菜单栏中的“File/New File”命令，创建一个 Python 文件，并命名为“Python6-8.py”，然后输入如下代码：

```
def printme( str ):
    # 打印任何传入的字符串
    print (str)
    return
# 第一次调用 printme 函数，带有参数
printme(" 第一次调用函数！ ")
# 第二次调用 printme 函数，没有参数
printme()
```

在这里可以看到，先定义一个含有必需参数的函数，第一次调用带有参数，会正确显示。第二次调用函数时，没有输入参数，就会显示报错信息。

单击菜单栏中的“Run/Run Module”命令或按下键盘上的“F5”键，就可以运行程序代码，结果如图 6.11 所示。

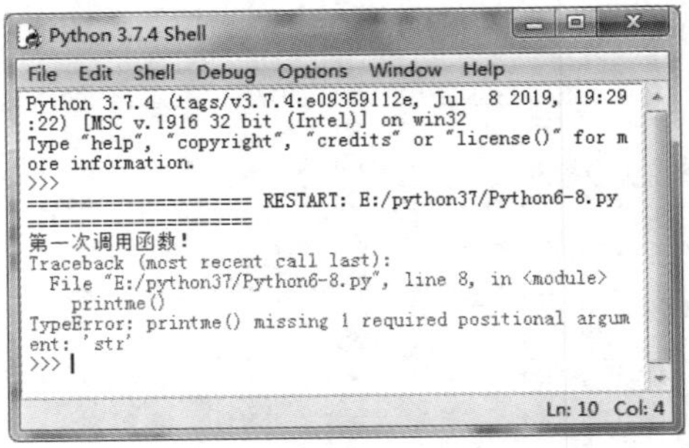

图 6.11　必需参数

2. 关键字参数

关键字参数和函数调用关系紧密，函数调用使用关键字参数来确定传入的参数值。

需要注意的是，使用关键字参数允许函数调用时参数的顺序与声明时不一致，因为 Python 解释器能够用参数名匹配参数值。

单击“开始”菜单，打开 Python 3.7.4 Shell 软件，然后单击菜单栏中的“File/New File”命令，创建一个 Python 文件，并命名为“Python6-9.py”，然后输入如下代码：

```
def printinfo( name, sex,age, score):
    # 打印任何传入的字符串或数值
    print ("名字：", name)
    print ("性别：",  sex)
    print ("年龄：", age)
    print ("成绩：", score)
    return
 # 调用 printinfo 函数
printinfo( age=9, name="赵杰",sex="男", score=89 )
```

单击菜单栏中的“Run/Run Module”命令或按下键盘上的“F5”键，就可以运行程序代码，结果如图 6.12 所示。

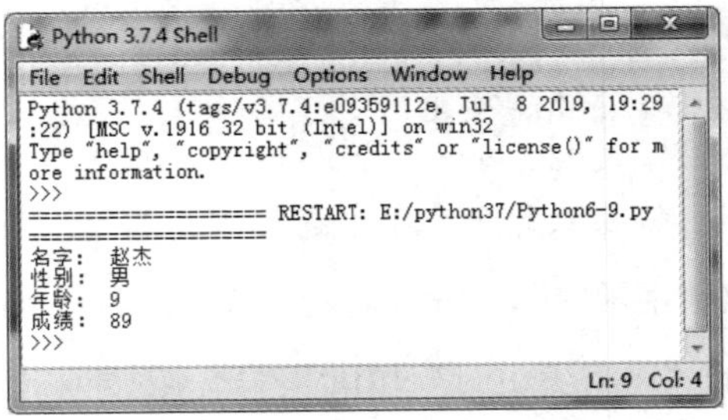

图 6.12　关键字参数

3. 默认参数

调用函数时，如果没有传递参数，则会使用默认参数。

单击“开始”菜单，打开Python 3.7.4 Shell软件，然后单击菜单栏中的“File/New File”命令，创建一个Python文件，并命名为“Python6-10.py”，然后输入如下代码：

```
def printinfo( name,score ,age = 13 ,sex = '女' ):
    print ("名字：", name)
    print ("性别：",  sex)
    print ("年龄：", age)
    print ("成绩：", score)
    return
 #第一次调用printinfo函数
printinfo( age=12, name="李红波",sex="男", score=97 )
print()
print ("*" * 30)
print()
#第二次调用printinfo函数
printinfo( name="张贺", score=85 )
```

需要注意的是，含有的默认参数要放在必需参数的后面，否则程序会报错。

第一次调用函数，用的是关键字参数。第二次调用函数用到了默认参数，即调用函数时没有传入age和sex函数值，这样就采用默认参数值。

单击菜单栏中的“Run/Run Module”命令或按下键盘上的“F5”键，就可以运行程序代码，结果如图6.13所示。

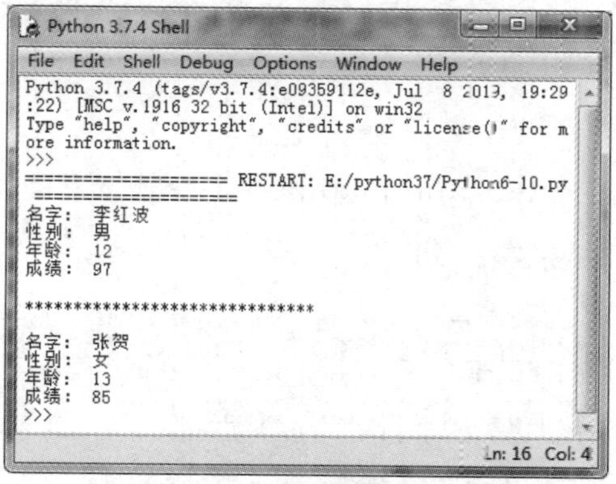

图6.13 默认参数

4. 不定长参数

有时可能需要一个函数能处理比当初声明时更多的参数，这些参数叫作不定长参数，与上述3种参数不同，声明时不会命名，基本语法如下：

```
def functionname([formal_args,] *var_args_tuple ):
    function_suite
    return [expression]
```

加了星号（*）的变量名会存放所有未命名的变量参数，如果在函数调用时没有指定参数，那么它就是一个空元组。

单击“开始”菜单，打开 Python 3.7.4 Shell 软件，然后单击菜单栏中的“File/New File”命令，创建一个 Python 文件，并命名为“Python6-11.py”，然后输入如下代码：

```
def printinfo( arg1, *vartuple ):
    "打印任何传入的参数"
    print ("必需参数的值：",arg1)
    print()
    if len(vartuple)==0 :
        print("没有可变参数传入")
    else:
        for var in vartuple:
            print ("可变参数的值：",var)
    return
# 第一次调用 printinfo 函数
printinfo( 80 );
print ("------------------------")
#第二次调用 printinfo 函数
printinfo(120,110,40,90,50)
```

在这里两次调用函数，第一次调用函数只传入必需参数，这样可变参数的变量的长度就为 0，即 len(vartuple)==0 成立，这样就会显示“没有可变参数传入”。

第二次调用函数传入 5 个参数，第一个参数是必需参数，其他 4 个参数是可变参数。这样 len(vartuple)==0 不成立，程序运行 else 语句内容，即通过 for 循环语句显示可变参数的值。

单击菜单栏中的“Run/Run Module”命令或按下键盘上的“F5”键，就可以运行程序代码，结果如图 6.14 所示。

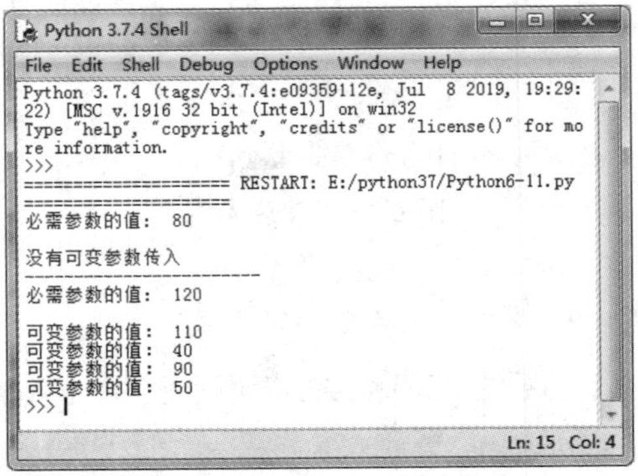

图 6.14　不定长参数

6.4 匿名函数

所谓匿名，就是不再使用 def 语句这样标准的形式定义一个函数。在 Python 中，使用 lambda 来创建匿名函数。匿名函数需要注意以下几点：

第一，lambda 只是一个表达式，函数体比 def 简单很多。

第二，lambda 的主体是一个表达式，而不是一个代码块。仅仅能在 lambda 表达式中封装有限的逻辑进去。

第三，lambda 函数拥有自己的命名空间，且不能访问自己参数列表之外或全局命名空间里的参数。

第四，虽然 lambda 函数看起来只能写一行，却不等同于 C 或 C++ 的内联函数，后者的目的是调用小函数时不占用栈内存从而增加运行效率。

lambda 函数的语法只包含一个语句，具体如下：

```
lambda [arg1 [,arg2,……argn]]:expression
```

单击“开始”菜单，打开 Python 3.7.4 Shell 软件，然后单击菜单栏中的“File/New File”命令，创建一个 Python 文件，并命名为“Python6-12.py”，然后输入如下代码：

```
mylamb = lambda arg1, arg2, arg3, arg4 : arg1 * arg2 - arg3 / arg4
# 调用匿名函数 mylamb
print ("调用匿名函数，并返回运算值 : ", mylamb(18,32,126,64))
```

单击菜单栏中的“Run/Run Module”命令或按下键盘上的“F5”键，就可以运行程序代码，结果如图 6.15 所示。

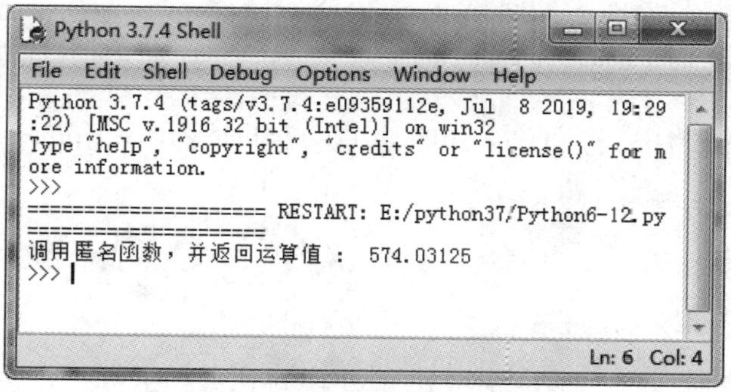

图 6.15 匿名函数

6.5 递归函数

一个函数在它的函数体内调用它自身称为递归调用，这种函数称为递归函数。执行递归函数将反复调用其自身，每调用一次就进入新的一层，当最内层的函数执行完毕后，再一层一层地由里到外退出。

单击“开始”菜单，打开 Python 3.7.4 Shell 软件，然后单击菜单栏中的“File/New File”命令，创建一个 Python 文件，并命名为“Python6-13.py”，然后输入如下代码：

```
#定义递归函数myn()
def  myn( n ) :
    if  n==0  or n==1 :
        result = 1
    else :
        result = myn(n-1) * n  #递归调用
    return result
#调用函数
print("递归函数的返回值：",myn(8))
```

这里定义递归函数，然后在主函数中调用。主函数中传过来的参数是 8，即 n=8。下面来讲解如何递归调用。

第一次调用是 result=myn(8−1)×8=myn(7) ×8；

myn(7) 继续调用 myn() 函数，即第二次调用，result= myn(7−1) ×7×8= myn(6) ×7×8；

myn(6) 继续调用 myn() 函数，即第三次调用，result= myn(6−1) ×6×7×8= myn(5) ×6×7×8；

myn(5) 继续调用 myn() 函数，即第四次调用，result= myn(5−1) ×5 ×6×7×8= myn(4) ×5×6×7×8；

myn(4) 继续调用 myn() 函数，即第五次调用，result= myn(4−1) ×4×5 ×6×7×8= myn(3) ×4×5×6×7×8；

myn(3) 继续调用 myn() 函数，即第六次调用，result= myn(3−1) ×3×4×5 ×6×7×8= myn(2) ×3×4×5×6×7×8；

myn(2) 继续调用 myn() 函数，即第七次调用，result= myn(2−1) ×2×3×4×5 ×6×7×8= myn(1) ×2×3×4×5×6×7×8；

myn(1) 继续调用 myn() 函数，即第八次调用，result= 1×2×3×4×5 ×

6×7×8;

经过 8 次调用后，myn() 函数运行结束，返回值为 result = 1×2×3×4×5×6×7×8=40320。

单击菜单栏中的“Run/Run Module”命令或按下键盘上的“F5”键，就可以运行程序代码，结果如图 6.16 所示。

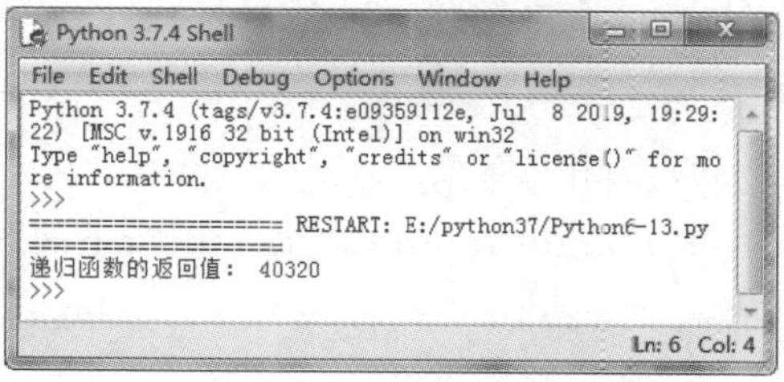

图 6.16 递归函数

6.6 实例：计算一个数为两个质数之和

质数又称素数，是指整数在一个大于 1 的自然数中，除了 1 和此整数自身，无法被其他自然数整除的数。换句话说，只有两个正因数（1 和自己）的自然数即为质数。

单击“开始”菜单，打开 Python 3.7.4 Shell 软件，然后单击菜单栏中的“File/New File”命令，创建一个 Python 文件，并命名为“Python6-14.py”，首先自定义 myprime() 函数，判断一个数是不是质数，具体代码如下：

```
def myprime(n) :
    isprime = 1
    for i in range(2,int(n/2)+1) :
        if n % i ==0 :
            isprime = 0
            break
    return  isprime
```

自定义函数 myprime()，有一个形式参数 n，即判断这个 n 是不是素数，那么该如何判断呢？

答案是让 n 除以 2、3、4……n/2，如果有任何一个除以后等于 0，那么该数就不是质数。如果不是质数，则变量 isprime 为 0；如果是质数，则变量为

isprime，该函数的返回值是 isprime。

接下来编写程序来调用 myprime() 函数。具体代码如下：

```
flag = 0
n = int(input(" 请输入一个正整数: "))
for i in range(2,int(n/2)+1) :
    # 检测判断
    if  myprime(i) == 1 :
        # 递归调用 myprime() 函数
        if myprime(n-i) ==1 :
            print(n,"=",i,"+",n-i)
            flag = 1
if flag == 0 :
    print(n," 不能分解为两个质数 ")
```

单击菜单栏中的“Run/Run Module”命令或按下键盘上的“F5”键，就可以运行程序代码，提醒“请输入一个正整数”，在这里输入 72，然后回车，就可以看到 72 由哪两个质数相加得到，结果如图 6.17 所示。

这里输入一个质数，例如 17，提示信息如图 6.18 所示。

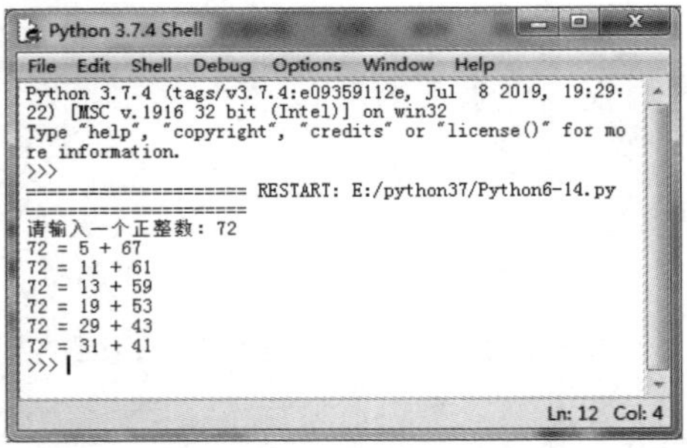

图 6.17　计算一个数为两个质数之和

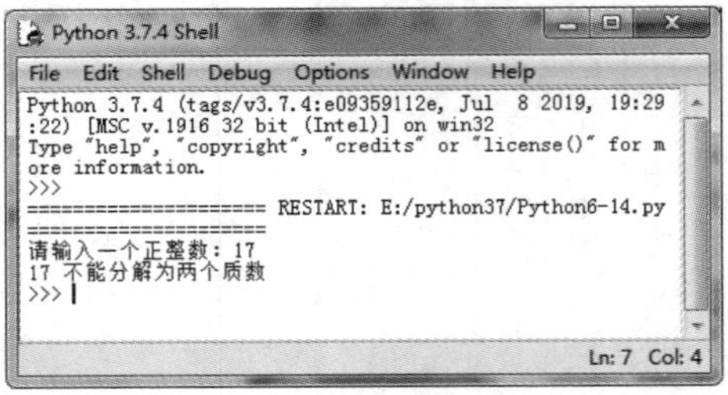

图 6.18　输入一个质数的提示信息

6.7　实例：利用内置函数实现小学四则运算

单击“开始”菜单，打开 Python 3.7.4 Shell 软件，然后单击菜单栏中的“File/New File”命令，创建一个 Python 文件，并命名为“Python6-15.py”，首先自定义 myprime() 函数，判断一个数是不是质数，具体代码如下：

```
import random                                   # 首先导入 random 标准库
print(" 小学四则运算测试（输入 8888 结束）: ")
ops = ['+', '-', '*', '/']                      # 运算符
ans = ""                                        # 用户回答
i = 1                                           # 统计题号
```

```
while ans != "8888":
    add1 = random.randint(10, 20)                    # 随机产生第一个数
    add2 = random.randint(10, 20)                    # 随机产生第二个数
    op = random.randint(0, 3)                        # 随机产生运算符
    eq = str(add1) + ops[op] + str(add2)             # 算式
    # eval() 函数，可以将字符串 str 当成有效的表达式来求值并返回计算结果
    val = eval(eq)                                   # 算式答案
    print(" 第 %d 题 : %s=" %(i,eq) )                # 显示提问问题
    ans = input(" 请答题，把正确答案写在其后 : ")     # 用户回答
    if ans == '8888':                                # 退出循环
        break
    elif val == int(ans):                            # 正确
        print(" 你牛，你的回答正确！ ")
    else:                                            # 错误
        print(" 对不起，你的回答错误！正确答案是：%d" % val)
    i = i +1                                         # 题号加 1
    print()
```

首先导入 random 标准库，然后定义 3 个变量，分别用来存放运算符、用户回答、统计题号。接着 while 循环，进行循环出题，只有输入“8888”程序才会结束。

在循环语句中，首先随机产生两个数和一个运算符，然后调用 eval() 函数，将字符串当成有效的表达式来求值并返回计算结果。接着显示提问问题，再利用 input() 函数。如果回答“8888”，则退出循环；如果回答正确，就会显示“你牛，你的回答正确！”；如果回答错误，就会显示“对不起，你的回答错误！正确答案是几”，再把题号加 1。

单击菜单栏中的“Run/Run Module”命令或按下键盘上的“F5”键，就可以运行程序代码，就会看到第 1 题，如图 6.19 所示。

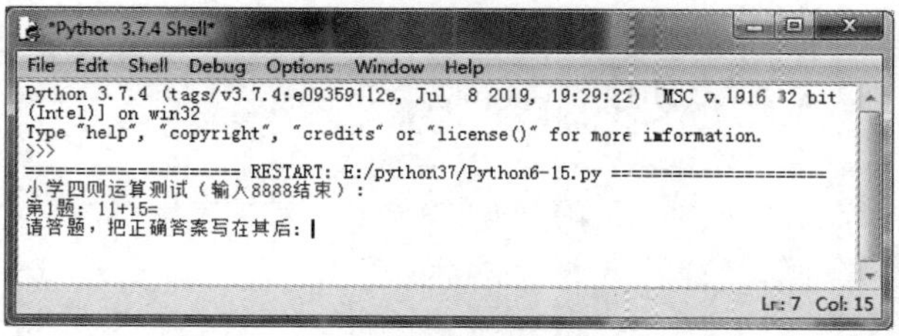

图 6.19　第 1 题

“第 1 题：11+15=”，在这里输入 26，然后回车，就会显示“你牛，你的回答正确！”，然后自动显示第 2 题，如图 6.20 所示。

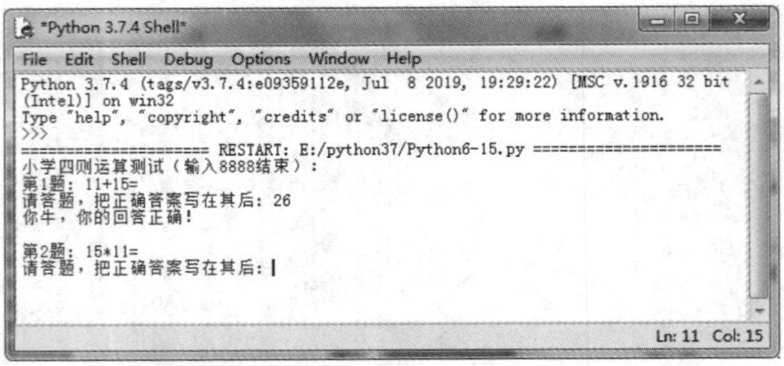

图 6.20　回答正确提示信息

“第 2 题：15*11=”，在这里输入 155，然后回车，就会显示“对不起，你回答错误！正确答案是：165”，然后自动显示第 3 题，如图 6.21 所示。

就这样，只要不输入“8888”，计算机就会无限出题。输入“8888”，程序就会结束，如图 6.22 所示。

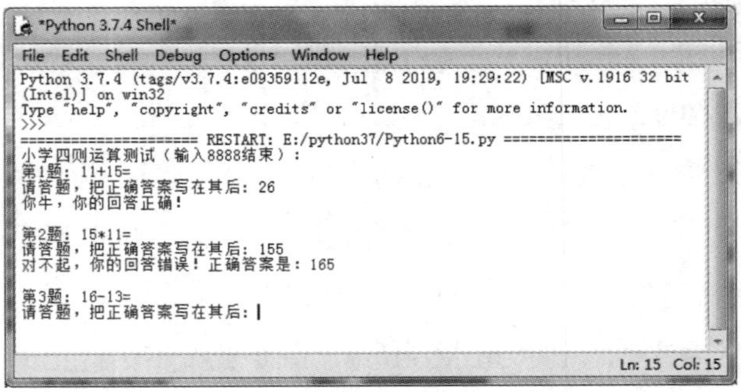

图 6.21　回答错误提示信息

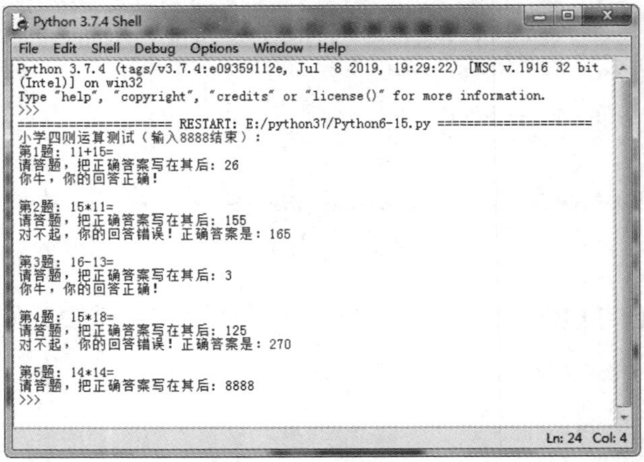

图 6.22　输入“8888”程序结束

第 7 章

Python 编程的面向对象

面向对象程序设计更有利于人们开拓思维，在具体的开发过程中便于程序的划分，方便程序员分工合作，提高开发效率。

本章主要内容包括：

- 类和对象
- 面向对象程序设计的优点和特点
- 类的定义和对象的创建
- 类的构造方法和 self 参数
- 类的继承
- 类的多态
- 模块的自定义和调用
- 标准模块和 import 语句
- Python 的自定义包
- 在自定义包创建模块并调用

7.1 面向对象概述

面向对象编程是当今主流的程序设计思想，已经取代了过程化程序开发技术。Python 从设计之初就已经是一门面向对象的语言，所以在 Python 中创建一个类和对象是很容易的。

7.1.1 什么是对象

对象是人们要进行研究的任何事物，从最简单的整数到复杂的飞机等均可看作对象，它不仅能表示具体的事物，还能表示抽象的规则、计划或事件。

对象具有状态，用数据值来描述一个对象的状态。对象还有操作，用于改变对象的状态，对象及其操作就是对象的行为。对象实现了数据和操作的结合，使数据和操作封装于对象的统一体中。

7.1.2 什么是类

具有相同特性（数据元素）和行为（功能）的对象的抽象就是类。因此，对象的抽象是类，类的具体化就是对象，也可以说类的实例是对象，类实际上就是一种数据类型。

类具有属性，它是对象的状态的抽象，用数据结构来描述类的属性。类具有操作，它是对象行为的抽象，用操作名和实现该操作的方法来描述。

7.1.3 面向对象程序设计的优点

面向对象程序设计的优点有 3 点，分别是可重用性、可扩展性和可管理性，如图 7.1 所示。

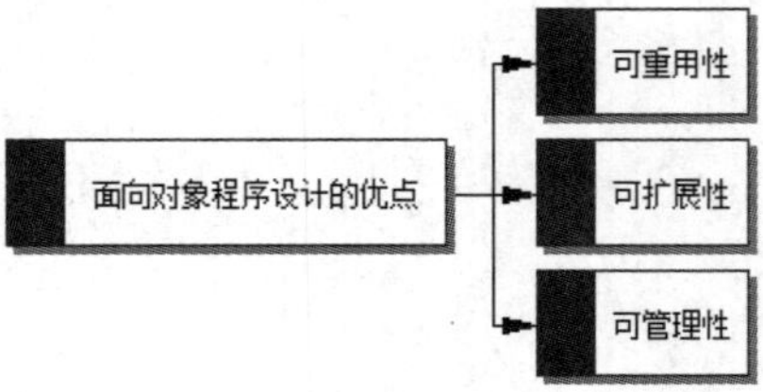

图 7.1　面向对象程序设计的优点

1. 可重用性

可重用性是面向对象软件开发的核心思路，提高了开发效率。面向对象程序设计的抽象、继承、封装和多态四大特点都围绕这个核心。

2. 可扩展性

可扩展性使面向对象设计脱离了基于模块的设计，便于软件的修改。

3. 可管理性

可管理性能够将功能与数据结合，方便管理。

7.1.4 面向对象程序设计的特点

面向对象程序设计的特点有 4 项，分别是抽象、继承、封装和多态，如图 7.2 所示。

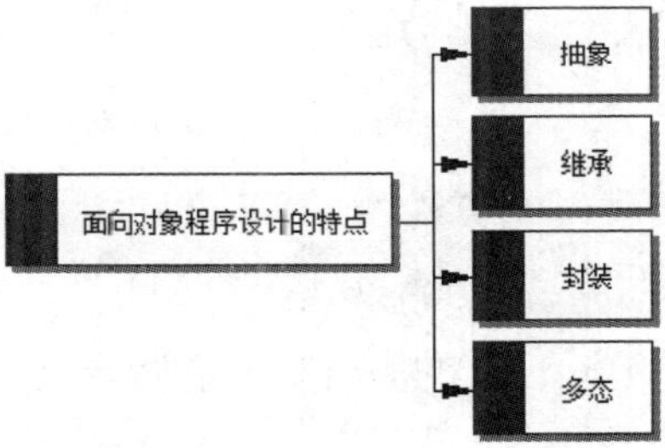

图 7.2 面向对象程序设计的特点

1. 抽象

抽象是很容易理解的。例如，当你开车时，你不必关心汽车的内部工作情况，你所关心的是通过方向盘、刹车踏板、油门踏板等与汽车进行交互。在这里，你对汽车知识的了解是抽象的。

在面向对象程序设计中，抽象是只定义数据和程序的过程，而隐藏实现细节。更简单地说，抽象是隐藏不相关的信息，或者只显示相关信息，并通过将其与现实世界中类似的东西进行比较来简化它。

类实现了对象的数据（状态）和行为的抽象。

2. 继承

继承是子类自动继承父类数据结构和方法的机制，这是类之间的一种关系。在定义和实现一个类的时候，可以在一个已经存在的类的基础之上进行，把这个已经存在的类所定义的内容作为自己的内容，并加入若干新的内容。

3. 封装

封装是将代码及其处理的数据绑定在一起的一种编程机制，该机制保证了程序和数据都不受外部干扰且不被误用。封装的目的在于保护信息。

4. 多态

在 Python 中，变量并没有声明类型，因此同一个变量完全可以在不同的时间引用不同的对象。当同一个变量在调用同一个方法时，完全可能呈现出多种行为（具体呈现出哪种行为由该变量所引用的对象来决定），这就是多态。

7.2 类的定义和对象的创建

下面来讲解类的定义和对象的创建。

7.2.1 类的定义

在 Python 中，类定义的语法具体如下：

```
class 类名:
    零个到多个类变量
    零个到多个方法
```

Python 的类定义与函数定义相似，都是以冒号（:）作为类体的开始，以统一缩进的部分作为类体。区别只是函数定义使用 def 关键字，而类定义则使用 class 关键字。类名只要是一个合法的标识符即可。

类中各成员之间的定义顺序没有任何影响，各成员之间可以相互调用。

Python 类所包含的最重要的两个成员就是变量和方法，变量用于定义该类本身所包含的状态数据，方法则用于定义该类的对象的行为或功能实现。

```
class MyClass:
    age = 36                                    # 定义类变量
    name = "周文静"
    love = ["跳舞","唱歌","运动"]
    def myfun(self):                            # 定义类方法
        return "hello world!"
```

7.2.2 对象的创建

类定义成功后，就可以创建对象。下面举例说明。

单击“开始”菜单，打开 Python 3.7.4 Shell 软件，然后单击菜单栏中的“File/New File”命令，创建一个 Python 文件，并命名为“Python7-1.py”，然后输入如下代码。

```
class MyClass:
    age = 36                              # 定义类变量
    name = "周文静"
    love = ["跳舞","唱歌","运动"]
    def myfun(self):                      # 定义类方法
        return "hello world!"
# 创建对象
myc = MyClass()
# 访问类的属性和方法
print("MyClass 类的属性 age，即年龄为：", myc.age)
print("MyClass 类的属性 name，即姓名为：", myc.name)
print("MyClass 类的属性 love，即爱好为：", myc.love)
print("\n MyClass 类的方法 myfun 输出为：", myc.myfun())
```

在这里可以看到，首先定义类，类名为 MyClass，该类有 3 个类变量和 1 个类方法，类变量分别为 age、name 和 love，类方法为 myfun()。接着创建类对象，这样就可以调用类的属性和方法，最后利用 print() 函数来显示。

单击菜单栏中的“Run/Run Module”命令或按下键盘上的“F5”键，就可以运行程序代码，结果如图 7.3 所示。

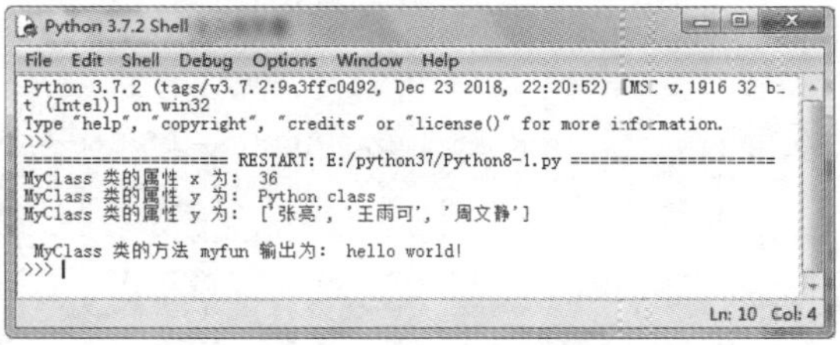

图 7.3　类定义与对象的创建

7.3　类的构造方法和 self 参数

很多类都倾向于将对象创建为有初始状态的。因此类可能会定义一个名为 __init__() 的特殊方法（构造方法），具体代码如下：

```
def __init__(self):
    self.data = []
```

如果类定义了 __init__() 方法，那么类的实例化操作会自动调用 __init__() 方法。当然，__init__() 方法可以有参数，参数通过 __init__() 传递到类的实例化操作上。

类的方法与普通的函数只有一个区别，即它们必须有一个额外的第一个参数名称，按照惯例它的名称是 self。self 代表类的实例，代表当前对象的地址，而 self.class 则指向类。

单击“开始”菜单，打开 Python 3.7.4 Shell 软件，然后单击菜单栏中的“File/New File”命令，创建一个 Python 文件，并命名为“Python7-2.py”，然后输入如下代码：

```
class Complex:
    # 定义类的特殊方法，即构造方法
    def __init__(self, realpart, imagpart):
        self.k = realpart
        self.i = imagpart
    # 定义类的方法
    def prt(self):
        print("self 代表的是类的实例，代表当前对象的地址 :",self)
        print("self.class 指向类 :",self.__class__)
x = Complex(85.3, 75)    # 实例化类
print(x.k,"\t",x.i)
x.prt()
```

单击菜单栏中的“Run/Run Module”命令或按下键盘上的“F5”键，就可以运行程序代码，结果如图 7.4 所示。

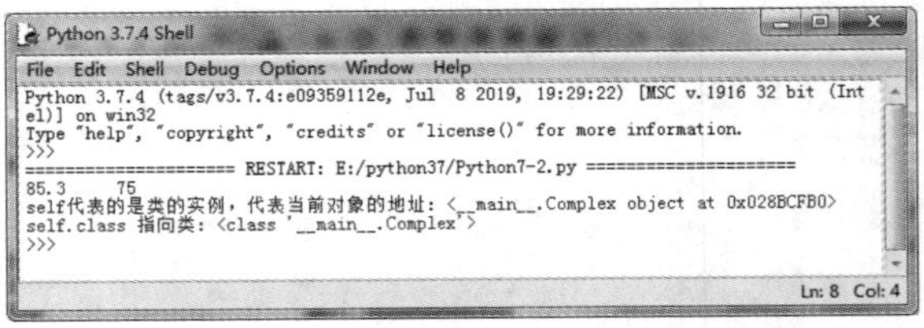

图 7.4 类的构造方法和 self 参数

7.4 类的继承

继承是面向对象编程技术的一块基石，因为它允许创建分等级层次的类。继承就是子类继承父类的特征和行为，使得子类对象（实例）具有父类的实例域和方法，或子类从父类继承方法，使得子类具有父类相同的行为。

7.4.1 类继承的语法格式

Python 子类继承父类的语法是在定义子类时，将多个父类放在子类之后的

圆括号里，其语法格式如下：

```
class  子类名 ( 父类 ):
    # 子类定义部分
```

如果在定义一个 Python 类时并未显式指定这个类的直接父类，则这个类默认继承 object 类。因此，object 类是所有类的父类，要么是其直接父类，要么是其间接父类。

实现继承的类被称为子类，被继承的类被称为父类（也被称为基类、超类）。父类和子类的关系，是一般和特殊的关系。例如水果和苹果的关系，苹果继承了水果，苹果是水果的子类，则苹果是一种特殊的水果。

7.4.2 类继承实例

单击“开始”菜单，打开 Python 3.7.4 Shell 软件，然后单击菜单栏中的“File/New File”命令，创建一个 Python 文件，并命名为“Python7-3.py”，然后输入如下代码：

```
#类定义
class people:
    #定义基本属性
    name = ''
    age = 0
    #定义私有属性，私有属性在类外部无法直接进行访问
    __weight = 0
    #定义构造方法
    def __init__(self,n,a,w):
        self.name = n
        self.age = a
        self.__weight = w
    #定义 speak 方法
    def speak(self):
        print("%s 说：我 %d 岁。" %(self.name,self.age))

#单继承类
class student(people):
    grade = ''
    def __init__(self,n,a,w,g):
        #调用父类的构函
        people.__init__(self,n,a,w)
        self.grade = g
    #覆写父类的方法
    def speak(self):
            print("%s 说：我 %d 岁了，我在读 %d 年级。"%(self.name,self.age,
self.grade))
    #利用 input() 函数动态输入学生的信息
    sname = input("请输入学生的姓名：")
    sage  = int(input("请输入学生的年龄："))
    sweight = int(input("请输入学生的体重："))
```

```
    sgrade = int(input("请输入学生所在的年级: "))
    s = student(sname,sage,sweight,sgrade)      #类的实例化
    s.speak()       #调用类中的方法
```

在这里，先定义 people 类，类中有两个基本属性（name 和 age）和一个私有属性（__weight），类中有两个方法，即类的构造方法和 speak() 方法。在继承类（子类 student）中，定义一个属性（grade），定义两个方法，即子类的构造方法和子类的 speak() 方法。这样在调用时，就会覆写父类（people）的 speak() 方法。

最后就是子类 student 实例化，再调用子类的 speak() 方法。

单击菜单栏中的“Run/Run Module”命令或按下键盘上的“F5”键，就可以运行程序代码，提醒“请输入学生的姓名”，如图 7.5 所示。

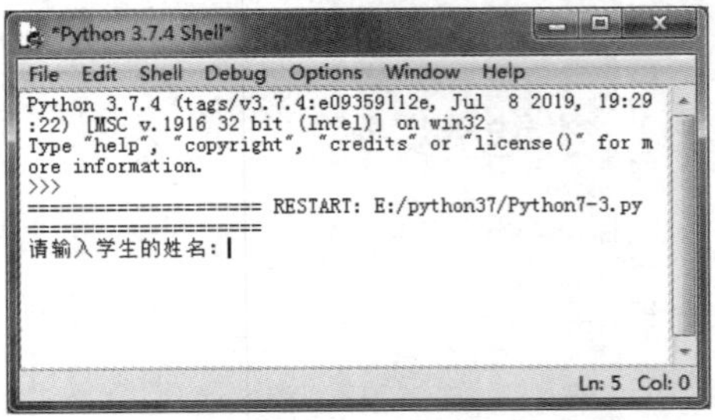

图 7.5　输入学生的姓名

在这里输入“赵文龙”，然后回车；又可以输入学生的年龄，在这里输入 10，然后回车；又可以输入学生的体重，在这里输入 36，然后回车；又可以输入学生所在的年级，在这里输入 4，如图 7.6 所示。

正确输入学生的基本信息后，回车，就可以看到学生的自我介绍。注意：这里没有说体重（因为 __weight 是私有属性），如图 7.7 所示。

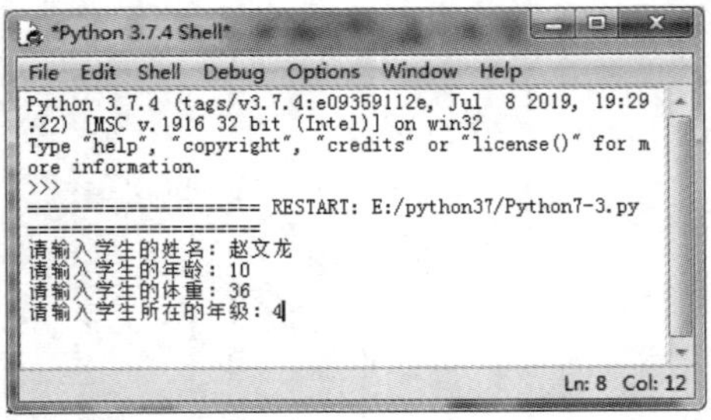

图 7.6　输入学生的基本信息

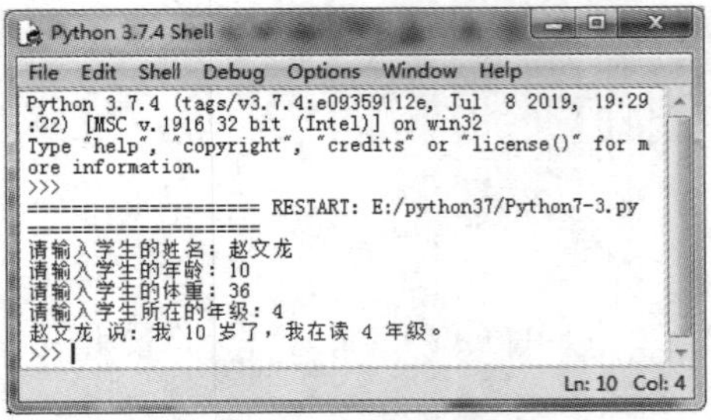

图 7.7　学生的自我介绍

7.4.3　类的多继承

Python 同样有限地支持多继承形式。

```
    class  子类名 ( 父类 1, 父类 2……) :
        # 子类定义部分
```

单击“开始”菜单，打开 Python 3.7.4 Shell 软件，然后单击菜单栏中的“File/New File”命令，创建一个 Python 文件，并命名为“Pythcn7-4.py”，然后输入如下代码：

```
    #类定义
    class people:
        #定义基本属性
        name = ''
        age = 0
        #定义私有属性，私有属性在类外部无法直接进行访问
        __weight = 0
        #定义构造方法
        def __init__(self,n,a,w):
            self.name = n
            self.age = a
            self.__weight = w
        def speak(self):
            print("%s 说：我 %d 岁。" %(self.name,self.age))
    #单继承
    class student(people):
        grade = ''
        def __init__(self,n,a,w,g):
            #调用父类的构函
            people.__init__(self,n,a,w)
            self.grade = g
        #覆写父类的方法
        def speak(self):
             print("%s 说：我 %d 岁了，我在读 %d 年级 "%(self.name,self.age,self.
grade))
    #另一个类，多重继承之前的准备
    class speaker():
        topic = ''
        name = ''
        def __init__(self,n,t):
            self.name = n
            self.topic = t
        def speak(self):
            print(" 我叫 %s，我是一个演说家，我演讲的主题是 %s"%(self.name,self.
topic))
    #多重继承
    class sample(speaker,student):
        a =''
        def __init__(self,n,a,w,g,t):
            student.__init__(self,n,a,w,g)
            speaker.__init__(self,n,t)
    test = sample(" 周文涛 ",15,70,7,"Python 编程！ ")
    test.speak()    #方法同名，默认调用的是在括号中排前的父类的方法
```

在这里，首先定义了 3 个类，分别是 people 类、student 类和 speaker 类。其中，student 类是 people 类的子类。需要注意的是，3 个类中，都有 speak() 方法。

然后定义 sample 类，sample 类是多重继承，既是 student 类的子类，而

时也是 speaker 类的子类。sample 类定义了一个类变量，即 a；定义了一个构造方法，在构造方法中调用了父类 student 的构造方法和父类 speaker 的构造方法。

最后，sample 类实例化，再调用 speak() 方法。需要注意的是，由于 people 类、student 类和 speaker 类中都有 speak() 方法，默认情况下，调用的是在括号中排前的父类的方法，即 speaker 类中的 speak() 方法。

单击菜单栏中的“Run/Run Module”命令或按下键盘上的“F5”键，就可以运行程序代码，结果如图 7.8 所示。

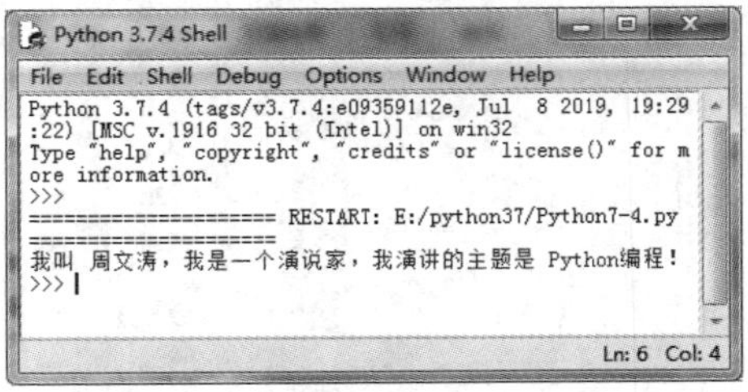

图 7.8　多继承

7.5　类的多态

多态是一种非常灵活的编程机制，下面来看一下 Python 编程中的多态。

单击“开始”菜单，打开 Python 3.7.4 Shell 软件，然后单击菜单栏中的“File/New File”命令，创建一个 Python 文件，并命名为“Python7-5.py”，然后输入如下代码：

```
class Canvas:
    def draw_pic(self, shape):
        print('\n-- 开始绘图 --')
        shape.draw(self)
class Rectangle:
    def draw(self, canvas):
        print(' 开始绘制矩形 ' )
class Triangle:
    def draw(self, canvas):
        print(' 开始绘制三角形 ')
class Circle:
    def draw(self, canvas):
        print(' 开始绘制圆形 ')
```

```
class Line:
    def draw(self, canvas):
        print('开始绘制直线')
class Arc:
    def draw(self, canvas):
        print('开始绘制圆弧')
c = Canvas()
# 传入 Rectangle 参数，绘制矩形
c.draw_pic(Rectangle())
# 传入 Triangle 参数，绘制三角形
c.draw_pic(Triangle())
# 传入 Circle 参数，绘制圆形
c.draw_pic(Circle())
# 传入 Line 参数，绘制直线
c.draw_pic(Line())
# 传入 Line 参数，绘制圆弧
c.draw_pic(Arc())
```

类 Canvas 的 draw_pic() 方法需要传入一个 shape 参数，该方法就是调用 shape 参数的 draw() 方法将自己绘制到画布上。

Canvas 的 draw_pic() 传入的参数对象只要带一个 draw() 方法即可，至于该方法具有何种行为（到底执行怎样的绘制行为），这与 draw_pic() 方法是完全分离的，这就为编程增加了很大的灵活性。

接下来定义了 5 个图形类，并为它们都提供了 draw() 方法，这样它们就能以不同的行为绘制在画布上，这就是多态的实际应用。

单击菜单栏中的“Run/Run Module”命令或按下键盘上的“F5”键，就可以运行程序代码，结果如图 7.9 所示。

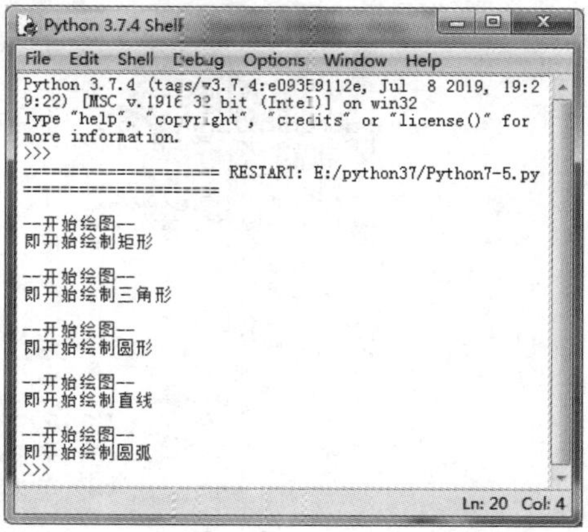

图 7.9　类的多态

7.6　模块

模块是一个包含所有定义的函数和变量的文件，其后缀名是 .py。模块可以被别的程序引入，以使用该模块中的函数等功能。

7.6.1　Python 中的自定义模块

模块的自定义方法，与 Python 文件的创建是一样的，但在保存时一定要保存到 Python 当前目录下，这样就可以直接调用。下面通过举例来说明。

单击“开始”菜单，打开 Python 3.7.4 Shell 软件，然后单击菜单栏中的“File/New File”命令，创建一个 Python 文件，然后输入如下代码：

```
def print_func( par ):
    print ("您好，调用了模块 (mymodule) 中的 print_func 函数：", par)
    return
def fib(n):                                    # 定义到 n 的斐波那契数列
    a, b = 0, 1
    while b < n:
        print(b, end=' ')                      # 不换行输出
        a, b = b, a+b
    print()                                    # 输出一个空行
```

在上述代码中，定义了两个函数，分别是 print_func() 和 fib()。

下面来保存文件。单击菜单栏中的“File/Save as”命令，弹出“另存为”对话框，如图 7.10 所示。

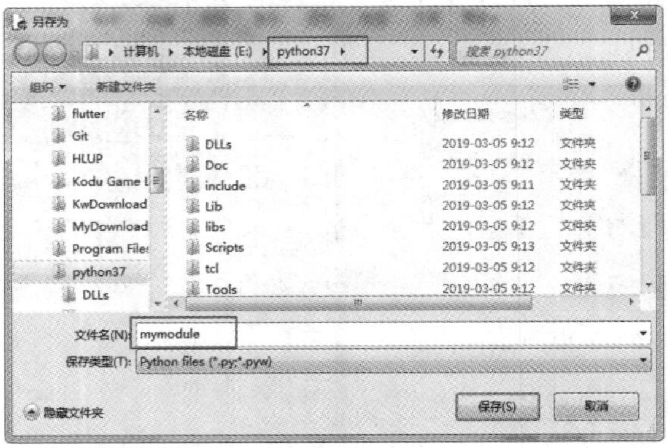

图 7.10　“另存为”对话框

在这里保存在Python的当前目录下，设置文件名为mymodule，然后单击“保存”按钮，这样自定义模块就完成了。

7.6.2　自定义模块的调用

要调用自定义模块，首先要导入自定义模块，然后即可调用。

单击“开始”菜单，打开 Python 3.7.4 Shell 软件，如果直接调用模块中的函数，即直接输入 mymodule.fib(200)，然后回车，就会报错，如图 7.11 所示。

在这里可以看到，报错是“name 'mymodule' is not defined”，即 mymodule 没有定义，原因在于调用之前没有导入该模块。

输入 import mymodule，然后回车，就会导入 mymodule 模块，然后就可以调用模块中的 fib()，接着输入 mymodule.fib(200)，回车，就可以看到输出结果，如图 7.12 所示。

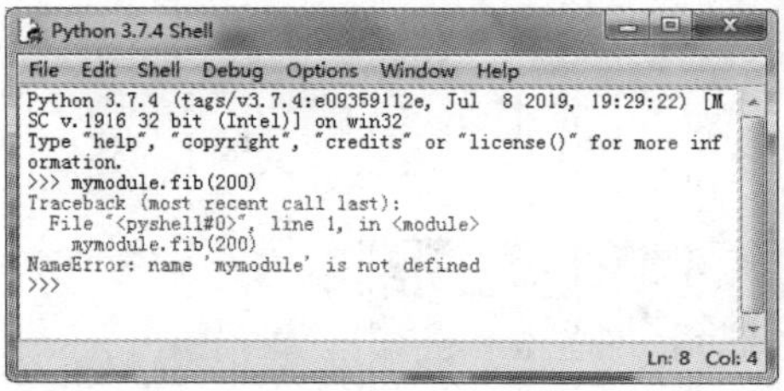

图 7.11　报错信息

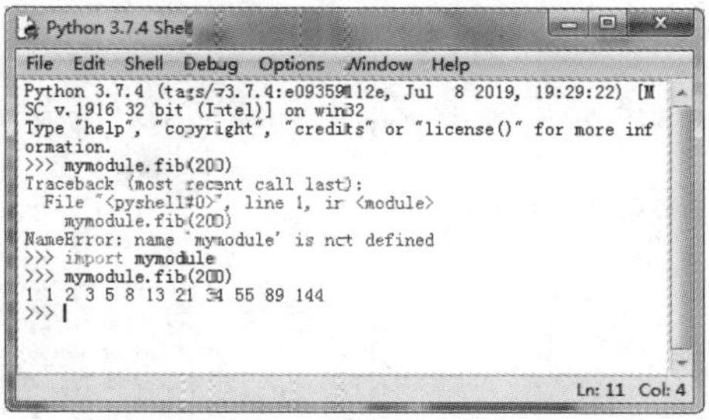

图 7.12　调用自定义模块中的 fib() 函数

还可以调用 mymodule 模块中的 print_func() 函数，即输入 mymodule.print_func(" 赵文龙 ")，回车，输出结果如图 7.13 所示。

如果经常使用某模块，为了简化输入，则可以为模块另命名，如 import mymodule as m。这样在下面的代码中就可以用 m 代替 mymodule。代码及运行结果如图 7.14 所示。

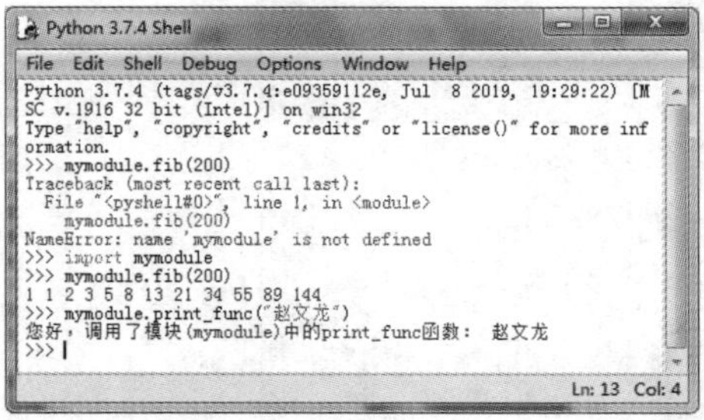

图 7.13　调用自定义模块中的 print_func() 函数

图 7.14　简化模块调用

7.6.3　import 语句

要使用 Python 源文件，只需在另一个源文件中执行 import 语句即可，其语法具体如下：

```
import module1[, module2[,... moduleN]
```

当Python解释器遇到import语句，如果模块在当前的搜索路径就会被导入。所以模块文件一定要放在当前的搜索路径中。可以利用python标准库中的sys.py模块来查看当前路径。

> 提醒：Python 标准库都在 python 安装目录中的 lib 文件夹中。

单击“开始”菜单，打开Python 3.7.4 Shell软件，输入import sys，回车，然后输入print("Python当前的搜索路径：", sys.path)，回车，如图7.15所示。

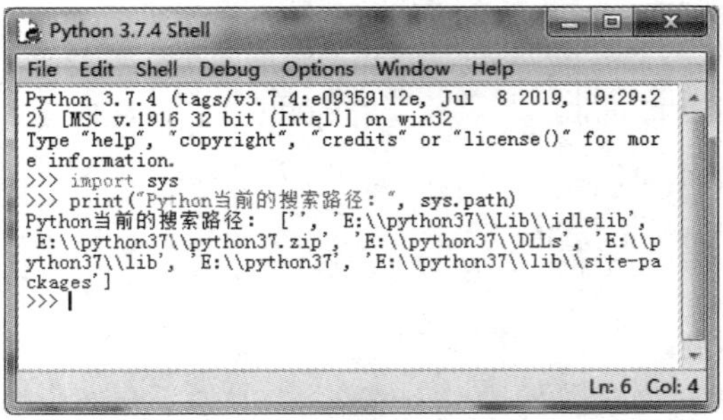

图 7.15 Python 当前的搜索路径

在这里可以看到，Python当前的搜索路径是“E:\\python37”，只要把模块文件放到当前的搜索路径中，就可以直接调用该模块文件，如图7.16所示。

图 7.16 Python 搜索路径文件夹

> 提醒：利用 Python 3.7.4 Shell 软件创建文件，默认状态下就保存在 Python 37 文件夹中。不管你执行了多少次 import，一个模块只会被导入一次。这样可以防止导入模块被一遍又一遍地执行。

在 python 中，用 import 或 from...import 来导入相应的模块，具体如下：

第一，将整个模块 (somemodule) 导入，格式为 import somemodule。

第二，从某个模块中导入某个函数，格式为 from somemodule import somefunction。

第三，从某个模块中导入多个函数，格式为 from somemodule import firstfunc, secondfunc, thirdfunc。

第四，将某个模块中的全部函数导入，格式为 from somemodule import *。

7.6.4 标准模块

Python 本身带有一些标准的模块库，如操作系统接口 os 模块，文件通配符 glob 模块，命令行参数 sys 模块，字符串正则匹配 re 模块，数学函数 math 模块和 random 模块，日期和时间 datetime 模块，数据压缩 zlib 模块，等等。

单击"开始"菜单，打开 Python 3.7.4 Shell 软件，然后单击菜单栏中的"File/New File"命令，创建一个 Python 文件，并命名为"Python7-6.py"，然后输入如下代码：

```
    import os,glob,sys,re,math,random,datetime,zlib
    print("当前的工作目录：",os.getcwd())
    print()
    print("当前目录下所有以 py 为后缀的文件：",glob.glob('*.py'))
    print()
    print("当前文件的路径及名称：",sys.argv)
    print()
    print("显示字母 f 开头的单词：",re.findall(r'\bf[a-z]*', 'which foot or hand fell fastest'))
    print()
    print("调用数学 math 函数，计算 cos(math.pi/4) 的值：",math.cos(math.pi/4))
    print()
    print("调用 random 函数，显示 0~1 之间的随机数：",random.random())
    print()
    print ("当前的日期和时间是 %s" % datetime.datetime.now())
    print()
    print("没有压缩之前的长度和压缩之后的长度：",len(b'witch which has which witches wrist watch!'),len(zlib.compress(b'witch which has which witches wrist watch!')))
```

单击菜单栏中的"Run/Run Module"命令或按下键盘上的"F5"键，就可以运行程序代码，结果如图 7.17 所示。

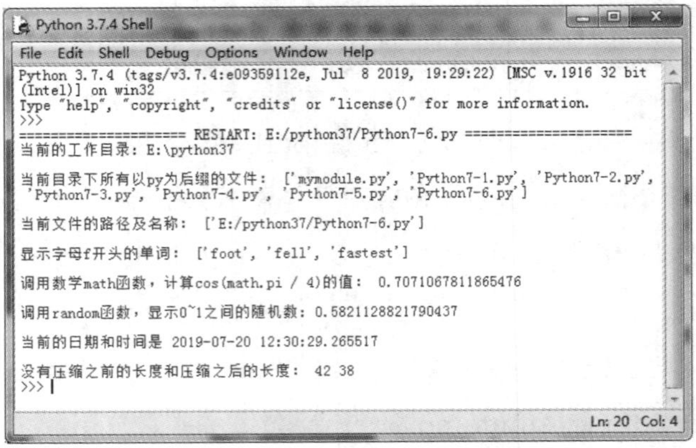

图 7.17　标准模块

7.7 包

包是一种管理 Python 模块命名空间的形式，采用“点模块名称”。例如一个模块的名称是 A.B，那么它表示一个包 A 中的子模块 B。

> 提醒：从物理上看，包就是一个文件夹，在该文件夹下包含了一个 __init__.py 文件，该文件夹可用于包含多个模块源文件；从逻辑上看，包的本质依然是模块。

就好像使用模块的时候，不用担心不同模块之间的全局变量相互影响一样，采用点模块名称这种形式也不用担心不同库之间的模块重名的情况。这样不同的程序员就可以提供 NumPy 模块或者 Python 图形库。

假设想设计一套统一处理声音文件和数据的模块（或者称之为一个“包”）。现存很多种不同的音频文件格式，所以需要一组不断增加的模块，用来在不同的格式之间转换，并且针对这些音频数据，还有很多不同的操作（比如混音，添加回声，增加均衡器功能，创建人造立体声效果），所以还需要一组无论怎样都写不完的模块来处理这些操作。

这里给出了一种可能的包结构（在分层的文件系统中），具体如下：

```
sound/                                    顶层包
        __init__.py                       初始化 sound 包
        formats/                          文件格式转换子包
                __init__.py
```

```
            wavread.py
            wavwrite.py
            aiffread.py
            aiffwrite.py
            auread.py
            auwrite.py
            ...
    effects/                        声音效果子包
            __init__.py
            echo.py
            surround.py
            reverse.py
            ...
    filters/                        filters 子包
            __init__.py
            equalizer.py
            vocoder.py
            karaoke.py
            ...
```

在导入一个包的时候，Python 会根据 sys.path 中的目录来寻找这个包中包含的子目录。

目录只有包含一个叫作 __init__.py 的文件才会被认作一个包，主要是为了避免一些滥俗的名字（比如叫作 string）不小心影响搜索路径中的有效模块。

打开 Python 当前工作目录，即“E:\python37”，然后双击“Lib”，这里的子文件夹都是一个包，在这里双击“html”，在该文件夹下就可以看到 __init__.py 文件，如图 7.18 所示。

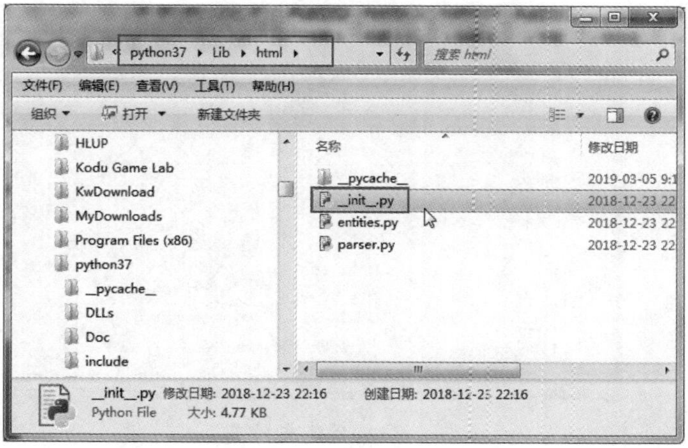

图 7.18 Python 中的包

打开 __init__.py 文件，就可以看到该文件中的代码，如图 7.19 所示。

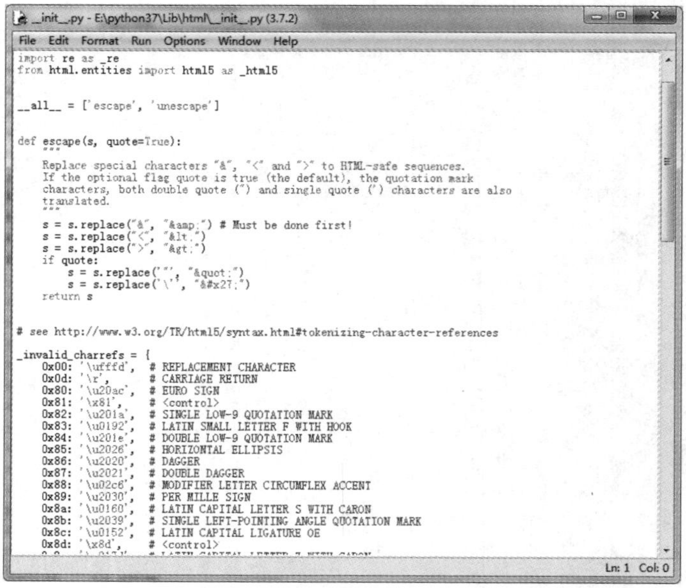

图 7.19 __init__.py 文件代码

7.7.1 Python 的自定义包

首先打开“E:\python37\Lib”文件夹，然后在该文件夹上，单击鼠标右键，在弹出的快捷菜单中单击“新建 / 文件夹”命令，创建一个文件夹，命名为“mypack”，如图 7.20 所示。

图 7.20 新建文件夹

双击“mypack”文件夹，然后单击鼠标右键，在弹出的快捷菜单中单击“新建 / 文件夹”命令，创建一个文本文档，命名为“__init__.py”，如图 7.21 所示。

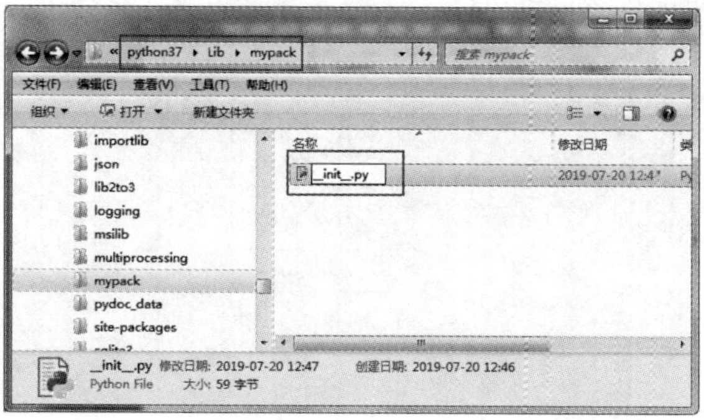

图 7.21 创建 __init__.py

利用 Python 3.7.4 Shell 软件打开该文件，然后输入如下代码：

```
#我是一个包
print("我是一个自定义 python 包")
```

接下来查看自定义包的信息。

单击“开始”菜单，打开 Python 3.7.4 Shell 软件，然后单击菜单栏中的“File/New File”命令，创建一个 Python 文件，并命名为“Python7-7.py”，然后输入如下代码：

```
#导入包
import mypack
print("--------------------")
print("包的说明性文档：",mypack.__doc__)
print("包的类型：",type(mypack))
print("包的位置：",mypack)
```

单击菜单栏中的“Run/Run Module”命令或按下键盘上的“F5”键，就可以运行程序代码，结果如图 7.22 所示。

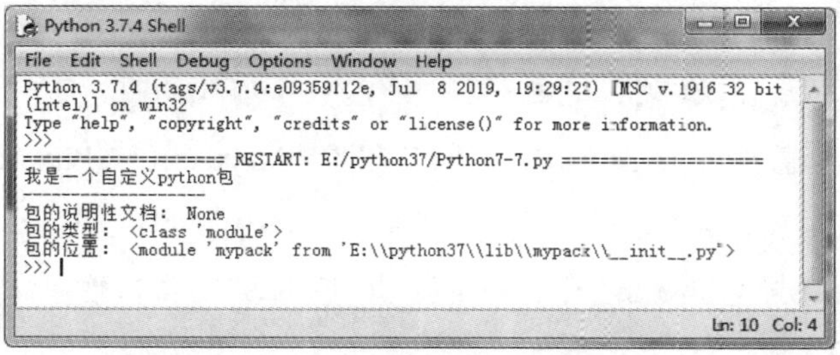

图 7.22 查看自定义包的信息

在这里可以看到包的类型就是模块。

需要注意的是，包被导入之后，会在包目录下生成一个 __pycache__ 文件夹，并在该文件夹内为包生成一个 __init__.cpython-37.pyc 文件，如图 7.23 所示。

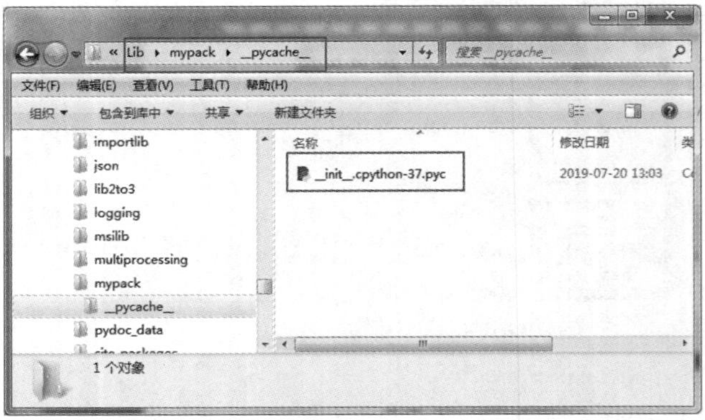

图 7.23　__pycache__ 文件夹中的 __init__.cpython-37.pyc 文件

7.7.2　在自定义包创建模块

单击“开始”菜单，打开Python 3.7.4 Shell软件，然后单击菜单栏中的“File/New File”命令，创建一个Python文件，保存在“E:\python37\Lib\mypack”中，即保存在自定义包中，文件名为“mymod1.py”。然后在文件中输入如下代码：

```
    # 定义函数 mydef1()，打印 9*9 乘法表
    def  mydef1() :
        for i in range(1, 10):
            print()
            for j in range(1, i+1):
                print("%d*%d=%d  " % (i, j, i*j),end='')
    # 定义函数 mydef2()，显示学生的姓名信息
    def  mydef2() :
        names = ["周涛","王佳欣","王雨欣","张高远","高飞","李硕","周文康","
宫志伟"]
        print("\n 遍历显示学生的姓名：\n")
        for stuname in names:
            print(stuname)
```

同理，再创建一个 Python 文件，保存在“E:\python37\Lib\mypack”中，文件名为“mymod2.py”。然后在文件中输入如下代码：

```
    # 定义函数 myd1()，显示 100 之内的偶数
    def myd1() :
        print("显示 100 之内的偶数")
        for i in  range(1,101) :
            if  i % 2 == 0 :
                print(i,"\t",end="")

    # 定义函数 myd2()，绘制 ※ 的菱形
    def myd2() :
        print("绘制 ※ 的菱形 \n")
```

```
    for i in range(4):
        for j in range(2 - i + 1):
            print("  ",end="")
        for k in range(2 * i + 1):
            print('※',end="")
        print()
    for i in range(3):
        for j in range(i + 1):
            print("  ",end="")
        for k in range(4 - 2 * i + 1):
            print('※',end="")
        print()
```

这时自定义包中的文件如图 7.24 所示。

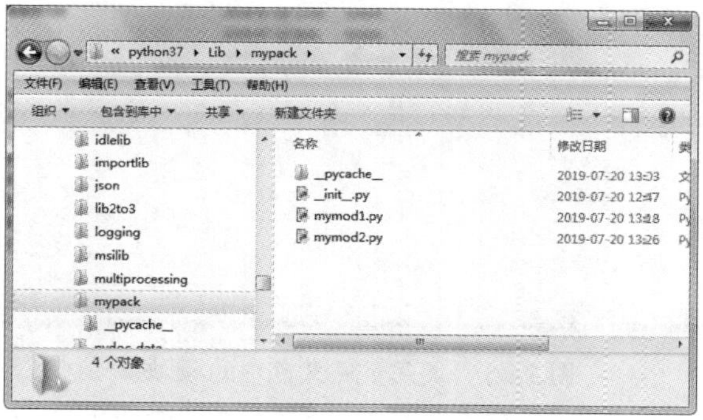

图 7.24　自定义包中的文件

7.7.3　调用自定义包中的模块

单击“开始”菜单，打开 Python 3.7.4 Shell 软件，然后单击菜单栏中的“File/New File”命令，创建一个 Python 文件，并命名为“Python7-8.py”，然后输入如下代码：

```
# 导入 mypack 包，实际上就是导入包下 __init__.py 文件
import mypack
# 导入 mypack 包下的 mymod1 模块，实际上就是导入 mypack 文件夹下的 mymod1.py
import mypack.mymod1
# 导入 mypack 包下的 mymod2 模块
from mypack import mymod2
mypack.mymod1.mydef1()
print()
mypack.mymod1.mydef2()
print()
mypack.mymod2.myd1()
print()
mypack.mymod2.myd2()
print(" 包的位置：",mypack)
```

单击菜单栏中的“Run/Run Module”命令或按下键盘上的“F5”键，就

可以运行程序代码，结果如图 7.25 所示。

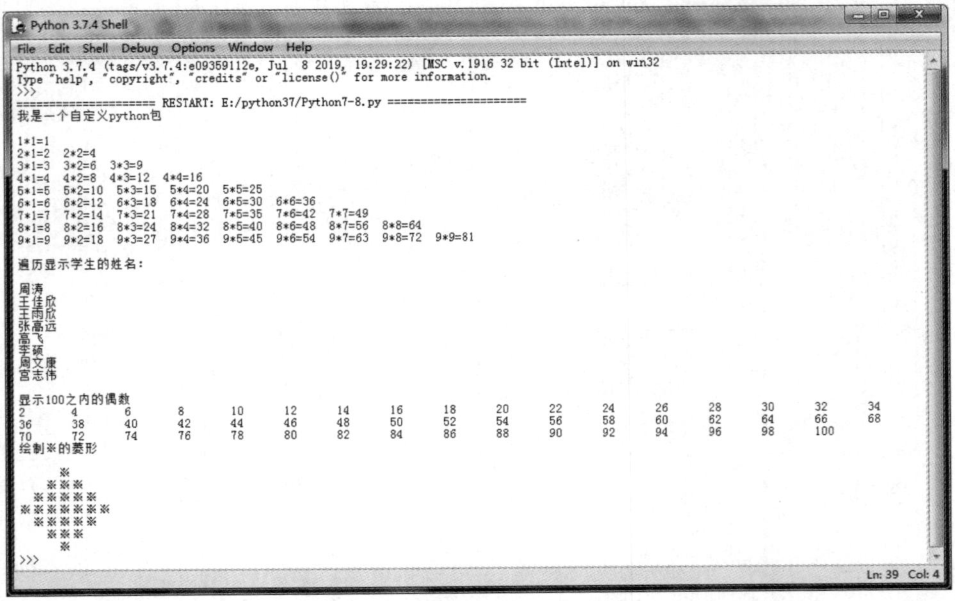

图 7.25　调用自定义包中的模块

第 8 章

Python 量化炒股常用的 Numpy 包

Numpy 包是高性能科学计算和数据分析的基础包，不是 Python 的标准包，是 Python 第三方包。为了更好地讲解，在这里使用聚宽 JoinQuant 量化炒股平台免费提供的基于 Jupyter Notebook 的研究平台。

本章主要内容包括：

- Numpy 包概述
- 量化炒股平台
- Numpy 数组的创建
- Numpy 特殊数组和序列数组
- 利用下标索引显示 Numpy 数组中元素的值
- Numpy 数组运算
- Numpy 的矩阵
- Numpy 的线性代数

8.1 初识 Numpy 包及量化炒股平台

下面来讲解 Numpy 包和 JoinQuant 量化炒股平台。

8.1.1 Numpy 包概述

Numpy 代表“Numeric Python”，是一个由多维数组对象和用于处理数组的集合组成的包。

Numeric，即 Numpy 的前身，是由 Jim Hugunin 开发的。他也开发了另一个包 Numarray，从而拥有一些额外的功能。2005 年，Travis Oliphant 通过将 Numarray 的功能集成到 Numeric 包中来创建 Numpy 包。

Numpy 通常与 Scipy（Scientific Python）和 Matplotlib（绘图库）一起使用。这种组合广泛用于替代 MatLab（是一个流行的技术计算平台）。但是，Python 作为 MatLab 的替代方案，现在被视为一种更加现代和完整的编程语言。

另外，Numpy 是开源的，这是它的一个额外的优势。

8.1.2 量化炒股平台

现在市面上比较流行的量化炒股平台，如聚宽（JoinQuant）、优矿（Uqer）、米筐（Ricequant）等，大体上提供类似的服务，但在细节上又有所不同。量化炒股平台的服务本质在于通过封装好的回测函数和金融数据库，帮助用户快捷地实现策略编程和回测。本书以聚宽 JoinQuant 量化炒股平台为例来讲解量化炒股。

聚宽 JoinQuant 致力于打造最高效、易用的量化炒股平台，并且希望降低量化炒股的门槛，让更多人有机会参与进来。聚宽 JoinQuant 坚信“人人皆为宽客”，即任何人只要对量化炒股感兴趣，就可以成为一名宽客。

在浏览器的地址栏中输入“https://www.joinquant.com”，然后回车，即可进入聚宽 JoinQuant 量化炒股平台的首页页面。

单击导航栏中的“策略研究”选项，就会弹出下拉菜单，然后单击“研究环境”

命令，如图 8.1 所示，就可以进入 Jupyter Notebook 的研究平台。

图 8.1　聚宽 JoinQuant 量化炒股平台的首页页面

单击“新建”按钮，弹出下拉菜单，然后单击“Python 3”命令，如图 8.2 所示，就可以新建 Python 3 文件，如图 8.3 所示。

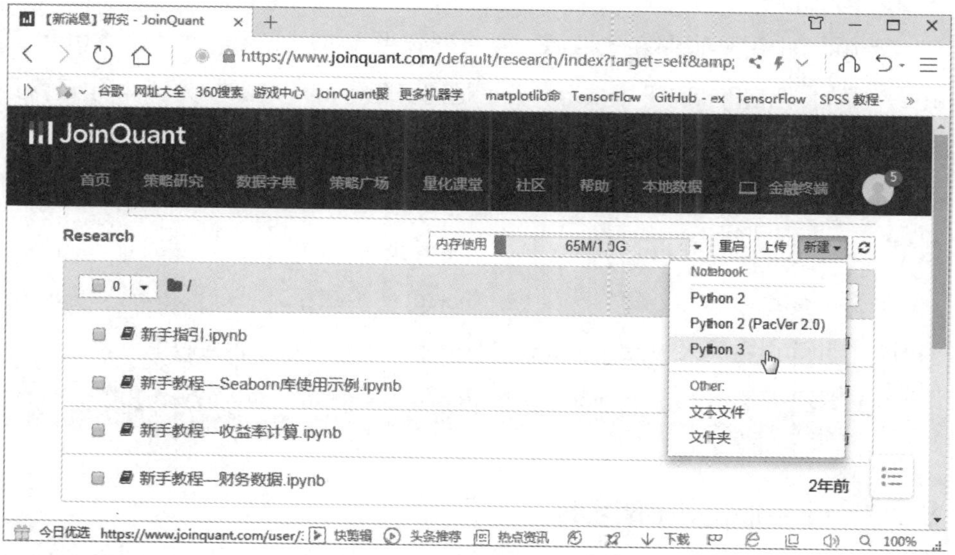

图 8.2　Jupyter Notebook 的研究平台

> 提醒：进入 Jupyter Notebook 的研究平台，需要用户先登录。聚宽 JoinQuant 量化炒股平台的注册和登录很简单，这里不再赘述。

图 8.3　新建 Python 3 文件

Python 3 文件新建成功后，即可编写 Python 代码。

8.2　ndarray 数组基础

Python 中用列表保存一组值，可将列表当作数组使用。此外，Python 有 array 模块，但它不支持多维数组，无论是列表还是 array 模块都没有科学运算函数，不适合做矩阵等科学计算。因此，Numpy 没有使用 Python 本身的数组机制，而是提供了 ndarray 数组对象，该对象不但能方便地存取数组，而且拥有丰富的数组计算函数，比如向量的加法、减法、乘法等。

使用 ndarray 数组，首先需要导入 Numpy 函数包。可以直接导入 Numpy 函数包，也可以在导入 Numpy 函数包时指定导入包的别名，代码如下：

```
import numpy                    # 直接导入 Numpy 函数包
import numpy as np              # 导入 Numpy 函数包并指定导入包的别名
```

8.2.1　Numpy 数组的创建

创建 Numpy 数组是进行数组计算的先决条件，可以通过 array() 函数定义数组实例对象，其参数为 Python 的序列对象（比如列表）。如果想定义多维数组，则传递多层嵌套的序列，代码如下：

```
Numpy1 = np.array([[10,-8,10.5],[-4,6.0,9.6]])
```

在浏览器的地址栏中输入“https://www.joinquant.com”，然后回车，就进入聚宽 JoinQuant 量化炒股平台的首页页面。在该页面中单击“策略研究 / 研究环境”命令，即可进入 Jupyter Notebook 的研究平台。在该平台中单击“新建”按钮，创建 Python 3 文件，接着输入如下代码：

```
import numpy as np
mya = np.array([11,25,36,89])
mya
```

首先导入 numpy 包，并指定导入包的别名为 np，然后定义一维数组，最后直接输出显示。

单击工具栏中的 ⏭运行 按钮，就会显示 Numpy 数组内容，并在下方插入一个新的单元格，如图 8.4 所示。

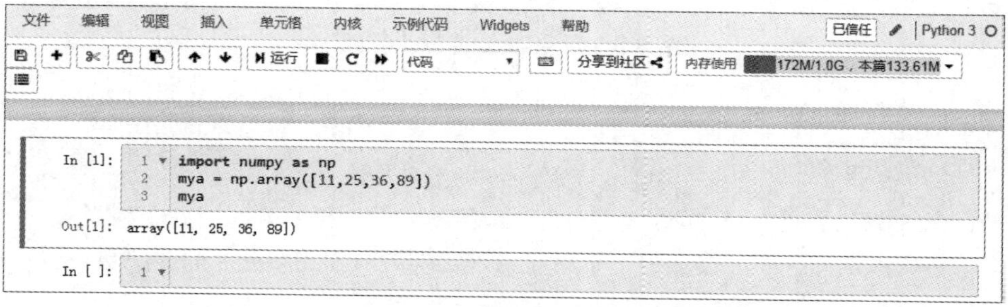

图 8.4　显示 Numpy 数组内容

在新的单元格中输入如下代码：

```
myb = np.array([11,25,36,89], dtype = complex)
print(" 利用 for 循环显示数组中的数据：")
for a in myb :
    print(a)
```

由于包一次导入，以后可以随便使用，所以这里不需要再导入 numpy 包。这里设置了一维数组的数据类型，默认为整型，进而设置为复数类型，最后利用 for 循环显示数组中的数据。

单击工具栏中的 ⏭运行 按钮，就会显示 Numpy 数组内容，并在下方插入一个新的单元格，如图 8.5 所示。

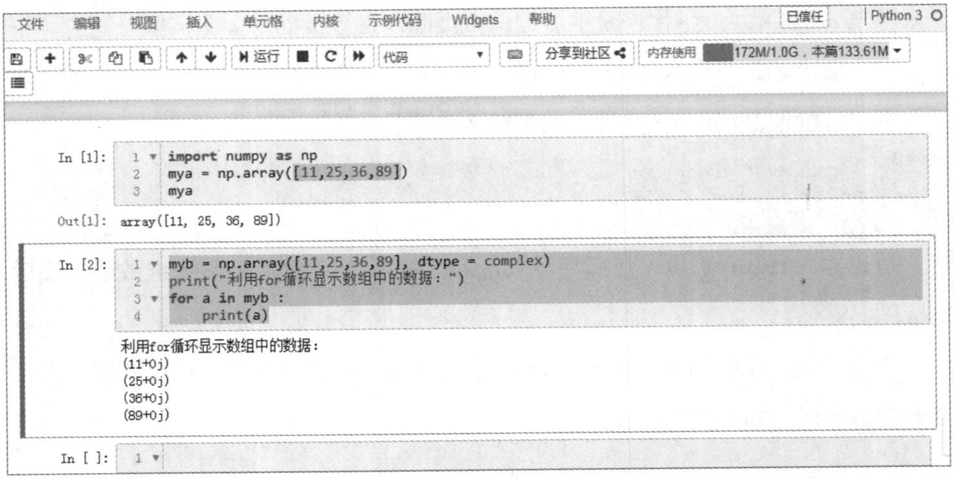

图 8.5　设置数据类型为复数

在新的单元格中输入如下代码：

```
myc = np.array([[11,25,36,89],[20,50,60,90]])
print(" 显示二维数组中的数据：\n",myc)
print("\n\n 第二行中的第三个数据：",myc[1][2])
```

在这里定义一个二维数组，然后显示该二维数组中的数据。需要注意：显示数组中的具体数组是利用下标来显示的，下标开始值为 0，不是 1。

单击工具栏中的 运行 按钮，就会显示 Numpy 数组内容，并在下方插入一个新的单元格，如图 8.6 所示。

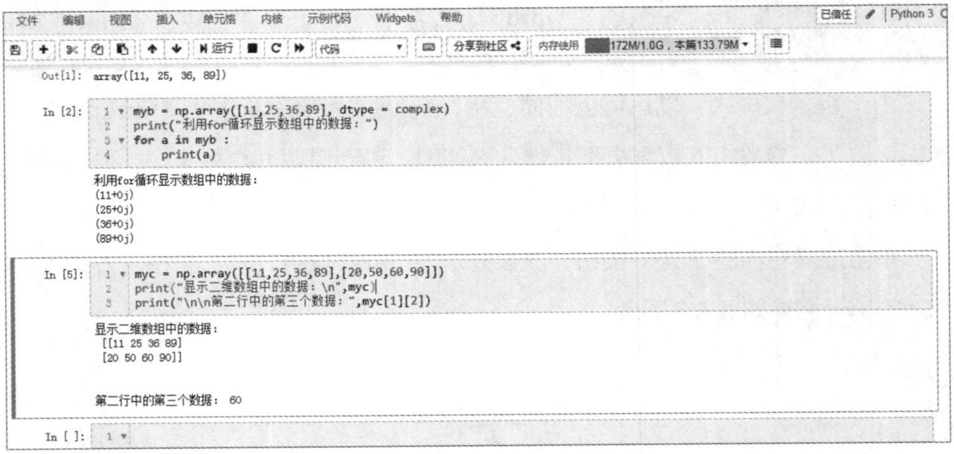

图 8.6　二维数组

下面保存文件。单击菜单栏中的“文件 / 重命名”命令，弹出“重命名”对话框，在这里命名为“Python8-1”，如图 8.7 所示。

图 8.7 “重命名”对话框

然后单击“重命名”按钮，即可保存文件。刚保存的文件如图 8.8 所示。

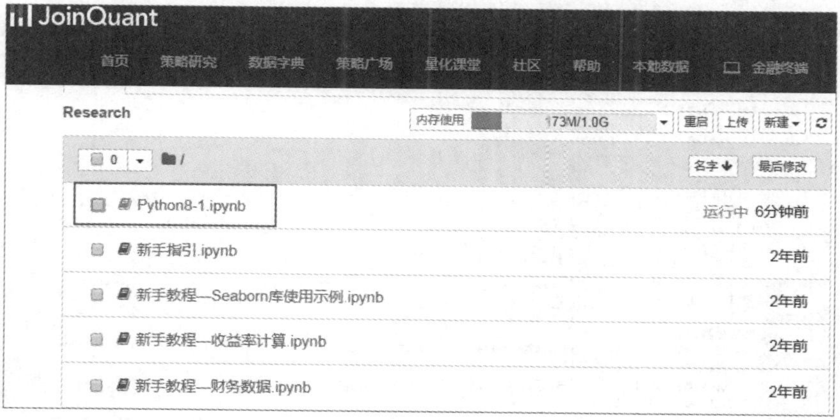

图 8.8 刚保存的文件

8.2.2 Numpy 特殊数组

在 Numpy 数组中，有 3 种特殊数组，分别是 zeros 数组、ones 数组和 empty 数组。

zeros 数组是指全 0 的数组，即数组中所有元素都为 0。

ones 数组是指全 1 的数组，即数组中所有元素都为 1。

empty 数组是指空数组，即数组中所有元素全近似为 0。

单击聚宽 JoinQuant 量化炒股平台中的“策略研究 / 研究环境”命令，进入 Jupyter Notebook 的研究平台。然后单击“新建”按钮，创建 Python 3 文件，并重命名文件为“Python8-2”，接着输入如下代码：

```
import numpy as np
# 一维数组，默认类型为 float
```

```
mya = np.zeros(6)
print("zeros 一维数组：\n",mya)
# 二维数组，设置数据类型为 int
myb = np.zeros((3,3), dtype = np.int)
print("zeros 二维数组：\n",myb)
# 二维数组，默认类型为 float
myc = np.ones((6,4))
print("ones 二维数组：\n",myc)
#empty 数组
myd = np.empty((2,4))
print("empty 二维数组：\n",myd)
```

单击工具栏中的 ▶运行 按钮，运行效果如图 8.9 所示。

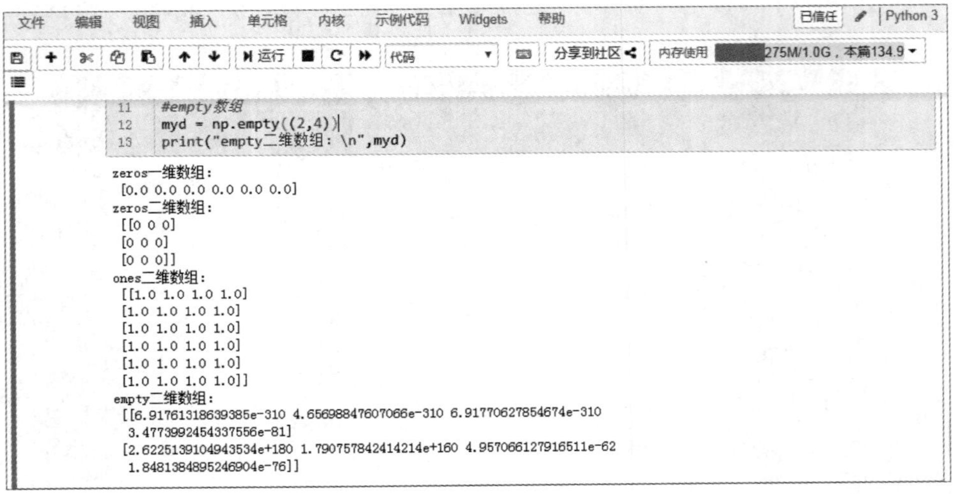

图 8.9　Numpy 特殊数组

8.2.3　Numpy 序列数组

arange 函数与 Python 中的 range 函数相似，但它属于 Numpy 库，其参数依次为开始值、结束值和步长。

还可以使用 linspace 函数创建等差序列数组，其参数依次为开始值、结束值和元素数量。

单击聚宽 JoinQuant 量化炒股平台中的“策略研究 / 研究环境”命令，进入 Jupyter Notebook 的研究平台。然后单击“新建”按钮，创建 Python 3 文件，并重命名文件为“Python8-3”，接着输入如下代码：

```
import numpy as np
numpy1 = np.arange(1,100,2)
print(" 利用 arange 函数创建等差序列数组： ",numpy1)
```

```
print()
numpy2 = np.linspace(0,8,10)
print(" 利用 linspace 函数创建等差序列数组：",numpy2)
```

单击工具栏中的 ▶运行 按钮，运行效果如图 8.10 所示。

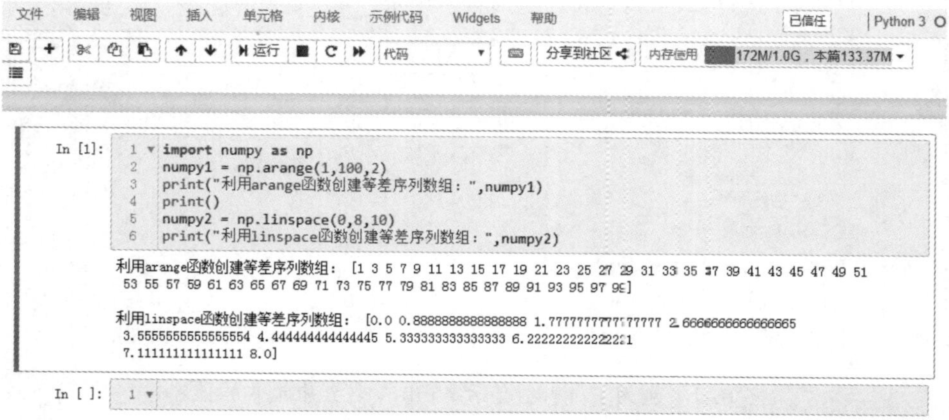

图 8.10　Numpy 序列数组

8.2.4　利用下标索引显示 Numpy 数组中元素的值

Numpy 数组的每个元素、每行元素、每列元素都可以用下标索引访问，但应注意：下标索引是从 0 开始的，其操作与列表基本相同。

单击聚宽 JoinQuant 量化炒股平台中的"策略研究 / 研究环境"命令，进入 Jupyter Notebook 的研究平台。然后单击"新建"按钮，创建 Python 3 文件，并重命名文件为"Python8-4"，接着输入如下代码：

```
import numpy as np
numpy1 = np.array([[8,6,5.2],[72,-12,3.9]])
print(" 显示 Numpy 数组中所有元素：",numpy1)
print()
print(" 显示 Numpy 数组中第一行元素：",numpy1[0])
print()
print(" 显示 Numpy 数组中第一行中的第二个元素：",numpy1[0,1])
print()
print(" 显示 Numpy 数组中第二行中的第三个元素：",numpy1[1,2])
print()
print(" 显示 Numpy 数组中第三列元素：",numpy1[:,2])
```

利用下标索引显示 Numpy 数组中的元素值，与列表相同，但需要注意显示某一行或某一列的写法。

单击工具栏中的 ▶运行 按钮，运行效果如图 8.11 所示。

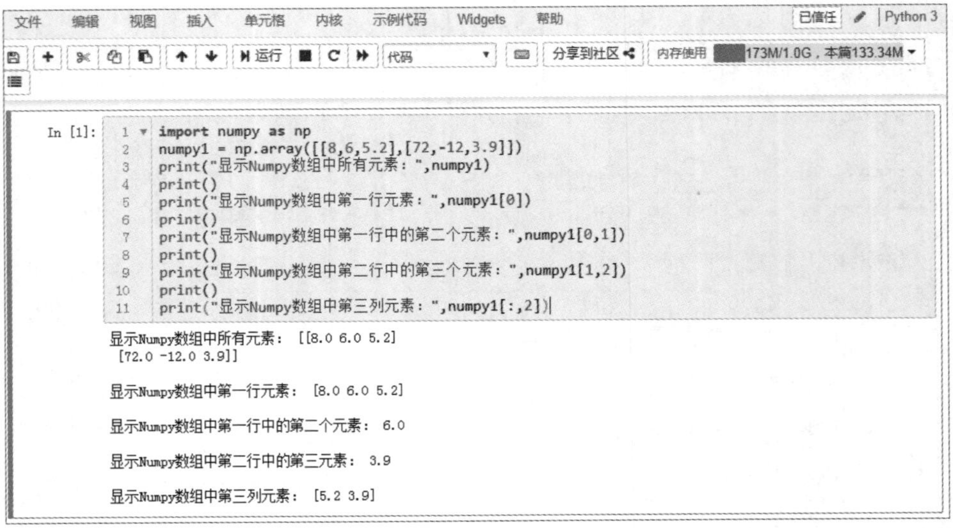

图 8.11　利用下标索引显示 Numpy 数组中元素的值

8.2.5　Numpy 数组运算

Numpy 数组运算是指 Numpy 数组中元素的加、减、乘、除、乘方、最大值、最小值等运算。

单击聚宽 JoinQuant 量化炒股平台中的“策略研究 / 研究环境”命令，进入 Jupyter Notebook 的研究平台。然后单击“新建”按钮，创建 Python 3 文件，并重命名文件为“Python8-5”，接着输入如下代码：

```
import numpy as np
numpy1 = np.array([5,10,15])
numpy2 = np.array([2,4,6])
print(" 数组的加法运算 ",numpy1+numpy2)
print(" 数组的减法运算 ",numpy1-numpy2)
print(" 数组的乘法运算 ",numpy1*numpy2)
print(" 数组的除法运算 ",numpy1/numpy2)
print("numpy1 数组的乘方运算 ",numpy1**2)
print(" 数组的点乘运算 ",np.dot(numpy1,numpy2))       # 就是把数组的乘法运算得到的数再加起来
print(" 数组的大小比较 ",numpy1>=numpy2)
print("numpy1 数组的最大值 ",numpy1.max())
print("numpy2 数组的最小值 ",numpy2.min())
print("numpy1 数组的和 ",numpy1.sum())
print("numpy1 和 numpy2 数组的和 ",numpy1.sum()+numpy2.sum())
```

单击工具栏中的 运行 按钮，运行效果如图 8.12 所示。

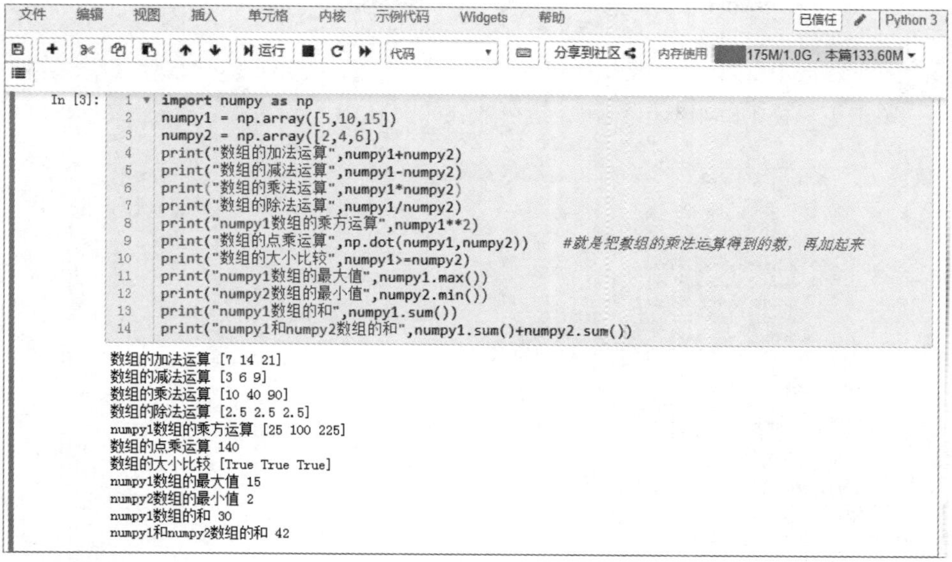

图 8.12　Numpy 数组运算

8.3　Numpy 的矩阵

矩阵（Matrix）是一个按照长方阵列排列的复数或实数集合，是高等数学中的常见工具，也常见于统计分析等应用数学学科中。

Numpy 的矩阵对象与数组对象相似，主要不同之处在于，矩阵对象的计算遵循矩阵数学运算规律，即矩阵的乘、转置、求逆等。需要注意的是：矩阵使用 matrix 函数创建。

单击聚宽 JoinQuant 量化炒股平台中的“策略研究 / 研究环境”命令，进入 Jupyter Notebook 的研究平台。然后单击“新建”按钮，创建 Python 3 文件，并重命名文件为“Python8-6”，接着输入如下代码：

```
import numpy as np
numpy1=np.matrix([[2,4,6],[1,3,5]])
print("矩阵数据内容：")
print(numpy1)
numpy2 = numpy1.T                              #矩阵的转置
print("矩阵的转置后的数据内容：")
print(numpy2)
print("矩阵的乘法：")
print(numpy1*numpy2)
```

```
    numpy3 = numpy1.I                              # 矩阵的求逆
    print(" 矩阵的求逆 :")
    print(numpy3)
```

单击工具栏中的 ▶ 运行 按钮，运行效果如图 8.13 所示。

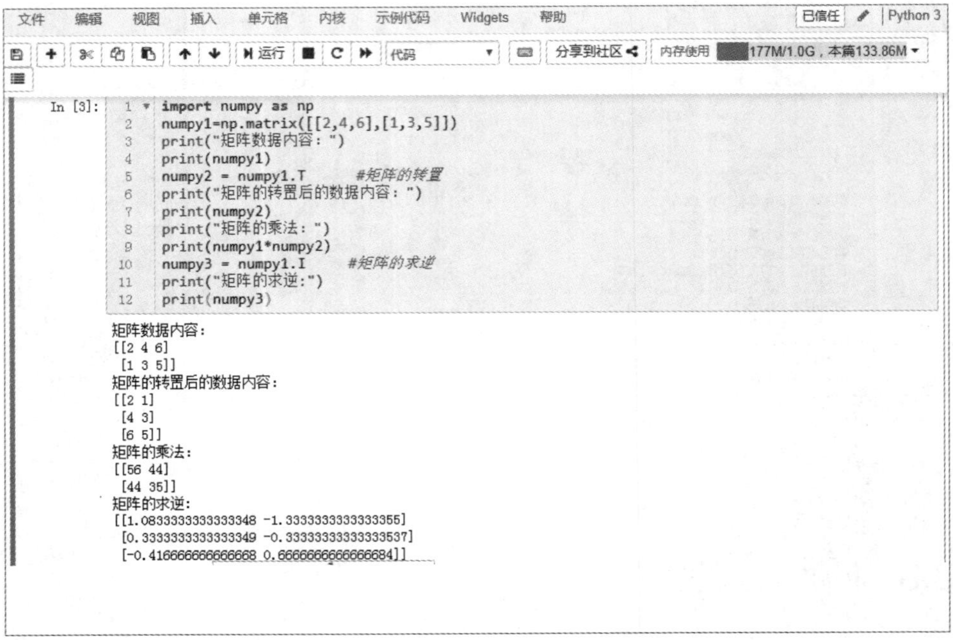

图 8.13　Numpy 的矩阵

8.4　Numpy 的线性代数

Numpy 包含 numpy.linalg 模块，提供线性代数所需的所有功能。下面进行具体讲解。

8.4.1　两个数组的点积

numpy.dot() 函数返回两个数组的点积。对于二维向量，其等效于矩阵乘法；对于一维数组，它是向量的内积；对于 N 维数组，它是 a 的最后一个轴上的和与 b 的倒数第二个轴的乘积。

单击聚宽 JoinQuant 量化炒股平台中的“策略研究 / 研究环境”命令，进入

Jupyter Notebook 的研究平台。然后单击“新建”按钮，创建 Python 3 文件，并重命名文件为“Python8-7”，接着输入如下代码：

```
import numpy as np
a = np.array([[1,2],[3,4]])
b = np.array([[11,12],[13,14]])
print("返回两个数组的点积：")
print(np.dot(a,b))
```

注意：两个数组的点积计算为 [[1×11+2×13，1×12+2×14],[3×11+4×13，3×12+4×14]]。

单击工具栏中的 ▶运行 按钮，运行结果如图 8.14 所示。

图 8.14　返回两个数组的点积

8.4.2　两个向量的点积

numpy.vdot() 函数返回两个向量的点积。如果第一个参数是复数，那么它的共轭复数会用于计算。如果参数 id 是多维数组，那么它会被展开。

单击聚宽 JoinQuant 量化炒股平台中的“策略研究 / 研究环境”命令，进入 Jupyter Notebook 的研究平台。然后单击“新建”按钮，创建 Python 3 文件，并重命名文件为“Python8-8”，接着输入如下代码：

```
import numpy as np
a = np.array([[1,2],[3,4]])
b = np.array([[11,12],[13,14]])
print("返回两个向量的点积：")
print(np.vdot(a,b))
```

注意：两个向量的点积计算为 $1\times11+2\times12+3\times13+4\times14=130$。

单击工具栏中的 运行 按钮，运行结果如图 8.15 所示。

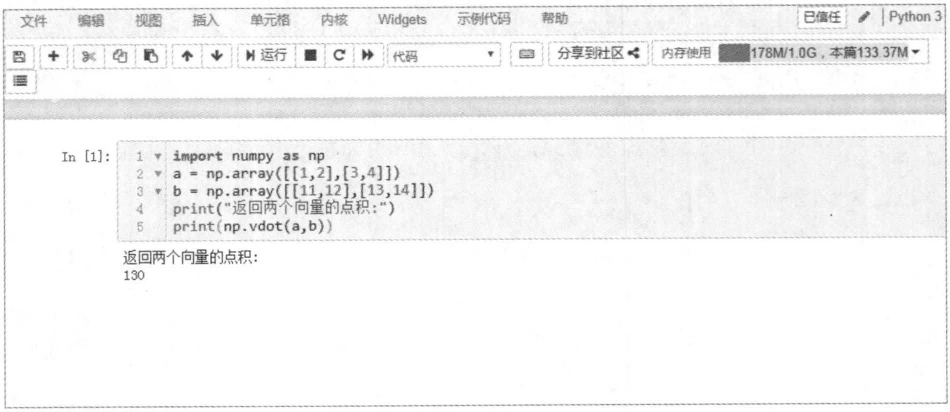

图 8.15　返回两个向量的点积

8.4.3　数组的向量内积

numpy.inner()：返回数组的向量内积。

单击聚宽 JoinQuant 量化炒股平台中的“策略研究 / 研究环境”命令，进入 Jupyter Notebook 的研究平台。然后单击“新建”按钮，创建 Python 3 文件，并重命名文件为“Python8-9”，接着输入如下代码：

```
import numpy as np
a=np.array([1,2,3])
b=np.array([0,1,0])
print(" 一维数组的向量内积 :")
print(np.inner(a,b))                        #1×0+2×1+3×0
print()
c=np.array([[1,2], [3,4]])
d=np.array([[11, 12], [13, 14]])
print(" 多维数组的向量内积 :")
print(np.inner(c,d))
```

注意：多维数组的向量内积计算如下。

$1\times11+2\times12$，$1\times13+2\times14$

$3\times11+4\times12$，$3\times13+4\times14$

单击工具栏中的 运行 按钮，运行结果如图 8.16 所示。

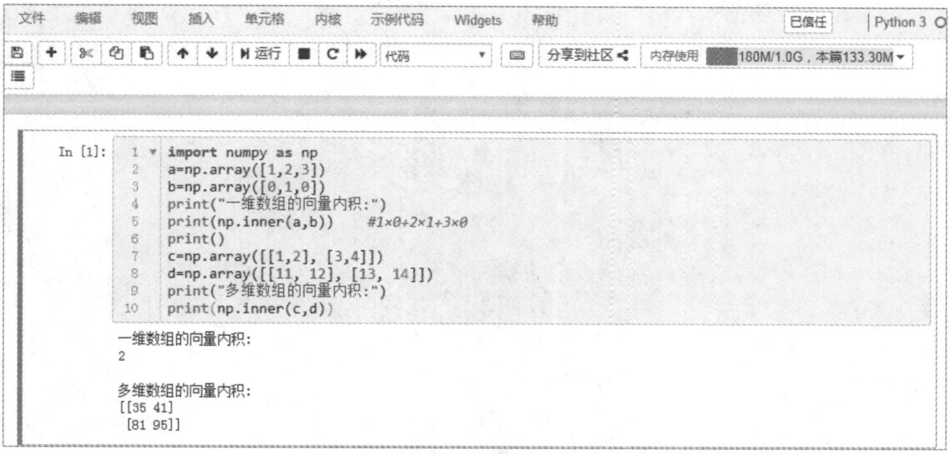

图 8.16　数组的向量内积

8.4.4　矩阵的行列式

行列式在线性代数中是非常有用的值，它从方阵的对角元素计算。对于 2×2 矩阵，它是左上和右下元素的乘积与其他两个的乘积的差。也就是说，对于矩阵 [[a，b]，[c，d]]，行列式计算为 ad-bc。较大的方阵被认为是 2×2 矩阵的组合。在 Python 中，是利用 numpy.linalg.det() 函数计算输入矩阵的行列式。

单击聚宽 JoinQuant 量化炒股平台中的“策略研究 / 研究环境”命令，进入 Jupyter Notebook 的研究平台。然后单击“新建”按钮，创建 Python 3 文件，并重命名文件为“Python8-10”，接着输入如下代码：

```
import numpy as np
a = np.array([[1,2], [3,4]])
print(" 矩阵的行列式 :")
print(np.linalg.det(a))
b = np.array([[6,1,1], [4, -2, 5], [2,8,7]])
print(" 较大的方阵的数据： ")
print(b)
print()
print(" 较大的方阵的行列式： ")
print(np.linalg.det(b))
print()
print(" 较大的方阵的行列式的计算方法： ")
c=6*(-2*7 - 5*8) - 1*(4*7 - 5*2) + 1*(4*8 - -2*2)
print("6*(-2*7 - 5*8) - 1*(4*7 - 5*2) + 1*(4*8 - -2*2)=",c)
```

单击工具栏中的 运行 按钮，运行结果如图 8.17 所示。

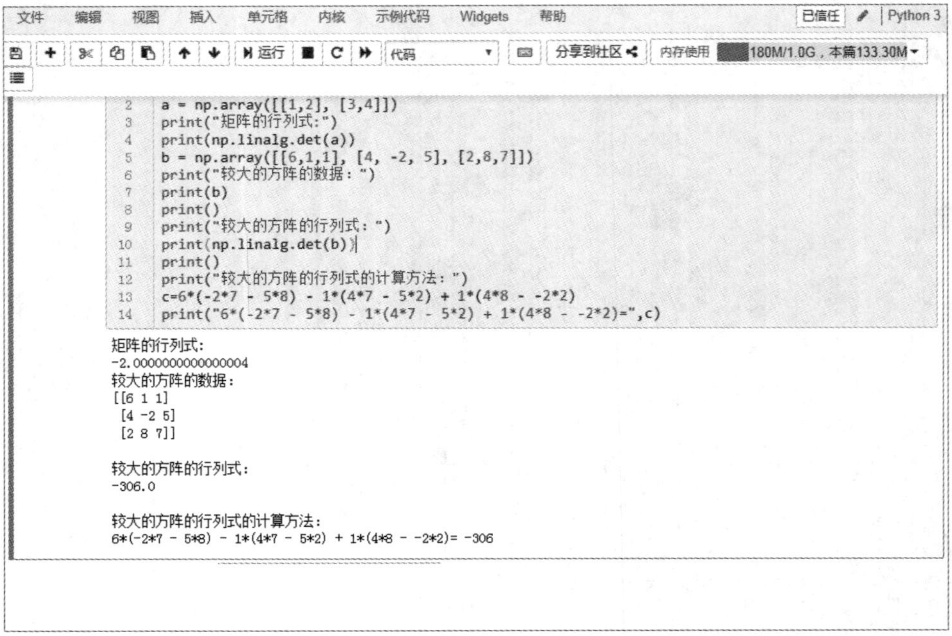

图 8.17　矩阵的行列式

8.4.5 矩阵的逆

使用 numpy.linalg.inv() 函数来计算矩阵的逆。矩阵的逆是指，如果它乘以原始矩阵，则得到单位矩阵。

> 提醒：单位矩阵是一个方阵，从左上角到右下角的对角线（称为主对角线）上的元素均为 1。除此以外全都为 0。

单击聚宽 JoinQuant 量化炒股平台中的“策略研究 / 研究环境”命令，进入 Jupyter Notebook 的研究平台。然后单击“新建”按钮，创建 Python 3 文件，并重命名文件为“Python8-11”，接着输入如下代码：

```
import numpy as np
x = np.array([[1,2],[3,4]])
print(" 原始矩阵 :\n",x)
print()
y = np.linalg.inv(x)
print(" 矩阵的逆 :\n",y)
print()
print(" 单位矩阵 :")
print(np.dot(x,y))
```

单击工具栏中的 运行 按钮，运行结果如图 8.18 所示。

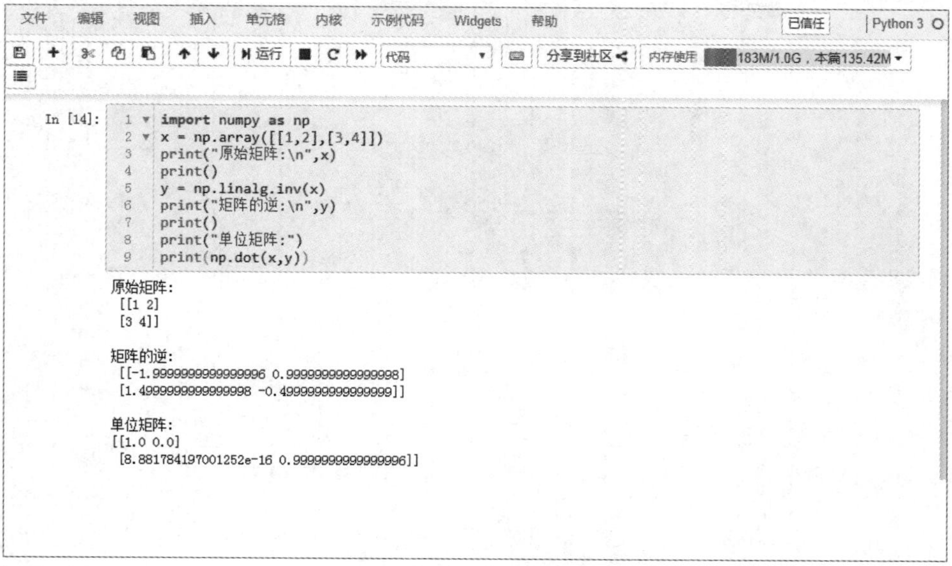
文件 编辑 视图 插入 单元格 内核 示例代码 Widgets 帮助
已信任
Python 3
运行
代码
分享到社区
内存使用 183M/1.0G，本篇135.42M
In [14]:
import numpy as np
x = np.array([[1,2],[3,4]])
print("原始矩阵:\n",x)
print()
y = np.linalg.inv(x)
print("矩阵的逆:\n",y)
print()
print("单位矩阵:")
print(np.dot(x,y))
原始矩阵:
[[1 2]
[3 4]]
矩阵的逆:
[[-1.9999999999999996 0.9999999999999998]
[1.4999999999999998 -0.4999999999999999]]
单位矩阵:
[[1.0 0.0]
[8.881784197001252e-16 0.9999999999999996]]

图 8.18　矩阵的逆

第9章

Python 量化炒股常用的 Pandas 包

Pandas 是基于 Numpy 构建的，让以 Numpy 为中心的应用变得更加简单。Pandas 提供了大量能使我们快速便捷地处理数据的函数和方法，这也是 Python 成为强大而高效的数据分析环境的重要因素之一。

本章主要内容包括：

- Pandas 的三大数据结构
- 利用 ndarray 创建系列（Series）
- 利用字典创建系列（Series）
- 访问系列（Series）中的值
- 二维数组 DataFrame 的创建
- 利用 DataFrame 显示不同类型证券信息
- 利用 DataFrame 显示某只股票的报价信息
- 股票数据信息的行选择和列选择
- 利用标签选择股票数据信息
- 利用条件选择股票数据信息
- 函数的运用
- 三维数组 Panel

9.1 Pandas 的数据结构

Pandas 的数据结构主要有 3 种，分别是 Series、DataFrame 和 Panel。

系列（Series）是一维数组，与 Numpy 中的一维 array 类似。二者与 Python 基本的数据结构 List 也很相近，其区别是，List 中的元素可以是不同的数据类型，而 array 和 Series 中则只允许存储相同的数据类型，这样可以更有效地使用内存，提高运算效率。

DataFrame 是二维数组，非常接近于 Excel 电子表格或者类似 MySQL 数据库的形式。它的竖行称为列（columns），横行称为 index，也就是说，数据的位置是通过 columns 和 index 来确定的。可以将 DataFrame 理解为 Series 的容器。

Panel 是三维数组，可以理解为 DataFrame 的容器。

9.2 一维数组系列（Series）

系列（Series）是由一组数据（各种 Numpy 数据类型）以及一组与之相关的标签数据（索引）组成的。仅由一组数据即可产生最简单的系列（Series），也可以通过传递一个 dict 对象来创建一个系列（Series）。需要注意的是，Pandas 会默认创建整型索引。

9.2.1 利用 ndarray 创建系列（Series）

如果数据是 ndarray，则传递的索引必须具有相同的长度。如果没有传递索引值，那么默认的索引将是范围 (n)。其中，n 是数组长度，即 [0,1,2,3….(len(array))−1]。

单击聚宽 JoinQuant 量化炒股平台中的“策略研究 / 研究环境”命令，进入

Jupyter Notebook 的研究平台。然后单击“新建”按钮，创建 Python 3 文件，并重命名文件为“Python9-1”，接着输入如下代码：

```
# 导入 pandas 和 numpy 包
import pandas as pd
import numpy as np
# 利用 ndarray 为系列赋值
mydata1 = np.array(['a','b','c','d'])
mys = pd.Series(mydata1)
print("显示系列中的索引和数据：\n",mys)
mydata2 = np.array(['C','C++','Python','Java'])
myt = pd.Series(mydata2,index=[100,101,102,103])
print("显示系列中的索引和数据：\n",myt)
```

这里没有传递任何索引，因此默认情况下，它分配了从 0 到 len(data)-1 的索引，即 0 到 3。

如果传递了索引值，就可以在输出中看到自定义的索引值。

单击工具栏中的 运行 按钮，运行结果如图 9.1 所示。

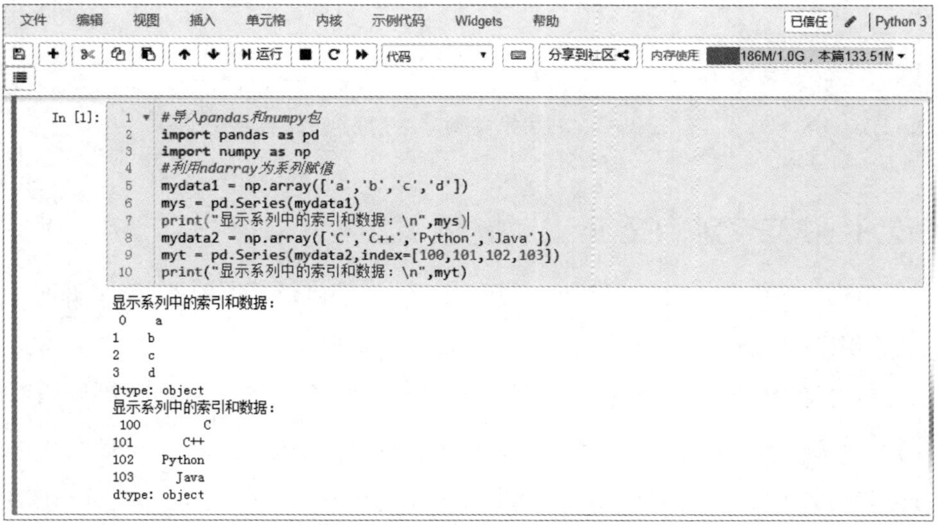

图 9.1 利用 ndarray 创建系列

9.2.2 利用字典创建系列（Series）

字典（dict）可以作为输入传递，如果没有指定索引，则按排序顺序取得字典键以构造索引。如果传递了索引，则索引中与标签对应的数据中的值将被取出。

单击聚宽 JoinQuant 量化炒股平台中的“策略研究 / 研究环境”命令，进入

Jupyter Notebook 的研究平台。然后单击“新建”按钮，创建 Python 3 文件，并重命名文件为“Python9-2”，接着输入如下代码：

```
import pandas as pd
data = {'姓名': '赵杰', '年龄': 19, '年级': '大一','学习成绩':'优'}
mya = pd.Series(data)
print("利用字典创建系列:\n",mya)
```

注意：字典键用于构建索引。

单击工具栏中的 ▶|运行 按钮，运行结果如图 9.2 所示。

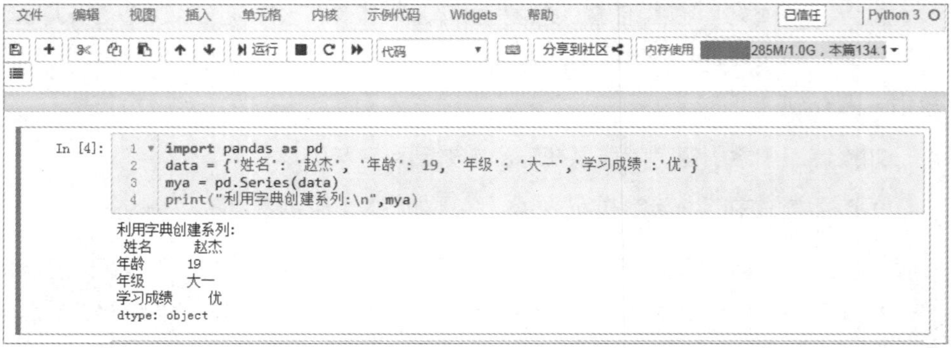

图 9.2 利用字典创建系列（Series）

9.2.3 访问系列（Series）中的值

系列（Series）中的数据可以使用类似于访问 ndarray 中的数据来访问，也可以利用系列（Series）中的标签数据（索引）来访问。

单击聚宽 JoinQuant 量化炒股平台中的“策略研究 / 研究环境”命令，进入 Jupyter Notebook 的研究平台。然后单击“新建”按钮，创建 Python 3 文件，并重命名文件为“Python9-3”，接着输入如下代码：

```
import pandas as pd
s = pd.Series(['C','C++','Python','Java','HTML'],index = ['a','b','c','d','e'])
print("系列中的第一个数据：",s[0])
print("系列中的第三个数据：",s['c'])
print("系列中的第二个和第四个数据：\n",s[['b','d']])
print("系列中的前三个数据：\n",s[:3])
print("系列中的后三个数据：\n",s[-3:])
```

单击工具栏中的 ▶|运行 按钮，运行结果如图 9.3 所示。

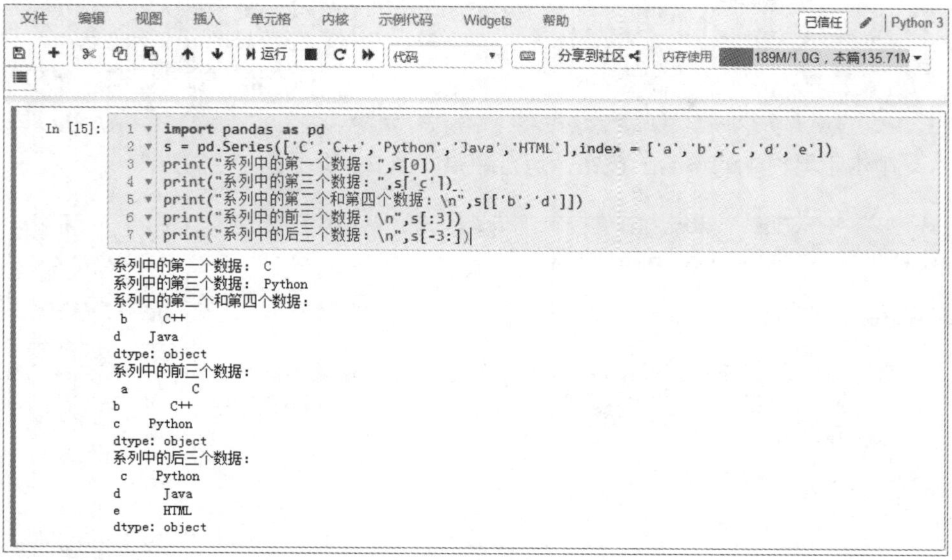

图 9.3　访问系列（Series）中的值

9.3　二维数组 DataFrame

DataFrame 是一个表格型的数据结构，它含有一组有序的列，每一列的数据结构都是相同的，而不同的列之间则可以是不同的数据结构（数值、字符、布尔值等）。或者以数据库进行类比，DataFrame 中的每一行是一个记录，名称为 Index 的一个元素，而每一列则为一个字段，是这个记录的一个属性。DataFrame 既有行索引也有列索引，可以被看作由 Series 组成的字典（共用同一个索引）。

9.3.1　二维数组 DataFrame 的创建

二维数组 DataFrame 可以使用各种输入创建，如列表、字典、一维数组系列（Series）、Numpy ndarrays 以及另一个二维数组 DataFrame。

单击聚宽 JoinQuant 量化炒股平台中的“策略研究 / 研究环境”命令，进入 Jupyter Notebook 的研究平台。然后单击“新建”按钮，创建 Python 3 文件，并重命名文件为“Python9-4”，接着输入如下代码：

```
    import pandas as pd
    data = {"姓名":["李平","张可","周远","徐南"],"年龄":[25,28,19,30],"工资":[5869,7256,6895,7289]}
    dataframe1 = pd.DataFrame(data)
    print("显示 dataframe1 中的数据：\n",dataframe1)
```

单击工具栏中的 运行 按钮，运行结果如图 9.4 所示。

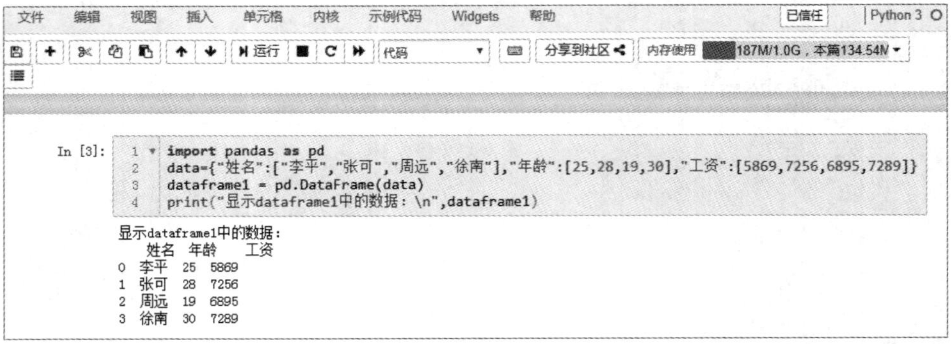

图 9.4　二维数组 DataFrame 的创建

9.3.2　利用 DataFrame 显示不同类型证券信息

利用 get_all_securities() 函数可以显示所有股票数据信息，该函数的返回值是 DataFrame 二维数据。该函数的语法格式如下：

```
    get_all_securities(types=['stock'], date=None)
```

参数 types：用来过滤 securities（证券）的类型，如 stock(股票)、index(指数)、etf(ETF 基金)、fja（分级 A）、fjb（分级 B）等。

参数 date：用来获取该日期之前已上市的股票信息。默认值为 None，表示获取所有日期的股票信息。

单击聚宽 JoinQuant 量化炒股平台中的“策略研究 / 研究环境”命令，进入 Jupyter Notebook 的研究平台。然后单击“新建”按钮，创建 Python 3 文件，并重命名文件为“Python9-5”，接着输入如下代码：

```
    import pandas as pd
    dataframe1 = get_all_securities()
    print("深圳证券交易所和上海证券交易所的所有股票信息：")
    dataframe1
```

单击工具栏中的 运行 按钮，就可以看到深圳证券交易所和上海证券交易所的所有股票信息，如图 9.5 所示。

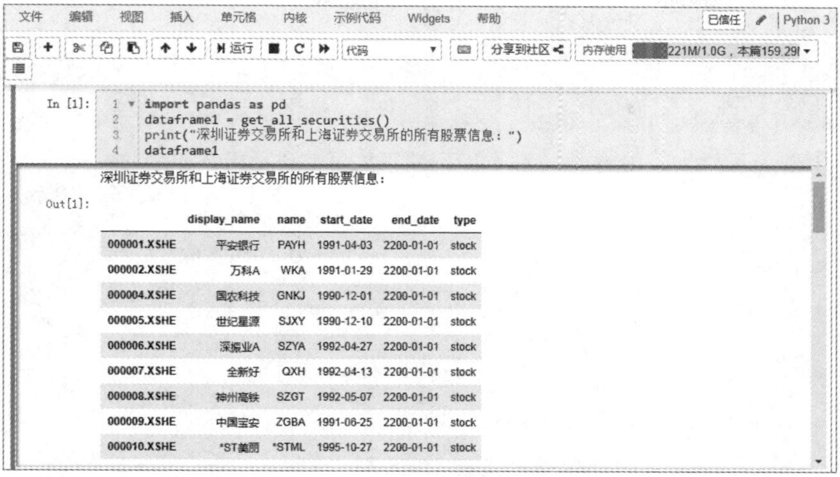

In [1]:
```
import pandas as pd
dataframe1 = get_all_securities()
print("深圳证券交易所和上海证券交易所的所有股票信息：")
dataframe1
```

深圳证券交易所和上海证券交易所的所有股票信息：

Out[1]:

	display_name	name	start_date	end_date	type
000001.XSHE	平安银行	PAYH	1991-04-03	2200-01-01	stock
000002.XSHE	万科A	WKA	1991-01-29	2200-01-01	stock
000004.XSHE	国农科技	GNKJ	1990-12-01	2200-01-01	stock
000005.XSHE	世纪星源	SJXY	1990-12-10	2200-01-01	stock
000006.XSHE	深振业A	SZYA	1992-04-27	2200-01-01	stock
000007.XSHE	全新好	QXH	1992-04-13	2200-01-01	stock
000008.XSHE	神州高铁	SZGT	1992-05-07	2200-01-01	stock
000009.XSHE	中国宝安	ZGBA	1991-06-25	2200-01-01	stock
000010.XSHE	*ST美丽	*STML	1995-10-27	2200-01-01	stock

图 9.5　深圳证券交易所和上海证券交易所的所有股票信息

各字段信息是：display_name（显示名称）、name（名称的缩写）、start_date（开始日期）、end_date（结束日期）、type（类型）。

如果要查看深圳证券交易所和上海证券交易所的所有指数信息，则具体代码如下：

```
dataframe2 = get_all_securities(types=['index'])
print("深圳证券交易所和上海证券交易所的所有指数信息：")
dataframe2
```

单击工具栏中的 运行 按钮，运行效果如图 9.6 所示。

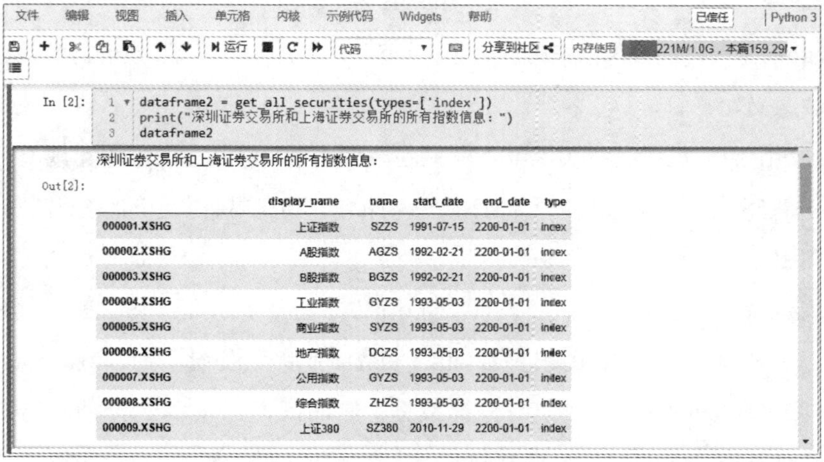

In [2]:
```
dataframe2 = get_all_securities(types=['index'])
print("深圳证券交易所和上海证券交易所的所有指数信息：")
dataframe2
```

深圳证券交易所和上海证券交易所的所有指数信息：

Out[2]:

	display_name	name	start_date	end_date	type
000001.XSHG	上证指数	SZZS	1991-07-15	2200-01-01	index
000002.XSHG	A股指数	AGZS	1992-02-21	2200-01-01	index
000003.XSHG	B股指数	BGZS	1992-02-21	2200-01-01	index
000004.XSHG	工业指数	GYZS	1993-05-03	2200-01-01	index
000005.XSHG	商业指数	SYZS	1993-05-03	2200-01-01	index
000006.XSHG	地产指数	DCZS	1993-05-03	2200-01-01	index
000007.XSHG	公用指数	GYZS	1993-05-03	2200-01-01	index
000008.XSHG	综合指数	ZHZS	1993-05-03	2200-01-01	index
000009.XSHG	上证380	SZ380	2010-11-29	2200-01-01	index

图 9.6　深圳证券交易所和上海证券交易所的所有指数信息

当然，还可以查看 ETF 基金以及分级 A 和分级 B 的信息。显示 2008 年 10

月 12 日之前上市交易的 ETF 基金，具体代码如下：

```
dataframe3 = get_all_securities(types=['etf'],date='2008-10-12')
print("深圳证券交易所和上海证券交易所的 ETF 基金信息：")
dataframe3
```

单击工具栏中的 ▶运行 按钮，运行效果如图 9.7 所示

图 9.7　2008 年 10 月 12 日之前上市交易的 ETF 基金

9.3.3 利用 DataFrame 显示某只股票的报价信息

利用 get_price() 函数可以获得某只股票的报价信息，该函数的返回值是 DataFrame 二维数据。该函数的语法格式如下：

```
    get_price(security, start_date=None, end_date=None, frequency='daily',
fields=None, skip_paused=False, fq='pre', count=None)
```

get_price() 函数可以按天或者按分钟获取一只或者多只股票的行情数据，各项参数意义如下。

security：一只股票代码或者一只股票代码的 list。上海证券交易所上市的股票、基金的代码后缀都为“.XSHG”； 深圳证券交易所上市的股票、基金的代码后缀都为“.XSHE”。

start_date：开始时间，与参数 count 二选一，不可同时使用。需要注意的是，如果参数 count 和参数 start_date 都没有设置，则 start_date 生效值是“2019-01-01”。如果取分钟数据，则时间可以精确到分钟，例如传入 datetime.datetime(2019，1，1，10，0，0) 或者 '2019-01-01 10:00:00'。

> 提醒：当取分钟数据时，如果只传入日期，则日内时间是当日的 00:00:00。当取天数据时，传入的日内时间会被忽略。

end_date：结束时间，默认是“2015-12-31”，包含此日期。需要注意的是，当取分钟数据时，如果 end_date 只有日期，则日内时间等同于 00:00:00,，所以返回的数据是不包括 end_date 这一天的。

frequency：单位时间长度，几天或者几分钟，默认为 daily，即表示 1 天。现在支持“Xd”“Xm”“daily”（表示 1 天）、“minute”（表示 1 分钟），X 是一个正整数，分别表示 X 天和 X 分钟。需要注意的是，当 X > 1 时，fields 只支持 [“open”“close”“high”“low”“volume”“money”] 这几个标准字段。

fields：字符串 list，选择要获取的行情数据字段，默认是 None（表示 [“open”“close”“high”“low”“volume”“money”] 这几个标准字段）。参数 fields 支持 SecurityUnitData 中的所有基本属性，包含：[“open”“close”“low”“high”“volume”“money”“factor”“high_limit”“low_limit”“avg”“pre_close”“paused”]

skip_paused：是否跳过不交易日期（包括停牌、未上市或者退市后的日期，如果不跳过，则停牌时会使用停牌前的数据填充。上市前或者退市后数据都为 nan）。需要注意的是，该参数默认为 False，即不跳过不交易日期。当该参数是 True 时，只能取一只股票的信息。

fq：复权选项。参数值设置为 'pre'，表示前复权，为默认设置；参数值设置为 None，表示不复权，返回实际价格；参数值设置为 'post'，表示后复权。

count：与 start_date 二选一，不可同时使用。参数 count 表示数量，返回结果集的行数，即表示获取 end_date 之前几个 frequency 的数据。

单击聚宽 JoinQuant 量化炒股平台中的“策略研究 / 研究环境”命令，进入 Jupyter Notebook 的研究平台。然后单击“新建”按钮，创建 Python 3 文件，并重命名文件为“Python9-6”，接着输入如下代码：

```
    import pandas as pd
    dataframe1 = get_price('600036.XSHG',start_date='2019-07-3', end_
date='2019-07-10', frequency='daily')
    dataframe1
```

利用 get_price() 函数获得招商银行（600036）每天的股票数据信息，开始时间是 2019 年 7 月 3 日，结束时间是 2019 年 7 月 10 日。默认情况下显示的数据信息是开盘价（open）、收盘价（close）、最低价（low）、最高价（high）、成交量（volume）和成交金额（money）。

单击工具栏中的 ▶ 运行 按钮，运行结果如图 9.8 所示。

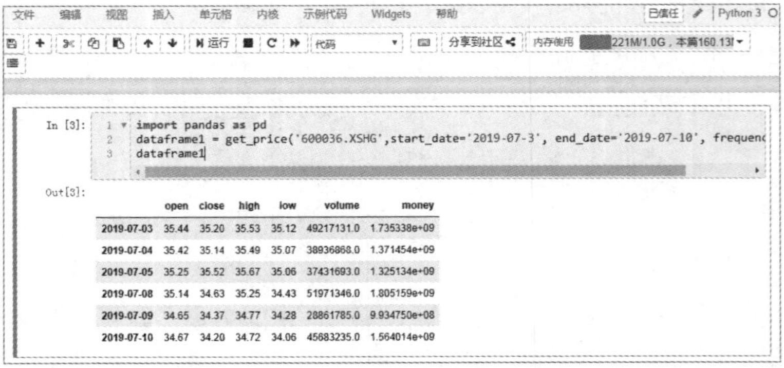

	open	close	high	low	volume	money
2019-07-03	35.44	35.20	35.53	35.12	49217131.0	1.735338e+09
2019-07-04	35.42	35.14	35.49	35.07	38936868.0	1.371454e+09
2019-07-05	35.25	35.52	35.67	35.06	37431693.0	1.325134e+09
2019-07-08	35.14	34.63	35.25	34.43	51971346.0	1.805159e+09
2019-07-09	34.65	34.37	34.77	34.28	28861785.0	9.934750e+08
2019-07-10	34.67	34.20	34.72	34.06	45683235.0	1.564014e+09

图 9.8　招商银行（600036）每天的股票数据信息

9.3.4　股票数据信息的行选择和列选择

利用 head() 函数，可以显示前 5 条股票数据信息。

单击聚宽 JoinQuant 量化炒股平台中的“策略研究 / 研究环境”命令，进入 Jupyter Notebook 的研究平台。然后单击“新建”按钮，创建 Python 3 文件，并重命名文件为“Python9-7”，接着输入如下代码：

```
    import pandas as pd
    dataframe1 = get_price('000009.XSHE',start_date='2018-07-3', end_
date='2018-09-10', frequency='daily')
    dataframe1.head()
```

单击工具栏中的 ▶ 运行 按钮，就可以看到中国宝安（000009）前 5 条查询信息，如图 9.9 所示。

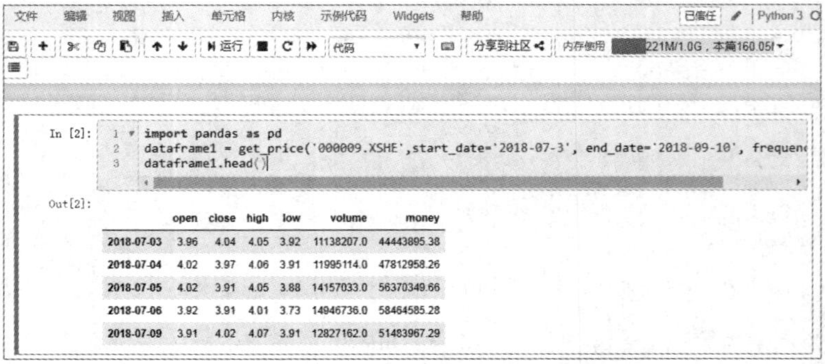

	open	close	high	low	volume	money
2018-07-03	3.96	4.04	4.05	3.92	11138207.0	44443895.38
2018-07-04	4.02	3.97	4.06	3.91	11995114.0	47812958.26
2018-07-05	4.02	3.91	4.05	3.88	14157033.0	56370349.66
2018-07-06	3.92	3.91	4.01	3.73	14946736.0	58464585.28
2018-07-09	3.91	4.02	4.07	3.91	12827162.0	51483967.29

图 9.9　中国宝安（000009）前 5 条查询信息

利用 tail() 函数，可以显示后 5 条股票数据信息，具体代码如下：

```
dataframe1.tail()
```

单击工具栏中的 ⏭运行 按钮,就可以看到中国宝安(000009)后5条查询信息,如图 9.10 所示。

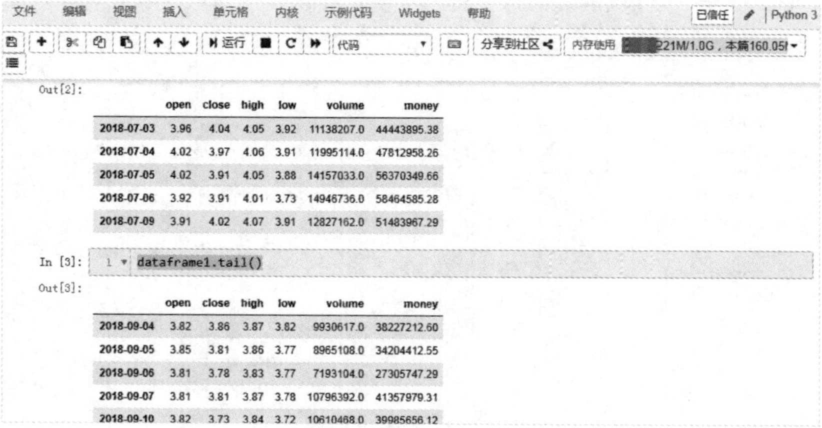

	open	close	high	low	volume	money
2018-07-03	3.96	4.04	4.05	3.92	11138207.0	44443895.38
2018-07-04	4.02	3.97	4.06	3.91	11995114.0	47812958.26
2018-07-05	4.02	3.91	4.05	3.88	14157033.0	56370349.66
2018-07-06	3.92	3.91	4.01	3.73	14946736.0	58464585.28
2018-07-09	3.91	4.02	4.07	3.91	12827162.0	51483967.29

	open	close	high	low	volume	money
2018-09-04	3.82	3.86	3.87	3.82	9930617.0	38227212.60
2018-09-05	3.85	3.81	3.86	3.77	8965108.0	34204412.55
2018-09-06	3.81	3.78	3.83	3.77	7193104.0	27305747.29
2018-09-07	3.81	3.81	3.87	3.78	10796392.0	41357979.31
2018-09-10	3.82	3.73	3.84	3.72	10610468.0	39985656.12

图 9.10　中国宝安（000009）后 5 条查询信息

显示中国宝安（000009）第四条到第六条数据信息，具体代码如下：

```
dataframe1[3:6]
```

单击工具栏中的 ⏭运行 按钮，运行效果如图 9.11 所示。

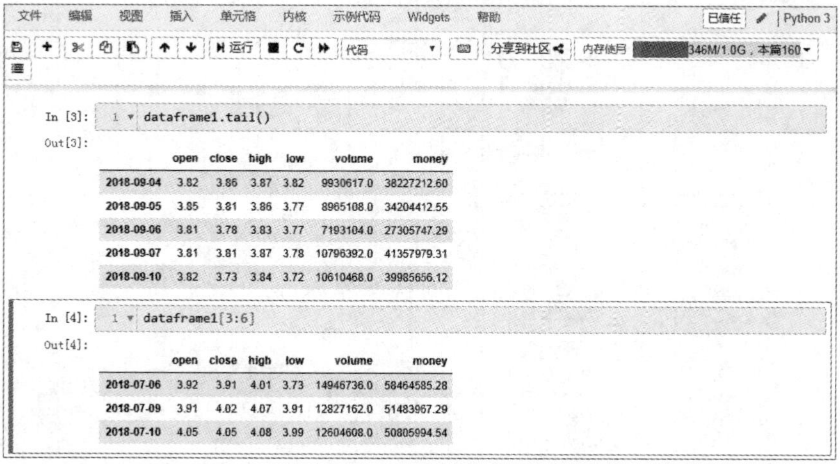

	open	close	high	low	volume	money
2018-09-04	3.82	3.86	3.87	3.82	9930617.0	38227212.60
2018-09-05	3.85	3.81	3.86	3.77	8965108.0	34204412.55
2018-09-06	3.81	3.78	3.83	3.77	7193104.0	27305747.29
2018-09-07	3.81	3.81	3.87	3.78	10796392.0	41357979.31
2018-09-10	3.82	3.73	3.84	3.72	10610468.0	39985656.12

	open	close	high	low	volume	money
2018-07-06	3.92	3.91	4.01	3.73	14946736.0	58464585.28
2018-07-09	3.91	4.02	4.07	3.91	12827162.0	51483967.29
2018-07-10	4.05	4.05	4.08	3.99	12604608.0	50805994.54

图 9.11　显示中国宝安（000009）第四条到第六条数据信息

只显示中国宝安（000009）开盘价信息，具体代码如下。

```
dataframe1[['open']]
```

单击工具栏中的 ▶| 运行 按钮，运行效果如图 9.12 所示。

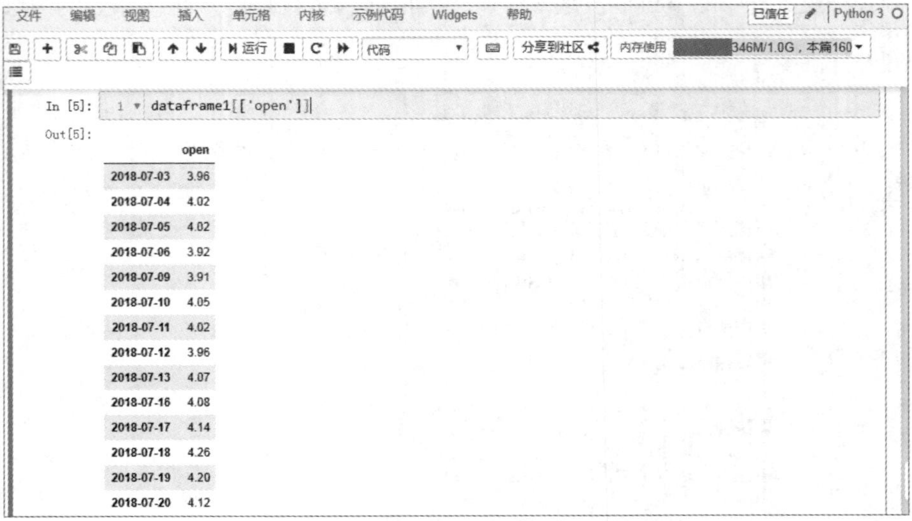

	open
2018-07-03	3.96
2018-07-04	4.02
2018-07-05	4.02
2018-07-06	3.92
2018-07-09	3.91
2018-07-10	4.05
2018-07-11	4.02
2018-07-12	3.96
2018-07-13	4.07
2018-07-16	4.08
2018-07-17	4.14
2018-07-18	4.26
2018-07-19	4.20
2018-07-20	4.12

图 9.12 只显示开盘价的数据信息

显示中国宝安（000009）开盘价（open）、收盘价（close）和成交金额（money）的数据信息，具体代码如下：

```
dataframe1[["open","close","money"]]
```

单击工具栏中的 ▶| 运行 按钮，运行效果如图 9.13 所示。

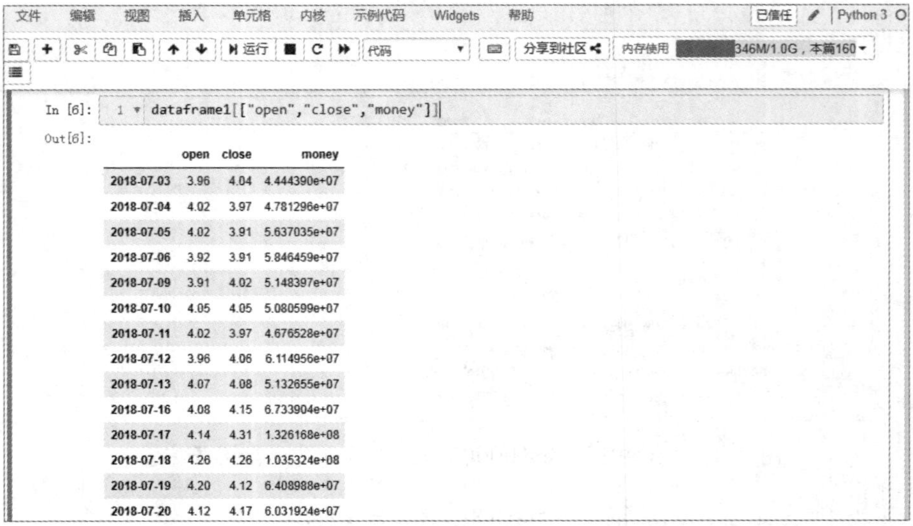

	open	close	money
2018-07-03	3.96	4.04	4.444390e+07
2018-07-04	4.02	3.97	4.781296e+07
2018-07-05	4.02	3.91	5.637035e+07
2018-07-06	3.92	3.91	5.846459e+07
2018-07-09	3.91	4.02	5.148397e+07
2018-07-10	4.05	4.05	5.080599e+07
2018-07-11	4.02	3.97	4.676528e+07
2018-07-12	3.96	4.06	6.114956e+07
2018-07-13	4.07	4.08	5.132655e+07
2018-07-16	4.08	4.15	6.733904e+07
2018-07-17	4.14	4.31	1.326168e+08
2018-07-18	4.26	4.26	1.035324e+08
2018-07-19	4.20	4.12	6.408988e+07
2018-07-20	4.12	4.17	6.031924e+07

图 9.13 显示开盘价（open）、收盘价（close）和成交金额（money）的数据信息

9.3.5 利用标签选择股票数据信息

利用标签选择股票数据信息，其语法格式如下：

```
dataframe1.loc[ 行标签 , 列标签 ]
dataframe1.loc['a':'b']                # 选取 a 行到 b 行数据
dataframe1.loc[:,'open']               # 选取 open 列数据
```

dataframe1.loc 的第一个参数是行标签，第二个参数为列标签（可选参数，默认为所有列标签），两个参数既可以是列表也可以是单个字符，如果两个参数都为列表则返回 DataFrame，否则则为 Series。

> 提醒：loc 为 location 的缩写。

单击聚宽 JoinQuant 量化炒股平台中的“策略研究 / 研究环境”命令，进入 Jupyter Notebook 的研究平台。然后单击“新建”按钮，创建 Python 3 文件，并重命名文件为“Python9-8”，接着输入如下代码：

```
import pandas as pd
dataframe1 = get_price('600036.XSHG',start_date='2019-07-3', end_date='2019-09-10', frequency='daily')
dataframe1.loc["2019-09-6"]
```

单击工具栏中的 ▶运行 按钮，就可以看到招商银行 2019 年 9 月 6 日的数据信息，如图 9.14 所示。

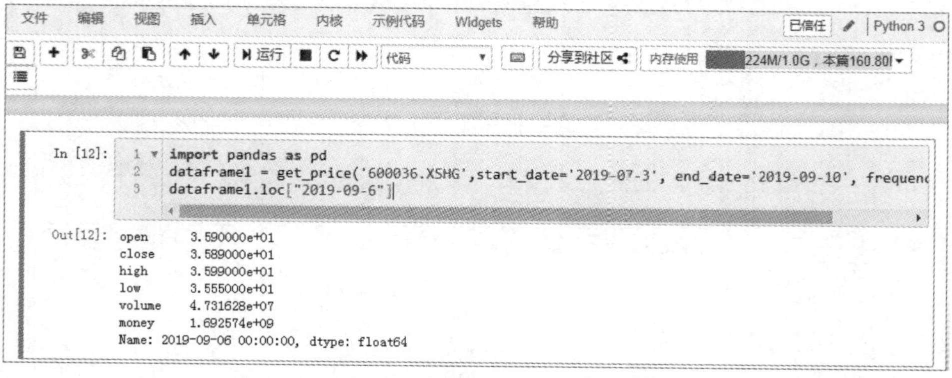

图 9.14　招商银行 2019 年 9 月 6 日的数据信息

显示招商银行 2019 年 9 月 6 日的收盘价信息，具体代码如下：

```
dataframe1.loc["2019-09-6",'close']
```

单击工具栏中的 ▶运行 按钮，运行效果如图 9.15 所示。

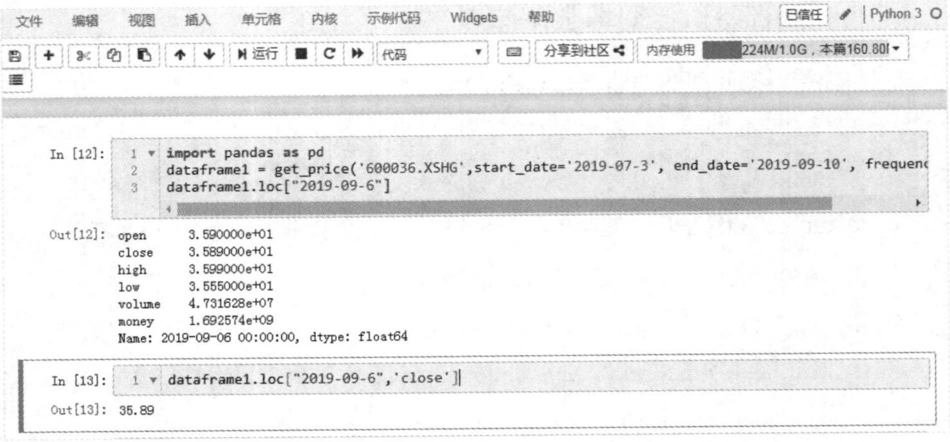

图 9.15　招商银行 2019 年 9 月 6 日的收盘价信息

显示招商银行 2019 年 8 月 1 日 ~ 2019 年 8 月 5 日的收盘价，具体代码如下：

```
dataframe1.loc["2019-08-1":"2019-08-5","close"]
```

单击工具栏中的 ▶| 运行 按钮，运行效果如图 9.16 所示。

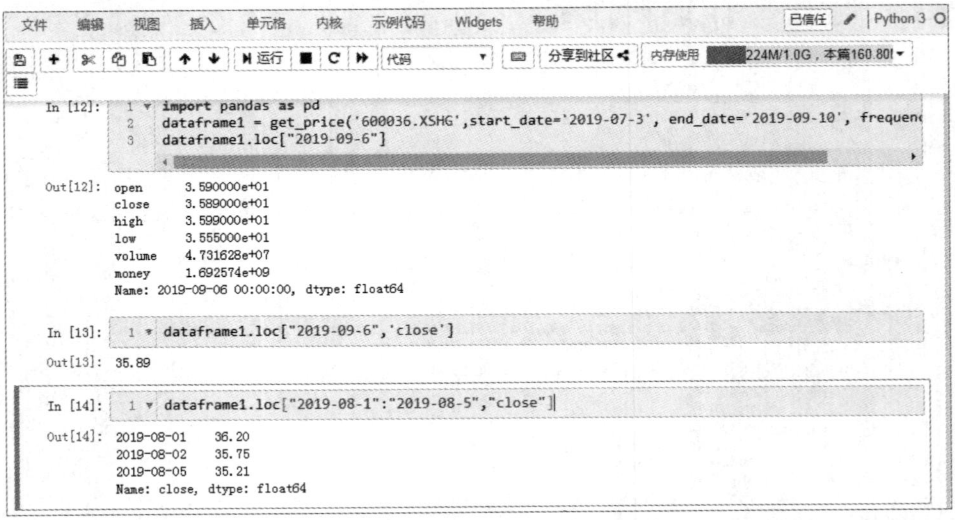

图 9.16　招商银行 2019 年 8 月 1 日 ~ 2019 年 8 月 5 日的收盘价

显示招商银行所有的收盘价信息，具体代码如下：

```
dataframe1.loc[:,"close"]
```

单击工具栏中的 ▶| 运行 按钮，运行效果如图 9.17 所示。

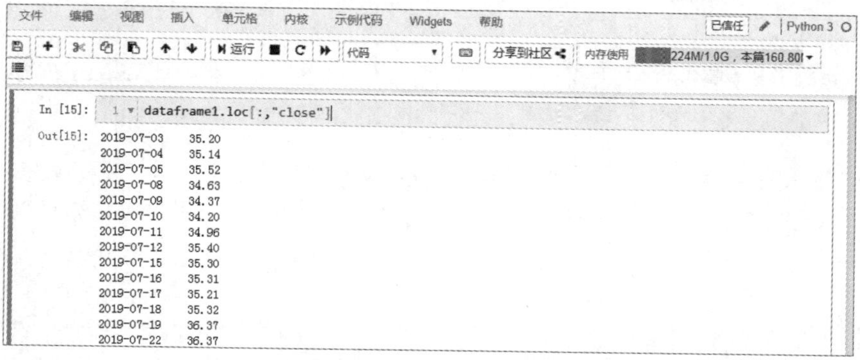

图 9.17 招商银行所有的收盘价信息

9.3.6 利用条件选择股票数据信息

利用条件选择股票数据信息，其语法格式如下：

```
df[ 逻辑条件 ]
df[df.one >= 2] # 单个逻辑条件
df[(df.one >=1 ) & (df.one < 3) ]          # 多个逻辑与条件组合
df[(df.one >=3 ) | (df.one < 1)]           # 多个逻辑或条件组合
```

单击聚宽 JoinQuant 量化炒股平台中的“策略研究 / 研究环境”命令，进入 Jupyter Notebook 的研究平台。然后单击“新建”按钮，创建 Python 3 文件，并重命名文件为“Python9-9”，接着输入如下代码：

```
import pandas as pd
df1 = get_price('600036.XSHG',start_date='2019-07-3', end_date='2019-10-18', frequency='daily')
df1[df1.close == 37 ]
```

df1 表示招商银行（600036）2019 年 7 月 3 日 ~ 2019 年 10 月 18 日的每日报价信息。df1[df1.close == 37] 表示只显示收盘价为 37 元的报价信息。

单击工具栏中的 运行 按钮，运行效果如图 9.18 所示。

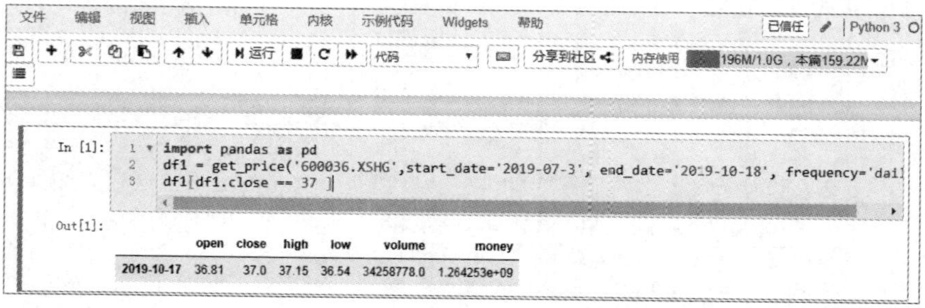

图 9.18 收盘价为 37 元的报价信息

显示收盘价大于等于 37 元的报价信息，具体代码如下：

```
df1[df1.close >= 37 ]
```

单击工具栏中的 ▶| 运行 按钮，运行效果如图 9.19 所示。

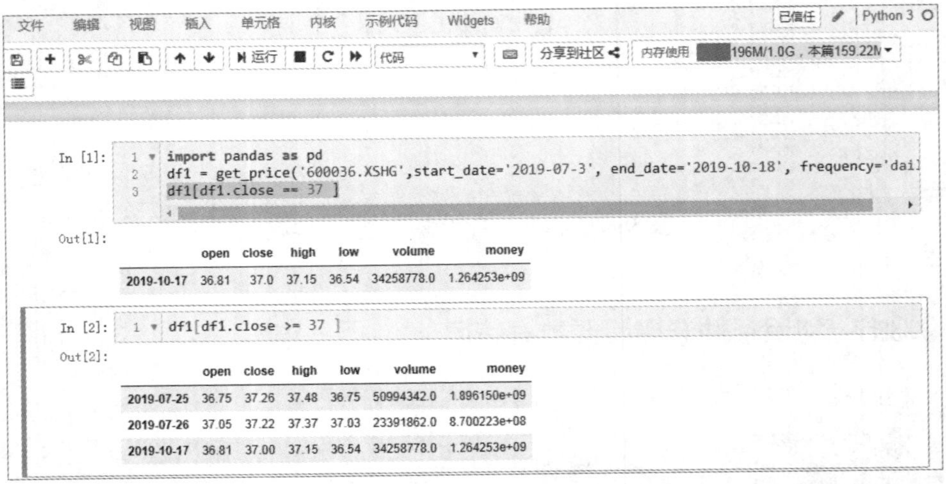

图 9.19　收盘价大于等于 37 元的报价信息

显示收盘价小于等于 37 元，并且成交量大于 1 亿元的报价信息，具体代码如下：

```
df1[(df1.close <= 37) & (df1.volume >=100000000) ]
```

单击工具栏中的 ▶| 运行 按钮，运行效果如图 9.20 所示。

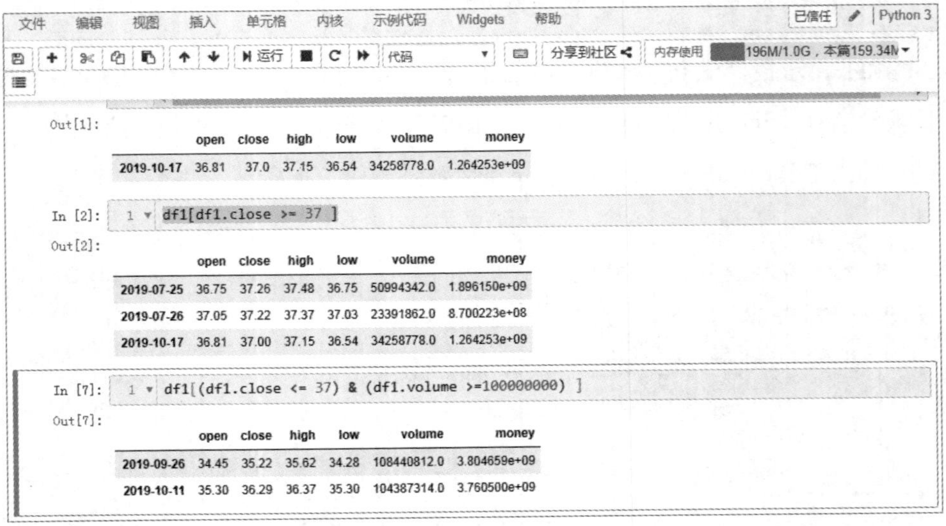

图 9.20　收盘价小于等于 37 元，并且成交量大于 1 亿元的报价信息

显示收盘价大于 37 元，或者成交量大于 1 亿元的报价信息，具体代码如下：

```
df1[(df1.close > 37) | (df1.volume >100000000) ]
```

单击工具栏中的 ▶| 运行 按钮，运行效果如图 9.21 所示。

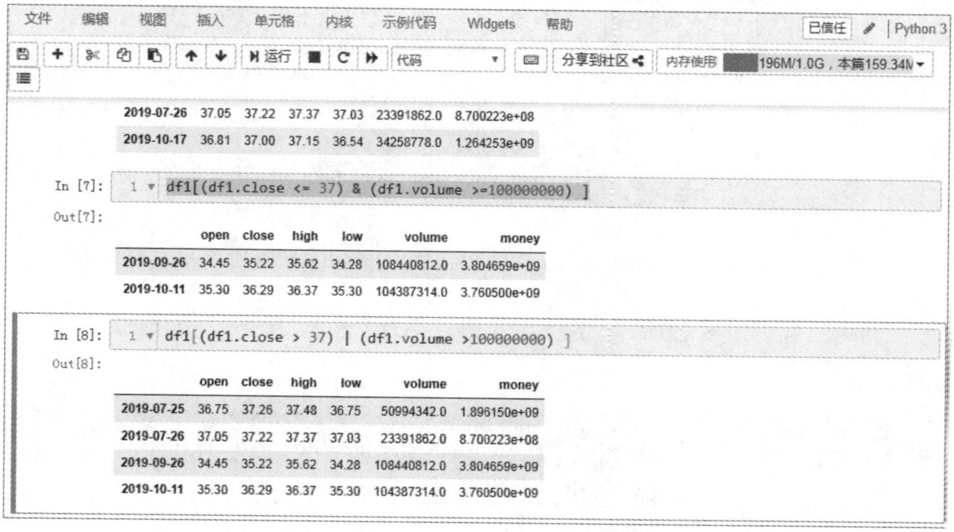

2019-07-26	37.05	37.22	37.37	37.03	23391862.0	8.700223e+08
2019-10-17	36.81	37.00	37.15	36.54	34258778.0	1.264253e+09

	open	close	high	low	volume	money
2019-09-26	34.45	35.22	35.62	34.28	108440812.0	3.804659e+09
2019-10-11	35.30	36.29	36.37	35.30	104387314.0	3.760500e+09

	open	close	high	low	volume	money
2019-07-25	36.75	37.26	37.48	36.75	50994342.0	1.896150e+09
2019-07-26	37.05	37.22	37.37	37.03	23391862.0	8.700223e+08
2019-09-26	34.45	35.22	35.62	34.28	108440812.0	3.804659e+09
2019-10-11	35.30	36.29	36.37	35.30	104387314.0	3.760500e+09

图 9.21 收盘价大于 37 元，或者成交量大于 1 亿元的报价信息

9.3.7 函数的运用

如果要计算某只股票的收盘价之和，就要用到 sum() 函数。下面举例说明。

单击聚宽 JoinQuant 量化炒股平台中的“策略研究 / 研究环境”命令，进入 Jupyter Notebook 的研究平台。然后单击“新建”按钮，创建 Python 3 文件，并重命名文件为“Python9-10”，接着输入如下代码：

```
import pandas as pd
df1 = get_price('600036.XSHG',start_date='2019-10-14', end_date='2019-10-18', frequency='daily')
print(df1)
print("招商银行2019年10月14日至2019年10月18日的收盘价之和：",df1['close'].sum())
```

这时显示招商银行 2019 年 10 月 14 日 ~ 2019 年 10 月 18 日的报价信息，并显示这几日的收盘价之和。

单击工具栏中的 ▶| 运行 按钮，运行效果如图 9.22 所示。

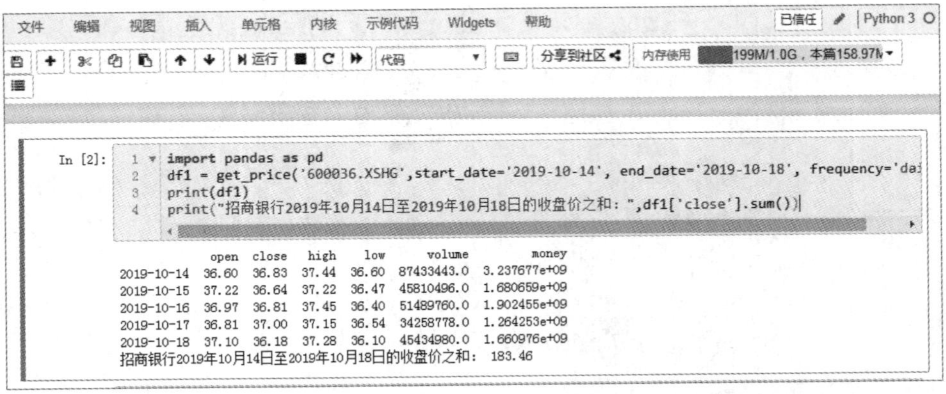

图 9.22　招商银行 2019 年 10 月 14 日～2019 年 10 月 18 日的收盘价之和

当然，也可以求 2019 年 10 月 14 日～2019 年 10 月 18 日的成交量之和，具体代码如下：

```
print("招商银行2019年10月14日至2019年10月18日的成交量之和：",df1
['volume'].sum())
```

单击工具栏中的 运行 按钮，运行效果如图 9.23 所示。

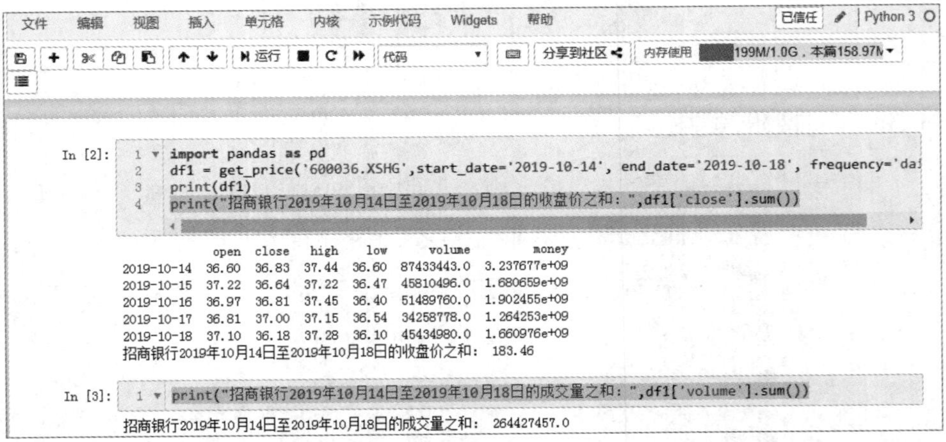

图 9.23　招商银行 2019 年 10 月 14 日～2019 年 10 月 18 日的成交量之和

利用 mean() 函数可以求最近几个交易日的平均价。假如显示招商银行 2019 年 10 月 14 日～2019 年 10 月 18 日这 5 个交易日的平均收盘价格，则实现代码如下：

```
print("招商银行2019年10月14日至2019年10月18日的收盘价的平均值：",df1
['close'].mean())
```

单击工具栏中的 运行 按钮，运行效果如图 9.24 所示。

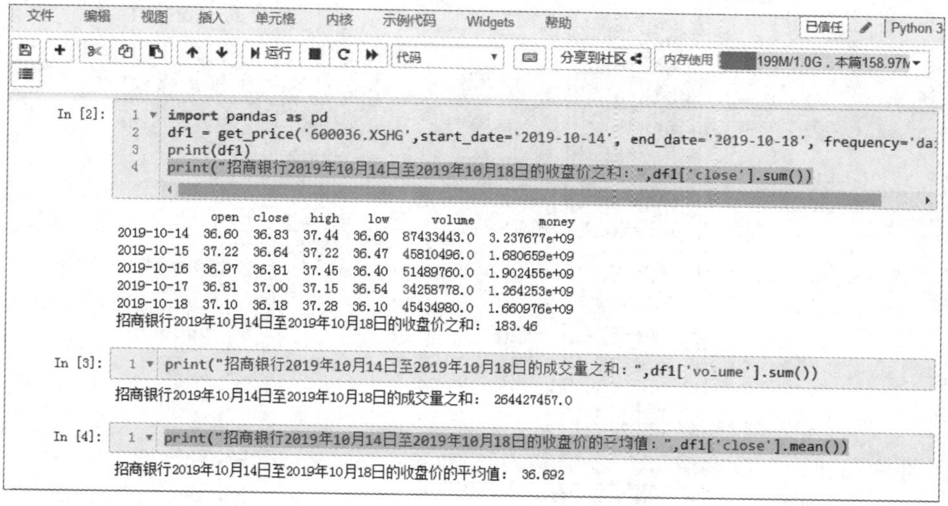

图 9.24　招商银行 2019 年 10 月 14 日～ 2019 年 10 月 18 日这 5 个交易日的平均收盘价格

显示收盘价大于 5 个交易日的平均收盘价格的报价信息，实现代码如下：

```
myv = df1['close'].mean()
df1[df1.close > myv]
```

定义变量 myv 用来存放 5 个交易日的平均收盘价格，然后利用条件选择股票数据信息。

单击工具栏中的 运行 按钮，运行效果如图 9.25 所示。

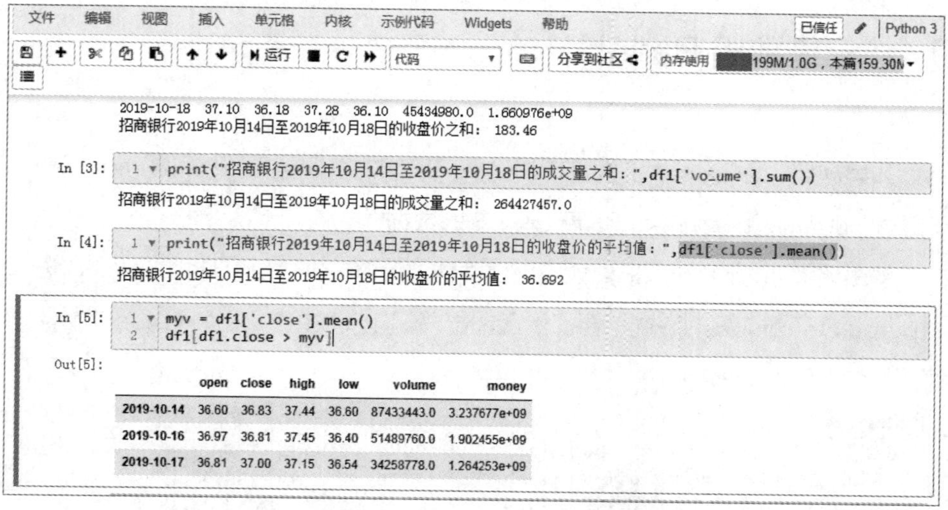

图 9.25　收盘价大于 5 个交易日的平均收盘价格的报价信息

利用 std()、max()、min() 函数，求收盘价的标准偏差、最高价的最大值和最低价的最小值，具体实现代码如下：

```
print(" 收盘价的标准偏差: ",df1['close'].std())
print(" 最高价的最大值: ",df1['high'].max())
print(" 最低价的最小值: ",df1['low'].min())
```

单击工具栏中的 ⏭ 运行 按钮，运行效果如图 9.26 所示。

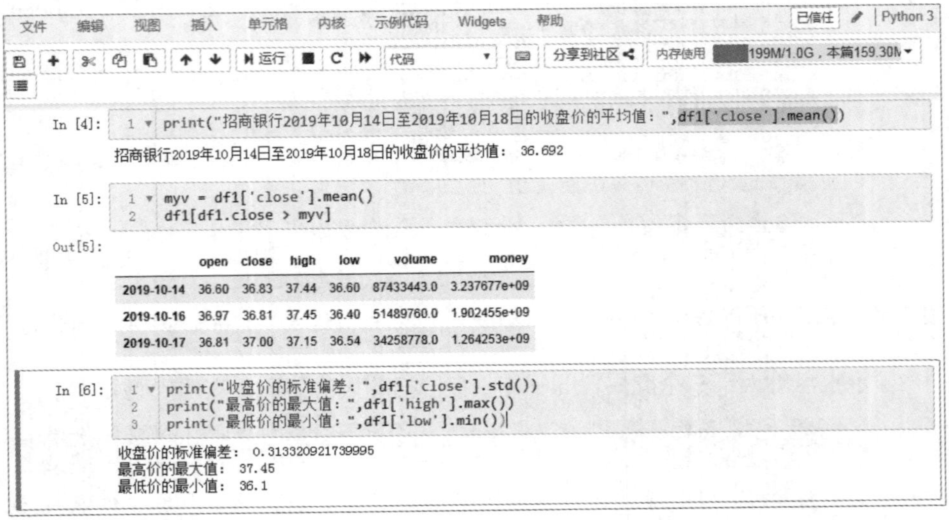

图 9.26　收盘价的标准偏差、最高价的最大值和最低价的最小值

9.4　三维数组 Panel

如果利用 get_price() 函数获取的是多只股票的数据信息，则返回 Panel 对象。可通过 panel[列标，行标，股票代码] 获取数据。

单击聚宽 JoinQuant 量化炒股平台中的"策略研究 / 研究环境"命令，进入 Jupyter Notebook 的研究平台。然后单击"新建"按钮，创建 Python 3 文件，并重命名文件为"Python9-11"，接着输入如下代码：

```
import pandas as pd
panel1 = get_price(['600016.XSHG','600036.XSHG'],start_date='2019-10-14', end_date='2019-10-18', frequency='daily')
panel1
```

单击工具栏中的 ⏭ 运行 按钮，运行效果如图 9.27 所示。

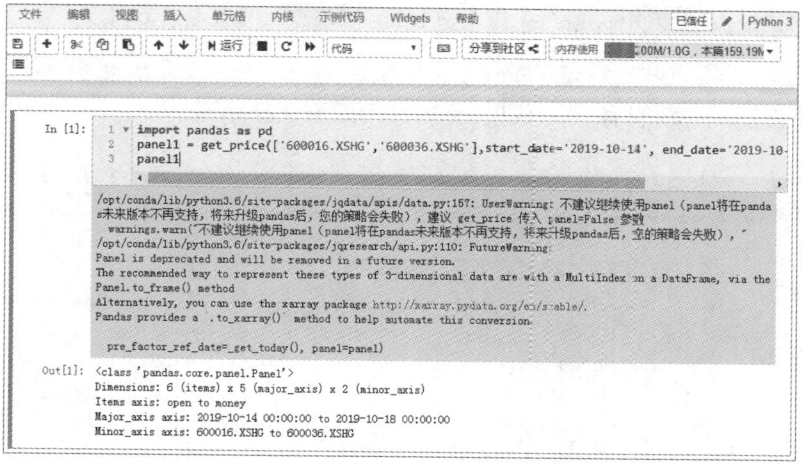

图 9.27　Panel 对象

在这里可以看到，未来 pandas 可能不再支持 Panel 对象，所以对这部分了解一下即可。

由输出的结果可以看出：

列标 (Items axis：open to money)

行标 (Major_axis axis：2019-10-14 00:00:00 to 2019-10-18 00:00:00)

股票代码 (Minor_axis axis：600016.XSHG to 600036.XSHG)

显示两只股票的开盘价信息，具体代码如下。

```
panel1['open',:,:]
```

单击工具栏中的 运行 按钮，运行效果如图 9.28 所示。

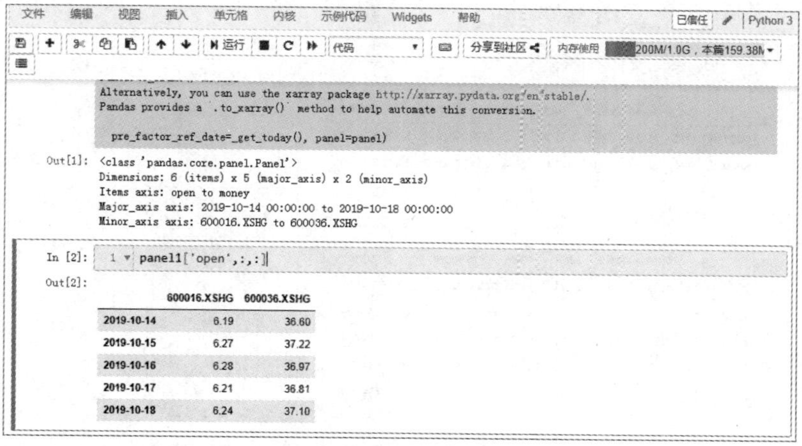

图 9.28　显示两只股票的开盘价信息

显示两只股票 2019 年 10 月 16 日的数据信息，具体代码如下：

```
panel1[:,'2019-10-16',:]
```

单击工具栏中的 运行 按钮，运行结果如图 9.29 所示。

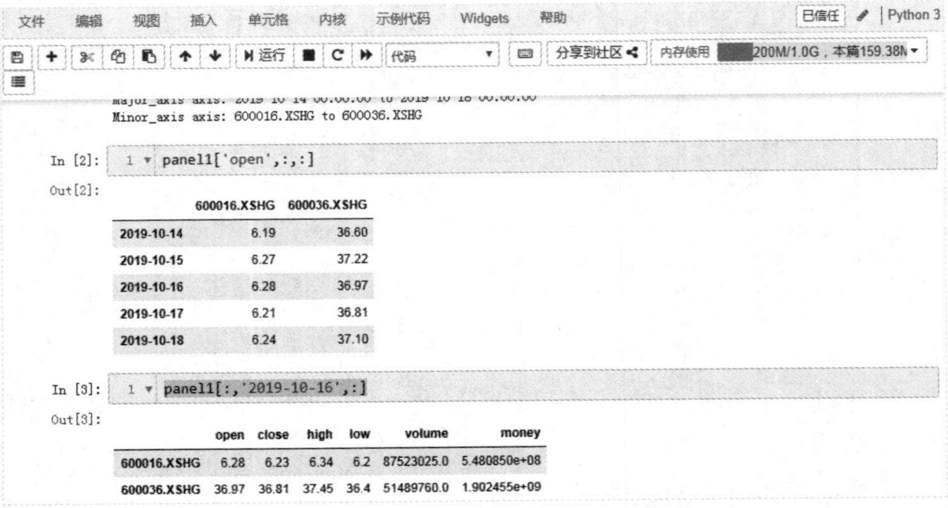

图 9.29　显示两只股票 2019 年 10 月 16 日的数据信息

显示招商银行（600036）的数据信息，具体代码如下：

```
panel1[:,:,'600036.XSHG']
```

单击工具栏中的 运行 按钮，运行结果如图 9.30 所示。

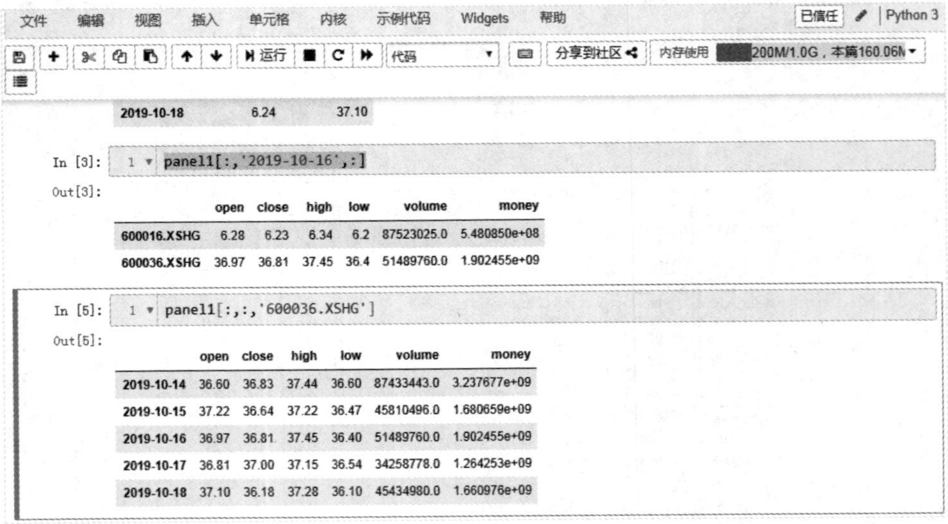

图 9.30　显示招商银行（600036）的数据信息

第 10 章

Python 量化炒股常用的 Matplotlib 包

Matplotlib 是 Python 的一个 2D 绘图库，它可以在各种平台上绘出很多高质量的图形。目的就是让简单的事变得更简单，让复杂的事变得可能。我们可以用 Matplotlib 生成条形图和饼形图，还可以制作简单动画。

本章主要内容包括：

- Matplotlib 包的特点
- figure() 函数的应用
- plot() 函数的应用
- subplot() 函数的应用
- add_axes () 函数的应用
- legend() 函数的应用
- grid () 函数的应用

10.1 Matplotlib 包的特点

Matplotlib 是一个绘制 2D 和 3D 科学图像的软件库，其特点具体如下：

第一，容易学习和掌握。

第二，兼容 LaTeX 格式的标题和文档。

第三，可以控制图像中的每个元素，包括图像大小和扫描精度。

第四，对于很多格式都可以高质量地输出图像，包括 PNG、PDF、SVG、EPS 和 PGF。

第五，可以生成图形用户界面（GUI），做到交互式地获取图像以及无脑生成图像文件（通常用于批量作业）。

10.2 figure() 函数

figure() 函数可以用于创建一个图形实例，即创建一个绘图的画布，其语法格式如下：

```
figure(num=None, figsize=None, dpi=None, facecolor=None, edgecolor=None,
frameon=True)
```

10.2.1 figure() 函数的各参数意义

figure() 函数的各参数意义如下。

num：指定绘图对象的编号或名称，数字为编号，字符串为名称。

figsize：指定绘图对象的宽和高，单位为英寸。

dpi：指定绘图对象的分辨率，即每英寸多少像素，缺省值为 80。

facecolor：指定绘图对象的背景颜色。

edgecolor：指定绘图对象的边框颜色。

frameon：指定绘图对象是否显示边框。

10.2.2 figure() 函数的实例

要使用 figure() 函数，首先要导入 Matplotlib 中的 pyplot 模块。下面通过具体实例进行讲解。

单击聚宽 JoinQuant 量化炒股平台中的“策略研究 / 研究环境”命令，进入 Jupyter Notebook 的研究平台。然后单击“新建”按钮，创建 Python 3 文件，并重命名文件为“Python10-1”，接着输入如下代码：

```
import numpy as np
from matplotlib import pyplot as plt
x = np.arange(1,36)                 # 设置 x 坐标值
y = 10 * x + 6                      # 设置 y 坐标值
plt.figure()                        # 创建默认的画布
plt.plot(x,y)                       # 利用 x 和 y 坐标值在画布上绘制图形
plt.show()                          # 显示绘制的图形
```

首先导入 Numpy 包，并设置别名为 np；然后导入 Matplotlib 中的 pyplot 模块，并设置别名为 plt。接着定义变量 x 为一个数组，变量 y 为变量 x 的一次方程。然后调用 figure() 绘制默认的画布，接着在画布上绘制图形，最后显示绘制的图形。

单击工具栏中的 运行 按钮，运行结果如图 10.1 所示。

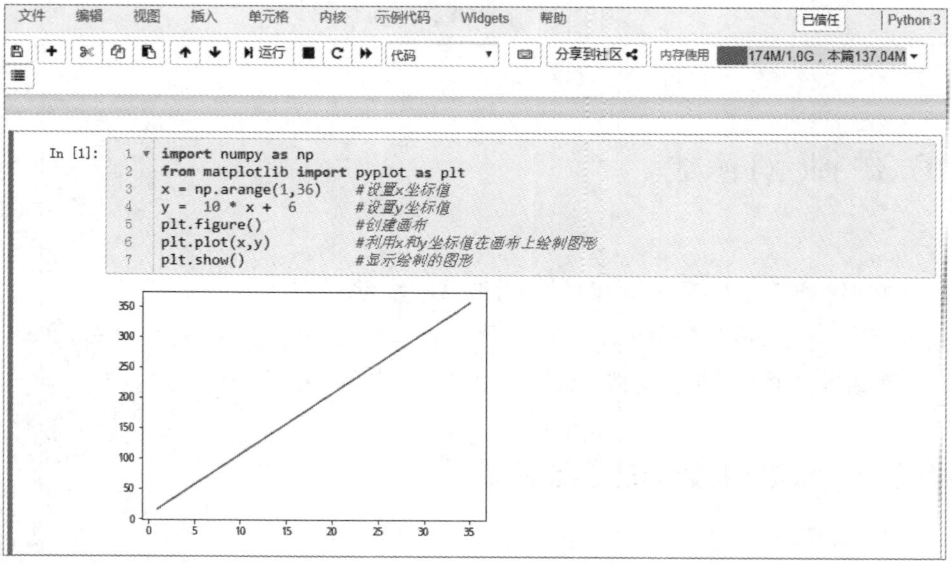

图 10.1 创建默认的画布

在创建画布时，还可以进一步设置画布，修改 plt.figure() 如下：

```
plt.figure(figsize=(6,3),dpi=120,facecolor='pink')
```

在这里，利用 figure() 函数设置绘制对象的长为 6 英寸、宽为 3 英寸、分辨率为 120 像素、背景颜色为粉红色。

单击工具栏中的 ▶| 运行 按钮，运行结果如图 10.2 所示。

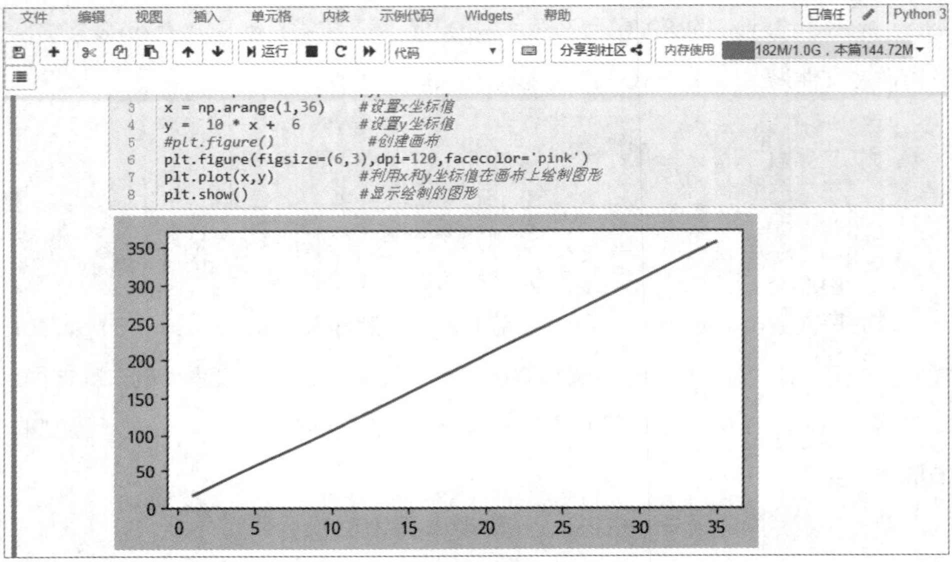

图 10.2　含有参数的画布

10.3　plot() 函数

plot() 函数用来绘制线条或标记的轴，其语法格式如下：

```
plot(*args, **kwargs)
```

参数是一个可变长度参数，允许多个 x、y 对和可选的格式字符串。

10.3.1　plot() 函数的各参数意义

plot() 函数的各参数意义如下。

*args：用来设置绘制线条或标记的轴的变量，如 plot(x,y)。

**kwargs：用来设置绘制线条或标记的样式和颜色，如 plot(x,y,"ob")。

样式的字符与描述如表 10.1 所示。

表 10.1 样式的字符与描述

字符	描述
'-'	实线样式
'--'	短横线样式
'-.'	点画线样式
':'	虚线样式
'.'	点标记
','	像素标记
'o'	圆标记
'v'	倒三角标记
'^'	正三角标记
'<'	左三角标记
'>'	右三角标记
'1'	下箭头标记
'2'	上箭头标记
'3'	左箭头标记
'4'	右箭头标记
's'	正方形标记
'p'	五边形标记
'*'	星形标记
'h'	六边形标记 1
'H'	六边形标记 2
'+'	加号标记
'x'	X 标记
'D'	菱形标记
'd'	窄菱形标记
'|'	竖直线标记
'_'	水平线标记

颜色的字符与描述如表 10.2 所示。

表 10.2　颜色的字符与描述

字符	颜色
'b'	蓝色
'g'	绿色
'r'	红色
'c'	青色
'm'	品红色
'y'	黄色
'k'	黑色
'w'	白色

10.3.2　利用 plot() 函数绘制图形

要使用 plot() 函数，首先要导入 Matplotlib 中的 pyplot 模块。下面通过具体实例进行讲解。

单击聚宽 JoinQuant 量化炒股平台中的“策略研究 / 研究环境”命令，进入 Jupyter Notebook 的研究平台。然后单击“新建”按钮，创建 Python 3 文件，并重命名文件为“Python10-2”，接着输入如下代码：

```
import numpy as np
from matplotlib import pyplot as plt
x = np.arange(1,100)
y = x* x
plt.figure()
plt.plot(x,y,"oy")
plt.show()
```

在这里设置绘制线条的样式为“圆标记”，颜色为“黄色”。

单击工具栏中的 运行 按钮，运行结果如图 10.3 所示。

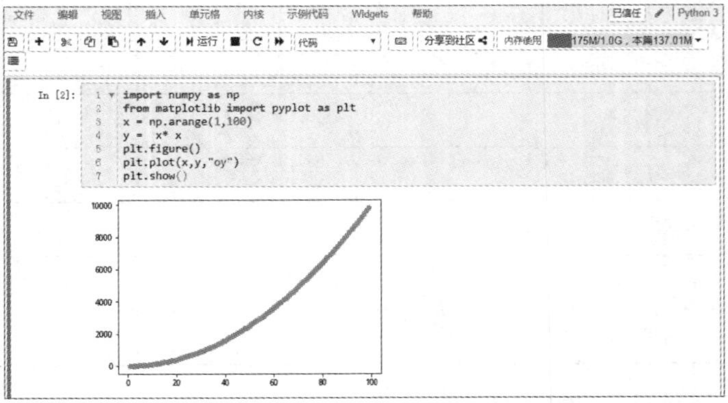

图 10.3　利用 plot() 函数绘制图形

10.3.3 利用 plot() 函数显示股票的收盘价图形

单击聚宽 JoinQuant 量化炒股平台中的“策略研究 / 研究环境”命令，进入 Jupyter Notebook 的研究平台。然后单击“新建”按钮，创建 Python 3 文件，并重命名文件为“Python10-3”，接着输入如下代码：

```
    import numpy as np
    import pandas as pd
    from matplotlib import pyplot as plt
    dataframe1 = get_price('600036.XSHG',start_date='2019-07-3', end_
date='2019-08-10', frequency='daily')
    myc1 = dataframe1['close']
    plt.figure(figsize=(12,3))
    plt.plot(myc1,"ob")
    plt.show()
```

dataframe1 是招商银行（600036）2019 年 7 月 3 日 ~ 2019 年 8 月 10 日的报价信息。变量 myc1 为 dataframe1 的收盘价，然后利用 plot() 显示招商银行（600036）2019 年 7 月 3 日 ~ 2019 年 8 月 10 日的收盘价图形。

单击工具栏中的 运行 按钮，运行结果如图 10.4 所示。

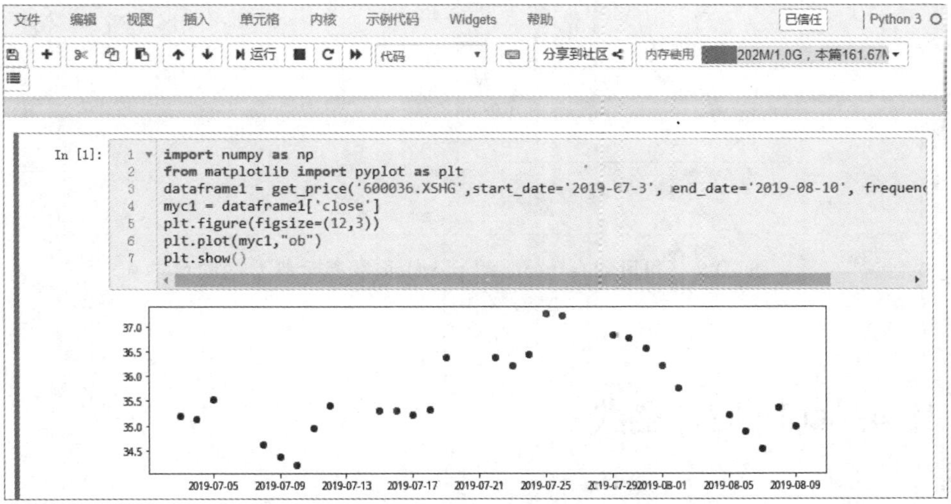

图 10.4　利用 plot() 函数显示股票的收盘价图形

10.3.4 利用 dataframe 的 plot() 函数显示股票的图形

单击聚宽 JoinQuant 量化炒股平台中的“策略研究 / 研究环境”命令，进入 Jupyter Notebook 的研究平台。然后单击“新建”按钮，创建 Python 3 文件，

并重命名文件为“Python10-4”，接着输入如下代码：

```
    import numpy as np
    import pandas as pd
    from matplotlib import pyplot as plt
    dataframe1 = get_price('600036.XSHG',start_date='2019-07-3', end_
date='2019-08-10', frequency='daily')
    dataframe1.close.plot(color='red')
    dataframe1.open.plot(color='blue')
```

在这里设置收盘价为红色、开盘价为蓝色。

单击工具栏中的 ▶ 运行 按钮，运行结果如图 10.5 所示。

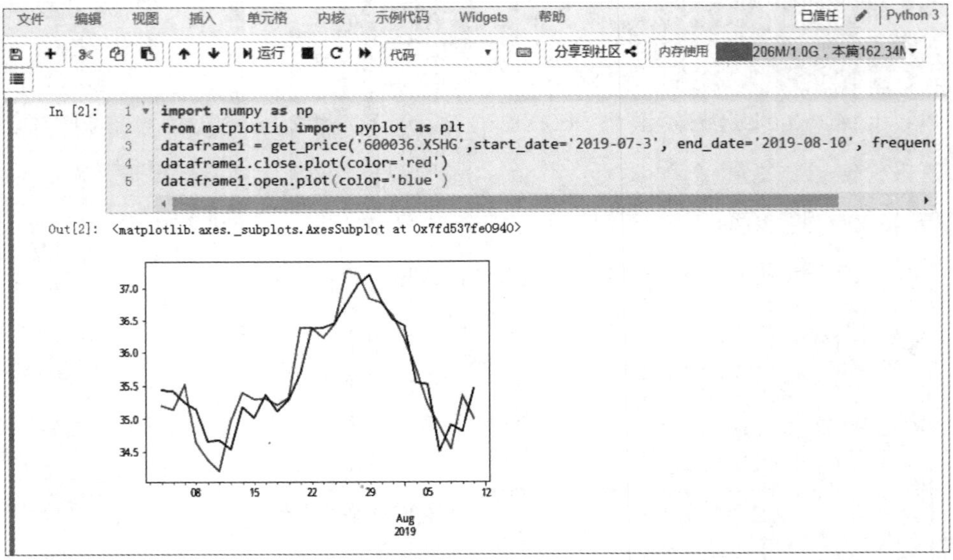

图 10.5　利用 dataframe 的 plot() 函数显示股票的图形

10.4　subplot() 函数

利用 subplot() 函数可以在同一图中绘制不同的内容，其语法结构如下：

```
    subplot(nrows,ncols,plotNum)
```

注意：subplot() 可以规划 figure 划分为 n 个子图，但每条 subplot 命令只会创建一个子图。

10.4.1 subplot() 函数的各参数意义

subplot() 函数的各参数意义如下。

nrows：subplot 的行数。

ncols：subplot 的列数。

plotNum：指定的区域。

subplot 将整个绘图区域等分为 nrows 行 ×ncols 列个子区域，然后按照从左到右，从上到下的顺序对每个子区域进行编号，左上的子区域的编号为 1。

如果 nrows、ncols 和 plotNum 这 3 个数都小于 10，则可以把它们缩写为一个整数，例如 subplot(323) 和 subplot(3,2,3) 是相同的。

subplot 在 plotNum 指定的区域中创建一个轴对象。如果新创建的轴和之前创建的轴重叠，则之前的轴将被删除。

10.4.2 利用 subplot() 函数绘制多个图形

单击聚宽 JoinQuant 量化炒股平台中的"策略研究 / 研究环境"命令，进入 Jupyter Notebook 的研究平台。然后单击"新建"按钮，创建 Python 3 文件，并重命名文件为"Python10-5"，接着输入如下代码：

```
import numpy as np
import matplotlib.pyplot as plt
# 计算正弦和余弦曲线上的点的 x 和 y 坐标
x = np.arange(0,3 * np.pi,0.1)
y_sin = np.sin(x)
y_cos = np.cos(x)
y_tan = np.tan(x)
plt.figure(figsize=(12,3))
# 建立 subplot 网格，高为 2，宽为 2
# 激活第一个 subplot
plt.subplot(2, 2, 1)
# 绘制第一个图形
plt.plot(x, y_sin,'ob')
plt.title(' 正弦曲线 ')
# 将第二个 subplot 激活，并绘制第二个图形
plt.subplot(2, 2, 2)
plt.plot(x, y_cos,'*m')
plt.title(' 余弦曲线 ')
# 将第二个 subplot 激活，并绘制第三个图形
plt.subplot(223)
plt.plot(x, y_tan,':r')
plt.title(' 正切曲线 ')
# 展示图像
plt.show()
```

在这里建立 subplot 网格，为 2 行 2 列，然后调用 plot() 函数绘制图形。另外，这里还调用 title() 函数为图形添加标题。

单击工具栏中的 ▶运行 按钮，运行结果如图 10.6 所示。

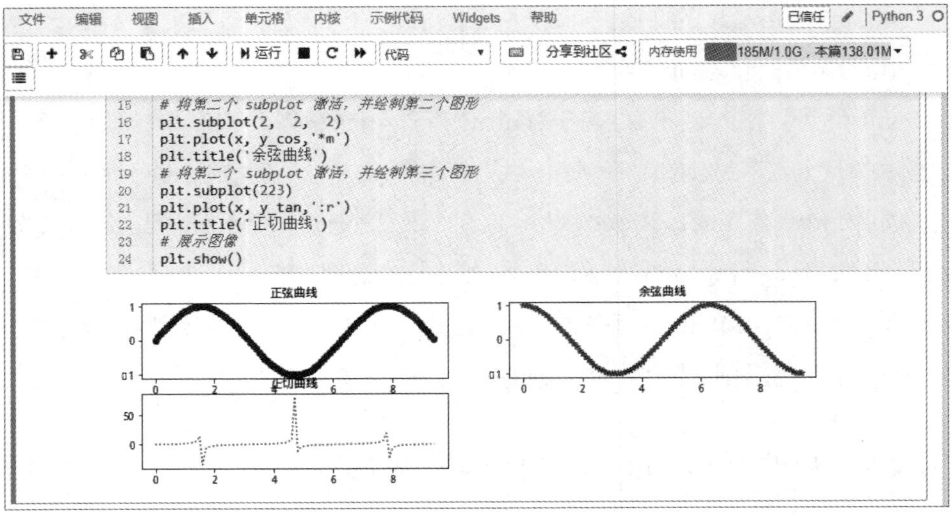

图 10.6　利用 subplot() 函数绘制多个图形

10.4.3　利用 subplot() 函数绘制股票图形

单击聚宽 JoinQuant 量化炒股平台中的“策略研究 / 研究环境”命令，进入 Jupyter Notebook 的研究平台。然后单击“新建”按钮，创建 Python 3 文件，并重命名文件为“Python10-6”，接着输入如下代码：

```
    import numpy as np
    import pandas as pd
    from matplotlib import pyplot as plt
    dataframe1 = get_price('600036.XSHG',start_date='2017-07-3', end_date='2019-10-10', frequency='daily')
    myc1 = dataframe1['close']                    # 收盘价
    myc2 = dataframe1['volume']                   # 成交量
    plt.figure(figsize=(12,6))
    # 激活第一个 subplot
    plt.subplot(2,  1,  1)
    plt.plot(myc1,"-b")                           # 实线蓝色绘制收盘价格
    plt.subplot(2,  1,  2)
    plt.plot(myc2,"-r")                           # 实线红色绘制成交量
    plt.show()
```

单击工具栏中的 ▶运行 按钮，运行结果如图 10.7 所示。

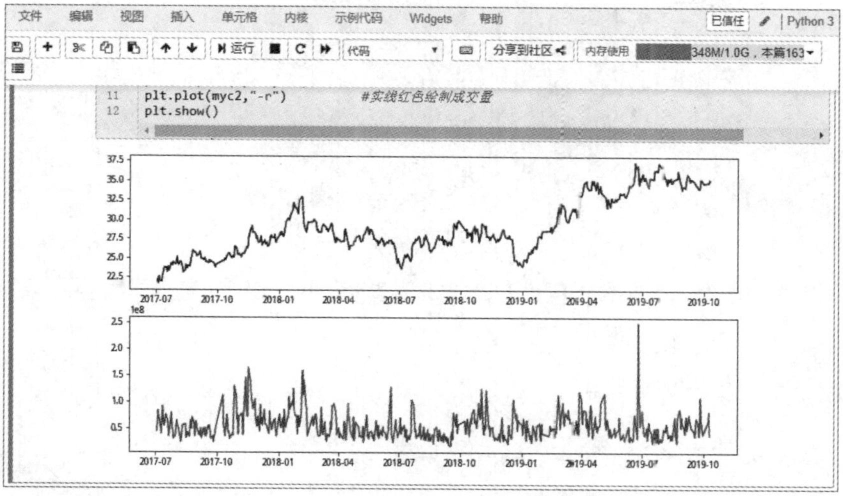

图 10.7　利用 subplot() 函数绘制股票图形

10.5　add_axes() 函数

add_axes() 函数为新增子区域，该区域可以坐落在 figure 内任意位置，且该区域可任意设置大小。下面通过实例来讲解。

10.5.1　add_axes() 函数的应用

单击聚宽 JoinQuant 量化炒股平台中的“策略研究 / 研究环境”命令，进入 Jupyter Notebook 的研究平台。然后单击“新建”按钮，创建 Python 3 文件，并重命名文件为“Python10-7”，接着输入如下代码：

```
import numpy as np
import matplotlib.pyplot as plt
# 新建 figure
fig = plt.figure()
#  定义数据
x = [1, 2, 3, 4, 5, 6, 7]
y = [1, 3, 4, 2, 5, 8, 6]
# 新建区域 ax1
#figure 的百分比，从 figure 10% 的位置开始绘制， 宽高是 figure 的 80%
left, bottom, width, height = 0.1, 0.1, 0.8, 0.8
#  获得绘制的句柄
ax1 = fig.add_axes([left, bottom, width, height])
ax1.plot(x, y, 'c')
```

```
ax1.set_title('新建区域')
# 新增区域 ax2，嵌套在 ax1 内
left, bottom, width, height = 0.2, 0.6, 0.25, 0.25
# 获得绘制的句柄
ax2 = fig.add_axes([left, bottom, width, height])
ax2.plot(x,y, 'm')
ax2.set_title('嵌套区域')
plt.show()
```

add_axes 方法有 4 个参数，分别是 left、bottom、width 和 height。Left 为左侧间距、bottom 为底部间距、width 为宽度、height 为高度。需要注意的是，这 4 个参数的大小都在 0 到 1 之间。

单击工具栏中的 ⏯运行 按钮，运行结果如图 10.8 所示。

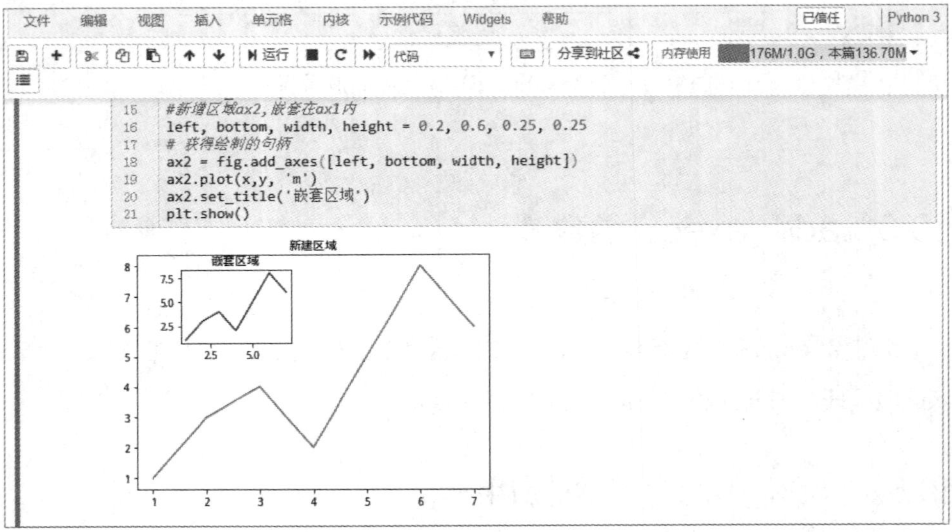

图 10.8　add_axes() 函数的应用

10.5.2　利用 add_axes() 函数绘制股票图形

单击聚宽 JoinQuant 量化炒股平台中的"策略研究 / 研究环境"命令，进入 Jupyter Notebook 的研究平台。然后单击"新建"按钮，创建 Python 3 文件，并重命名文件为"Python10-8"，接着输入如下代码：

```
import numpy as np
import pandas as pd
import matplotlib.pyplot as plt
# 新建 figure
fig = plt.figure()
# 定义数据
```

```
    dataframe1 = get_price('600036.XSHG',start_date='2017-07-3', end_
date='2019-10-10', frequency='daily')
    myc1 = dataframe1['close']                                # 收盘价
    # 新建区域 ax1
    #figure 的百分比，从 figure 10% 的位置开始绘制， 宽高是 figure 的 80%
    left, bottom, width, height = 0.1, 0.1, 0.8, 0.8
    # 获得绘制的句柄
    ax1 = fig.add_axes([left, bottom, width, height])
    ax1.plot(myc1, 'c')
    ax1.set_title('新建区域')
    # 新增区域 ax2，嵌套在 ax1 内
    left, bottom, width, height = 0.2, 0.6, 0.25, 0.25
    # 获得绘制的句柄
    ax2 = fig.add_axes([left, bottom, width, height])
    ax2.plot(myc1, 'm')
    ax2.set_title('嵌套区域')
    plt.show()
```

单击工具栏中的 ▶运行 按钮，运行结果如图 10.9 所示。

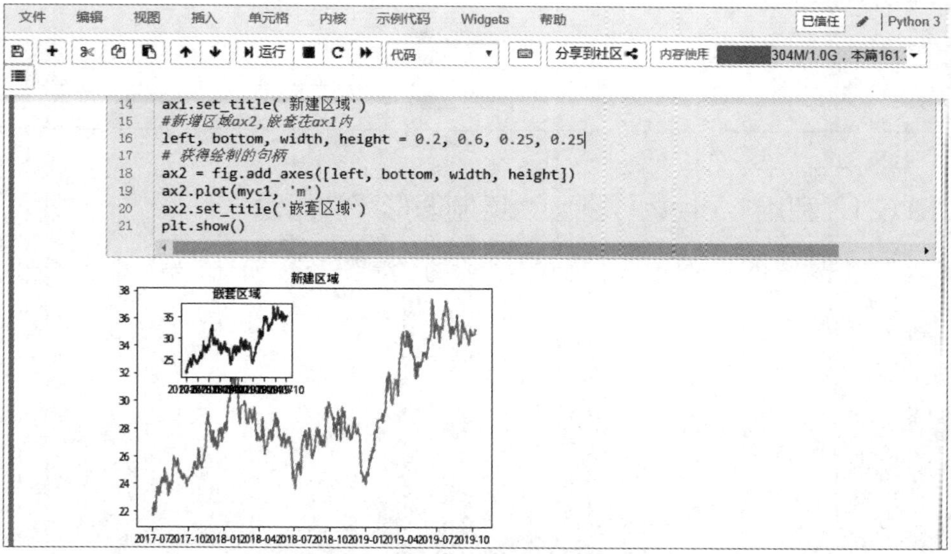

图 10.9　利用 add_axes() 函数绘制股票图形

10.6　legend() 函数

legend() 函数用于为图像添加图题，其语法结构如下：

```
    legend(*args, **kwargs)
```

参数是一个可变长度参数，其中最常用、最重要的可选参数是 loc 参数。loc

参数的字符与描述如表 10.3 所示。

表 10.3　loc 参数的字符与描述

字符	描述
0	由 Matplotlib 确定最优位置
1	右上角
2	左上角
3	左下角
4	右下角
5	右侧
6	左中间
7	右中间
8	下中间
9	上中间
10	中间

10.6.1　利用 legend() 函数为绘制图形添加图题

单击聚宽 JoinQuant 量化炒股平台中的“策略研究 / 研究环境”命令，进入 Jupyter Notebook 的研究平台。然后单击“新建”按钮，创建 Python 3 文件，并重命名文件为“Python10-9”，接着输入如下代码：

```
import numpy as np
import matplotlib.pyplot as plt
x = np.arange(1,25)
fig, ax = plt.subplots()
ax.plot(x, x**3, label="y = x**3")
ax.plot(x, x**4, label="y = x**4")
ax.legend(loc=2); # 左上角
ax.set_xlabel('图形的 x 轴')
ax.set_ylabel('图形的 y 轴')
ax.set_title('利用 legend() 函数为绘制图形添加图题')
```

在这里用到了 subplots() 函数，把图形实例 figure 分成两部分，分别绘制两个图形，具体布局由变量 fig 来完成。

利用 legend() 函数为图形添加图题，并放在左上角。最后为图形实例 figure 添加 *x* 轴、*y* 轴及标题标签。

单击工具栏中的 ▶ 运行 按钮，运行结果如图 10.10 所示。

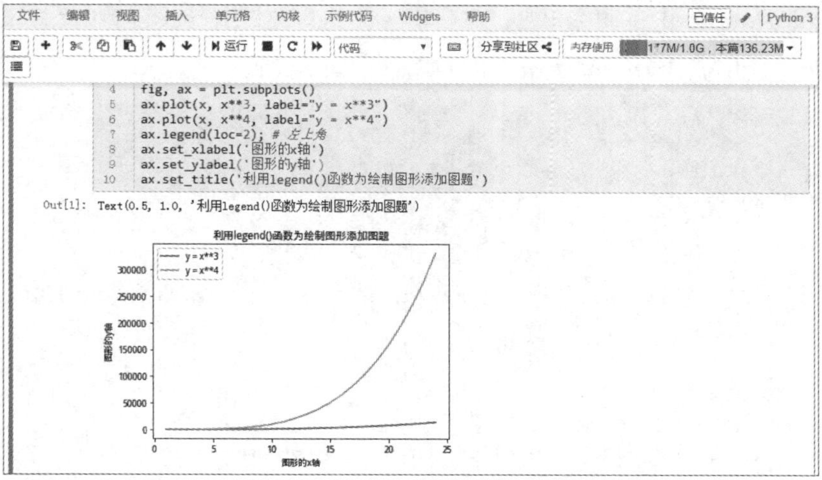

图 10.10　利用 legend() 函数为绘制图形添加图题

在这里可以发现，x 轴、y 轴及标题标签都比较小。下面来改变图题字体大小。具体代码如下：

```
matplotlib.rcParams.update({'font.size': 18, 'font.family': 'serif'})
```

单击工具栏中的 运行 按钮，运行结果如图 10.11 所示。

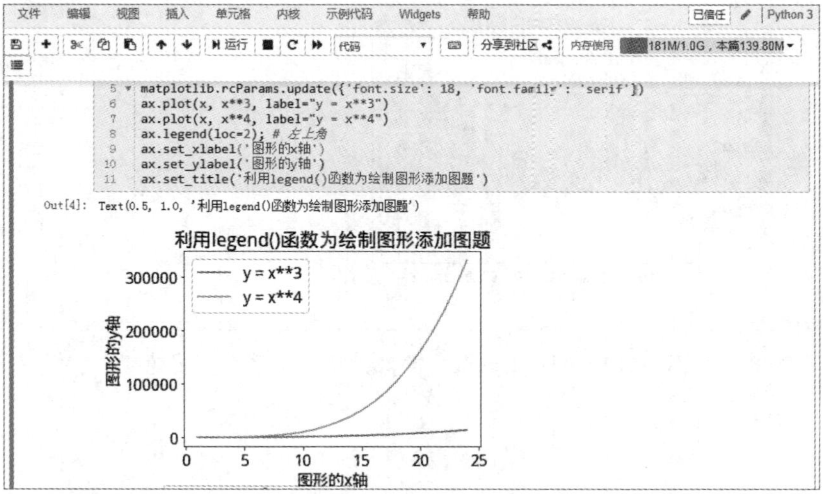

图 10.11　改变图题字体大小

10.6.2 利用 legend() 函数为股票图形添加图题

单击聚宽 JoinQuant 量化炒股平台中的“策略研究 / 研究环境”命令，进入

Jupyter Notebook 的研究平台。然后单击“新建”按钮，创建 Python 3 文件，并重命名文件为“Python10-10”，接着输入如下代码：

```
    import numpy as np
    import pandas as pd
    import matplotlib.pyplot as plt
    dataframe1 = get_price('600036.XSHG',start_date='2017-07-3', end_
date='2019-10-10', frequency='daily')
    myc1 = dataframe1['close']                          # 收盘价
    myc2 = dataframe1['high']                           # 最高价
    matplotlib.rcParams.update({'font.size': 15, 'font.family': 'serif'})
    fig, ax = plt.subplots()
    ax.plot(myc1, label=" 招商银行的收盘价 ")
    ax.plot(myc2, label=" 招商银行的最高价 ")
    ax.legend(loc=2);                                   # 左上角
    ax.set_xlabel(' 招商银行的日期 ')
    ax.set_ylabel(' 招商银行的收盘价和最高价 ')
    ax.set_title(' 招商银行的日线图 ')
```

单击工具栏中的 ▶| 运行 按钮，运行结果如图 10.12 所示。

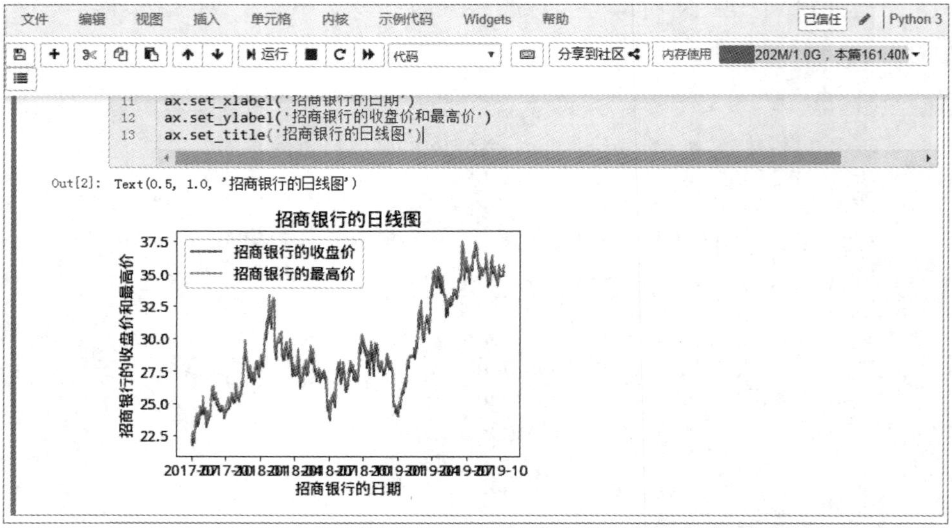

图 10.12　利用 legend() 函数为股票图形添加图题

10.7　grid () 函数

用坐标轴对象中的 grid () 函数可以使用和取消网格线，也可以用 plot 函数中同样的关键字参数来定制网格样式。

10.7.1 利用 grid () 函数为绘制图形添加网格线

单击聚宽 JoinQuant 量化炒股平台中的“策略研究 / 研究环境”命令，进入 Jupyter Notebook 的研究平台。然后单击“新建”按钮，创建 Python 3 文件，并重命名文件为“Python10-11”，接着输入如下代码：

```
import numpy as np
import matplotlib.pyplot as plt
x = np.arange(1,25)
fig, axes = plt.subplots(1, 2, figsize=(10,3))
# 默认网格外观
axes[0].plot(x, x**1.2, x, x**2, lw=2)
axes[0].grid(True)
# 用户定义的网格外观
axes[1].plot(x, x**2, x, x**2.3, lw=3)
axes[1].grid(color='r', alpha=0.5, linestyle='dashed', linewidth=0.5)
```

单击工具栏中的 ▶ 运行 按钮，运行结果如图 10.13 所示。

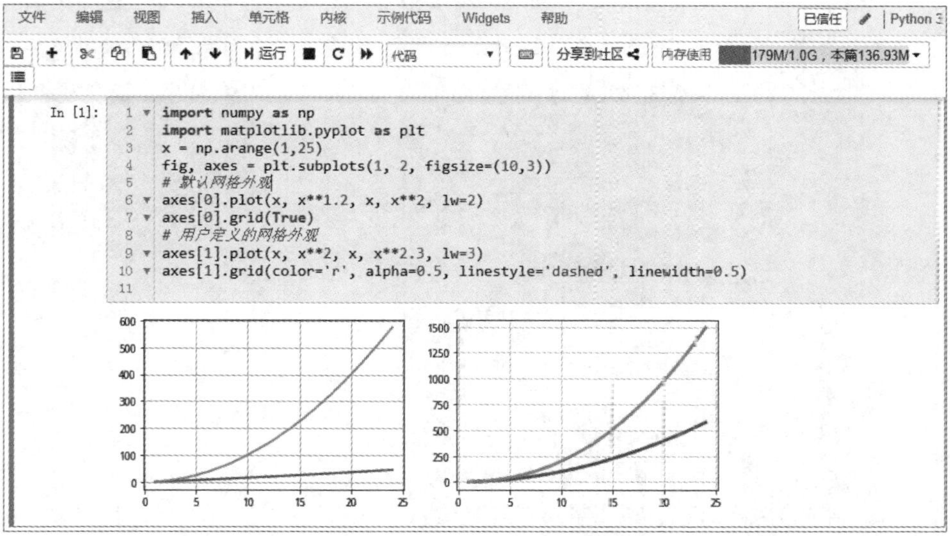

图 10.13　利用 grid () 函数为绘制图形添加网格线

10.7.2 利用 grid () 函数为绘制股票图形添加网格线

单击聚宽 JoinQuant 量化炒股平台中的“策略研究 / 研究环境”命令，进入 Jupyter Notebook 的研究平台。然后单击“新建”按钮，创建 Python 3 文件，并重命名文件为“Python10-12”，接着输入如下代码：

```
import numpy as np
import pandas as pd
```

```
    import matplotlib.pyplot as plt
    dataframe1 = get_price('600036.XSHG',start_date='2017-10-3', end_
date='2019-10-10', frequency='daily')
    myc1 = dataframe1['close']                          # 收盘价
    myc2 = dataframe1['high']                           # 最高价
    myc3 = dataframe1['open']                           # 开盘价
    myc4 = dataframe1['low']                            # 最低价
    matplotlib.rcParams.update({'font.size': 15, 'font.family': 'serif'})
    fig, ax = plt.subplots()
    ax.plot(myc1, 'b',label=" 招商银行的收盘价 ")
    ax.plot(myc2, 'g',label=" 招商银行的最高价 ")
    ax.plot(myc3, 'r',label=" 招商银行的开盘价 ")
    ax.plot(myc4, 'k',label=" 招商银行的最低价 ")
    ax.grid(True)
    ax.legend(loc=2);                                   # 左上角
    ax.set_xlabel(' 招商银行的日期 ')
    ax.set_ylabel(' 招商银行的 4 种价格 ')
    ax.set_title(' 招商银行的日线图 ')
```

单击工具栏中的 运行 按钮，运行结果如图 10.14 所示。

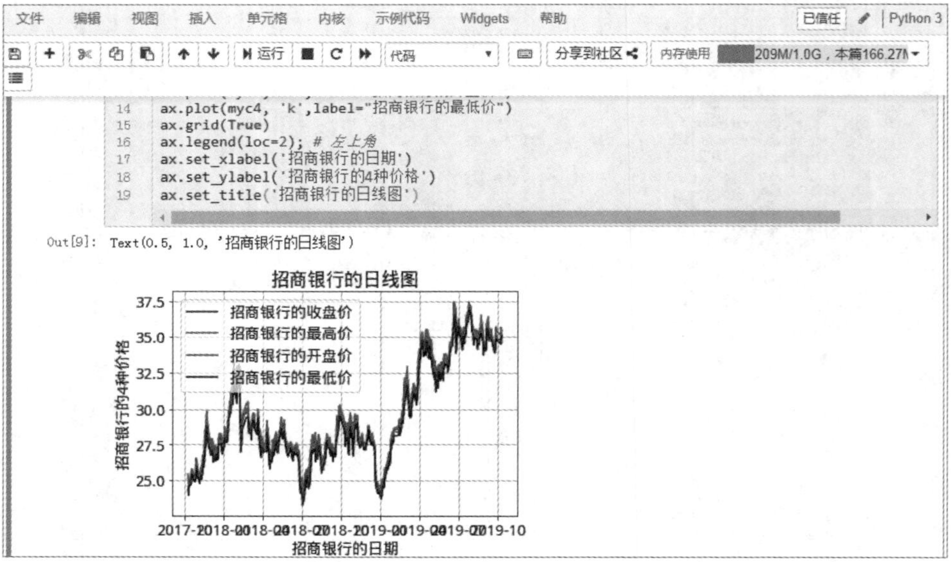

图 10.14　利用 grid () 函数为绘制股票图形添加网格线

第 11 章

利用 Python 编写量化炒股策略

Python 量化炒股策略是一系列量化规则的集合，包括量化进场和量化出场的条件，以及量化的资金管理和风险控制等。

本章主要内容包括：

- 初始化函数（initialize）
- 开盘前运行函数（before_market_open）
- 开盘时运行函数（market_open）
- 收盘后运行函数（after_market_close）
- Python 量化炒股策略的设置函数
- Python 量化炒股策略的下单函数
- Python 量化炒股策略的常用对象
- Python 量化炒股策略的日志 log
- Python 量化炒股策略的定时函数

11.1 Python 量化炒股策略的基本组成

在浏览器的地址栏中输入“https://www.joinquant.com”，然后回车，即可进入聚宽 JoinQuant 量化炒股平台的首页页面。

单击菜单栏中的“策略研究 / 策略列表”命令，就可以进入策略列表页面，如图 11.1 所示。

图 11.1　策略列表页面

单击“新建策略”按钮，就会弹出下拉菜单，可以看到“股票策略”命令，如图 11.2 所示。

图 11.2　“股票策略”命令

单击“股票策略”命令，就可以进入“编辑股票策略”页面，如图 11.3 所示。

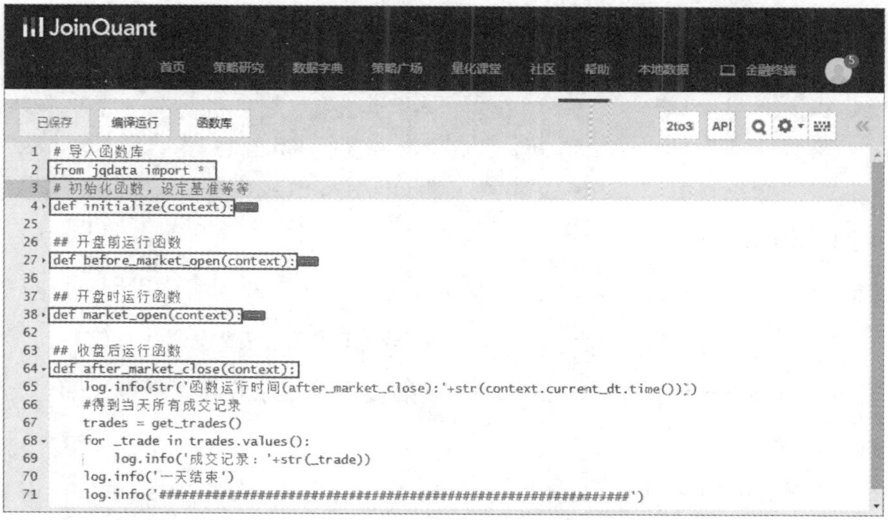

图 11.3　“编辑股票策略”页面

在“编辑股票策略”页面，可以看到股票策略的 Python 代码。一个股票量化策略首先是导入聚宽函数库，具体代码如下：

```
from jqdata import *
```

接下来就是 4 个 Python 函数，分别是初始化函数（initialize）、开盘前运行函数（before_market_open）、开盘时运行函数（market_open）和收盘后运行函数（after_market_close）。

11.1.1　初始化函数（initialize）

初始化函数的代码如下：

```
def initialize(context):
    # 设定沪深 300 作为基准
    set_benchmark('000300.XSHG')
    # 开启动态复权模式（真实价格）
    set_option('use_real_price', True)
    # 输出内容到日志 log.info()
    log.info('初始函数开始运行且全局只运行一次')
   ### 股票相关设定 ###
    # 股票类每笔交易时的手续费是：买入时佣金万分之三，卖出时佣金万分之三加千分之一
印花税，每笔交易佣金最低扣 5 元钱
     set_order_cost(OrderCost(close_tax=0.001, open_commission=0.0003,
close_commission=0.0003, min_commission=5), type='stock')
    ## 运行函数（reference_security为运行时间的参考标的；传入的标的只做种类区分，
因此传入 '000300.XSHG' 或 '510300.XSHG' 是一样的）
      # 开盘前运行
      run_daily(before_market_open, time='before_open', reference_
security='000300.XSHG')
```

```
        # 开盘时运行
        run_daily(market_open, time='open', reference_security='000300.
XSHG')
        # 收盘后运行
        run_daily(after_market_close, time='after_close', reference_
security='000300.XSHG')
```

def 为 Python 定义函数的关键字。initialize(context) 是自定义函数的名称，括号是传递的形式参数。

初始化函数在整个回测模拟或实盘中最开始执行一次，用于初始一些全局变量。参数 context 是 Context 对象，用来存放当前的账户或股票持仓信息。

set_benchmark('000300.XSHG')，是指设定沪深 300 作为基准，即对比的标准。

set_option('use_real_price', True)，是指开启动态复权模式（真实价格）。复权就是对股价和成交量进行权息修复，股票的实际价值没有变，只是数量与价格变化了而已。例如，原来 20 元的股票，十送十之后为 10 元，但实际还是相当于 20 元。从 K 线图上看，这个价位很低，但很可能就是一个历史高位。复权的作用是让股价连续，消除价格、指标的走势畸变。

log.info(' 初始函数开始运行且全局只运行一次 ')，是指输出内容到日志 log.info()，这样便于事后分析和整理。

接下来就是关系股票的相关设定。

set_order_cost(OrderCost(close_tax=0.001，open_commission=0.0003，close_commission=0.0003，min_commission=5)，type='stock')，是指每笔交易时的手续费：买入时佣金万分之三，卖出时佣金万分之三加千分之一印花税，每笔交易佣金最低扣 5 元钱。

最后运行 3 个定时函数，即开盘前运行定时函数、开盘时运行定时函数、收盘后运行定时函数。其中，reference_security 为运行时间的参考标的。

11.1.2 开盘前运行函数（before_market_open）

开盘前运行函数的代码如下：

```
    def before_market_open(context):
        # 输出运行时间
        log.info('函数运行时间(before_market_open): '+str(context.current_
dt.time()))
        # 给微信发送消息（添加模拟交易，并绑定微信生效）
```

```
    # send_message('美好的一天~')
    # 要操作的股票：平安银行（g.为全局变量）
    g.security = '000001.XSHE'
```

开盘前运行函数的函数名为 before_market_open，该函数的形式参数也是 context。

首先输出运行时间到日志 log.info()，然后给绑定手机的微信发送消息。在这里可以看到要操作的股票是平安银行，代码是 000001。

需要注意的是，程序运行某行代码时的时间为 context.current_dt.time()。

11.1.3 开盘时运行函数（market_open）

开盘时运行函数的代码如下：

```
def market_open(context):
    log.info('函数运行时间(market_open):'+str(context.current_dt.time()))
    security = g.security
    # 获取股票的收盘价
    close_data = get_bars(security, count=5, unit='1d', fields=['close'])
    # 取得过去 5 天的平均价格
    MA5 = close_data['close'].mean()
    # 取得上一时间点价格
    current_price = close_data['close'][-1]
    # 取得当前的现金
    cash = context.portfolio.available_cash
    # 如果上一时间点价格高出 5 天平均价 1%，则全仓买入
    if (current_price > 1.01*MA5) and (cash > 0):
        # 记录这次买入
        log.info("价格高于均价 1%%, 买入 %s" % (security))
        # 用所有 cash 买入股票
        order_value(security, cash)
    # 如果上一时间点价格低于 5 天平均价，则空仓卖出
    elif current_price < MA5 and context.portfolio.positions[security].closeable_amount > 0:
        # 记录这次卖出
        log.info("价格低于均价，卖出 %s" % (security))
        # 卖出所有股票，使这只股票的最终持有量为 0
        order_target(security, 0)
```

开盘时运行函数的函数名为 market_open，该函数的形式参数也是 context。

首先输出运行时间到日志 log.info()，然后利用 security 获取要操作的股票，即平安银行（000001）。接着获取平安银行的收盘价、5 日均线的价格、上一时间点价格以及当前账户的资金。

接着利用 if 语句判断上一时间点价格是否高出 5 日均线的价格 1%，如果是，

就全仓买入。

如果上一时间点价格低于 5 日均线的价格，就会卖出股票的所有持仓筹码。

11.1.4 收盘后运行函数（after_market_close）

收盘后运行函数的代码如下：

```
    def after_market_close(context):
        log.info(str('函数运行时间(after_market_close):'+str(context.
current_dt.time())))
        # 得到当天所有成交记录
        trades = get_trades()
        for _trade in trades.values():
            log.info('成交记录：'+str(_trade))
        log.info('一天结束')
    log.info('##############################################')
```

收盘后运行函数的函数名为 after_market_close，该函数的形式参数也是 context。

首先输出运行时间到日志 log.info()，然后利用 trades 获得当天所有成交记录，再利用 for 循环语句把所有成交记录的值写入日志 log.info() 中。

需要注意的是，Python 量化炒股策略的 4 个函数中，初始化函数（initialize）、开盘前运行函数（before_market_open）、收盘后运行函数（after_market_close）都比较简单，也容易编写，最难编写的是开盘时运行函数（market_open），也是后面重点讲解的内容。

11.2 Python 量化炒股策略的设置函数

在 Python 量化炒股策略的初始化函数中，要进行一些初始化设置，如设置基准、设置佣金 / 印花税、设置成交量比例等，就会用到设置函数。下面来具体讲解各种设置函数。

11.2.1 设置基准函数 set_benchmark()

设置基准函数的语法格式如下：

```
set_benchmark(security)
```

默认情况下，选定了沪深 300 指数的每日价格作为判断量化炒股策略好坏和一系列风险值计算的基准。当然也可以使用 set_benchmark 指定其他股票、指数、ETF 的价格作为基准。需要注意的是，该函数只能在初始化函数（initialize）中调用。

参数 security，是指股票、指数或 ETF 的代码。设置基准函数的返回值为 None。

例如，设定上证 50ETF 基金指数（510050）为基准，其代码如下：

```
set_benchmark("510050.XSHE")
```

再例如，设定深证成指（399001）为基准，其代码如下：

```
set_benchmark("399001.XSHE")
```

还可以设置具体某一只股票，如设定招商银行（600036）为基准，其代码如下：

```
set_benchmark("600036.XSHG")
```

还可以设定自定义组合为基准，具体代码如下：

```
    set_benchmark({'000001.XSHE':0.5,'000300.XSHG':0.3,'600000.
XSHG':0.2})
```

> 提醒：上海证券市场中股票或基金代码后缀是 .XSHG；深圳证券市场中股票或基金代码后缀是 .XSHE。

11.2.2 设置佣金 / 印花税函数 set_order_cost()

设置佣金 / 印花税函数的语法格式如下：

```
set_order_cost(cost, type, ref=None)
```

设置佣金 / 印花税函数，用来设定每笔交易要收取的手续费，系统会根据用户指定的费率计算每笔交易的手续费。该函数有 3 个参数，各个参数意义如下。

（1）参数 cost 是 OrderCost 对象，各项子参数意义如下：

open_tax，买入时印花税（只股票类标的收取，基金不收）。

close_tax，卖出时印花税（只股票类标的收取，基金不收）。

open_commission，买入时佣金，申购场外基金的手续费。

close_commission，卖出时佣金，赎回场外基金的手续费。

close_today_commission，平今仓佣金。

min_commission，最低佣金，不包含印花税。

（2）参数 type，是指股票（stock）、基金（fund）、金融期货（index_

futures）、债券基金（bond_fund）、股票基金（stock_fund）、QDII 基金（QDII_fund）、货币基金（money_market_fund）和混合基金（mixture_fund）。

（3）参数 ref，是参考代码，支持股票代码、基金代码等，如“600036.XSHG”“000002.XSHE”等。

设置佣金 / 印花税函数的实例代码如下：

```
    # 股票类每笔交易时的手续费是：买入时佣金万分之三，卖出时佣金万分之三加千分之一印花税，每笔交易佣金最低扣 5 元钱
    set_order_cost(OrderCost(open_tax=0, close_tax=0.001, open_commission=0.0003, close_commission=0.0003, close_today_commission=0, min_commission=5), type='stock')
    # 对 IF/IH/IC 三个金融期货品种有效：买入时佣金万分之三，卖出时佣金万分之三加千分之一印花税，每笔交易佣金最低扣 5 元钱。但需要注意卖出当日仓单时，卖出佣金为零。
    set_order_cost(OrderCost(open_tax=0, close_tax=0.001, open_commission=0.0003, close_commission=0.0003, close_today_commission=0, min_commission=5), type='index_futures')
```

11.2.3 设置滑点函数 set_slippage()

设置滑点函数的语法格式如下：

```
    set_slippage(object)
```

设定滑点，回测或模拟时有效。当投资者下单后，真实的成交价格与下单时预期的价格总会有一定偏差，因此投资者加入了滑点模式可以更好地模拟真实市场的表现。需要注意的是，当前只支持固定滑点。

当投资者使用固定滑点时，投资者下单的多少并不会影响最后的成交价格，只需要指定一个价差。当投资者下达一个买单指令时，成交的价格等于当时（执行 order 函数所在的单位时间）的平均价格加上价差的一半；当投资者下达一个卖出指令时，卖出的价格等于当时的平均价格减去价差的一半。价差可以设定为一个固定值或者按照百分比设定。

固定值是指这个价差可以是一个固定的值(比如0.02元,交易时加减0.01元),设定方式为 FixedSlippage(0.02)。

百分比是指这个价差可以是当时价格的一个百分比（比如 0.2%，交易时加减当时价格的 0.1%），设定方式为 PriceRelatedSlippage(0.002)。

设置滑点函数的实例代码如下：

```
    # 设定滑点为固定值
    set_slippage(FixedSlippage(0.02))
    # 设定滑点为百分比
    set_slippage(PriceRelatedSlippage(0.002))
```

提醒：如果没有调用 set_slippage 函数，则系统默认的滑点是 PriceRelatedSlippage(0.00246)。

11.2.4 设置动态复权（真实价格）模式 use_real_price

设置动态复权（真实价格）模式的语法格式如下：

```
set_option('use_real_price', value)
```

注意：该函数只能在初始化函数（initialize）中调用。

参数 value 的值，是 True 或 False。

设置动态复权（真实价格）模式函数的实例代码如下：

```
# 开启动态复权模式
set_option('use_real_price', True)
# 关闭动态复权模式
set_option('use_real_price',False)
```

提醒：为了更好地模拟，建议设置动态复权（真实价格）模式为 True。在对接实盘交易时，此选项会强制设置成 True。

11.2.5 设置是否开启盘口撮合模式 match_with_order_book

设置是否开启盘口撮合模式的语法格式如下：

```
set_option('match_with_order_book', value)
```

设置是否开启盘口撮合模式只对模拟盘生效，默认开启，即 value 的值为 True。如果 value 的值为 False，则关闭盘口撮合模式，使用 Bar 进行撮合。

设置是否开启盘口撮合模式函数代码如下：

```
#盘口撮合模式
set_option('match_with_order_book', True)
#盘口使用 Bar 进行撮合
set_option('match_with_order_book', False)
```

11.2.6 设置成交量比例 order_volume_ratio

设置成交量比例函数的语法格式如下：

```
set_option('order_volume_ratio', value)
```

参数 value 是一个 float 值，根据实际行情限制每个订单的成交量。对于每一笔订单，如果是市价单，则成交量不超过：每日成交量 × value。如果是限价单，则限价单撮合时设定分价表中每一个价格的成交量的比率。

设置成交量比例函数的实例代码如下。

```
# 设定成交量比例
set_option('order_volume_ratio', 0.25)    # 成交量不超过总成交量的四分之一
```

11.2.7 设置要操作的股票池函数 set_universe()

设置要操作的股票池函数的语法格式如下：

```
set_universe(security_list)
```

该函数只用于设定 history 函数的默认 security_list，除此之外并无其他用处。参数 security_list 是指股票列表。

设置要操作的股票池函数代码如下：

```
set_universe(['600001.XSHG', '000009.XSHE'])
```

11.3 Python 量化炒股策略的下单函数

在 Python 量化炒股策略的开盘时运行函数中，用到了下单函数。下面就来具体讲解各种下单函数。

11.3.1 按股数下单函数

按股数下单函数的语法格式如下：

```
order(security, amount, style=None, side='long', pindex=0)
```

各项参数意义如下。

security：标的股票代码。

amount：交易数量，正数表示买入，负数表示卖出。

style：下单类型，有两种，分别是市价单（MarketOrder）和限价单（LimitOrder）。市价单是指不论价格，接下单，直到交易全部完成。限价单是指定一个价格，买入时不能高于它，卖出时不能低于它，如果不满足，则等待满足后再交易。该参数的默认值为市价单（MarketOrder），即 None 代表 MarketOrder。

side：用来指定开多单还是空单。其中，long 代表开多单，short 代表开空单。默认为 long，即开多单。需要注意的是，股票和基金暂不支持开空单。

pindex：在使用 set_subportfolios 创建了多个仓位时，指定 subportfolio

的序号，从 0 开始。例如，0 指定第一个 subportfolio，1 指定第二个 subportfolio，默认为 0。

按股数下单函数，如果创建订单成功，则返回 Order 对象，失败则返回 None。按股数下单函数的实例代码如下：

```
#买入招商银行（600036）股票 100 股
order('600036.XSHG', 100) # 下一个市价单
order('600036.XSHG', 100, MarketOrderStyle())     #下一个市价单，功能同上
order('600036.XSHG', 100, LimitOrderStyle(30.0)) #以 30 元价格下一个限价单
```

11.3.2 目标股数下单函数

目标股数下单函数的语法格式如下：

```
order_target(security, amount, style=None, side='long', pindex=0)
```

目标股数下单函数与按股数下单函数的参数几乎一样，只有第二个参数不一样。第二个参数 amount 表示期望的最终数量。

目标股数下单函数，如果创建订单成功，则返回 Order 对象，失败则返回 None。目标股数下单函数的实例代码如下：

```
# 卖出平安银行所有股票，即最终持有平安银行的股数为 0
order_target('000001.XSHE', 0)
# 买入 1000 股平安银行股票，即最终持有平安银行的股数为 1000 股
order_target('000001.XSHE', 1000)
```

11.3.3 按价值下单函数

按价值下单函数的语法格式如下：

```
order_value(security, value, style=None, side='long', pindex=0)
```

按价值下单函数与按股数下单函数的参数几乎一样，只有第二个参数不一样。第二个参数 value 表示股票价值。

按价值下单函数，如果创建订单成功，则返回 Order 对象，失败则返回 None。按价值下单函数的实例代码如下：

```
#卖出价值为 50000 元的平安银行股票
order_value('000001.XSHE', -50000)
#买入价值为 10000 元的平安银行股票
order_value('000001.XSHE', 10000)
```

11.3.4 目标价值下单函数

目标价值下单函数的语法格式如下。

```
order_target_value(security, value, style=None, side='long', pindex=0)
```

目标价值下单函数与按股数下单函数的参数几乎一样，只有第二个参数不一样。第二个参数 value 表示期望的股票最终价值。

目标价值下单函数，如果创建订单成功，则返回 Order 对象，失败则返回 None。目标价值下单函数的实例代码如下：

```
# 卖出平安银行所有股票
order_target_value('000001.XSHE', 0)
# 调整平安银行股票仓位到 10000 元价值
order_target_value('000001.XSHE', 10000)
```

11.3.5　获取未完成订单函数

获取未完成订单函数的语法格式如下：

```
get_open_orders()
```

该函数可以获得当天的所有未完成的订单。获取未完成订单函数的实例代码如下：

```
# 自定义每个交易日结束运行函数
def after_trading_end(context):
    # 得到当前未完成订单
    orders = get_open_orders()
    for _order in orders.values():
        log.info(_order.order_id)
```

11.3.6　撤单函数

撤单函数的语法格式如下：

```
cancel_order(order)
```

参数 order 是指 Order 对象或者 order_id。撤单函数，如果取消委托成功，则返回 Order 对象，委托不存在则返回 None。撤单函数的实例代码如下：

```
# 自定义每个交易日结束运行函数
def after_trading_end(context):
    # 得到当前未完成订单
    orders = get_open_orders()
    # 利用 for 循环撤销订单
    for _order in orders.values():
        cancel_order(_order)
```

11.3.7　获取订单信息函数

获取订单信息函数的语法格式如下：

```
get_orders(order_id=None, security=None, status=None)
```

该函数可以获取当天的所有订单。

各项参数意义如下。

order_id：订单 id。

security：标的代码，可以用来查询指定标的的所有订单。

status：表示订单状态，可以查询特定订单状态的所有订单。

获取订单信息函数的实例代码如下：

```
#自定义每个交易日结束运行函数
def after_trading_end(context):
    #得到当天所有订单
    orders = get_orders()
    for _order in orders.values():
        log.info(_order.order_id)
    # 根据订单 id 查询订单
    get_orders(order_id='1517627499')
    # 查询所有标的为 000002.XSHE 的订单
    get_orders(security='000002.XSHE')
    # 查询订单状态为 OrderStatus.held 的所有订单
    get_orders(status=OrderStatus.held)
    # 查询标的为 000002.XSHE 且状态为 OrderStatus.held 的所有订单
    get_orders(security='000002.XSHE', status=OrderStatus.held)
```

11.4 Python 量化炒股策略的常用对象

在 Python 量化炒股策略中，还会用到一些常用的对象，如 Order 对象、全局对象 g、Trade 对象等。下面详细讲解常用对象。

11.4.1 订单对象 Order

Order 对象的常用属性如下。

amount：下单数量，不管是买还是卖，都是正数。

filled：已经成交的股票数量，正数。

security：股票代码。

order_id：订单 ID。

price：平均成交价格，已经成交的股票的平均成交价格（一个订单可能分多次成交）。

avg_cost：卖出时表示下卖单前的此股票的持仓成本，用来计算此次卖出的收益。买入时表示此次买入的均价（等同于 price）。

side：用来指定开多单还是空单。如果其值是 long 则代表开多单；如果其值是 short，则代表开空单。

action：用来指定是开仓还是平仓。如果其值是 open，则代表开仓；如果其值是 close，则代表平仓。

add_time：订单添加时间。

commission：交易费用（佣金、税费等）。

```
orders = order('000001.XSHE', 1000)
print(orders)
if orders is None:
    print("创建订单失败！")
else:
    print("股票代码：",orders.security)
print("订单 id 号：",orders.order_id)
    print("下单数量：",orders.amount)
print("成交数量：",orders.filled)
    print("订单平均成交价格：",orders.price)
print("交易费用单：",orders.commission)
```

11.4.2 全局对象 g

全局对象 g，用来存储用户的各类可被 pickle.dumps 函数序列化的全局数据。

在模拟盘中，如果中途进程中断，那么我们会使用 pickle.dumps 序列化所有的 g 下面的变量内容，保存到磁盘中，再启动的时候模拟盘就不会有任何数据影响。如果没有用 g 声明，则会出现模拟盘重启后，变量数据丢失的问题。

如果不想 g 中的某个变量被序列化，则可以让变量以“__”开头，这样，这个变量在序列化时就会被忽略。

全局对象 g 的实例代码如下：

```
def initialize(context):
    g.security = "000001.XSHE"
    g.count = 1
    g.flag = 0
def process_initialize(context):
    # 保存不能被序列化的对象，进程每次重启都初始化
    g.__q = query(valuation)
def handle_data(context, data):
    log.info(g.security)
    log.info(g.count)
    log.info(g.flag)
```

11.4.3 一次交易对象 Trade

Trade 对象用于记录订单的一次交易。但需要注意的是，一个订单可能分多次交易。Trade 对象的常用属性如下。

time：交易时间。

amount：交易数量。

price：交易价格。

trade_id：交易记录 id。

order_id：对应的订单 id。

```
trades = get_trades()
for _trade in trades.values():
    print('成交记录：'+str(_trade))
    print('交易时间：{0}'.format(_trade.time))
    print('对应的订单 id：{0}'.format(_trade.order_id))
```

11.4.4 分时图盘面对象 tick

tick 中的信息是在 tick 事件发生时，盘面的一个快照。tick 对象的常用属性如下。

code：标的的代码。

datetime： tick 发生的时间。

current：最新价。

high：最高价。

low：最低价。

volume：截至当前时刻的成交量。

amount：截至当前时刻的成交额。

position：截至当前时刻的持仓量，只适用于期货 tick 对象。

a1_v ~ a5_v：卖一量到卖五量，对于期货，只有卖一量。

a1_p ~ a5_p：卖一价到卖五价，对于期货，只有卖一量。

b1_v ~ b5_v：买一量到买五量，对于期货，只有买一量。

b1_p ~ b5_p：买一价到买五价，对于期货，只有买一价。

11.4.5 回测对象 Context

Context 对象，即 Python 量化炒股策略回测对象，其常用属性如下。

subportfolios：当前单个操作仓位的资金和标的信息。

portfolio：账户信息，即 subportfolios 的汇总信息。

current_dt：当前单位时间的开始时间。如果是按天回测，那么开始时间是 hour = 9，minute = 30，second = microsecond = 0；如果是按分钟回测，那么开始时间是 second = microsecond = 0。

previous_date：前一个交易日。

universe：查询 set_universe() 设定的股票池，例如，["000001.XSHE" "600000.XSHG"]。

run_params：表示此次运行的参数，有如下属性。

start_date：回测 / 模拟开始日期。

end_date：回测 / 模拟结束日期。

type：运行方式，如果其值是“simple_backtest”，则表示回测是通过单击“编译运行”运行；如果其值是“full_backtest”则表示回测是通过单击“运行回测”运行；如果其值是“sim_trade”，则表示模拟交易。

frequency：运行频率，只能是“day”“minute”或“tick”。

为了让从其他平台迁移过来的程序员更顺手地使用系统，我们对此对象也做了和 g 一样的处理：

第一，可以添加自己的变量，每次进程关闭时持久保存，进程重启时恢复。

第二，以“__”开头的变量不会被持久保存。

第三，如果添加的变量与系统的冲突，则将覆盖掉系统变量；如果想恢复系统变量，就要删除自己的变量。实例代码如下：

```
def handle_data(context, data):
    # 执行下面的语句之后，context.portfolio 的整数为 1
    context.portfolio = 1
    log.info(context.portfolio)
    # 要恢复系统的变量，只需使用下面的语句即可
    del context.portfolio
    # 此时，context.portfolio 将变成账户信息 .
    log.info(context.portfolio.portfolio_value)
```

第四，以后可能会往 context 中添加新的变量来支持更多功能，为了减少不

必要的迷惑，建议大家还是使用 g。

Context 对象的实例代码如下：

```
def handle_data(context, data):
    # 获得当前回测相关时间
    year = context.current_dt.year
    month = context.current_dt.month
    day = context.current_dt.day
    hour = context.current_dt.hour
    minute = context.current_dt.minute
    second = context.current_dt.second
    # 得到 " 年 - 月 - 日 " 格式
    date = context.current_dt.strftime("%Y-%m-%d")
    # 得到周几
    weekday = context.current_dt.isoweekday()
    # 获取账户的持仓价值
    positions_value = context.portfolio.positions_value
    # 获取仓位 subportfolios[0] 的可用资金
    available_cash = context.subportfolios[0].available_cash
    # 获取 subportfolios[0] 中多头仓位的 security 的持仓成本
     hold_cost  =  context.subportfolios[0].long_positions[security].
hold_cost
```

11.4.6 持有标的信息对象 Position

Position 对象是持有的某个标的的信息，其常用属性如下。

security：标的代码。

price：最新行情价格。

avg_cost：开仓均价，买入标的的加权平均价。

hold_cost：持仓成本，针对期货有效。

init_time：建仓时间，格式为 datetime.datetime。

transact_time：最后交易时间，格式为 datetime.datetime。

total_amount：总仓位，但不包括挂单冻结仓位。

closeable_amount：可卖出的仓位。

today_amount：今天开的仓位。

locked_amount：挂单冻结仓位。

value：标的价值，计算方法是 price * total_amount * multiplier，其中股票、基金的 multiplier 为 1，期货为相应的合约乘数。

side：用来指定开多单还是空单。如果其值是 long，则代表开多单；如果其值是 short，则代表开空单。

pindex：仓位索引。

11.4.7 子账户信息对象 SubPortfolio

SubPortfolio 对象是某个仓位的资金和标的信息，其常用属性如下。

inout_cash：累计出入金，比如初始资金是 1000 元，后来转移出去 100 元，则这个值是 1000−100=900 元。

available_cash：可用资金，可用来购买证券的资金。

transferable_cash：可取资金，即可以提现的资金，不包括今日卖出证券所得资金。

locked_cash：挂单锁住资金。

type：账户所属类型。

long_positions：多单的仓位。

short_positions：空单的仓位。

positions_value：持仓价值，股票基金才有持仓价值，期货为 0。

total_value：总资产，包括现金、保证金，仓位的总价值，可用来计算收益。

total_liability：总负债，等于融资负债、融券负债、利息总负债的总和。

net_value：净资产，等于总资产减去总负债。

cash_liability：融资负债。

sec_liability：融券负债。

interest：利息总负债。

maintenance_margin_rate：维持担保比例。

available_margin：融资融券可用保证金。

margin：保证金，股票、基金保证金都为 100%；融资融券保证金为 0；期货保证金会实时更新，总是等于当前期货价值 × 保证金比率，当保证金不足时，强制平仓。平仓顺序：亏损多的（相对于开仓均价）先平仓。

11.4.8 账户信息对象 Portfolio

Portfolio 对象是所有标的操作仓位的信息汇总，其常用属性如下。

inout_cash：累计出入金，比如初始资金是 1000 元，后来转移出去 100 元，则这个值是 1000−100=900 元。

available_cash：可用资金，可用来购买证券的资金。

transferable_cash：可取资金，即可以提现的资金，不包括今日卖出证券所得资金。

locked_cash：挂单锁住资金。

margin：保证金，股票、基金保证金都为 100%。

positions：等同于 long_positions。

long_positions：多单的仓位。

short_positions：空单的仓位。

total_value：总的权益，包括现金、保证金，仓位的总价值，可用来计算收益。

returns：总权益的累计收益。

starting_cash：初始资金。

positions_value：持仓价值，股票基金才有持仓价值，期货为 0。

locked_cash_by_purchase：基金申购未完成所冻结的金额。

locked_cash_by_redeem：基金赎回未到账的金额。

locked_amount_by_redeem：基金赎回时，冻结的份额。

11.4.9 股票的数据对象 SecurityUnitData

SecurityUnitData 对象是一个单位时间内的股票的数据，其常用属性如下。

security：股票代码。例如“000001.XSHE”。

returns：股票在这个单位时间内的相对收益比例。

open：时间段开始时价格。

close：时间段结束时价格。

low：最低价。

high：最高价。

volume：成交的股票数量。

money：成交的金额。

factor：前复权因子。利用前复权因子可以算出原始价格，方法是价格除以 factor，即原始价格 =close ÷ factor。

high_limit：涨停价。

low_limit：跌停价。

avg：这段时间的平均价。

11.5 Python 量化炒股策略的日志 log

日志可以用来记录 Python 量化炒股策略的状态、错误和信息消息，也经常作为调试程序的工具。下面来讲解设定 log 级别及最常用的 log.info。

11.5.1 设定 log 级别

设定 log 级别语法格式如下：

```
log.set_level(name, level)
```

设置不同种类的 log 的级别，低于这个级别的 log 不会输出。所有 log 的默认级别是 debug。

各项参数意义如下。

参数 name：字符串，但 log 种类只有 3 种，分别是“order”“history”和“strategy”。order 表示调用 order 系列 API 产生的 log；history 表示调用 history 系列 API 产生的 log；strategy 表示程序员自己在策略代码中打的 log。

参数 level：字符串，必须是“debug”“info”“warning”“error”中的一个。级别是 debug < info < warning < error。各级别的语法格式如下：

```
log.error(content)
log.warn(content)
log.info(content)
log.debug(content)
```

设定 log 级别的实例代码如下：

```
# 过滤掉 order 系列 API 产生的比 error 级别低的 log
log.set_level('order', 'error')
```

11.5.2 log.info

日志 log 最常用的方法是 info，该方法的语法格式如下：

```
log.info(content)
```

log.info 等同于 print 输出的结果。

参数 content，可以是字符串、对象等。

log.info 的实例代码如下：

```
    log.info(history(10)) # 打印出 history(10) 返回的结果
    log.info("Selling %s, amount=%s", security, amount)    # 打印出一个格式化后的字符串
    print(history(10), data, context.portfolio)
```

11.6 Python 量化炒股策略的定时函数

在 Python 量化炒股策略的初始化函数中，进行一些初始化设置后，最后运行了 3 个定时函数。下面就来具体讲解定时函数。

11.6.1 定时函数的定义及分类

定时函数是指，在回测和模拟交易中指定每月、每周或者每天要运行的函数。定时函数可以在具体每月或每周的第几个交易日（或者倒数第几天）的某一分钟执行。

定时函数可以分为 3 种，分别是每日定时函数（run_daily）、每周定时函数（run_weekly）和每月定时函数（run_monthly）。

定时函数的语法格式如下：

```
    # 按月运行
    run_monthly(func, monthday, time='open', reference_security)
    # 按周运行
    run_weekly(func, weekday, time='open', reference_security)
    # 每天内何时运行
    run_daily(func, time='open', reference_security)
```

需要注意的是，定时函数在日级模拟中使用时，如果设置 time="open"或 time="9:30"，那么 Python 量化炒股策略的实际运行时间是 9:27~9:30 之间。Python 量化炒股策略类获取到的逻辑时间 (context.current_dt) 仍然是 9:30。

11.6.2 定时函数各项参数的意义

参数 func：一个函数，并且该函数必须接受 context 参数。

参数 monthday：用来指定每月的第几个交易日，可以是负数，表示倒数第几个交易日。如果超出每月总交易日个数，则取临近的交易日执行。

参数 weekday：用来指定每周的第几个交易日，可以是负数，表示倒数第几个交易日。如果超出每周总交易日个数，则取临近的交易日执行。

参数 time：一个字符串，可以是具体执行时间，支持 time 表达式。比如“10:00”“01:00”或者“every_bar”“open”“before_open”“after_close”“close”“morning”和“night”。

（1）every_bar：只能在 run_daily 中调用；按天会在每天的开盘时调用一次，按分钟会在每天的每分钟运行。

（2）open：开盘时运行（等同于“9:30”）。

（3）before_open：早上 9:00 运行。

（4）after_close：下午 15:30 运行。

（5）close：下午 15:00 运行。

（6）morning：早上 8:00 运行。

（7）night：晚上 20:00 运行。

参数 reference_security：表示时间的参照标的。例如，参照“000001.XSHG”，交易时间为 9:30 ~ 15:00。

11.6.3 定时函数的注意事项

定时函数的注意事项有 5 项，具体如下：

第一，参数 func 必须是一个全局的函数，不能是类的成员函数，实例代码如下。

```
def on_week_start(context):                          # 定义一个全局函数
    pass
class MyObject(object):                              # 定义一个类
    def on_week_start2(self, context):               # 在类中定义一个成员函数
        pass
def initialize(context):                             # 量化策略的初始化函数
      run_weekly(on_week_start, 1)                   # 正常运行
      # 错误，下面的语句会报错
    run_weekly(MyObject().on_week_start2, 1)
```

第二，定时函数通过 history 或 attribute_history 获得每天数据时，是不包括当天的数据的。要获得当天数据，只能按分钟来获取。

第三，定时函数可以重复调用，即初始化函数中可以有两个或多个同名定时函数，实例代码如下。

```
def on_week_start(context):
    pass
```

```
    def on_week_end(context):
        pass
    def initialize(context):          # 初始化函数中有两个 run_weekly 定时函数
         # 在每周的第一个交易日和最后一个交易日分别调用两个函数
        run_weekly(on_week_start, 1)
        run_weekly(on_week_end, -1)
```

第四，每次调用这些定时函数都会产生一个新的定时任务。如果想修改或者删除旧的定时任务，就要调用 unschedule_all（取消所有定时运行）来删除所有定时任务，然后添加新的。

> 提醒：取消所有定时运行的代码是 unschedule_all()。

第五，如果定时函数在一个月或一周内交易日数不够，那么 monthday 或 weekday 就无法满足。这时，我们可以找这周内最近的一个日期来执行。

11.6.4 定时函数的实例

首先定义 3 个全局函数，分别是 weekly()、monthly() 和 daily()，接着定义初始化函数，实现一次调用 monthly()，两次调用 weekly()，4 次调用 daily()，具体代码如下：

```
    def weekly(context):
          print('weekly %s %s' % (context.current_dt, context.current_
dt.isoweekday()))
    def monthly(context):
          print('monthly %s %s' % (context.current_dt, context.current_
dt.month))
    def daily(context):
        print('daily %s' % context.current_dt)
    def initialize(context):
        # 指定每月第一个交易日，在开盘后十分钟执行，即 9:40
        run_monthly(monthly, 1, 'open+10m')
        # 指定每周倒数第一个交易日，在开盘前执行，即 9:00
        run_weekly(weekly, -1, 'before_open')
        # 指定每天收盘前 10 分钟运行，即 14: 50
        run_weekly(daily, 'close - 10m')
        # 指定每天收盘后执行，即 15: 30
        run_daily(daily, 'after_close')
        # 指定在每天的 10:00 运行
        run_daily(daily, '10:00')
        # 指定在每天的 01:00 运行
        run_daily(daily, '01:00')
        # 参照股指期货的时间每分钟运行一次，必须选择分钟回测，否则每天执行
        run_daily(daily, 'every_bar', reference_security='IF2003.CCFX')
```

第 12 章

Python 量化炒股的获取数据函数

要利用 Python 编写股票量化炒股策略，就必须获取股票的数据（如收盘价、5 日均价、上一时间点价格），还要选出操作的股票，这些都需要用到获取数据函数。

本章主要内容包括：

- 获取多只股票单个数据字段函数 history()
- 获取一只股票多个数据字段函数 attribute_history ()
- 查询单个交易日账务数据函数 get_fundamentals()
- 查询多个交易日账务数据函数 get_fundamentals_continuously ()
- 获取当前时间的股票数据函数 get_current_data()
- 获取指数成分股代码函数 get_index_stocks ()
- 获取指数成分股权重函数 get_index_weights ()
- 获取行业成分股代码函数 get_industry_stocks()
- 查询股票所属行业函数 get_industry()
- 获取概念成分股代码函数 get_concept_stocks()
- 查询股票所属概念板块函数 get_concept()
- 获取一只股票信息函数 get_security_info()
- 获取龙虎榜数据函数 get_billboard_list()
- 获取限售解禁数据函数 get_locked_shares()

12.1 获取多只股票单个数据字段函数 history()

利用 history() 函数可以获取多只股票的单个数据字段历史数据，返回数据格式为 DataFrame 或 Dict(字典)，其语法格式如下：

```
    history(count, unit='1d', field='open', security_list=None, df=True,
skip_paused=False, fq='pre')
```

需要注意的是，在获取天数据时，不包括当天的数据，即使在收盘后。

关于停牌：因为获取了多只股票的数据，可能有的股票停牌而没有数据，为了保持时间轴的一致，默认没有跳过停牌的日期，停牌时使用停牌前的数据填充。

12.1.1 各项参数的意义

history() 函数共有 7 项参数，各项参数的意义如下：

1. count

参数 count，表示数量，即返回的结果集的行数。

2. unit

参数 unit，表示单位时间长度，几天或者几分钟，即只支持“Xd”和“Xm”。其中，X 是一个正整数。

“Xd”表示具体几天，如 10d，表示单位时间长度为 10 天。

“Xm”表示具体几分钟，如 10m，表示单位时间长度为 10 分钟。

需要注意的是，当 X > 1 时，fields 只支持“open”“close”“high”“low”“volume”“money”这几个标准字段。

其中，open 表示时间段股票的开始时价格，即开盘价。

close 表示时间段股票的结束时价格，即收盘价。

high 表示时间段股票的最高价格，即最高价。

low 表示时间段股票的最低价格，即最低价。

volume 表示时间段股票的成交量。

money 表示时间段股票的成交金额。

3. field

参数 field，表示获取的数据类型，支持 SecurityUnitData 中的所有基本属性，包括"open""close""low""high""volume""money""factor""high_limit""low_limit""avg""pre_close""paused"。

前面 6 个字段的意义同参数 unit，这里不再赘述。下面来看一下其他字段的意义。

factor：前复权因子。

high_limit：涨停价。

low_limit：跌停价。

avg：这段时间的平均价。

pre_close：前一个单位时间结束时的价格，按天则是前一天的收盘价，按分钟则是前一分钟的结束价格。

paused：布尔值，用来判断股票是否停牌。需要注意的是，停牌时 open/close/low/high/pre_close 依然有值，都等于停牌前的收盘价。而 volume=money=0。

4. security_list

参数 security_list，用来获取数据的股票列表。如果其值为 None，则表示查询 context.universe 中所有股票的数据。context.universe 需要使用 set_universe 进行设定，形如：set_universe(['000001.XSHE', '600000.XSHG'])。

5. df

参数 df 的值若是 True，则返回 pandas.DataFrame，否则返回一个 dict。参数 df 的默认值为 True。

6. skip_paused

参数 skip_paused 用来设置是否跳过不交易日期（包括停牌、未上市或者退市后的日期）。如果不跳过，则停牌时会使用停牌前的数据填充。上市前或者退市后数据都为 nan。需要注意的是，该参数默认为 False，即不跳过不交易日期。

7. fq

参数 fq 是复权选项。参数值设置为“pre”，表示前复权，为默认设置；参数值设置为 None，表示不复权，返回实际价格；参数值设置为“pos”，表示后复权。

12.1.2 利用函数 history() 显示单只股票的信息

单击聚宽 JoinQuant 量化炒股平台中的“策略研究 / 研究环境”命令，进入 Jupyter Notebook 的研究平台。然后单击“新建”按钮，创建 Python 3 文件，并重命名文件为“Python12-1”，接着输入如下代码：

```
    import pandas as pd
    from matplotlib import pyplot as plt
    dataframe1 = history(5, unit='1d', field='close', security_
list='600019.XSHG', df=True, skip_paused=False, fq='pre')
    print("宝钢股份(600019)的近5个交易日的收盘价信息：\n",dataframe1)
    plt.figure()
    plt.plot(dataframe1,"ob")
    plt.show()
```

dataframe1 为宝钢股份 (600019) 的近 5 个交易日的收盘价信息，然后打印出来，并用图表显示。

单击工具栏中的 ▶ 运行 按钮，运行结果如图 12.1 所示。

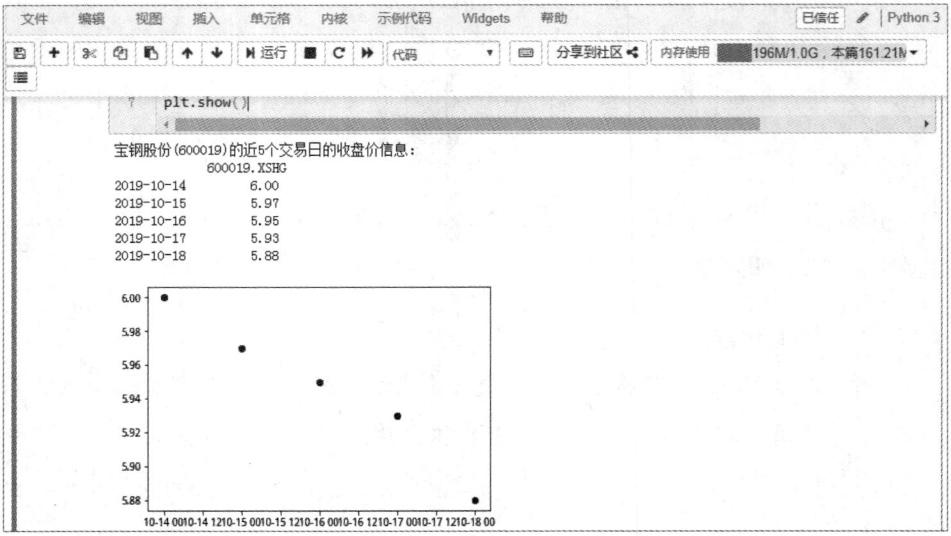

图 12.1 利用函数 history() 显示单只股票的信息

12.1.3 利用函数 history() 显示多只股票的开盘价信息

单击聚宽 JoinQuant 量化炒股平台中的“策略研究 / 研究环境”命令，进入 Jupyter Notebook 的研究平台。然后单击“新建”按钮，创建 Python 3 文件，并重命名文件为“Python12-2”，接着输入如下代码：

```
import pandas as pd
from matplotlib import pyplot as plt
dataframe1 = history(100, unit='1d', field='open', security_
list=['600015.XSHG','600016.XSHG','600036.XSHG'], df=True, skip_
paused=False, fq='pre')
print("3 只股票的近 100 个交易日的开盘价信息：\n",dataframe1)
```

dataframe1 为 3 只股票（华夏银行、民生银行、招商银行）的近 100 个交易日的开盘价信息。

单击工具栏中的 ▶ 运行 按钮，运行结果如图 12.2 所示。

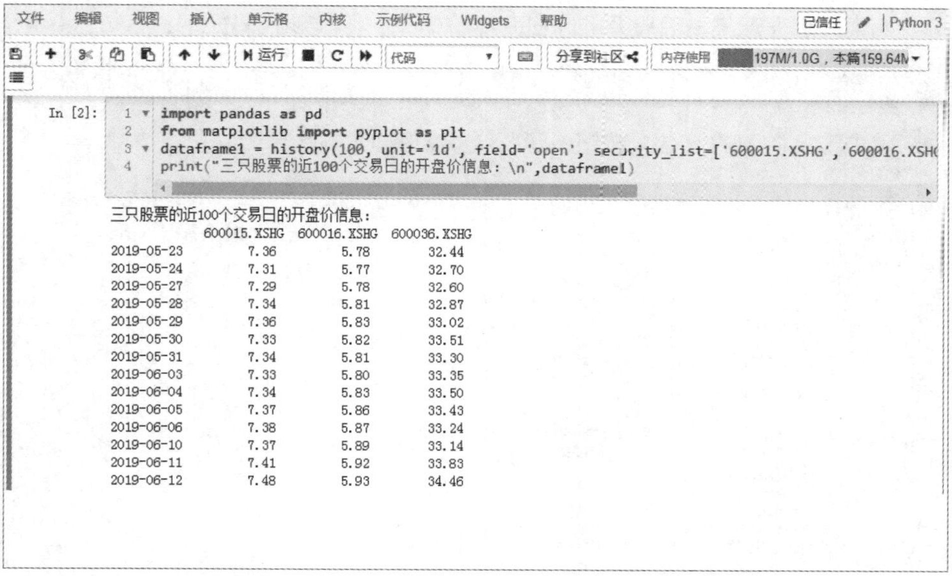

图 12.2 利用函数 history() 显示多只股票的开盘价信息

如果只想显示 3 只股票的昨日的开盘价信息，则实现代码如下：

```
print("三只股票昨日的开盘价格：")
print(dataframe1.iloc[-1])
```

单击工具栏中的 ▶ 运行 按钮，运行结果如图 12.3 所示。

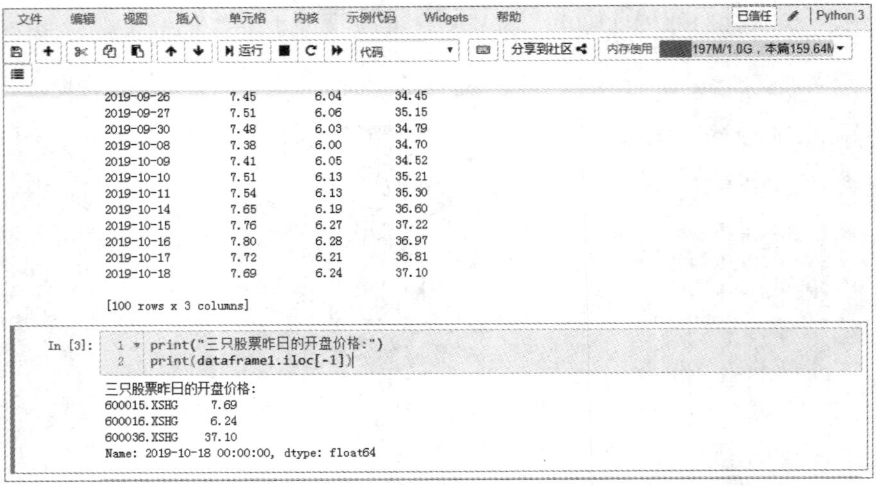

图 12.3　显示 3 只股票的昨日的开盘价信息

如果只想显示某一只股票的昨日开盘价信息，则实现代码如下：

```
print("招商银行昨日的开盘价格:")
print(dataframe1['600036.XSHG'][-1])
```

单击工具栏中的 运行 按钮，运行结果如图 12.4 所示。

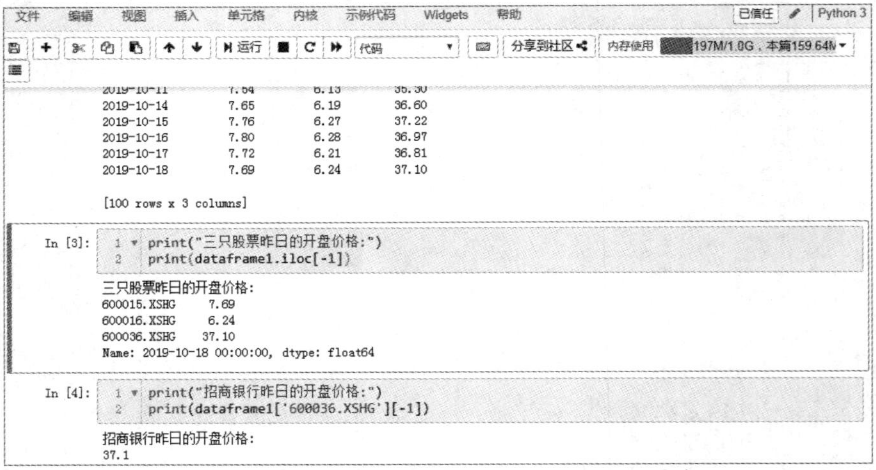

图 12.4　招商银行昨日的开盘价格

还可以利用 mean() 函数求平均价格，具体实现代码如下：

```
print("三只股票近100日的开盘价的平均价格是: \n",dataframe1.mean())
print("招商银行近100日的开盘价的平均价格是: ",dataframe1['600036.XSHG'].
mean())
```

单击工具栏中的 运行 按钮，运行结果如图 12.5 所示。

```
    print(dataframe1.iloc[-1])
三只股票昨日的开盘价格:
600015.XSHG     7.69
600016.XSHG     6.24
600036.XSHG    37.10
Name: 2019-10-18 00:00:00, dtype: float64

In [4]:  print("招商银行昨日的开盘价格:")
         print(dataframe1['600036.XSHG'][-1])
招商银行昨日的开盘价格:
37.1

In [5]:  print("三只股票近100日的开盘价的平均价格是: \n",dataframe1.mean())
         print("招商银行近100日的开盘价的平均价格是: ",dataframe1['600036.XSHG'].mean())
三只股票近100日的开盘价的平均价格是:
 600015.XSHG     7.4515
600016.XSHG     5.9722
600036.XSHG    35.0708
dtype: float64
招商银行近100日的开盘价的平均价格是:  35.0708
```

图 12.5　利用 mean() 函数求平均价格

最后利用图表显示 3 只股票近 100 日开盘价信息，实现代码如下：

```
matplotlib.rcParams.update({'font.size': 12, 'font.family': 'serif'})
fig, ax = plt.subplots()
ax.plot(dataframe1['600015.XSHG'], label=" 华夏银行 ")
ax.plot(dataframe1['600016.XSHG'], label=" 民生银行 ")
ax.plot(dataframe1['600036.XSHG'], label=" 招商银行 ")
ax.legend();
ax.set_xlabel(' 三只银行股的日期 ')
ax.set_ylabel(' 三只银行股的价格 ')
ax.set_title(' 三只银行股的开盘价走势对比图 ')
```

单击工具栏中的 运行 按钮，运行结果如图 12.6 所示。

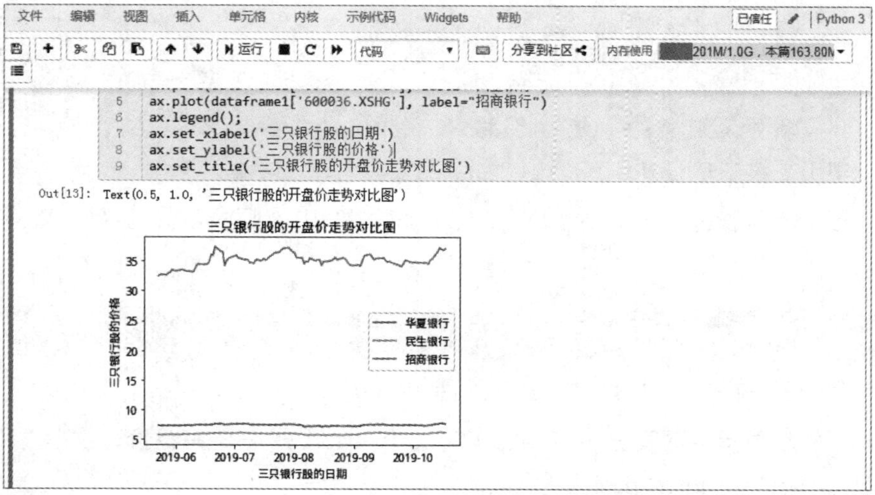

图 12.6　3 只银行股的开盘价走势对比图

12.2 获取一只股票多个数据字段函数 attribute_history ()

attribute_history() 函数可以用于获取一只股票多个数据字段历史数据，返回数据格式为 DataFrame 或 Dict(字典)，其语法格式如下：

```
    attribute_history(security, count, unit='1d',fields=['open', 'close',
'high', 'low', 'volume', 'money'],skip_paused=True, df=True, fq='pre')
```

需要注意的是，在获取天数据时，不包括当天的数据，即使在收盘后。还需要注意：默认跳过停牌日期。

> **提醒：** history () 函数可以用于获得多只股票的信息，但只能是一个字段的信息，而利用 attribute_history () 函数只能获得一只股票的信息，但可以获取这只股票的多个属性。

attribute_history () 函数也有 7 项参数，其中 count、unit、fields、skip_paused、df、fq 参数与 history () 函数相同，这里不再赘述，而参数 security 用来设置股票代码。

12.2.1 利用函数 attribute_history () 显示股票的报价信息

单击聚宽 JoinQuant 量化炒股平台中的“策略研究 / 研究环境”命令，进入 Jupyter Notebook 的研究平台。然后单击“新建”按钮，创建 Python 3 文件，并重命名文件为“Python12-3”，接着输入如下代码：

```
    import pandas as pd
    dataframe1 = attribute_history('600019.XSHG',10, '1d', ['open',
'close', 'high', 'low', 'volume', 'money'],True,True,'pre')
    dataframe1
    dataframe1 为宝钢股份（600019）近 10 个交易日的报价信息。
```

单击工具栏中的 ▶ 运行 按钮，运行结果如图 12.7 所示。

显示宝钢股份（600019）的昨日收盘价信息和 10 日收盘价的平均价，具体代码如下：

```
    print("宝钢股份（600019）的昨日收盘价：",dataframe1['close'][-1])
    print("宝钢股份（600019）的 10 日收盘价的平均价：",dataframe1['close'].mean())
```

单击工具栏中的 ▶ 运行 按钮，运行结果如图 12.8 所示。

假如想显示宝钢股份（600019）2019 年 10 月 15 日的开盘价、收盘价和成交金额信息，则实现代码如下：

```
    print("宝钢股份（600019）2019 年 10 月 15 日的开盘价：",dataframe1['open']
['2019-10-15'])
```

```
    print("宝钢股份（600019）2019 年 10 月 15 日的收盘价：",dataframe1['close']['2019-10-15'])
    print("宝钢股份（600019）2019 年 10 月 15 日的成交金额：",dataframe1['money']['2019-10-15'])
```

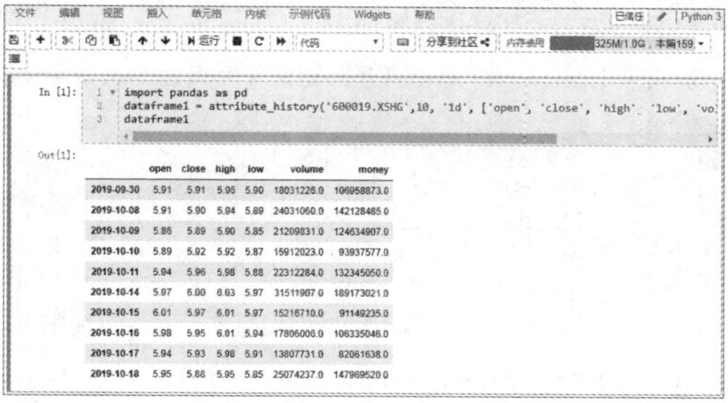

图 12.7　宝钢股份（600019）近 10 个交易日的报价信息

图 12.8　宝钢股份（600019）的昨日收盘价信息和 10 日收盘价的平均价

单击工具栏中的 运行 按钮，运行结果如图 12.9 所示。

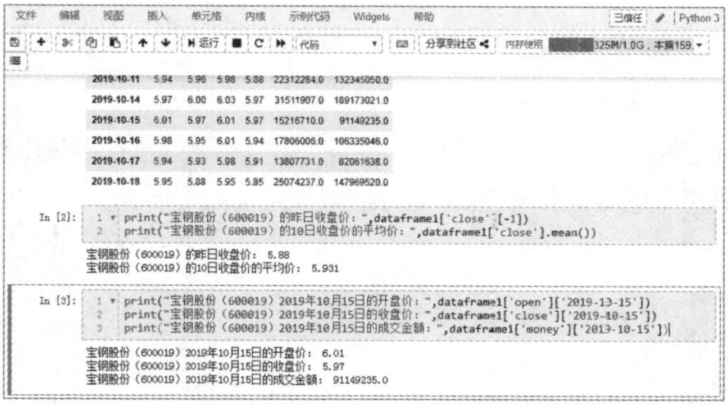

图 12.9　宝钢股份（600019）2019 年 10 月 15 日的开盘价、收盘价和成交金额信息

12.2.2 利用函数 attribute_history () 显示股票满足条件的报价信息

单击聚宽 JoinQuant 量化炒股平台中的“策略研究 / 研究环境”命令，进入 Jupyter Notebook 的研究平台。然后单击“新建”按钮，创建 Python 3 文件，并重命名文件为“Python12-4”，接着输入如下代码：

```
    import pandas as pd
    dataframe1 = attribute_history('600019.XSHG',100, '1d', ['open',
'close', 'high', 'low', 'volume', 'money'],True,True,'pre')
    myc1 = dataframe1['open']
    myc2 = dataframe1['close']
    dataframe1[myc1==myc2]
```

dataframe1 为宝钢股份（600019）近 100 个交易日的报价信息。myc1 为开盘价的值，myc2 为收盘价的值。dataframe1[myc1==myc2] 显示的是开盘价等于收盘价的宝钢股份（600019）的报价信息。

单击工具栏中的 ⏭运行 按钮，运行结果如图 12.10 所示。

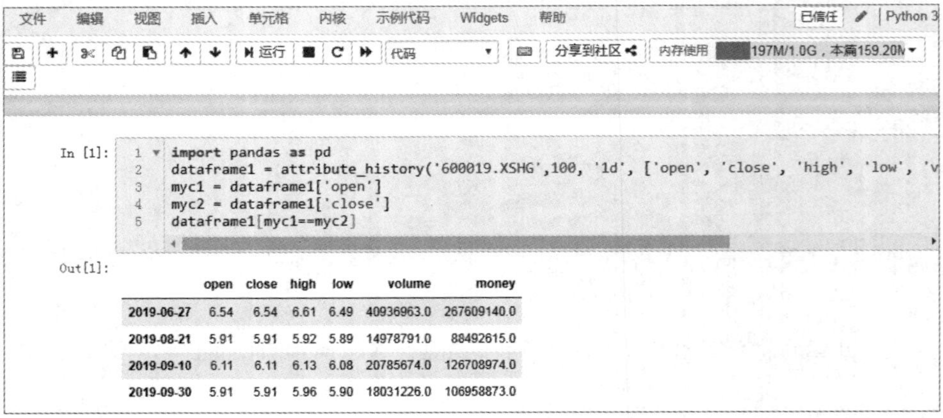

图 12.10　开盘价等于收盘价的宝钢股份（600019）的报价信息

如果想查看近 100 个交易日收盘为阳线的报价信息，即查看收盘价大于开盘价的报价信息，则实现代码如下：

```
    dataframe1[myc2 > myc1]
```

单击工具栏中的 ⏭运行 按钮，运行结果如图 12.11 所示。

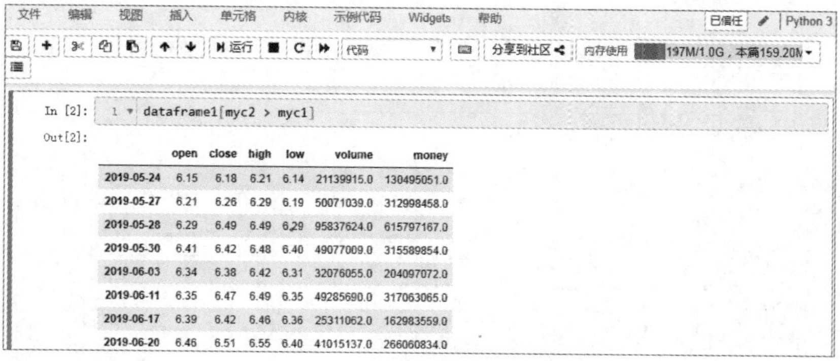

In [2]: dataframe1[myc2 > myc1]

Out[2]:

	open	close	high	low	volume	money
2019-05-24	6.15	6.18	6.21	6.14	21139915.0	130495051.0
2019-05-27	6.21	6.26	6.29	6.19	50071039.0	312998458.0
2019-05-28	6.29	6.49	6.49	6.29	95837624.0	615797167.0
2019-05-30	6.41	6.42	6.48	6.40	49077009.0	315589854.0
2019-06-03	6.34	6.38	6.42	6.31	32076055.0	204097072.0
2019-06-11	6.35	6.47	6.49	6.35	49285690.0	317063065.0
2019-06-17	6.39	6.42	6.46	6.36	25311062.0	162983559.0
2019-06-20	6.46	6.51	6.55	6.40	41015137.0	266060834.0

图 12.11　近 100 个交易日收盘为阳线的报价信息

如果想要显示收盘价大于 100 日均线的报价信息，则实现代码如下：

```
myc3 = dataframe1['close'].mean()
dataframe1[myc2>myc3]
```

单击工具栏中的 运行 按钮，运行结果如图 12.12 所示。

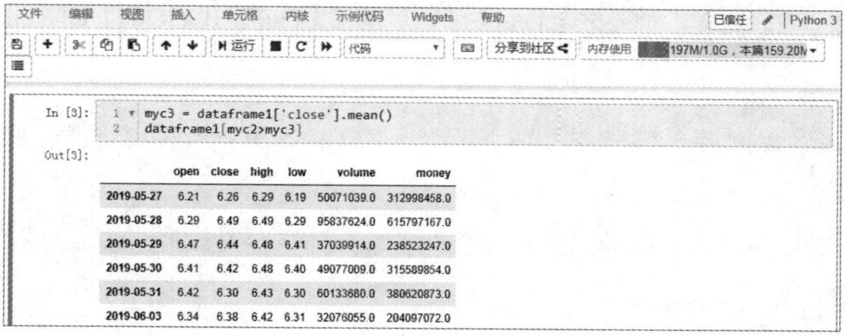

In [3]:
```
myc3 = dataframe1['close'].mean()
dataframe1[myc2>myc3]
```

Out[3]:

	open	close	high	low	volume	money
2019-05-27	6.21	6.26	6.29	6.19	50071039.0	312998458.0
2019-05-28	6.29	6.49	6.49	6.29	95837624.0	615797167.0
2019-05-29	6.47	6.44	6.48	6.41	37039914.0	238523247.0
2019-05-30	6.41	6.42	6.48	6.40	49077009.0	315589854.0
2019-05-31	6.42	6.30	6.43	6.30	60133680.0	380620873.0
2019-06-03	6.34	6.38	6.42	6.31	32076055.0	204097072.0

图 12.12　收盘价大于 100 日均线的报价信息

利用图表显示收盘价大于 100 日均线的收盘价和成交金额信息，实现代码如下：

```
myc3 = dataframe1['close'].mean()
dataframe2 = dataframe1[myc2>myc3]
myc4 = dataframe1['close']                    # 收盘价
myc5 = dataframe1['money']                    # 成交金额
plt.figure(figsize=(12,6))
# 激活第一个 subplot
plt.subplot(2,  1,  1)
plt.plot(myc4,"-b")                           # 实线蓝色绘制收盘价格
plt.subplot(2,  1,  2)
plt.plot(myc5,"-r")                           # 实线红色绘制成交量
plt.show()
```

单击工具栏中的 运行 按钮，运行结果如图 12.13 所示。

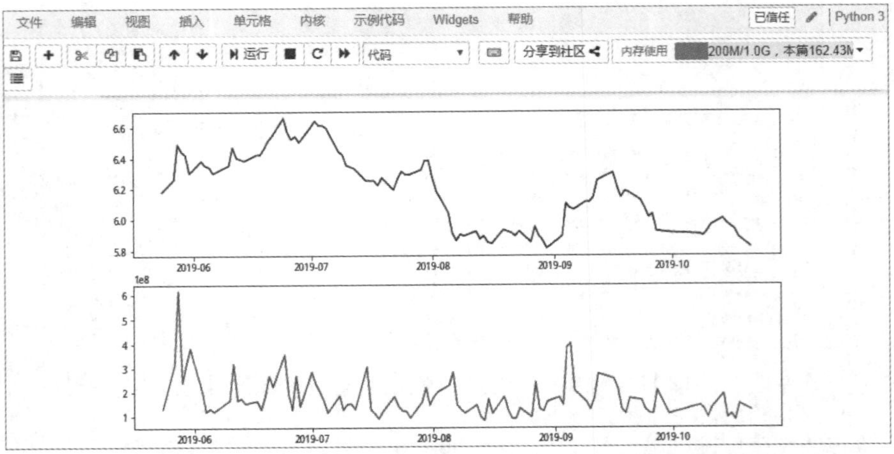

图 12.13　收盘价大于 100 日均线的收盘价和成交金额的图表

12.3　查询单个交易日账务数据函数 get_fundamentals()

get_fundamentals () 函数可以用于查询单个交易日一只股票或多只股票的财务数据，其语法格式如下：

```
get_fundamentals(query_object, date=None, statDate=None)
```

12.3.1　各项参数的意义

get_fundamentals () 函数共有 3 项参数，各项参数意义如下：

1. query_object

参数 query_object 是一个 sqlalchemy.orm.query.Query 对象，可以通过全局的 query 函数获取 Query 对象。

2. date

参数 date 是查询日期，可以是一个字符串 (格式类似 "2019-10-24") 或者 datetime.date/datetime.datetime 对象。可以是 None，使用默认日期，该默认日期在回测和研究模块上有如下差别。

回测模块：默认值会随着回测日期变化而变化，等于 context.current_dt 的前一天 (实际生活中我们只能看到前一天的财报和市值数据，所以要用前一天)。

研究模块：使用平台财务数据的最新日期，一般是昨天。

需要注意的是，如果传入的 date 不是交易日，则使用此日期之前的最近的一个交易日。

3. statDate

参数 statDate 是一个字符串，表示财报统计的季度或者年份，有如下两种格式。

季度：格式是年 + “q” + 季度序号，例如，“2019q1”“2018q4”。

年份：格式就是年份的数字，例如，“2017”“2018”。

> 提醒：date 和 statDate 参数只能传入一个。传入 date 时，查询指定日期 date 收盘后所能看到的最近的数据；传入 statDate 时，查询 statDate 指定的季度或者年份的财务数据。当两个参数都没有传入时，相当于使用 date 参数，即使用默认日期。

get_fundamentals() 函数的返回值是一个 pandas.DataFrame，每一行对应数据库返回的每一行，列索引是用户查询的所有字段。

需要注意的是，为了防止返回数据量过大，每次最多返回 10000 行。另外，当相关股票上市前、退市后，财务数据返回各字段为空。

12.3.2 query 的基本查询方式

query()：需要查询的对象，可以是整张表，也可以是表中的多个字段或计算出的结果。

filter：过滤条件，多个过滤条件可以用逗号隔开，或者用 and 或 or 这样的语法。

order_by：排序条件，其中，desc() 表示降序排列，而 asc() 表示升序排列。

limit：限制返回的个数。

12.3.3 显示一只股票单个交易日的财务数据

单击聚宽 JoinQuant 量化炒股平台中的“策略研究 / 研究环境”命令，进入 Jupyter Notebook 的研究平台。然后单击“新建”按钮，创建 Python 3 文件，并重命名文件为“Python12-5”，接着输入如下代码：

```
import pandas as pd
```

```
myq = query( valuation).filter( valuation.code == '600036.XSHG')
dataframe1 = get_fundamentals(myq, '2019-10-12')
dataframe1
```

myq 表示招商银行的市值数据。valuation 表示市值数据表。然后利用 get_fundamentals() 显示 2019 年 10 月 12 日招商银行的市值数据信息。

单击工具栏中的 ▶| 运行 按钮，运行结果如图 12.14 所示。

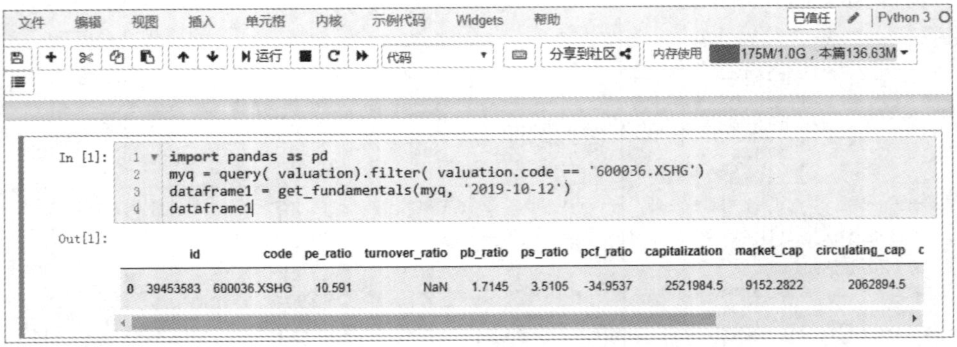

图 12.14　2019 年 10 月 12 日招商银行的市值数据信息

市值数据字段的意义如下。

id：每行数据的索引，不能重复。

code：股票的代码。

pe_ratio：股票的市盈率（PE，TTM），即动态市盈率。动态市盈率是指每股市价为每股收益的倍数，反映投资者对每元净利润所愿支付的价格，用来估计股票的投资报酬和风险。

turnover_ratio：股票的换手率。换手率是指在一定时间内市场中股票转手买卖的频率，是反映股票流通性强弱的指标之一。

pb_ratio：股票的市净率（PB）。市净率是指每股股价与每股净资产的比率。

ps_ratio：股票的市销率。市销率是指股票价格与每股销售收入之比，市销率越小，通常被认为投资价值越高。

pcf_ratio：股票的市现率。市现率是指每股市价为每股现金净流量的倍数。

capitalization：股票的总股本（万股）。总股本是指上市公司已发行的普通股股份总数（包含 A 股、B 股和 H 股的总股本）。

market_cap：股票的总市值（亿元）。总市值是指在某特定的时间内，交易所挂牌交易全部证券（以总股本计）按当时价格计算的证券总值。

circulating_cap：股票的流通股本（万股）。流通股本是指上市公司已发行的境内上市流通、以人民币兑换的股份总数（A 股市场的流通股本）。

circulating_market_cap：股票的流通市值（亿元）。流通市值是指在某特定时间内当时可交易的流通股股数乘以当时股价得出的流通股票总价值。

day：查询股票财务数据的具体日期。

pe_ratio_lyr：股票的市盈率（PE）。以上一年度每股盈利计算的静态市盈率。

12.3.4 显示多只股票单个交易日的财务数据

单击聚宽 JoinQuant 量化炒股平台中的“策略研究 / 研究环境”命令，进入 Jupyter Notebook 的研究平台。然后单击“新建”按钮，创建 Python 3 文件，并重命名文件为“Python12-6”，接着输入如下代码：

```
import pandas as pd
myq = query(valuation).filter(valuation.code.in_(['000001.XSHE',
'600000.XSHG','000009.XSHE','600036.XSHG','600019.XSHG']))
dataframe1 = get_fundamentals(myq, '2019-10-22')
dataframe1
```

注意：这里不能使用 in 操作，要使用 in_() 函数。

单击工具栏中的 运行 按钮，运行结果如图 12.15 所示。

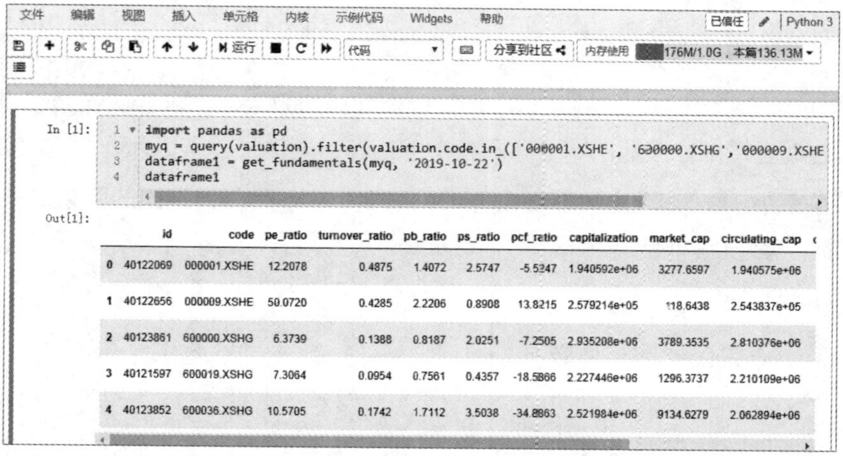

	id	code	pe_ratio	turnover_ratio	pb_ratio	ps_ratio	pcf_ratio	capitalization	market_cap	circulating_cap
0	40122069	000001.XSHE	12.2078	0.4875	1.4072	2.5747	-5.5247	1.940592e+06	3277.6597	1.940575e+06
1	40122656	000009.XSHE	50.0720	0.4285	2.2206	0.8908	13.8215	2.579214e+05	118.6438	2.543837e+05
2	40123861	600000.XSHG	6.3739	0.1388	0.8187	2.0251	-7.2505	2.935208e+06	3789.3535	2.810376e+06
3	40121597	600019.XSHG	7.3064	0.0954	0.7561	0.4357	-18.5866	2.227446e+06	1296.3737	2.210109e+06
4	40123852	600036.XSHG	10.5705	0.1742	1.7112	3.5038	-34.8863	2.521984e+06	9134.6279	2.062894e+06

图 12.15　显示多只股票单个交易日的财务数据

还可以显示部分市值数据字段信息，具体代码如下：

```
myq1 = query(valuation.pe_ratio,valuation.turnover_ratio).
filter(valuation.code.in_(['000001.XSHE', '600000.XSHG','000009.
XSHE','600036.XSHG','600019.XSHG']))
```

```
dataframe2 = get_fundamentals(myq1, '2019-10-22')
dataframe2
```

在这里只显示多只股票的市盈率和换手率信息。

单击工具栏中的 ▶ 运行 按钮，运行结果如图 12.16 所示。

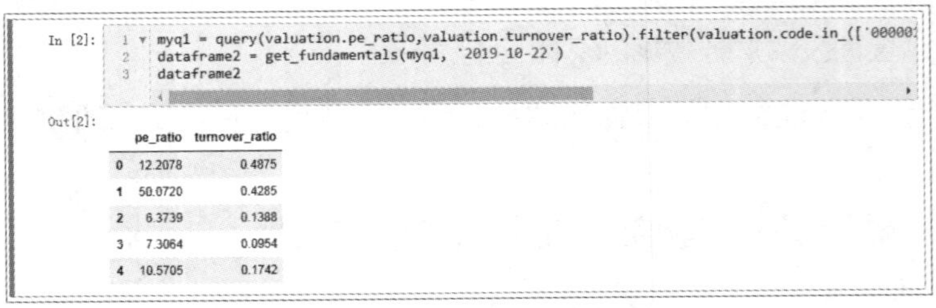

```
In [2]: myq1 = query(valuation.pe_ratio,valuation.turnover_ratio).filter(valuation.code.in_(['00000
        dataframe2 = get_fundamentals(myq1, '2019-10-22')
        dataframe2
```

Out[2]:

	pe_ratio	turnover_ratio
0	12.2078	0.4875
1	50.0720	0.4285
2	6.3739	0.1388
3	7.3064	0.0954
4	10.5705	0.1742

图 12.16　显示多只股票的市盈率和换手率信息

还可以设置用不同的财务数据条件，然后把满足条件的部分市值数据字段信息显示出来，具体代码如下：

```
dataframe3 = get_fundamentals(query(
        valuation.pe_ratio,valuation.turnover_ratio
    ).filter(
        valuation.market_cap > 1000,
        valuation.pe_ratio < 10,
    ).order_by(
        # 按市值降序排列
        valuation.market_cap.desc()
    ).limit(
        # 最多返回 100 个
        100
    ), date='2019-10-22')
dataframe3
```

这时显示的是股票的市盈率和换手率信息，条件是总市值大于 1000 亿元并且市盈率小于 10，选出数据后按总市值降序排列。另外，选出的股票最多显示 100 只，即如果满足条件的股票大于 100 只，那么也只显示前 100 只股票的市值数据信息。

单击工具栏中的 ▶ 运行 按钮，运行结果如图 12.17 所示。

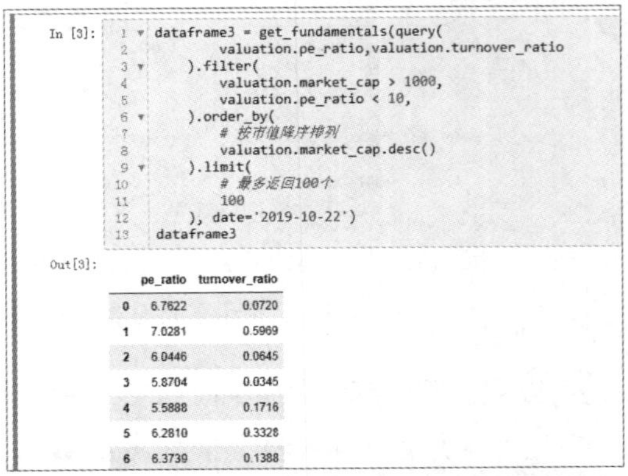

```
In [3]: dataframe3 = get_fundamentals(query(
                valuation.pe_ratio,valuation.turnover_ratio
            ).filter(
                valuation.market_cap > 1000,
                valuation.pe_ratio < 10,
            ).order_by(
                # 按市值降序排列
                valuation.market_cap.desc()
            ).limit(
                # 最多返回100个
                100
            ), date='2019-10-22')
        dataframe3
```

Out[3]:

	pe_ratio	turnover_ratio
0	6.7622	0.0720
1	7.0281	0.5969
2	6.0446	0.0645
3	5.8704	0.0345
4	5.5888	0.1716
5	6.2810	0.3328
6	6.3739	0.1388

图 12.17　显示满足条件的部分市值数据字段信息

利用图表显示市盈率和换手率信息，具体代码如下：

```
myc1 = dataframe3['pe_ratio']                          # 市盈率
myc2 = dataframe1['turnover_ratio']                    # 换手率
plt.figure(figsize=(12,6))
# 激活第一个 subplot
plt.subplot(2,  1,  1)
plt.plot(myc1,"-b")                                    # 实线蓝色绘制市盈率
plt.subplot(2,  1,  2)
plt.plot(myc2,"-r")                                    # 实线红色绘制换手率
plt.show()
```

单击工具栏中的 ▶ 运行 按钮，运行结果如图 12.18 所示。

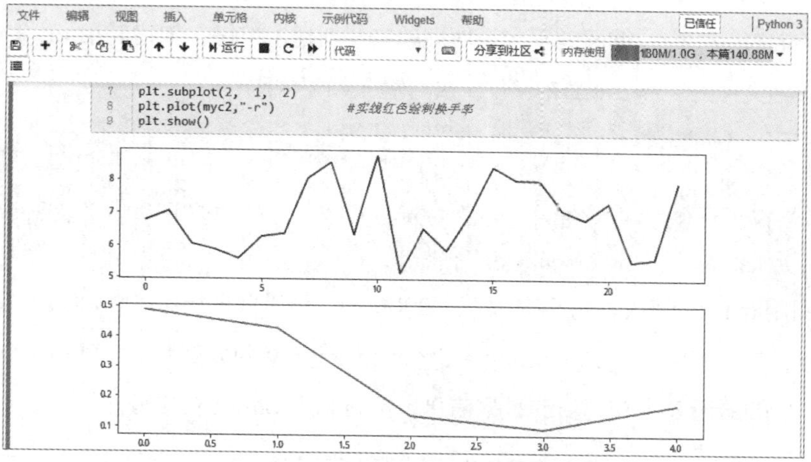

图 12.18　利用图表显示市盈率和换手率信息

12.4　查询多个交易日账务数据函数 get_fundamentals_continuously ()

get_fundamentals () 函数只能用于查询某一交易日的股票财务数据信息，如果要查询多个交易日的股票财务数据信息，就要使用 get_fundamentals_continuously () 函数，其语法格式如下：

```
get_fundamentals_continuously(query_object,end_date=None,count=None)
```

各项参数意义如下：

参数 query_object 是一个 sqlalchemy.orm.query.Query 对象，可以通过全局的 query 函数获取 Query 对象。

参数 end_date，与 get_fundamentals () 函数中的 date 意义相同，即查询日期。

参数 count 用于获取 end_date 前 count 个日期的数据。

get_fundamentals_continuously () 函数的返回值是一个 pandas.Panel。

> 提醒：出于性能方面考虑，返回总条数不超过 10000 条的限制。也就是说，查询的股票数量 count 要小于 10000。否则，返回的数据会不完整。

单击聚宽 JoinQuant 量化炒股平台中的"策略研究 / 研究环境"命令，进入 Jupyter Notebook 的研究平台。然后单击"新建"按钮，创建 Python 3 文件，并重命名文件为"Python12-7"，接着输入如下代码：

```
import pandas as pd
q = query(valuation).filter(valuation.code.in_(['000001.XSHE', '600000.XSHG']))
panel = get_fundamentals_continuously(q, end_date='2019-01-01', count=5)
panel.minor_xs('600000.XSHG')
```

利用 query 函数调用平安银行（000001）和浦发银行（600000）的财务数据信息，然后利用 get_fundamentals_continuously 函数获取结束日期为 2018 年 1 月 1 日的最近 5 个交易日的数据信息，接着利用 panel 对象输出。

> 提醒：未来 pandas 可能不再支持 Panel 对象，所以对该函数了解一下即可。

单击工具栏中的 ▶运行 按钮，运行结果如图 12.19 所示。

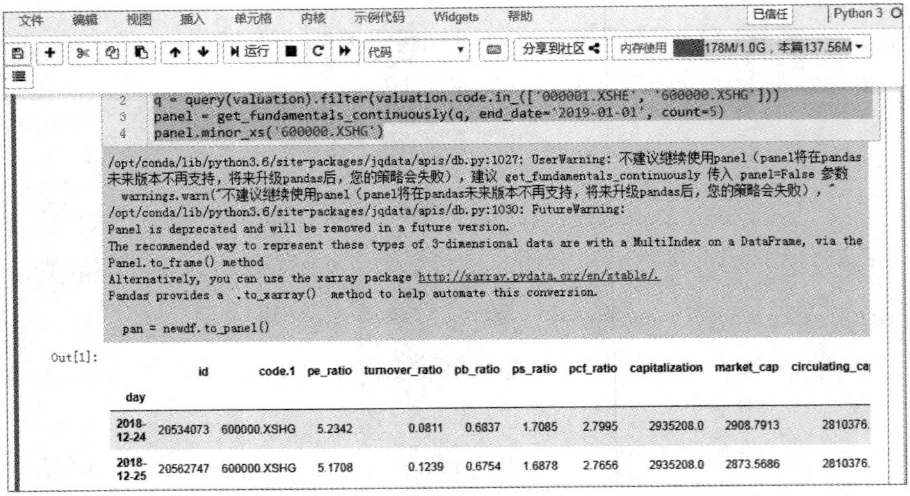

图 12.19　查询多个交易日的股票财务数据信息

12.5 获取当前时间的股票数据函数 get_current_data()

利用 get_current_data() 函数可以获取当前时间的股票数据，即涨跌停价、是否停牌、当天的开盘价等，其语法格式如下：

```
get_current_data(security_list=None)
```

参数 security_list 用来设置股票代码列表，默认是 None，代表当前 universe 中的股票。

该函数的返回值是一个 dict 对象，dict 对象的 key（索引）是股票代码，dict 对象的 value（数据）具体如下：

```
    high_limit          # 涨停价
    low_limit           # 跌停价
    paused              # 是否停止或者暂停了交易，当停牌、未上市或者退市后返回 True
    is_st               # 是否是 ST(包括 ST, *ST)
    day_open            # 当天开盘价，分钟回测时可用，当天回测时，由于是在集合竞价下
单，并不知道开盘价，所以不能使用
    name                # 股票现在的名称
    industry_code       # 股票现在所属行业代码
```

需要注意的是，为了加速，返回的 dict 中的数据是按需获取的，dict 初始是空的。当用户使用 current_data[security] 时，该 security 的数据才会被获取。另外，返回的结果只在当天有效，不能存起来到隔天再用。

get_current_data() 函数实例代码如下：

```
set_universe(['000001.XSHE'])
def handle_data(context, data):
    current_data = get_current_data()
    print(current_data)
    print (current_data['000001.XSHE'])
    print(current_data['000001.XSHE'].paused)    # 查询股票当天是否停牌
    print (current_data['000001.XSHE'].high_limit) # 获取当天的涨停价
```

12.6 获取指数成分股代码函数 get_index_stocks ()

利用 get_index_stocks () 函数可以获取一个指数给定日期在平台可交易的成分股列表，其语法格式如下：

```
get_index_stocks(index_symbol, date=None)
```

12.6.1 各项参数的意义

get_index_stocks () 函数有两个参数，分别是 date 和 index_symbol。

1. date

参数 date 是一个字符串（如 "2015-10-15"）或者 datetime.date/datetime.datetime 对象。可以是 None，使用默认日期，该默认日期在回测和研究模块上有如下差别。

回测模块：默认值会随着回测日期变化而变化，等于 context.current_dt。

研究模块：默认是今天。

2. index_symbol

参数 index_symbol 是指数代码。这里支持 600 种股票指数数据，包括指数的行情数据以及成分股数据。

常用指数代码及意义如下。

000001.XSHG：上证指数。

000002.XSHG：A 股指数。

000003.XSHG：B 股指数。

000004.XSHG：工业指数。

000005.XSHG：商业指数。

000006.XSHG：地产指数。

000007.XSHG：公用指数。

000008.XSHG：综合指数。

000010.XSHG：基金指数。

000016.XSHG：上证 50。

000042.XSHG：上证央企。

000043.XSHG：超大盘。

000044.XSHG：上证中盘。

000045.XSHG：上证小盘。

000132.XSHG：上证 100。

000133.XSHG：上证 150。

000134.XSHG：上证银行。

000300.XSHG：沪深 300。

000805.XSHG：A 股资源。

000806.XSHG：消费服务。

000807.XSHG：食品饮料。

000808.XSHG：医药生物。

399001.XSHE：深证成指。

399005.XSHE：中小板指。

399006.XSHE：创业板指。

get_index_stocks () 函数的返回值是股票代码的 list 列表。

12.6.2 显示某指数的成分股代码及应用

单击聚宽 JoinQuant 量化炒股平台中的“策略研究 / 研究环境”命令，进入 Jupyter Notebook 的研究平台。然后单击“新建”按钮，创建 Python 3 文件，并重命名文件为“Python12-8”，接着输入如下代码：

```
stocks = get_index_stocks('000134.XSHG')
print(" 上证银行指数的成分股代码: \n",stocks)
```

单击工具栏中的 ⏭ 运行 按钮，运行结果如图 12.20 所示。

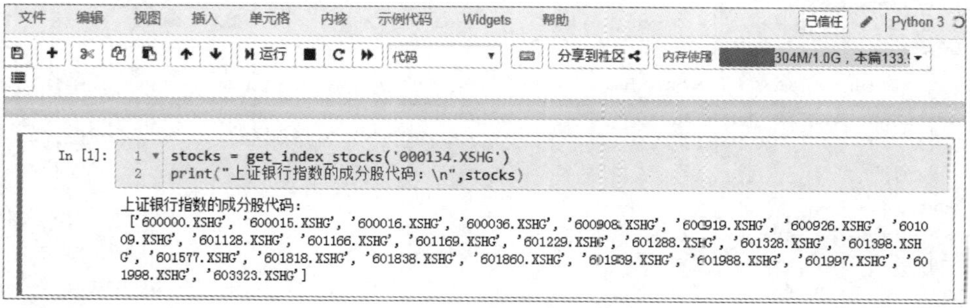

图 12.20　上证银行指数的成分股代码

显示上证银行指数的成分股的近 10 个交易日的开盘价信息，具体代码如下：

```
import pandas as pd
from matplotlib import pyplot as plt
dataframe1 = history(10, unit='1d', field='open', security_list=stocks,
df=True, skip_paused=False, fq='pre')
print(" 上证银行指数的成分股的近 10 个交易日的开盘价信息: \n",dataframe1)
```

单击工具栏中的 ▶ 运行 按钮，运行结果如图 12.21 所示。

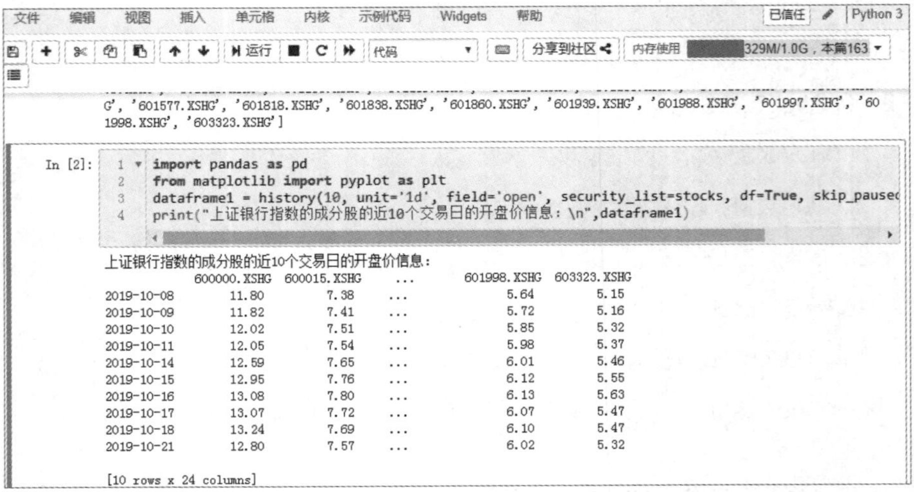

图 12.21　上证银行指数的成分股的近 10 个交易日的开盘价信息

还可以显示上证银行指数的成分股的单个交易日的财务数据，具体代码如下：

```
myq1 = query(valuation.pe_ratio,valuation.turnover_ratio).filter(valuation.code.in_(stocks))
dataframe2 = get_fundamentals(myq1, '2019-10-22')
dataframe2
```

单击工具栏中的 ▶ 运行 按钮，运行结果如图 12.22 所示。

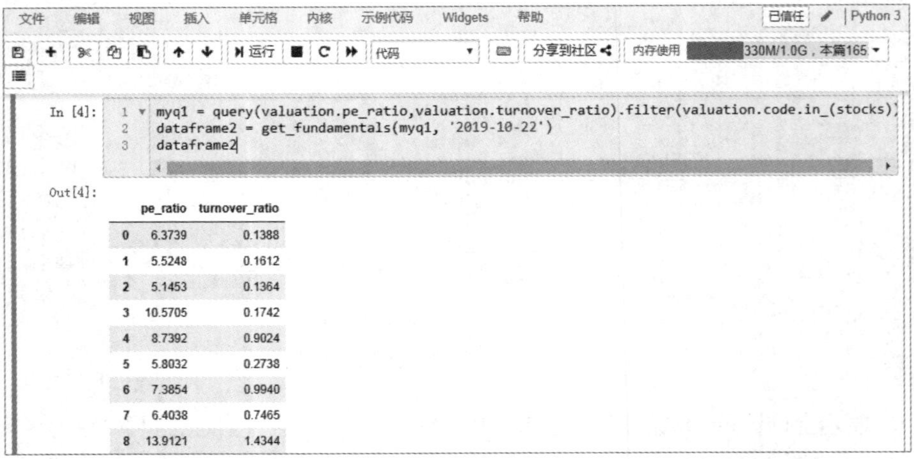

图 12.22　上证银行指数的成分股的单个交易日的财务数据

利用图表显示上证银行指数的成分股市盈率信息，具体代码如下：

```
plt.figure()
```

```
plt.plot(dataframe2['pe_ratio'],"ob")
plt.show()
```

单击工具栏中的 ▶运行 按钮，运行结果如图 12.23 所示。

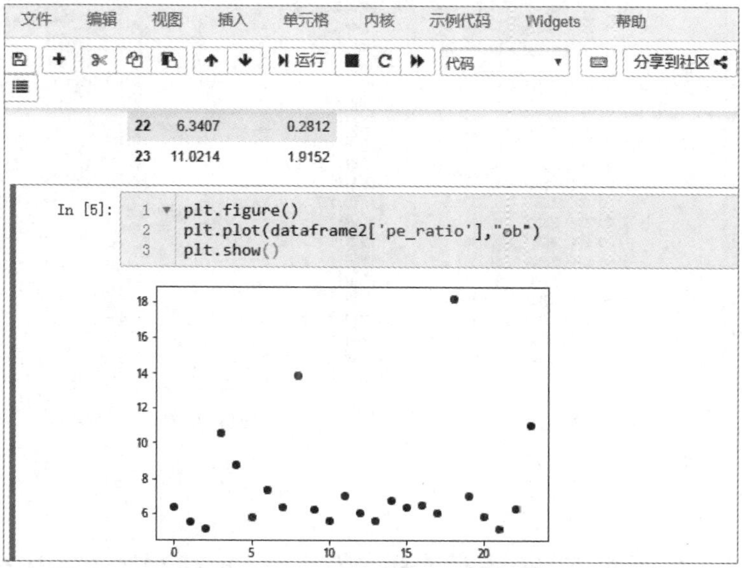

图 12.23　利用图表显示上证银行指数的成分股市盈率信息

12.7　获取指数成分股权重函数 get_index_weights ()

利用 get_index_weights () 函数可以获取一个指数给定日期在平台可交易的成分股权重，其语法格式如下：

```
get_index_weights(index_id, date=None)
```

该函数的参数与获取指数成分股代码函数 get_index_stocks () 相同，这里不再赘述。该函数的返回值是 DataFrame 对象。

单击聚宽 JoinQuant 量化炒股平台中的“策略研究 / 研究环境”命令，进入 Jupyter Notebook 的研究平台。然后单击“新建”按钮，创建 Python 3 文件，并重命名文件为“Python12-9”，接着输入如下代码：

```
df = get_index_weights('000134.XSHG')
print("上证银行指数的成分股权重：\n",df)
```

单击工具栏中的 ▶运行 按钮，运行结果如图 12.24 所示。

图 12.24　上证银行指数的成分股权重

12.8　获取行业成分股代码函数 get_industry_stocks()

利用 get_industry_stocks() 函数可以获取在给定日期一个行业的所有股票代码列表，其语法格式如下：

```
get_industry_stocks(industry_code, date=None)
```

12.8.1　各项参数的意义

参数 date 和返回值，都与 get_index_stocks () 函数相同，这里不再赘述。

参数 industry_code 是行业代码。行业代码有很多，常用行业代码及意义如下。

A01：农业。

A02：林业。

A03：畜牧业。

A04：渔业。

A05：农、林、牧、渔服务业。

B06：煤炭开采和洗选业。

B07：石油和天然气开采业。

B08：黑色金属矿采选业。

B09：有色金属矿采选业。

C13：农副食品加工业。

C14：食品制造业。

C15：酒、饮料和精制茶制造业。

C16：烟草制品业。

C27：医药制造业。

C28：化学纤维制造业。

C33：金属制品业。

C34：通用设备制造业。

C35：专用设备制造业。

C36：汽车制造业。

12.8.2 显示某行业的成分股代码及应用

单击聚宽 JoinQuant 量化炒股平台中的“策略研究 / 研究环境”命令，进入 Jupyter Notebook 的研究平台。然后单击“新建”按钮，创建 Python 3 文件，并重命名文件为“Python12-10”，接着输入如下代码：

```
stocks = get_industry_stocks('C35')
print("专用设备制造业的股票代码：\n",stocks)
```

单击工具栏中的 运行 按钮，运行结果如图 12.25 所示。

图 12.25 专用设备制造业的股票代码

显示专用设备制造业股票的近 8 个交易日的收盘价信息，具体代码如下：

```
    import pandas as pd
    from matplotlib import pyplot as plt
    dataframe1 = history(8, unit='1d', field='close', security_list=stocks,
df=True, skip_paused=False, fq='pre')
    print("专用设备制造业股票的近 8 个交易日的收盘价信息：\n",dataframe1)
```

单击工具栏中的 ▶运行 按钮，运行结果如图 12.26 所示。

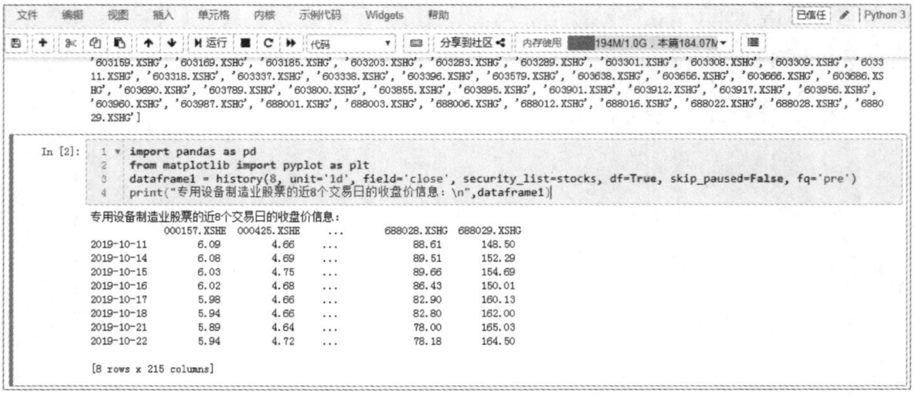

图 12.26　专用设备制造业股票的近 8 个交易日的收盘价信息

还可以显示专用设备制造业股票的单个交易日的财务数据，具体代码如下：

```
    myq1 = query(valuation.pe_ratio,valuation.turnover_ratio).
filter(valuation.code.in_(stocks))
    dataframe2 = get_fundamentals(myq1, '2019-10-22')
    dataframe2
```

单击工具栏中的 ▶运行 按钮，运行结果如图 12.27 所示。

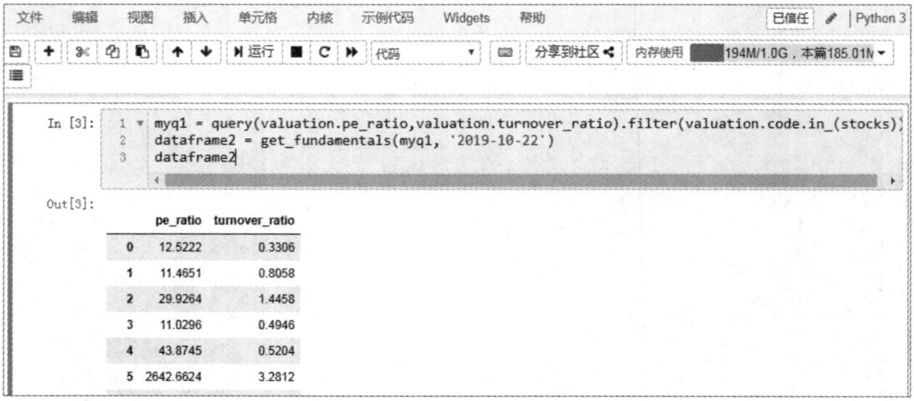

图 12.27　专用设备制造业股票的单个交易日的财务数据

利用图表显示专用设备制造业股票的市盈率和换手率信息，具体代码如下。

```
plt.figure(figsize=(12,6))
# 激活第一个 subplot
plt.subplot(2, 1, 1)
plt.plot(dataframe2['pe_ratio'],"-b")                  # 实线蓝色绘制市盈率
plt.subplot(2, 1, 2)
plt.plot(dataframe2['turnover_ratio'],"-r")            # 实线红色绘制换手率
plt.show()
```

单击工具栏中的 运行 按钮，运行结果如图 12.28 所示。

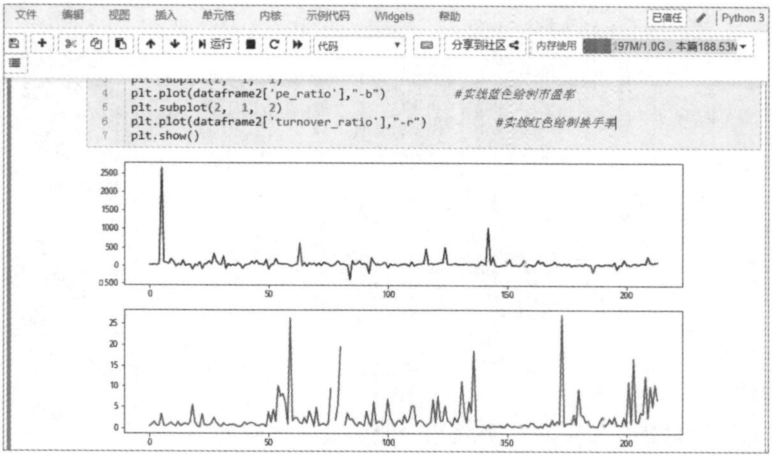

图 12.28　利用图表显示专用设备制造业股票的市盈率和换手率信息

12.9　查询股票所属行业函数 get_industry ()

利用 get_industry() 函数可以查询一只或多只股票所属的行业，其语法格式如下：

```
get_industry(security, date=None)
```

security：标的代码。类型为字符串，形式如 '000001.XSHE"，或为包含标的代码字符串的列表，形如 ["000001.XSHE", "000002.XSHE"]。

date：查询的日期。类型为字符串，形如 "2019-06-01" 或 "2019-06-01 09:00:00"，或为 datetime.datetime 对象和 datetime.date。注意：传入对象的时、分、秒将被忽略。默认值为 None，研究中默认值为当天，回测中默认值会随着回测日期变化而变化，等于 context.current_dt。

需要注意的是，该函数的返回值是 Dict 类型，即字典类型。

单击聚宽 JoinQuant 量化炒股平台中的“策略研究 / 研究环境”命令，进入 Jupyter Notebook 的研究平台。然后单击“新建”按钮，创建 Python 3 文件，并重命名文件为“Python12-11”，接着输入如下代码：

```
    myd1 = get_industry(security=['600019.XSHG'], date="2019-12-22")
    myd1
```

在这里查看的是宝钢股份（600019）这只股票所属的行业。

单击工具栏中的 ▶运行 按钮，运行结果如图 12.29 所示。

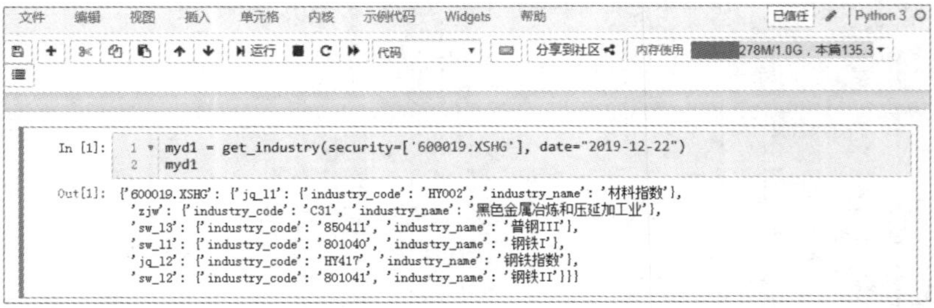

图 12.29 宝钢股份（600019）这只股票所属的行业

还可以同时查询多只股票所属的行业，具体代码如下：

```
    myd2 = get_industry(security=['600019.XSHG','000002.XSHE'],
date="2019-12-22")
    myd2
```

在这里查看的是宝钢股份（600019）和万科 A（000002）这两只股票分别所属的行业。

单击工具栏中的 ▶运行 按钮，运行结果如图 12.30 所示。

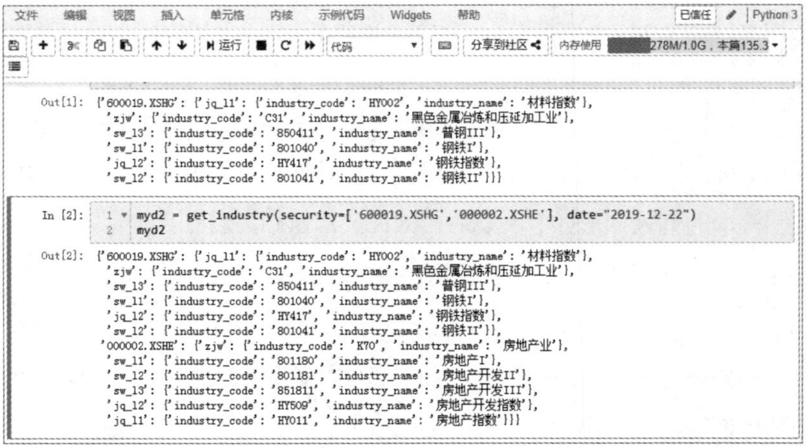

图 12.30 宝钢股份（600019）和万科 A（000002）这两只股票分别所属的行业

12.10 获取概念成分股代码函数 get_concept_stocks()

利用 get_concept_stocks() 函数可以获取一个概念板块给定日期在平台可交易的成分股列表，其语法格式如下：

```
get_concept_stocks(concept_code, date=None)
```

12.10.1 各项参数的意义

参数 date 和返回值，都与 get_index_stocks () 函数相同，这里不再赘述。

参数 concept_code 是概念板块代码。概念板块代码有很多，常用概念板块代码及意义如下。

GN028：智能电网。

GN030：物联网。

GN031：重组。

GN032：迪士尼。

GN034：环保概念。

GN035：新能源。

GN050：海南旅游岛。

GN057：新材料。

GN069：移动支付。

GN076：新能源汽车。

GN087：卫星导航。

GN091：云计算。

GN092：高端装备制造。

GN099：移动互联网。

GN107：黄金珠宝。

GN109：石墨烯。

GN110：安防监控。

GN133：网络安全。

GN134：智能穿戴。

GN172：无人机。

GN173：赛马。

GN181：一带一路。

GN182：智慧农业。

GN183：生物识别。

GN191：跨境电商。

12.10.2 显示某概念板块的成分股代码及应用

单击聚宽 JoinQuant 量化炒股平台中的“策略研究 / 研究环境”命令，进入 Jupyter Notebook 的研究平台。然后单击“新建”按钮，创建 Python 3 文件，并重命名文件为“Python12-12”，接着输入如下代码：

```
stocks = get_concept_stocks('GN181')
print(" 一带一路概念板块的所有股票代码：\n",stocks)
```

单击工具栏中的 ▶| 运行 按钮，运行结果如图 12.31 所示。

图 12.31 一带一路概念板块的所有股票代码

显示一带一路概念板块的所有股票的近 12 个交易日的收盘价信息，具体代码如下：

```
import pandas as pd
from matplotlib import pyplot as plt
dataframe1 = history(12, unit='1d', field='close', security_list=stocks, df=True, skip_paused=False, fq='pre')
print(" 一带一路概念板块的所有股票的近 12 个交易日的收盘价信息：\n",dataframe1)
```

单击工具栏中的 ▶| 运行 按钮，运行结果如图 12.32 所示。

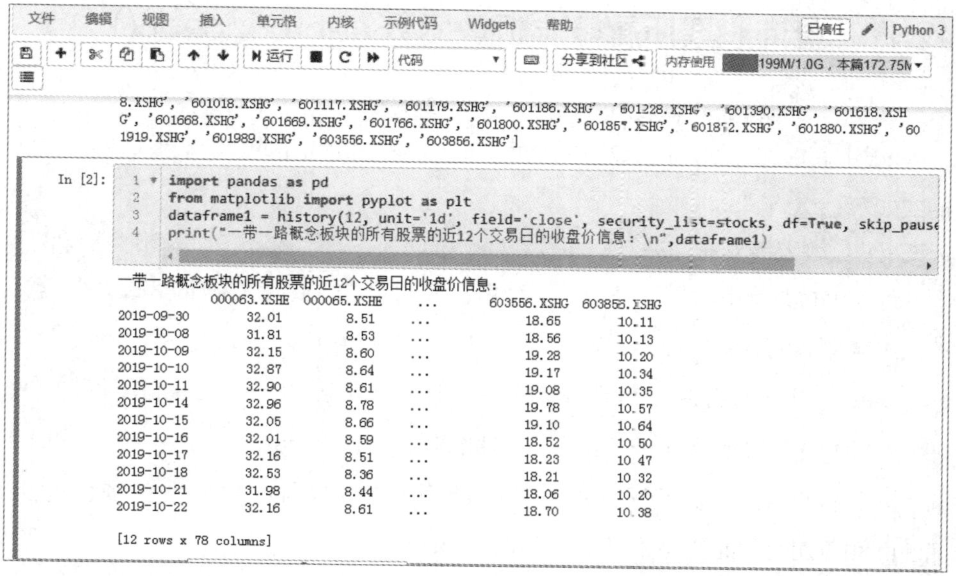

图 12.32　一带一路概念板块的所有股票的近 12 个交易日的收盘价信息

还可以显示一带一路概念板块的所有股票的单个交易日的财务数据，具体代码如下：

```
myq1 = query(valuation).filter(valuation.code.in_(stocks))
dataframe2 = get_fundamentals(myq1, '2019-10-22')
dataframe2
```

单击工具栏中的 ▶运行 按钮，运行结果如图 12.33 所示。

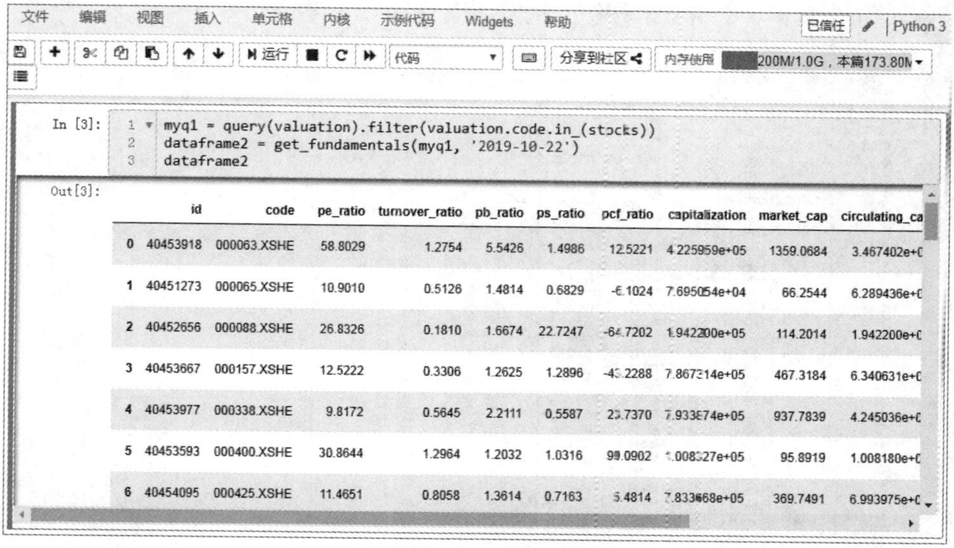

图 12.33　一带一路概念板块的所有股票的单个交易日的财务数据

12.11 查询股票所属概念板块函数 get_concept ()

利用 get_concept() 函数可以查询一只或多只股票所属的概念板块，其语法格式如下：

```
get_concept(security, date=None)
```

security：标的代码。类型为字符串，形式如 "000001.XSHE"，或为包含标的代码字符串的列表，形如 ["000001.XSHE", "000002.XSHE"]。

date：查询的日期。类型为字符串，形如 "2019-06-01" 或 "2019-06-01 09:00:00"，或为 datetime.datetime 对象和 datetime.date。注意：传入对象的时、分、秒将被忽略。默认值为 None，研究中默认值为当天，回测中默认值会随着回测日期变化而变化，等于 context.current_dt。

需要注意的是，该函数的返回值是 Dict 类型，即字典类型。

单击聚宽 JoinQuant 量化炒股平台中的“策略研究 / 研究环境”命令，进入 Jupyter Notebook 的研究平台。然后单击“新建”按钮，创建 Python 3 文件，并重命名文件为“Python12-13”，接着输入如下代码：

```
myd1 = get_concept(security=['600036.XSHG'], date="2019-12-22")
myd1
```

在这里显示招商银行（600036）所属的概念板块。

单击工具栏中的 ▶| 运行 按钮，运行结果如图 12.34 所示。

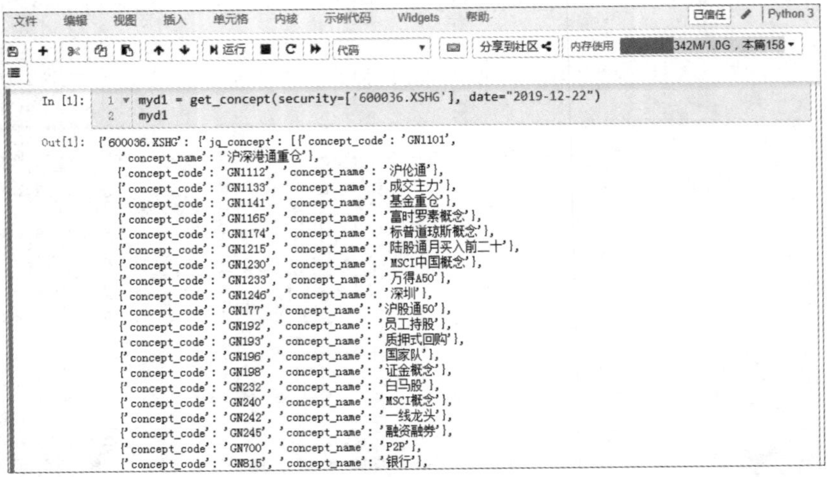

图 12.34 招商银行（600036）所属的概念板块

12.12 获取一只股票信息函数 get_security_info ()

利用 get_security_info() 函数可以获取一只股票（基金或指数）的信息，其语法格式如下：

```
get_security_info(code)
```

参数 code 是证券代码。返回值是 pandas.DataFrame 类型。

单击聚宽 JoinQuant 量化炒股平台中的“策略研究 / 研究环境”命令，进入 Jupyter Notebook 的研究平台。然后单击“新建”按钮，创建 Python 3 文件，并重命名文件为“Python12-14”，接着输入如下代码：

```
print("代码 502050 的证券名：",get_security_info('502050.XSHG').display_name)
print("代码 502050 的证券缩写简称：",get_security_info('502050.XSHG').name)
print("代码 502050 的证券上市日期：",get_security_info('502050.XSHG').
start_date)
print("代码 502050 的证券退市日期：",get_security_info('502050.XSHG').
end_date)
print("代码 502050 的证券类型：",get_security_info('502050.XSHG').type)
print("代码 502050 的分级基金的母基金：",get_security_info('502050.XSHG').
parent)
```

单击工具栏中的 ▶| 运行 按钮，运行结果如图 12.35 所示。

图 12.35　获取一只股票（基金或指数）的信息

12.13 获取龙虎榜数据函数 get_billboard_list ()

利用 get_billboard_list() 函数可以获取指定日期区间内的龙虎榜数据，其语法格式如下：

```
get_billboard_list(stock_list, start_date, end_date, count)
```

12.13.1 各项参数的意义

get_billboard_list () 函数有 4 个参数，具体如下。

stock_list：指一个股票代码的 list。当值为 None 时，返回指定日期的所有股票。

start_date：开始日期。

end_date：结束日期。

count：交易日数量，可以与 end_date 同时使用，表示获取 end_date 前 count 个交易日的数据。

get_billboard_list () 函数的返回值是 pandas.DataFrame 对象，各字段的具体含义如下。

code：股票代码。

day：日期。

direction：All 表示“汇总”，Sell 表示“卖”，Buy 表示“买”。

abnormal_code：异常波动类型。

abnormal_name：异常波动名称。

sales_depart_name：营业部名称。

rank：0 表示汇总，1~5 表示买一到买 5，6~10 表示卖一到卖五。

buy_value：买入金额。

buy_rate：买入金额占比（买入金额 / 市场总成交额）。

sell_valu：卖出金额。

sell_rate：卖出金额占比（卖出金额 / 市场总成交额）。

net_value：净额（买入金额 − 卖出金额）。

amount：市场总成交额。

12.13.2 get_billboard_list() 函数的应用实例

单击聚宽 JoinQuant 量化炒股平台中的“策略研究 / 研究环境”命令，进入

Jupyter Notebook 的研究平台。然后单击“新建”按钮，创建 Python 3 文件，并重命名文件为“Python12-15”，接着输入如下代码：

```
    import pandas as pd
    dataframe1 = get_billboard_list(stock_list=None,end_date =
'2019-10-22',count =1)
    dataframe1
```

单击工具栏中的 运行 按钮，运行结果如图 12.36 所示。

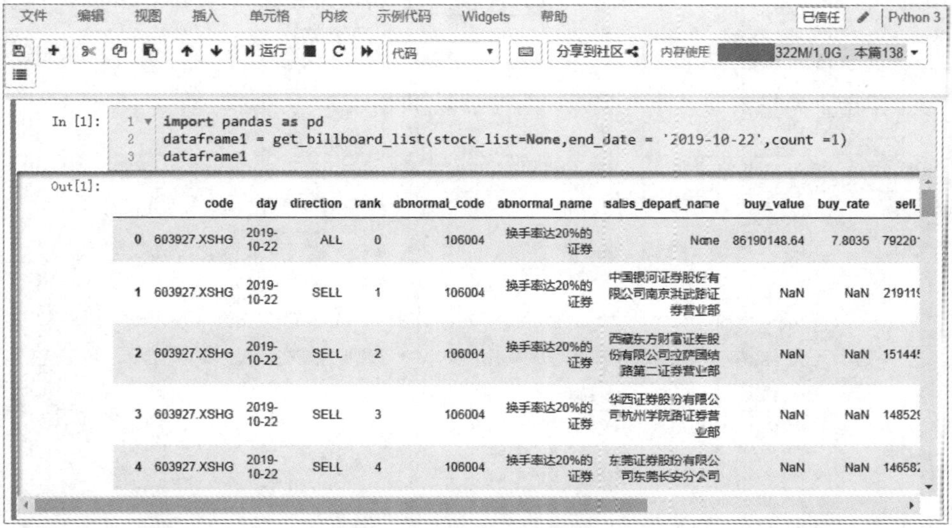

图 12.36　2019 年 10 月 22 日的股票龙虎榜数据

12.14　获取限售解禁数据函数 get_locked_shares ()

利用 get_locked_shares() 函数可以获取指定日期区间内的限售解禁数据，其语法格式如下：

```
    get_locked_shares(stock_list, start_date, end_date, forward_count)
```

get_locked_shares () 函数的各项参数与 get_billboard_list () 函数基本相同，这里不再赘述。返回值是 pandas.DataFrame 对象，各字段的具体含义如下。

day：解禁日期。

code：股票代码。

num：解禁股数。

rate1：解禁股数 / 总股本。

rate2：解禁股数 / 总流通股本。

单击聚宽 JoinQuant 量化炒股平台中的“策略研究 / 研究环境”命令，进入 Jupyter Notebook 的研究平台。然后单击“新建”按钮，创建 Python 3 文件，并重命名文件为“Python12-16”，接着输入如下代码：

```
    import pandas as pd
    dataframe1 = get_locked_shares(stock_list=['000001.XSHE', '600019.
XSHG'], start_date='2017-10-16', forward_count=2000)
    dataframe1
```

单击工具栏中的 ⏭ 运行 按钮，运行结果如图 12.37 所示。

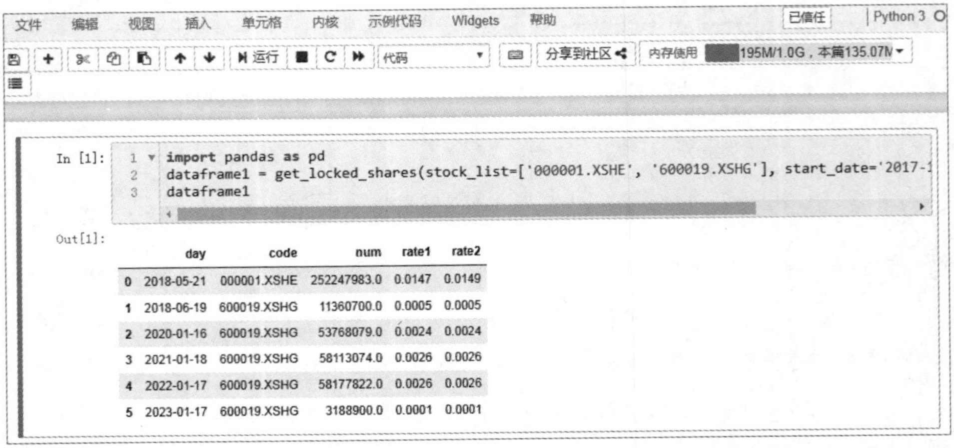

图 12.37　利用 get_locked_shares() 函数可以获取指定日期区间内的限售解禁数据

第 13 章

Python 量化炒股的财务因子选股

选股是股市投资的第一步，是最基础的一步，也是最重要的一步。精心地选出一只好股可以使我们在后面的操作中得心应手。如果没有这个前提，想在股市赚钱就是异想天开。

本章主要内容包括：

- 初识财务因子选股
- 营业收入同比增长率选股和营业收入环比增长率选股
- 净利润同比增长率选股和净利润环比增长率选股
- 营业利润率选股、销售净利率选股和销售毛利率选股
- 总市值选股和流通市值选股
- 总股本选股和流通股本选股
- 市净率选股和市销率选股
- 市现率选股、动态市盈率选股和静态市盈率选股
- 净资产收益率选股和总资产净利率选段
- 财务因子量化选股的注意事项

13.1 初识财务因子选股

量化选股是利用数量化的方法选择股票组合，期望该股票组合能够获得超越基准收益率的投资行为。总的来说，量化选股可分为两类，分别是基本面选股和技术面选股。

在实际股票投资中，往往利用基本面选出要操作的股票，放入自选股中，然后根据技术面来确定交易的时机，即根据技术判断来确定何时买入、何时加仓、何时减仓、何时全部卖出。

在基本面选股中，最常用的选股方法是财务因子选股。财务因子选股可以进一步分为 4 类，分别是成长类因子选股、规模类因子选股、价值类因子选股和质量类因子选股，如图 13.1 所示。

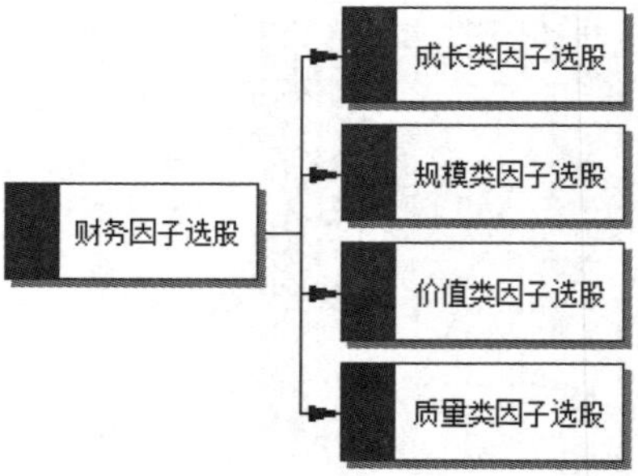

图 13.1　财务因子选股

13.2 成长类因子选股

在 Python 财务因子量化选股中，成长类因子有 6 个，分别是营业收入同比增长率、营业收入环比增长率、净利润同比增长率、净利润环比增长率、营业利润率、销售净利率和销售毛利率。

需要注意的是，成长类因子都在财务指标数据表 indicator 中。

13.2.1 营业收入同比增长率（inc_revenue_year_on_year）选股

营业收入是指在一定时期内，企业销售商品或提供劳务所获得的货币收入，如商业企业的商品销售收入、生产加工企业的产品销售收入、饮食业的饮食品销售收入、服务业的服务收入、仓储企业的仓储收入、运输企业的运费收入、代办运输收入等。营业收入的计算公式如下：

营业收入 = 主营业务收入 + 其他业务收入

或 营业收入 = 产品销售量（或服务量）× 产品单价（或服务单价）

主副产品（或不同等级产品）的销售收入应全部计入营业收入，所提供的不同类型服务收入也应计入营业收入。

营业收入同比增长率是指企业在一定期间内取得的营业收入与其上年同期营业收入的增长的百分比，以反映企业在此期间内营业收入的增长或下降等情况。营业收入同比增长率计算公式如下：

营业收入同比增长率 =（当期营业收入 − 上期营业收入）÷ 上期营业收入 × 100%

当期营业收入按使用者的需要可以是月度、季度或年度，也可以是会计年度起始日至会计报表截止日，如 2019 年 1 月 1 日至 2019 年 9 月 30 日等。另外，也可以是分析者采用的年化数据，如 2018 年 10 月 1 日至 2019 年 9 月 30 日。

上期营业收入是指与当期营业收入相对应的上一个年度此期间的营业收入。

营业收入同比增长率越大，说明企业当期获得的营业收入相对去年同期增长越大，对企业盈利有正面影响，而营业收入同比增长率为负时，则表明企业营业收入出现下降，应引起企业管理者或投资者的注意。

连续地观察营业收入同比增长率的历史趋势，可以反映出企业的营业收入在不同的会计期间其增长变化的情况，对后期的预测带来一定的帮助。

> **提醒：**由于很多企业处于不同的行业，其业务的经营带有很强的季节性，因此，简单按月或季度去比较营业收入并不客观，而营业收入同比增长率有效地剔除了这种季节性比较明显的企业按月或按季对比带来的偏颇，使企业营业收入的分析具有客观性。

单击聚宽 JoinQuant 量化炒股平台中的“策略研究 / 研究环境”命令，进入 Jupyter Notebook 的研究平台。然后单击“新建”按钮，创建 Python 3 文件，并重命名文件为“Python13-1”，接着输入如下代码：

```
    import pandas as pd
    dataframe1 = get_fundamentals( query(indicator).filter(indicator.inc_
revenue_year_on_year > 800), date='2019-10-22')
    dataframe1
```

首先导入 Pandas 包，并设置别名为 pd，然后调用 get_fundamentals() 函数获取财务指标数据，返回值为 dataframe。indicator 为财务指标数据表名，查询条件是营业收入同比增长率大于 800，即 indicator.inc_revenue_year_on_year > 800，时间为 2019 年 10 月 22 日。

单击工具栏中的 ▶| 运行 按钮，运行结果如图 13.2 所示。

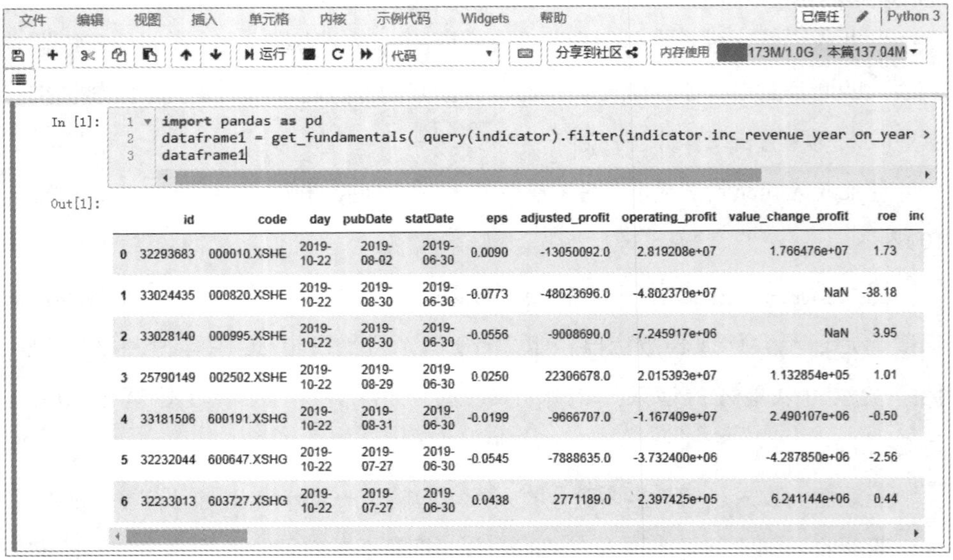

	id	code	day	pubDate	statDate	eps	adjusted_profit	operating_profit	value_change_profit	roe	inc
0	32293683	000010.XSHE	2019-10-22	2019-08-02	2019-06-30	0.0090	-13050092.0	2.819208e+07	1.766476e+07	1.73	
1	33024435	000820.XSHE	2019-10-22	2019-08-30	2019-06-30	-0.0773	-48023696.0	-4.802370e+07	NaN	-38.18	
2	33028140	000995.XSHE	2019-10-22	2019-08-30	2019-06-30	-0.0556	-9008690.0	-7.245917e+06	NaN	3.95	
3	25790149	002502.XSHE	2019-10-22	2019-08-29	2019-06-30	0.0250	22306678.0	2.015393e+07	1.132854e+05	1.01	
4	33181506	600191.XSHG	2019-10-22	2019-08-31	2019-06-30	-0.0199	-9666707.0	-1.167409e+07	2.490107e+06	-0.50	
5	32232044	600647.XSHG	2019-10-22	2019-07-27	2019-06-30	-0.0545	-7888635.0	-3.732400e+06	-4.287850e+06	-2.56	
6	32233013	603727.XSHG	2019-10-22	2019-07-27	2019-06-30	0.0438	2771189.0	2.397425e+05	6.241144e+06	0.44	

图 13.2　营业收入同比增长率大于 800 的财务指标数据信息

显示营业收入同比增长率大于 800 的所有股票的股票代码和营业收入同比增长率，具体代如码如下：

```
    print("营业收入同比增长率大于800的所有股票的股票代码:\n",dataframe1
['code'])
    print("营业收入同比增长率大于800的所有股票的营业收入同比增长率:\n",dataframe1
['inc_revenue_year_on_year'])
```

单击工具栏中的 ▶| 运行 按钮，运行结果如图 13.3 所示。

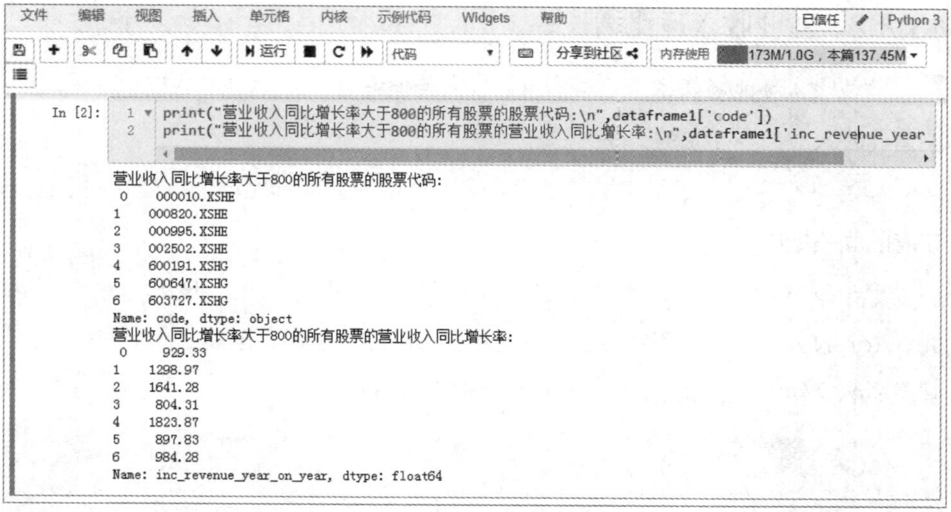

```
In [2]:
print("营业收入同比增长率大于800的所有股票的股票代码:\n",dataframe1['code'])
print("营业收入同比增长率大于800的所有股票的营业收入同比增长率:\n",dataframe1['inc_revenue_year_
```

```
营业收入同比增长率大于800的所有股票的股票代码:
 0    000010.XSHE
1    000820.XSHE
2    000995.XSHE
3    002502.XSHE
4    600191.XSHG
5    600647.XSHG
6    603727.XSHG
Name: code, dtype: object
营业收入同比增长率大于800的所有股票的营业收入同比增长率:
 0     929.33
1    1298.97
2    1641.28
3     804.31
4    1823.87
5     897.83
6     984.28
Name: inc_revenue_year_on_year, dtype: float64
```

图 13.3　营业收入同比增长率大于 800 的所有股票的股票代码和营业收入同比增长率

显示营业收入同比增长率大于 800 的股票近 10 个交易日的收盘价信息，具体代码如下：

```
    dataframe2 = history(10, unit='1d', field='close', security_list=dataframe1['code'], df=True, skip_paused=False, fq='pre')
    dataframe2
```

单击工具栏中的 ▶运行 按钮，运行结果如图 13.4 所示。

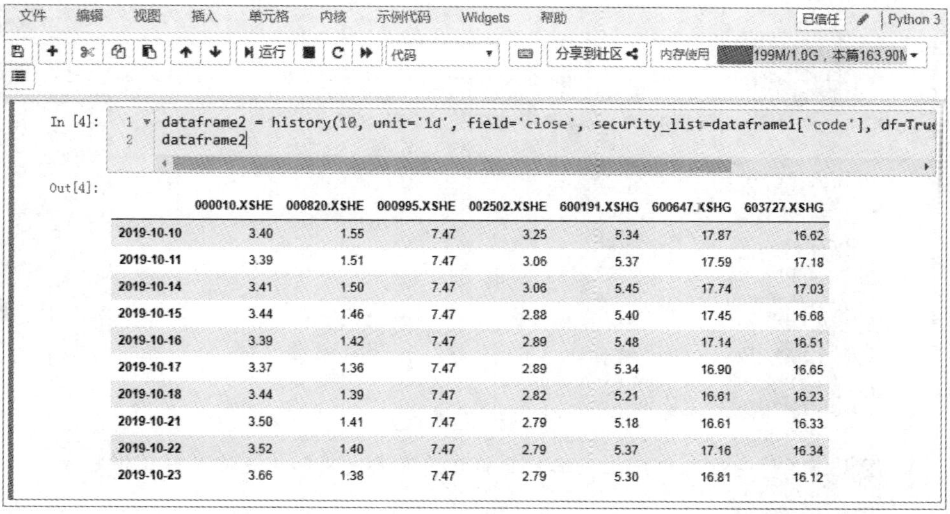

```
In [4]:
dataframe2 = history(10, unit='1d', field='close', security_list=dataframe1['code'], df=True
dataframe2
```

Out[4]:

	000010.XSHE	000820.XSHE	000995.XSHE	002502.XSHE	600191.XSHG	600647.XSHG	603727.XSHG
2019-10-10	3.40	1.55	7.47	3.25	5.34	17.87	16.62
2019-10-11	3.39	1.51	7.47	3.06	5.37	17.59	17.18
2019-10-14	3.41	1.50	7.47	3.06	5.45	17.74	17.03
2019-10-15	3.44	1.46	7.47	2.88	5.40	17.45	16.68
2019-10-16	3.39	1.42	7.47	2.89	5.48	17.14	16.51
2019-10-17	3.37	1.36	7.47	2.89	5.34	16.90	16.65
2019-10-18	3.44	1.39	7.47	2.82	5.21	16.61	16.23
2019-10-21	3.50	1.41	7.47	2.79	5.18	16.61	16.33
2019-10-22	3.52	1.40	7.47	2.79	5.37	17.16	16.34
2019-10-23	3.66	1.38	7.47	2.79	5.30	16.81	16.12

图 13.4　营业收入同比增长率大于 800 的股票近 10 个交易日的收盘价信息

13.2.2 营业收入环比增长率（inc_revenue_annual）选股

营业收入环比增长率 =（本期营业收入的值 – 上一期营业收入的值）÷ 上一期营业收入的值 ×100%。

需要注意的是，环比增长率是相对于上一期的，而同比增长率是相对于上一年度的同一期的。

单击聚宽 JoinQuant 量化炒股平台中的“策略研究 / 研究环境”命令，进入 Jupyter Notebook 的研究平台。然后单击“新建”按钮，创建 Python 3 文件，并重命名文件为“Python13-2”，接着输入如下代码：

```
    import pandas as pd
    dataframe1 = get_fundamentals( query(indicator.code,indicator.inc_revenue_
annual).filter(indicator.inc_revenue_annual > 900), date='2019-10-22')
    dataframe1
```

查询条件是营业收入环比增长率大于 900，即 indicator.inc_revenue_annual > 900，时间为 2019 年 10 月 22 日。需要注意的是，这里只显示了股票代码和股票的营业收入环比增长率。

单击工具栏中的 ▶| 运行 按钮，运行结果如图 13.5 所示。

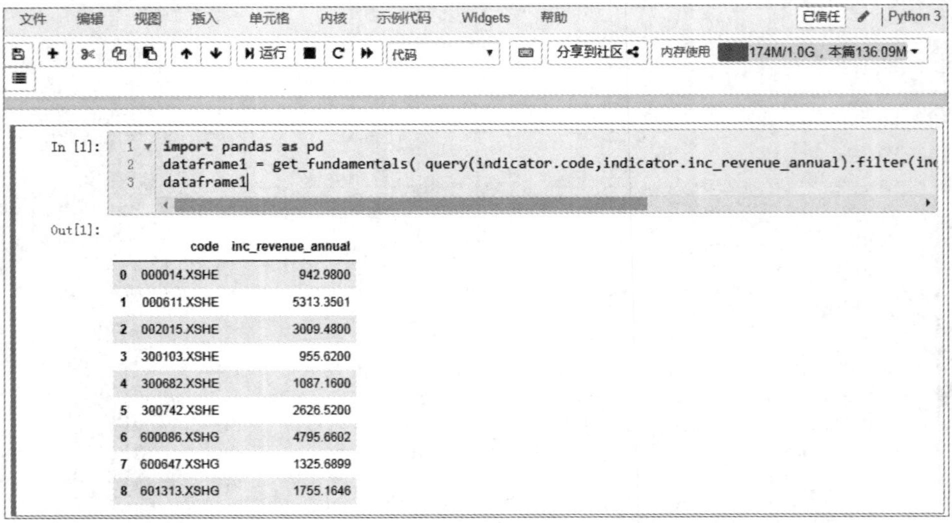

	code	inc_revenue_annual
0	000014.XSHE	942.9800
1	000611.XSHE	5313.3501
2	002015.XSHE	3009.4800
3	300103.XSHE	955.6200
4	300682.XSHE	1087.1600
5	300742.XSHE	2626.5200
6	600086.XSHG	4795.6602
7	600647.XSHG	1325.6899
8	601313.XSHG	1755.1646

图 13.5 营业收入环比增长率大于 900 的股票代码和营业收入环比增长率

利用图表显示营业收入环比增长率大于 900 的营业收入环比增长率，具体代码如下：

```
    from matplotlib import pyplot as plt
```

```
plt.figure()
plt.plot(dataframe1['inc_revenue_annual'],"ob")
plt.show()
```

单击工具栏中的 ▶运行 按钮，运行结果如图 13.6 所示。

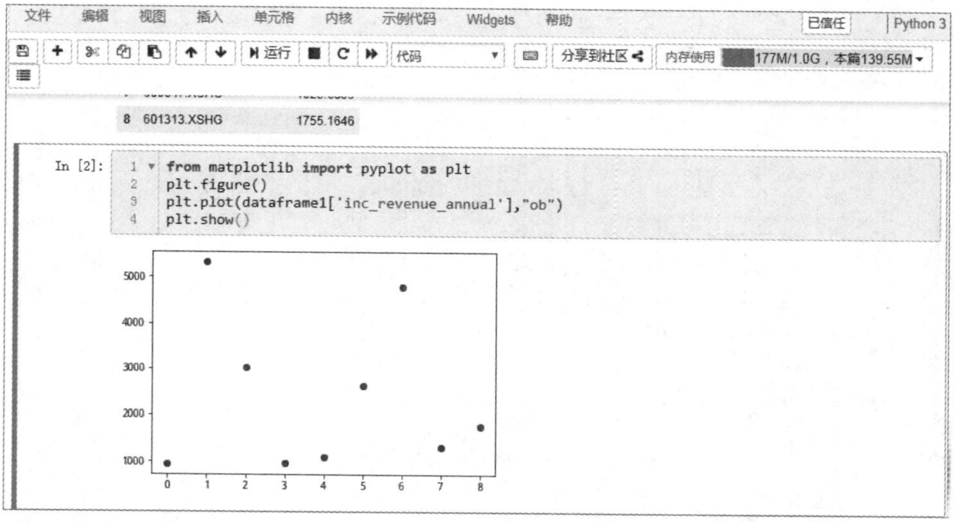

图 13.6 利用图表显示营业收入环比增长率大于 900 的营业收入环比增长率

13.2.3 净利润同比增长率（inc_net_profit_year_on_year）选股

净利润是指企业当期利润总额减去所得税后的金额，即企业的税后利润。净利润是一个企业经营的最终成果。净利润多，企业的经营效益就好；净利润少，企业的经营效益就差。它是衡量一个企业经营效益的主要指示。

净利润同比增长率的计算公式如下：

净利润同比增长率 =（当期净利润 − 上期净利润）÷ 上期净利润的绝对值 × 100%

单击聚宽 JoinQuant 量化炒股平台中的"策略研究 / 研究环境"命令，进入 Jupyter Notebook 的研究平台。然后单击"新建"按钮，创建 Python 3 文件，并重命名文件为"Python13-3"，接着输入如下代码：

```
import pandas as pd
dataframe1 = get_fundamentals( query(indicator).filter(
indicator.inc_net_profit_year_on_year > 200,
indicator.inc_revenue_year_on_year > 300,
indicator.inc_revenue_annual > 300 ) , date='2019-10-22')
dataframe1['code']
```

indicator 为财务指标数据表名，查询条件有 3 个，分别是净利润同比增长率大于 200，营业收入同比增长率大于 300，营业收入环比增长率大于 300。时间为 2019 年 10 月 22 日。需要注意的是，这里只显示了选出股票的代码。

单击工具栏中的 ▶运行 按钮，运行结果如图 13.7 所示。

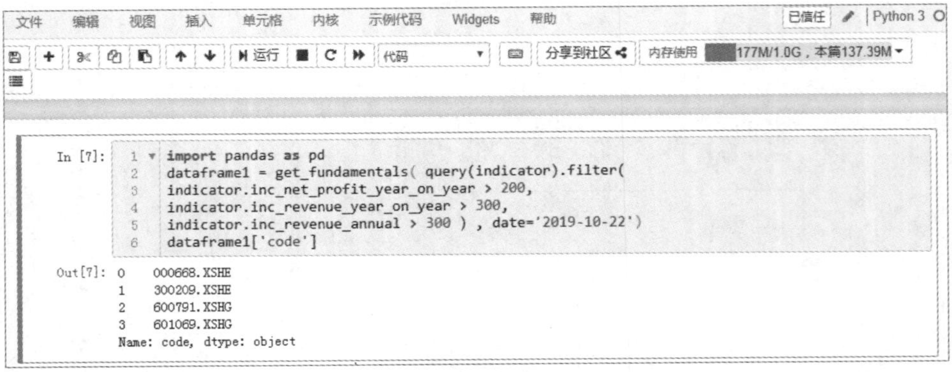

图 13.7　净利润同比增长率选股

在这里可以看到，满足上述条件的股票只有 4 只。

13.2.4　净利润环比增长率（inc_net_profit_annual）选股

净利润环比增长率 =（本期净利润的值 − 上一期净利润的值）÷ 上一期净利润的值的绝对值 ×100%。

单击聚宽 JoinQuant 量化炒股平台中的“策略研究 / 研究环境”命令，进入 Jupyter Notebook 的研究平台。然后单击“新建”按钮，创建 Python 3 文件，并重命名文件为“Python13-4”，接着输入如下代码：

```
    import pandas as pd
    dataframe1 = get_fundamentals( query(indicator).filter(
    indicator.inc_net_profit_annual > 600,
    indicator.inc_revenue_annual > 500 ) , date='2019-10-22')
    print("净利润环比增长率大于600，营业收入环比增长率大于500的股票代码：\n",
dataframe1['code'])
    print("净利润环比增长率大于600,营业收入环比增长率大于500的净利润环比增长率：\n",
dataframe1['inc_net_profit_annual'])
    print("净利润环比增长率大于600,营业收入环比增长率大于500的营业收入环比增长率：\n",
dataframe1['inc_revenue_annual'])
```

indicator 为财务指标数据表名，查询条件有两个，分别是净利润环比增长率大于 600，营业收入环比增长率大于 500。时间为 2019 年 10 月 22 日。

单击工具栏中的 ▶运行 按钮，运行结果如图 13.8 所示。

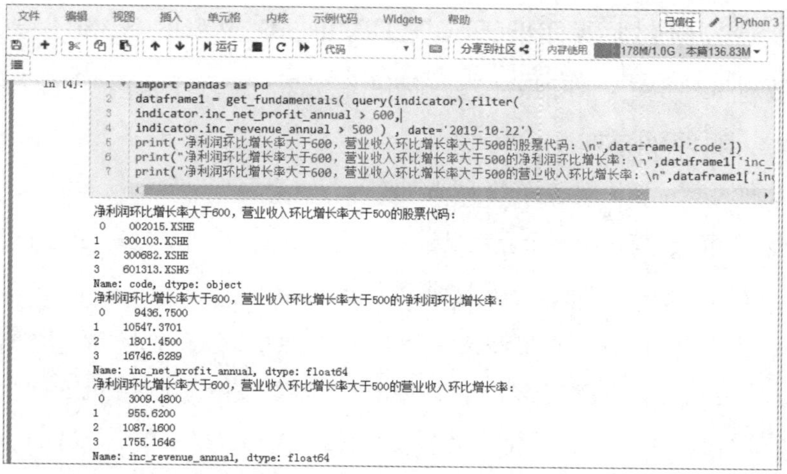

图 13.8　净利润环比增长率选股

利用图表显示净利润环比增长率大于 600，营业收入环比增长率大于 500 的净利润环比增长率和营业收入环比增长率，具体代码如下：

```
myc1 = dataframe1['inc_net_profit_annual']          # 净利润环比增长率
myc2 = dataframe1['inc_revenue_annual']             # 营业收入环比增长率
plt.figure(figsize=(12,6))
# 激活第一个 subplot
plt.subplot(2,  1,  1)
plt.plot(myc1,"-b")                                 # 净利润环比增长率
plt.subplot(2,  1,  2)
plt.plot(myc2,"-r")                                 # 营业收入环比增长率
plt.show()
```

单击工具栏中的 ▶运行 按钮，运行结果如图 13.9 所示。

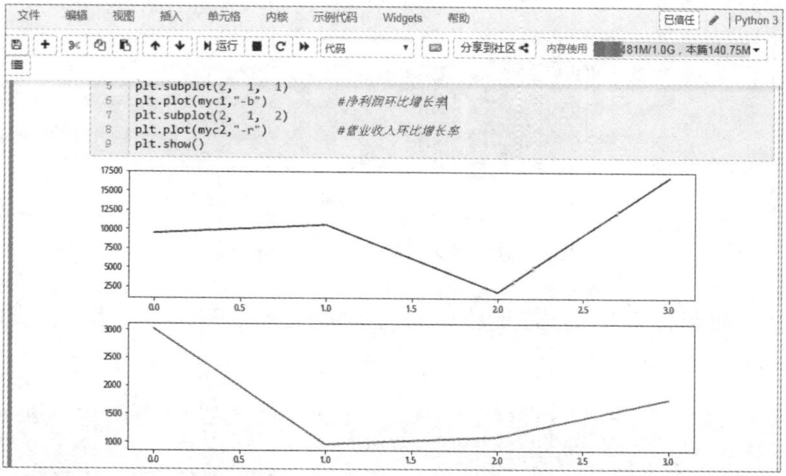

图 13.9　利用图表显示净利润环比增长率和营业收入环比增长率

13.2.5 营业利润率(operation_profit_to_total_revenue)选股

营业利润率是指经营所得的营业利润占销货净额的百分比，或占投入资本额的百分比，其计算公式如下：

营业利润率 = 营业利润 ÷ 全部业务收入 × 100%

营业利润率越高，说明企业商品销售额提供的营业利润越多，企业的赢利能力越强。反之，此比率越低，说明企业赢利能力越弱。

单击聚宽 JoinQuant 量化炒股平台中的“策略研究 / 研究环境”命令，进入 Jupyter Notebook 的研究平台。然后单击“新建”按钮，创建 Python 3 文件，并重命名文件为“Python13-5”，接着输入如下代码：

```
import pandas as pd
dataframe1 = get_fundamentals( query(indicator).filter(
indicator.operation_profit_to_total_revenue > 160), date='2019-10-22')
dataframe1
```

indicator 为财务指标数据表名，查询条件是营业利润率大于 160。时间为 2019 年 10 月 22 日。

单击工具栏中的 ▶ 运行 按钮，运行结果如图 13.10 所示。

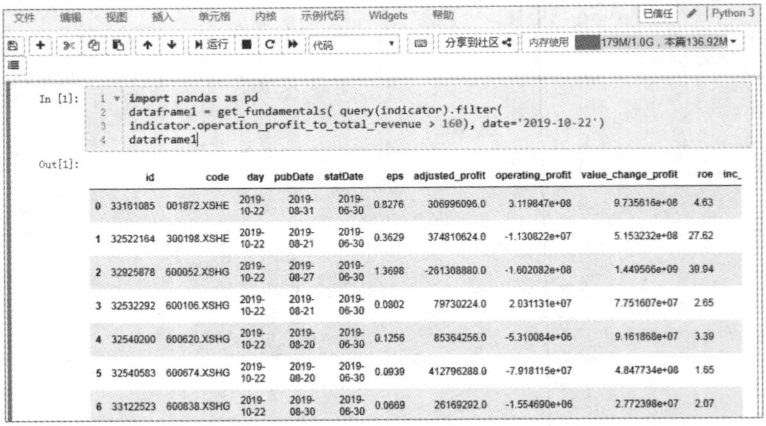


```
import pandas as pd
dataframe1 = get_fundamentals( query(indicator).filter(
indicator.operation_profit_to_total_revenue > 160), date='2019-10-22')
dataframe1
```

	id	code	day	pubDate	statDate	eps	adjusted_profit	operating_profit	value_change_profit	roe	inc_
0	33161085	001872.XSHE	2019-10-22	2019-08-31	2019-06-30	0.8276	306996096.0	3.119847e+08	9.735616e+08	4.63	
1	32522164	300198.XSHE	2019-10-22	2019-08-21	2019-06-30	0.3629	374810624.0	-1.130822e+07	5.153232e+08	27.62	
2	32925878	600052.XSHG	2019-10-22	2019-08-27	2019-06-30	1.3698	-261308880.0	-1.602082e+08	1.449566e+09	39.94	
3	32532292	600106.XSHG	2019-10-22	2019-08-21	2019-06-30	0.0802	79730224.0	2.031131e+07	7.751607e+07	2.65	
4	32540200	600620.XSHG	2019-10-22	2019-08-20	2019-06-30	0.1256	85364256.0	-5.310084e+06	9.161868e+07	3.39	
5	32540583	600674.XSHG	2019-10-22	2019-08-20	2019-06-30	0.0939	412796288.0	-7.918115e+07	4.847734e+08	1.65	
6	33122523	600838.XSHG	2019-10-22	2019-08-30	2019-06-30	0.0669	26169292.0	-1.554690e+06	2.772398e+07	2.07	

图 13.10 净利润环比增长率选股

显示营业利润率大于 160 的股票的近 12 个交易日的收盘价信息，具体代码如下：

```
dataframe2 = history(12, unit='1d', field='close', security_
list=dataframe1['code'], df=True, skip_paused=False, fq='pre')
dataframe2
```

单击工具栏中的 ▶ 运行 按钮，运行结果如图 13.11 所示。

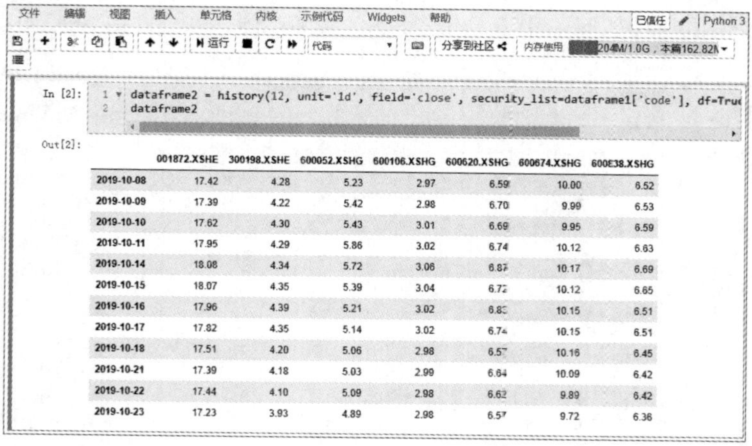


```
dataframe2 = history(12, unit='1d', field='close', security_list=dataframe1['code'], df=Tru
dataframe2
```

	001872.XSHE	300198.XSHE	600052.XSHG	600106.XSHG	600620.XSHG	600674.XSHG	600638.XSHG
2019-10-08	17.42	4.28	5.23	2.97	6.59	10.00	6.52
2019-10-09	17.39	4.22	5.42	2.98	6.70	9.99	6.53
2019-10-10	17.62	4.30	5.43	3.01	6.69	9.95	6.59
2019-10-11	17.95	4.29	5.86	3.02	6.74	10.12	6.63
2019-10-14	18.08	4.34	5.72	3.06	6.87	10.17	6.69
2019-10-15	18.07	4.35	5.39	3.04	6.72	10.12	6.65
2019-10-16	17.96	4.39	5.21	3.02	6.83	10.15	6.51
2019-10-17	17.82	4.35	5.14	3.02	6.74	10.15	6.51
2019-10-18	17.51	4.20	5.06	2.98	6.57	10.16	6.45
2019-10-21	17.39	4.18	5.03	2.99	6.64	10.09	6.42
2019-10-22	17.44	4.10	5.09	2.98	6.62	9.89	6.42
2019-10-23	17.23	3.93	4.89	2.98	6.57	9.72	6.36

图 13.11　营业利润率大于 160 的股票的近 12 个交易日的收盘价信息

13.2.6 销售净利率（net_profit_margin）选股

销售净利率是指企业实现净利润与销售收入的对比关系，用以衡量企业在一定时期的销售收入获取的能力，其计算公式如下：

销售净利率 = 净利润 ÷ 销售收入 × 100%

销售净利率反映每一元销售收入带来的净利润的多少，表示销售收入的收益水平。

销售净利率与净利润成正比关系，与销售收入成反比关系，企业在增加销售收入额的同时，必须相应地获得更多的净利润，才能使销售净利率保持不变或有所提高。

单击聚宽 JoinQuant 量化炒股平台中的“策略研究 / 研究环境”命令，进入 Jupyter Notebook 的研究平台。然后单击“新建”按钮，创建 Python 3 文件，并重命名文件为“Python13-6”，接着输入如下代码：

```
    import pandas as pd
    dataframe1 = get_fundamentals( query(indicator.code,indicator.net_
profit_margin,
    indicator.operation_profit_to_total_revenue).filter(
    indicator.net_profit_margin > 100,
    indicator.operation_profit_to_total_revenue > 120 ) , date='2019-
10-22')
    dataframe1
```

indicator 为财务指标数据表名，查询条件有两个，分别是销售净利率大于 100，营业利润率大于 120。时间为 2019 年 10 月 22 日。注意：这里显示的是股票的代码、销售净利率和营业利润率。单击工具栏中的 ▶运行 按钮，运行结果如图 13.12 所示。

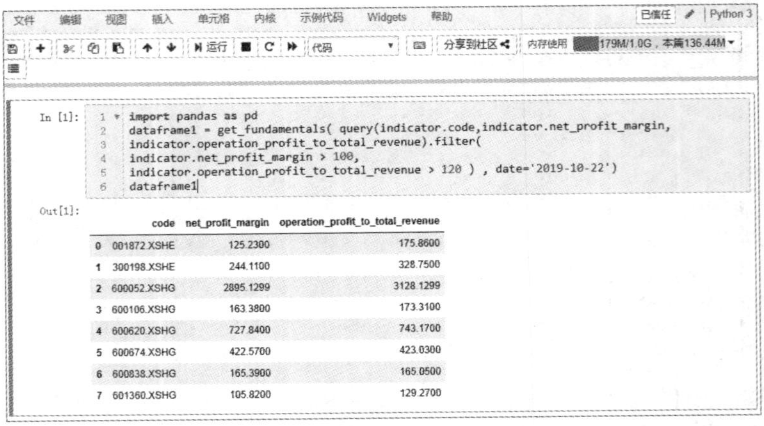

```
In [1]:
import pandas as pd
dataframe1 = get_fundamentals( query(indicator.code,indicator.net_profit_margin,
indicator.operation_profit_to_total_revenue).filter(
indicator.net_profit_margin > 100,
indicator.operation_profit_to_total_revenue > 120 ) , date='2019-10-22')
dataframe1
```

Out[1]:

	code	net_profit_margin	operation_profit_to_total_revenue
0	001872.XSHE	125.2300	175.8600
1	300198.XSHE	244.1100	328.7500
2	600052.XSHG	2895.1299	3128.1299
3	600106.XSHG	163.3800	173.3100
4	600620.XSHG	727.8400	743.1700
5	600674.XSHG	422.5700	423.0300
6	600838.XSHG	165.3900	165.0500
7	601360.XSHG	105.8200	129.2700

图 13.12 销售净利率选股

利用图表显示销售净利率大于 100，营业利润率大于 120 的销售净利率和营业利润率，具体代码如下：

```
myc1 = dataframe1['net_profit_margin']                      # 销售净利率
myc2 = dataframe1['operation_profit_to_total_revenue']    # 营业利润率
matplotlib.rcParams.update({'font.size': 15, 'font.family': 'serif'})
fig, ax = plt.subplots()
ax.plot(myc1, label=" 销售净利率 ")
ax.plot(myc2, label=" 营业利润率 ")
ax.legend();
ax.set_title(' 销售净利率和营业利润率 ')
```

单击工具栏中的 ▶运行 按钮，运行结果如图 13.13 所示。

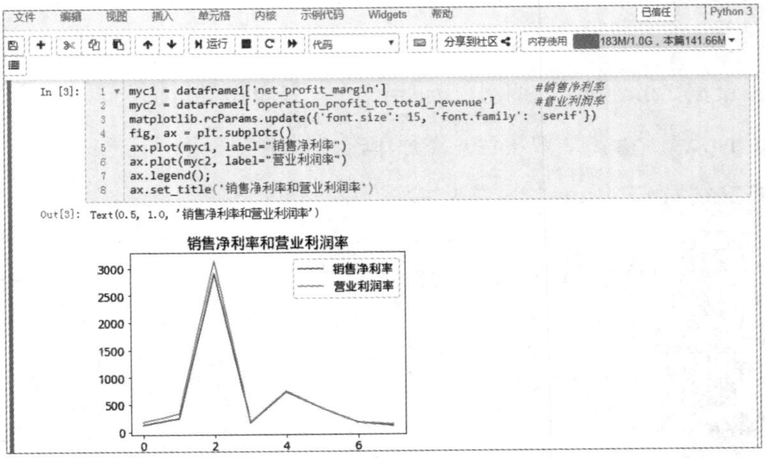

图 13.13 利用图表显示销售净利率大于 100，营业利润率大于 120 的销售净利率和营业利润率

13.2.7 销售毛利率（gross_profit_margin）选股

销售毛利率是毛利占销售净值的百分比，通常称为毛利率。其中，毛利是销售净收入与产品成本的差，其计算公式如下：

销售毛利率 =（销售净收入 – 产品成本）÷ 销售净收入 ×100%

销售毛利率是上市公司的重要经营指标，能反映公司产品的竞争力和获利潜力。它反映了企业产品销售的初始获利能力，是企业净利润的起点，没有足够高的毛利率便不能形成较大的盈利。

与同行业比较，如果公司的毛利率显著高于同行业水平，则说明公司产品附加值高，产品定价高，或与同行业比较公司存在成本上的优势，有竞争力。

与历史比较，如果公司的毛利率显著提高，则可能是公司所在行业处于复苏时期，产品价格大幅上升。在这种情况下投资者需要考虑这种价格的上升是否能持续，公司将来的赢利能力是否有保证。相反，如果公司毛利率显著降低，则可能是公司所在行业竞争激烈，毛利率下降往往伴随着价格战的爆发或成本的失控，这种情况预示产品赢利能力的下降。

单击聚宽 JoinQuant 量化炒股平台中的"策略研究 / 研究环境"命令，进入 Jupyter Notebook 的研究平台。然后单击"新建"按钮，创建 Python 3 文件，并重命名文件为"Python13-7"，接着输入如下代码：

```
import pandas as pd
dataframe1 = get_fundamentals( query(indicator).filter(
indicator.gross_profit_margin > 60,
indicator.operation_profit_to_total_revenue > 80 ), date='2019-10-22')
dataframe1['code']
```

indicator 为财务指标数据表名，查询条件有两个，分别是销售毛利率大于 60，营业利润率大于 80。时间为 2019 年 10 月 22 日。

单击工具栏中的 ▶| 运行 按钮，运行结果如图 13.14 所示。

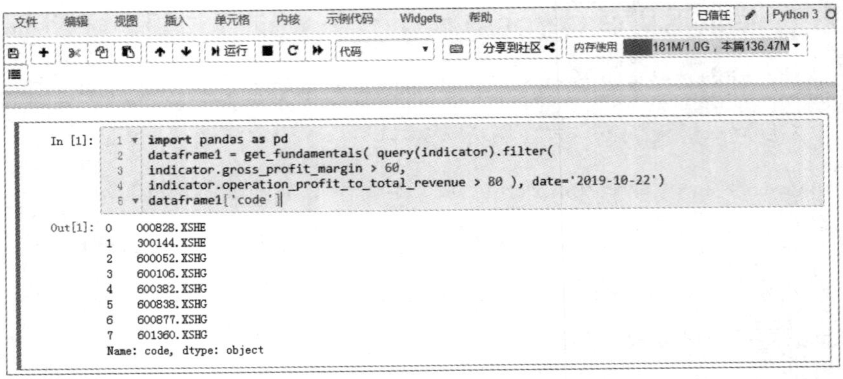

图 13.14 销售毛利率选股

13.3 规模类因子选股

在Python财务因子量化选股中，规模类因子有4个，分别是总市值、流通市值、总股本和流通股本。

需要注意的是，规模类因子都在市值数据表 valuation 中。

13.3.1 总市值（market_cap）选股

总市值是指在某特定时间内总股本数乘以当时股价得出的股票总价值。沪市所有股票的市值就是沪市总市值。深市所有股票的市值就是深市总市值。

总市值用来表示个股权重大小或大盘的规模大小，对股票买卖没有直接作用，但很多时候走强的大多是市值大的个股，由于市值越大在指数中占的比例越高，庄家往往通过控制这些高市值的股票达到控制大盘的目的。这时候对股票买卖好像又有作用。

单击聚宽 JoinQuant 量化炒股平台中的“策略研究 / 研究环境”命令，进入 Jupyter Notebook 的研究平台。然后单击“新建”按钮，创建 Python 3 文件，并重命名文件为“Python13-8”，接着输入如下代码：

```
import pandas as pd
dataframe1 = get_fundamentals( query(valuation).filter(
valuation.market_cap > 12000 ) , date='2019-10-22')
dataframe1
```

valuation 为市值数据表名，查询条件是总市值大于 12000 亿，时间为 2019 年 10 月 22 日。

单击工具栏中的 ▶运行 按钮，运行结果如图 13.15 所示。

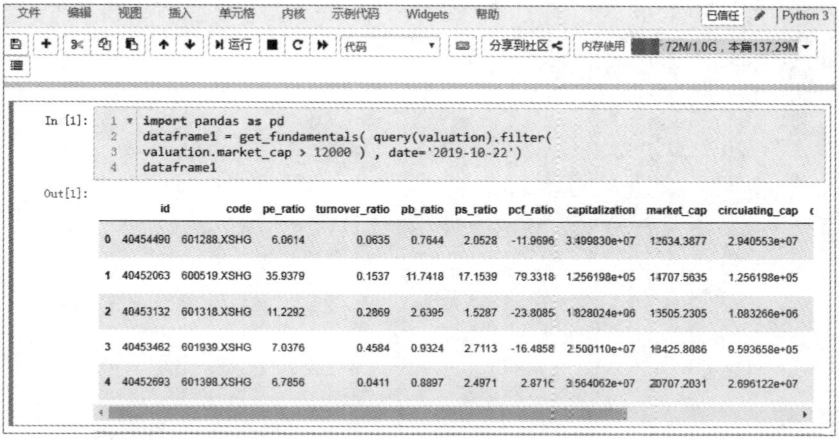

图 13.15　总市值选股

显示总市值大于 12000 亿的股票代码和总市值信息，具体代码如下：

```
print("总市值大于 12000 亿的股票代码: \n",dataframe1['code'])
print("总市值大于 12000 亿的总市值: \n",dataframe1['market_cap'])
```

单击工具栏中的 ▶运行 按钮，运行结果如图 13.16 所示。

图 13.16　显示总市值大于 12000 亿的股票代码和总市值信息

利用图表显示总市值大于 12000 亿的总市值信息，具体代码如下：

```
from matplotlib import pyplot as plt
```

```
plt.figure()
plt.plot(dataframe1['market_cap'],"ob")
plt.show()
```

单击工具栏中的 ▶运行 按钮，运行结果如图 13.17 所示。

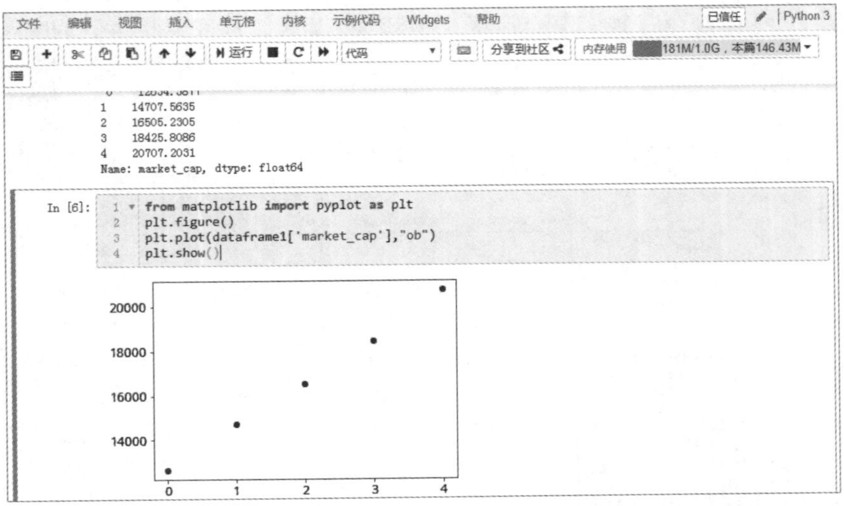

图 13.17　利用图表显示总市值大于 12000 亿的总市值信息

13.3.2　流通市值（circulating_market_cap）选股

流通市值是指在某特定时间内当时可交易的流通股股数乘以当时股价得出的流通股票总价值。在中国，上市公司的股份结构分为国有股、法人股、个人股等。

目前只有个人股可以上市流通交易。这部分流通的股份总数乘以股票市场价格，就是流通市值。需要注意的是，流通市值要小于等于总市值。

单击聚宽 JoinQuant 量化炒股平台中的“策略研究 / 研究环境”命令，进入 Jupyter Notebook 的研究平台。然后单击“新建”按钮，创建 Python 3 文件，并重命名文件为“Python13-9”，接着输入如下代码：

```
import pandas as pd
dataframe1 = get_fundamentals( query(valuation).filter(
valuation.circulating_market_cap > 10000 ), date='2018-10-22')
dataframe1
```

valuation 为市值数据表名，查询条件是流通市值大于 10000 亿。时间为 2019 年 10 月 22 日。

单击工具栏中的 ▶| 运行 按钮，运行结果如图 13.18 所示。

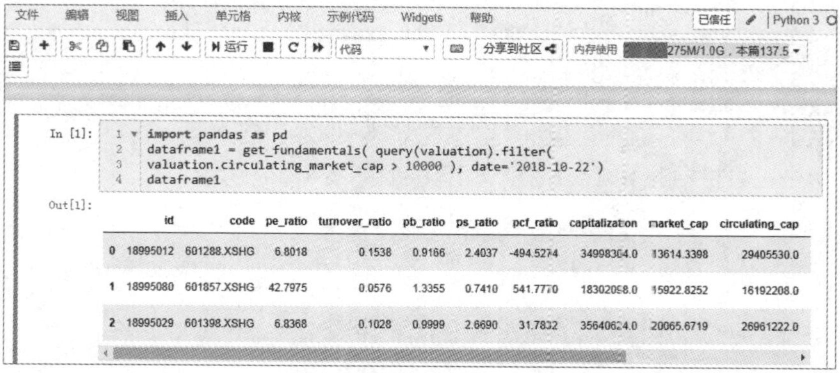

图 13.18　流通市值选股

显示流通市值大于 10000 亿的股票的近 10 个交易日的收盘价信息，具体代码如下：

```
    dataframe2 = history(10, unit='1d', field='close', security_
list=dataframe1['code'], df=True, skip_paused=False, fq='pre')
    dataframe2
```

单击工具栏中的 ▶| 运行 按钮，运行结果如图 13.19 所示。

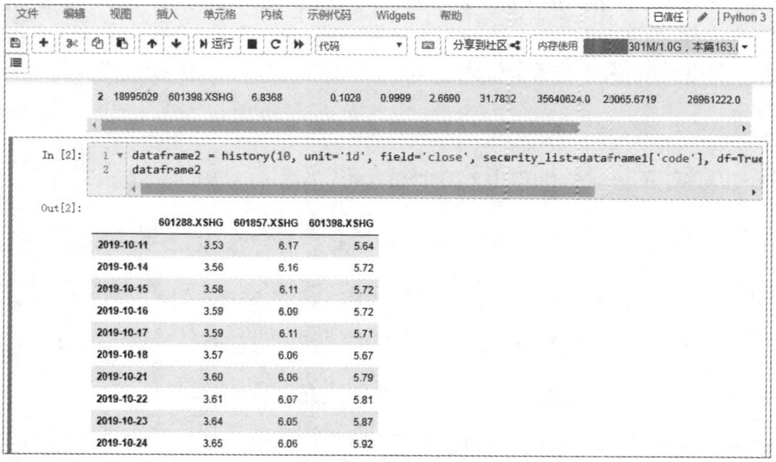

图 13.19　流通市值大于 10000 亿的股票的近 10 个交易日的收盘价信息

利用图表显示流通市值大于 10000 亿的股票的近 10 个交易日的收盘价信息，具体代码如下：

```
from matplotlib import pyplot as plt
matplotlib.rcParams.update({'font.size': 12, 'font.family': 'serif'})
```

```
fig, ax = plt.subplots()
ax.plot(dataframe2['601288.XSHG'], label=" 农业银行 ")
ax.plot(dataframe2['601857.XSHG'], label=" 中国石油 ")
ax.plot(dataframe2['601398.XSHG'], label=" 工商银行 ")
ax.legend();
ax.set_xlabel(' 三只银行股的日期 ')
ax.set_ylabel(' 三只银行股的价格 ')
ax.set_title(' 三只银行股的近 10 个交易日的收盘价走势对比图 ')
```

单击工具栏中的 运行 按钮，运行结果如图 13.20 所示。

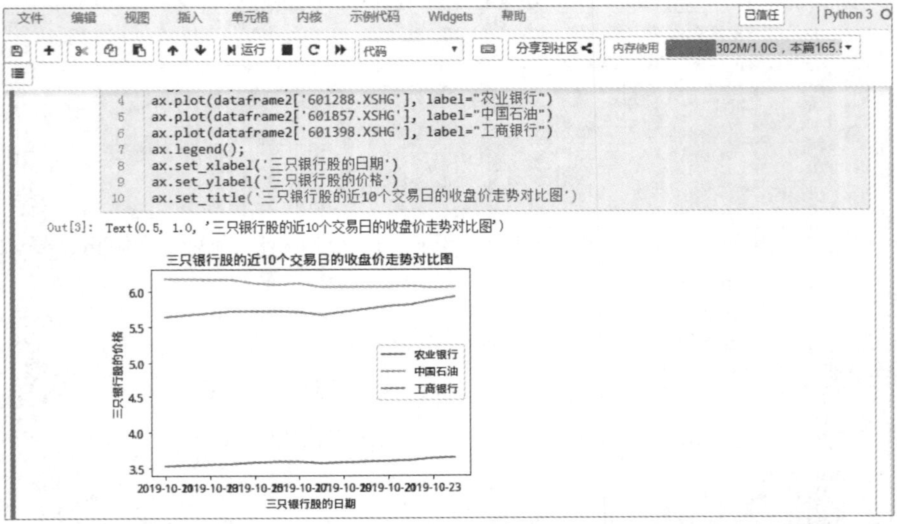

图 13.20　利用图表显示流通市值大于 10000 亿的股票的近 10 个交易日的收盘价信息

13.3.3　总股本（capitalization）选股

总股本是指公司已发行的普通股股份总数（包含 A 股、B 股和 H 股的总股本）。

单击聚宽 JoinQuant 量化炒股平台中的"策略研究 / 研究环境"命令，进入 Jupyter Notebook 的研究平台。然后单击"新建"按钮，创建 Python 3 文件，并重命名文件为"Python13-10"，接着输入如下代码：

```
import pandas as pd
dataframe1 = get_fundamentals( query(valuation).filter(
valuation.capitalization > 10000000,
valuation.market_cap > 8000) , date='2019-10-22')
dataframe1['code']
```

valuation 为市值数据表名，查询条件是总股本大于 10000000 万股，总市值大于 8000 亿。时间为 2019 年 10 月 22 日。

单击工具栏中的 运行 按钮，运行结果如图 13.21 所示。

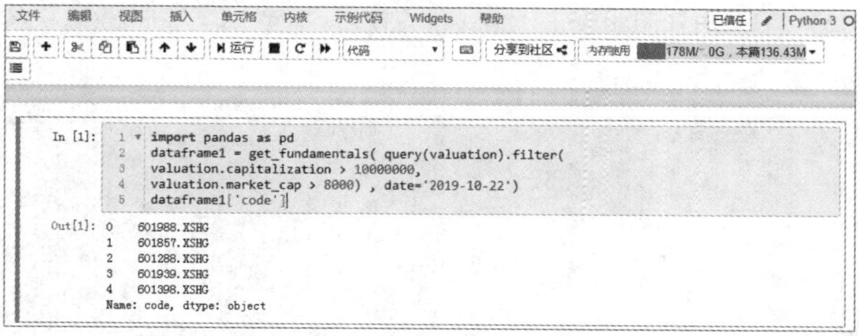

图 13.21　总股本选股

13.3.4　流通股本（circulating_cap）选股

流通股本是指公司已发行的境内上市流通、以人民币兑换的股份总数，即 A 股市场的流通股本。

单击聚宽 JoinQuant 量化炒股平台中的“策略研究 / 研究环境”命令，进入 Jupyter Notebook 的研究平台。然后单击“新建”按钮，创建 Python 3 文件，并重命名文件为“Python13-11”，接着输入如下代码：

```
import pandas as pd
dataframe1 = get_fundamentals( query(valuation).filter(
valuation.circulating_cap > 1000000 ,
valuation.circulating_market_cap > 2000 ) , date='2019-10-22')
dataframe1
```

valuation 为市值数据表名，查询条件有两个，分别是流通股本大于 1000000 万股，流通市值大于 2000 亿。时间为 2019 年 10 月 22 日。

单击工具栏中的 运行 按钮，运行结果如图 13.22 所示。

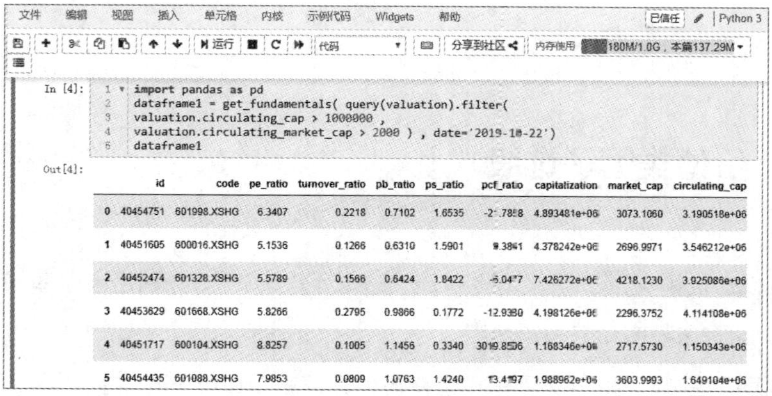

	id	code	pe_ratio	turnover_ratio	pb_ratio	ps_ratio	pcf_ratio	capitalization	market_cap	circulating_cap
0	40454751	601998.XSHG	6.3407	0.2218	0.7102	1.6535	-2[illegible].78[illegible]8	4.893481e+06	3073.1060	3.190518e+06
1	40451605	600016.XSHG	5.1536	0.1266	0.6310	1.5901	[illegible].38[illegible]1	4.378242e+06	2696.9971	3.546212e+06
2	40452474	601328.XSHG	5.5789	0.1566	0.6424	1.8422	-[illegible].04[illegible]7	7.426272e+06	4218.1230	3.925086e+06
3	40453629	601668.XSHG	5.8266	0.2795	0.9866	0.1772	-12.9380	4.198126e+06	2296.3752	4.114108e+06
4	40451717	600104.XSHG	8.8257	0.1005	1.1456	0.3340	3019.85[illegible]6	1.168346e+06	2717.5730	1.150343e+06
5	40454435	601088.XSHG	7.9853	0.0809	1.0763	1.4240	[illegible]3.4[illegible]97	1.988962e+06	3603.9993	1.649104e+06

图 13.22　流通股本选股

利用图表显示流通股本大于 1000000 万股，流通市值大于 2000 亿的流通股本和流通市值，具体代码如下：

```
myc1 = dataframe1['circulating_cap']                    # 流通股本
myc2 = dataframe1['circulating_market_cap']             # 流通市值
plt.figure(figsize=(12,6))
# 激活第一个 subplot
plt.subplot(2,  1,  1)
plt.plot(myc1,"-b")                                     # 流通股本
plt.subplot(2,  1,  2)
plt.plot(myc2,"-r")                                     # 流通市值
plt.show()
```

单击工具栏中的 ▶|运行 按钮，运行结果如图 13.23 所示。

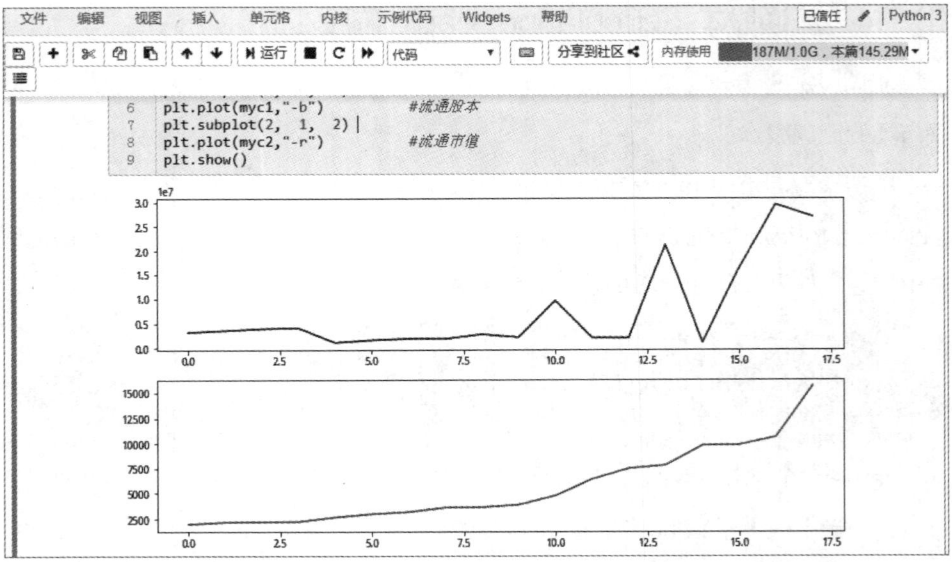

图 13.23　利用图表显示流通股本大于 1000000 万股，流通市值大于 2000 亿的流通股本和流通市值

13.4　价值类因子选股

在 Python 财务因子量化选股中，价值类因子有 5 个，分别是市净率、市销率、市现率、动态市盈率和静态市盈率。

需要注意的是，价值类因子也都在市值数据表 valuation 中。

13.4.1 市净率（pb_ratio）选股

市净率是指每股股价与每股净资产的比率，其计算公式如下：

市净率 = 每股市价 ÷ 每股净资产

市净率可用于股票投资分析，一般来说市净率较低的股票，投资价值较高，相反，则投资价值较低。但在判断投资价值时还要考虑当时的市场环境以及公司经营情况、赢利能力等因素。

单击聚宽 JoinQuant 量化炒股平台中的“策略研究 / 研究环境”命令，进入 Jupyter Notebook 的研究平台。然后单击“新建”按钮，创建 Python 3 文件，并重命名文件为“Python13-12”，接着输入如下代码：

```
    import pandas as pd
    dataframe1 = get_fundamentals( query(valuation.code,valuation.pb_
ratio,
    valuation.market_cap ).filter(
    valuation.pb_ratio  <  1.2 ,
    valuation.market_cap > 5000 ), date='2019-10-22')
    dataframe1
```

valuation 为市值数据表名，查询条件有两个，分别是市净率小于 1.2，总市值大于 5000 亿。时间为 2019 年 10 月 22 日。

单击工具栏中的 ⏭运行 按钮，运行结果如图 13.24 所示。

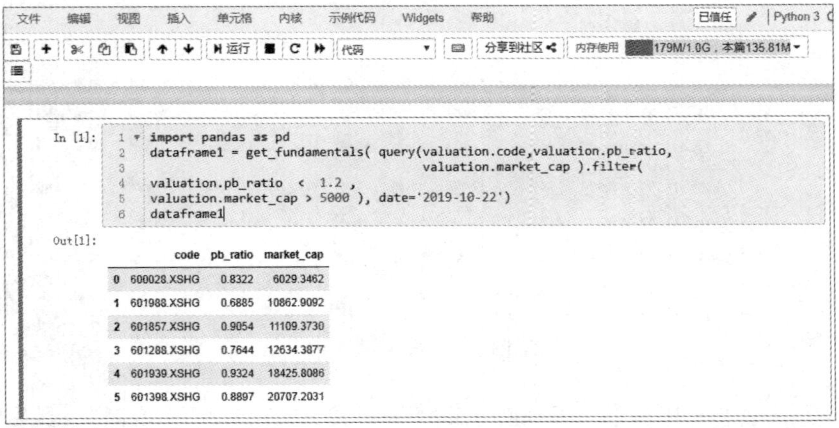

图 13.24 市净率选股

13.4.2 市销率（ps_ratio）选股

市销率为股票价格与每股销售收入之比，市销率越小，通常被认为投资价值越高。市销率的计算公式如下：

市销率 = 股价 ÷ 每股销售额

在基本分析的诸多工具中，市销率是常用的参考指标之一。可以认为，成熟期的企业通常使用市盈率（PE）来估值，而尚未赢利的高成长性企业则使用市销率（PS）来估值更为可靠。

单击聚宽 JoinQuant 量化炒股平台中的“策略研究 / 研究环境”命令，进入 Jupyter Notebook 的研究平台。然后单击“新建”按钮，创建 Python 3 文件，并重命名文件为“Python13-13”，接着输入如下代码：

```
import pandas as pd
dataframe1 = get_fundamentals( query(valuation).filter(
valuation.ps_ratio  <  0.4,
valuation.pb_ratio  <  0.8 ) , date='2019-10-22')
dataframe1
```

valuation 为市值数据表名，查询条件有两个，分别是市销率小于 0.4，市净率小于 0.8。时间为 2019 年 10 月 22 日。

单击工具栏中的 ⏭ 运行 按钮，运行结果如图 13.25 所示。

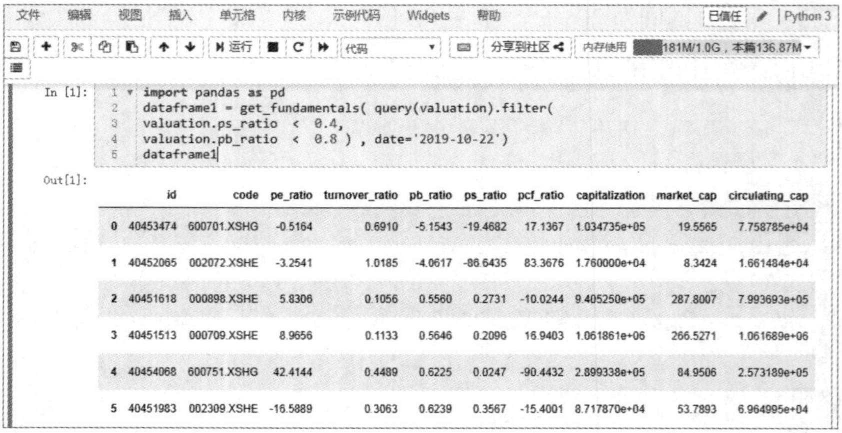

	id	code	pe_ratio	turnover_ratio	pb_ratio	ps_ratio	pcf_ratio	capitalization	market_cap	circulating_cap
0	40453474	600701.XSHG	-0.5164	0.6910	-5.1543	-19.4682	17.1367	1.034735e+05	19.5565	7.758785e+04
1	40452065	002072.XSHE	-3.2541	1.0185	-4.0617	-86.6435	83.3676	1.760000e+04	8.3424	1.661484e+04
2	40451618	000898.XSHE	5.8306	0.1056	0.5560	0.2731	-10.0244	9.405250e+05	287.8007	7.993693e+05
3	40451513	000709.XSHE	8.9656	0.1133	0.5646	0.2096	16.9403	1.061861e+06	266.5271	1.061689e+06
4	40454068	600751.XSHG	42.4144	0.4489	0.6225	0.0247	-90.4432	2.899338e+05	84.9506	2.573189e+05
5	40451983	002309.XSHE	-16.5889	0.3063	0.6239	0.3567	-15.4001	8.717870e+04	53.7893	6.964995e+04

图 13.25　市销率选股

利用图表显示市销率小于 0.4，市净率小于 0.8 的市销率和市净率，具体代码如下：

```
mycl = dataframe1['ps_ratio']                    # 市销率
myc2 = dataframe1['pb_ratio']                    # 市净率
matplotlib.rcParams.update({'font.size': 15, 'font.family': 'serif'})
fig, ax = plt.subplots()
ax.plot(mycl, label=" 市销率 ")
```

```
ax.plot(myc2, label=" 市净率 ")
ax.legend();
ax.set_title(' 市销率和市净率 ')
```

单击工具栏中的 ⏭运行 按钮，运行结果如图 13.26 所示。

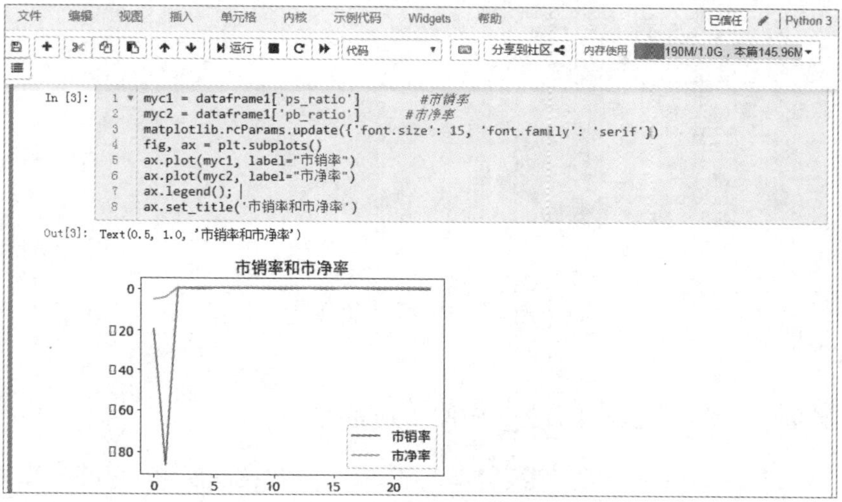

图 13.26 利用图表显示市销率小于 0.4，市净率小于 0.8 的市销率和市净率

13.4.3 市现率（pcf_ratio）选股

市现率是股票价格与每股现金流量的比率。市现率可用于评价股票的价格水平和风险水平。市现率越小，表明上市公司的每股现金增加额越多，经营压力越小。对于参与资本运作的投资机构，市现率还意味着其运作资本的增加效率。

单击聚宽 JoinQuant 量化炒股平台中的“策略研究 / 研究环境”命令，进入 Jupyter Notebook 的研究平台。然后单击“新建”按钮，创建 Python 3 文件，并重命名文件为“Python13-14”，接着输入如下代码：

```
import pandas as pd
dataframe1 = get_fundamentals( query(valuation).filter(
valuation.pcf_ratio  < 0.6 ,
valuation.pb_ratio  <  0.5 ,
valuation.ps_ratio  <  0.8 ), date='2019-10-22')
dataframe1['code']
```

valuation 为市值数据表名，查询条件有 3 个，分别是市现率小于 0.6，市净率小于 0.5，以及市销率小于 0.8。时间为 2019 年 10 月 22 日。

单击工具栏中的 ⏭运行 按钮，运行结果如图 13.27 所示。

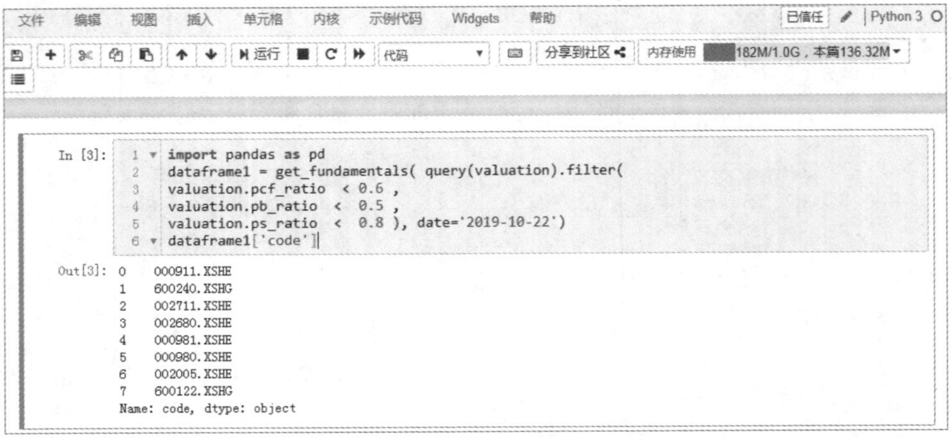

图 13.27　市现率选股

13.4.4　动态市盈率（pe_ratio）选股

动态市盈率（PE）是指还没有真正实现的下一年度的预测利润的市盈率，其计算公式如下：

动态市盈率 = 股票现价 ÷ 未来每股收益的预测值

动态市盈率和市盈率是全球资本市场通用的投资参考指标，用以衡量某一阶段资本市场的投资价值和风险程度，也是资本市场之间用来相互参考与借鉴的重要依据。

单击聚宽 JoinQuant 量化炒股平台中的“策略研究 / 研究环境”命令，进入 Jupyter Notebook 的研究平台。然后单击“新建”按钮，创建 Python 3 文件，并重命名文件为“Python13-15”，接着输入如下代码：

```
import pandas as pd
dataframe1 = get_fundamentals( query(valuation.code,
                                     valuation.pe_ratio
                                    ).filter(
valuation.pe_ratio   <  6  ,
valuation.pcf_ratio  < 0.5 ,
valuation.ps_ratio  <  0.4 ), date='2019-10-22')
dataframe1
```

valuation 为市值数据表名，查询条件有 3 个，分别是动态市盈率小于 6，市现率小于 0.5，以及市销率小于 0.4。时间为 2019 年 10 月 22 日。

单击工具栏中的 运行 按钮，运行结果如图 13.28 所示。

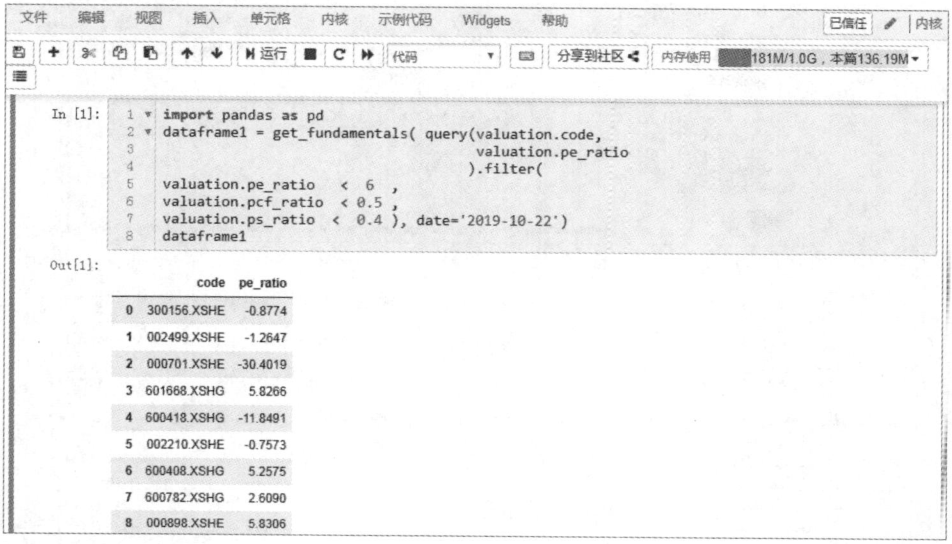

图 13.28　动态市盈率选股

13.4.5　静态市盈率（pe_ratio_lyr）选股

静态市盈率，即市场广泛谈及的市盈率，是用当前每股市场价格除以该公司的每股税后利润，其计算公式如下：

市盈率 = 股票每股市价 ÷ 每股税后利润，即市盈率 = 股价 ÷ 每股收益

一般来说，市盈率表示该公司需要累积多少年的盈利才能达到如今的市价水平，所以市盈率指标数值越小越好，越小说明投资回收期越短，风险越小，投资价值一般就越高。倍数大则意味着翻本期长，风险大。

单击聚宽 JoinQuant 量化炒股平台中的“策略研究 / 研究环境”命令，进入 Jupyter Notebook 的研究平台。然后单击“新建”按钮，创建 Python 3 文件，并重命名文件为“Python13-16”，接着输入如下代码：

```
import pandas as pd
dataframe1 = get_fundamentals( query(valuation).filter(
valuation.pe_ratio_lyr  >  2  ,
valuation.pe_ratio_lyr  <  6 ), date='2019-10-22')
dataframe1
```

valuation 为市值数据表名，查询条件是静态市盈率大于 2 而小于 6，即在 2~6 之间。时间为 2019 年 10 月 22 日。

单击工具栏中的 运行 按钮，运行结果如图 13.29 所示。

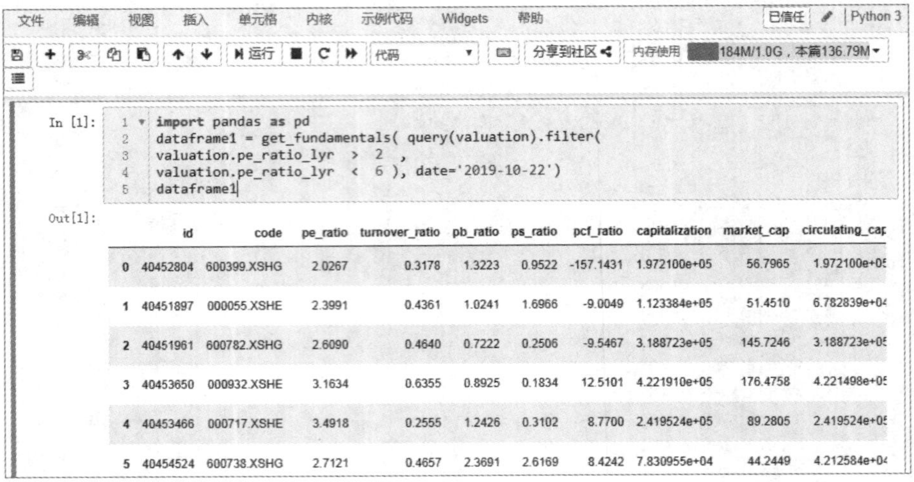

文件 编辑 视图 插入 单元格 内核 示例代码 Widgets 帮助 已信任 Python 3

运行 代码 分享到社区 内存使用 184M/1.0G，本篇136.79M

In [1]:

```
import pandas as pd
dataframe1 = get_fundamentals( query(valuation).filter(
valuation.pe_ratio_lyr  >  2  ,
valuation.pe_ratio_lyr  <  6 ), date='2019-10-22')
dataframe1
```

Out[1]:

	id	code	pe_ratio	turnover_ratio	pb_ratio	ps_ratio	pcf_ratio	capitalization	market_cap	circulating_cap
0	40452804	600399.XSHG	2.0267	0.3178	1.3223	0.9522	-157.1431	1.972100e+05	56.7965	1.972100e+05
1	40451897	000055.XSHE	2.3991	0.4361	1.0241	1.6966	-9.0049	1.123384e+05	51.4510	6.782839e+04
2	40451961	600782.XSHG	2.6090	0.4640	0.7222	0.2506	-9.5467	3.188723e+05	145.7246	3.188723e+05
3	40453650	000932.XSHE	3.1634	0.6355	0.8925	0.1834	12.5101	4.221910e+05	176.4758	4.221498e+05
4	40453466	000717.XSHE	3.4918	0.2555	1.2426	0.3102	8.7700	2.419524e+05	89.2805	2.419524e+05
5	40454524	600738.XSHG	2.7121	0.4657	2.3691	2.6169	8.4242	7.830955e+04	44.2449	4.212584e+04

图 13.29　静态市盈率选股

利用图表显示静态市盈率大于 2 而小于 6 的股票的静态市盈率，具体代码如下：

```
myc1 = dataframe1['pe_ratio_lyr']          # 静态市盈率
matplotlib.rcParams.update({'font.size': 15, 'font.family': 'serif'})
fig, ax = plt.subplots()
ax.plot(myc1, label=" 静态市盈率 ")
ax.legend();
ax.set_title(' 静态市盈率 ')
```

单击工具栏中的 ▶运行 按钮，运行结果如图 13.30 所示。

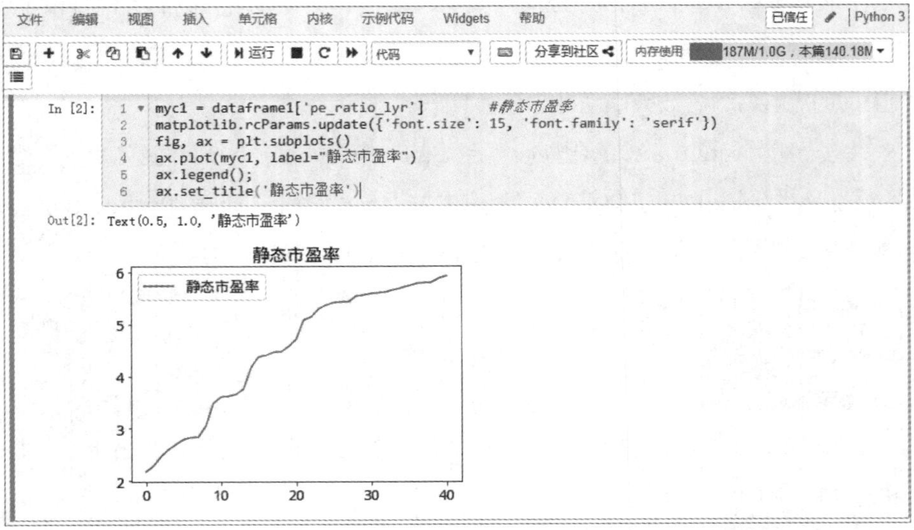

图 13.30　利用图表显示静态市盈率大于 2 而小于 6 的股票的静态市盈率

13.5 质量类因子选股

在 Python 财务因子量化选股中，质量类因子有 2 个，分别是净资产收益率和总资产净利率。

需要注意的是，质量类因子在财务指标数据表 indicator 中。

13.5.1 净资产收益率（roe）选股

净资产是指企业的资产总额减去负债以后的净额。它由两大部分组成：一部分是企业开办当初投入的资本，包括溢价部分；另一部分是企业在经营过程中创造的，也包括接受捐赠的资产，属于所有者权益。净资产的计算公式如下：

净资产 = 资产 − 负债

净资产收益率是企业税后利润除以净资产得到的百分比率，该指标反映了股东权益的收益水平，用以衡量企业运用自有资本的效率。指标值越高，说明投资带来的收益越高。该指标体现了自有资本获得净收益的能力。净资产收益率的计算公式如下：

净资产收益率 = 税后利润 ÷ 所有者权益 ×100%

单击聚宽 JoinQuant 量化炒股平台中的“策略研究 / 研究环境”命令，进入 Jupyter Notebook 的研究平台。然后单击“新建”按钮，创建 Python 3 文件，并重命名文件为“Python13-17”，接着输入如下代码：

```
import pandas as pd
dataframe1 = get_fundamentals( query(indicator).filter(
indicator.roe >20 ), date='2019-10-22')
dataframe1['code']
```

indicator 为财务指标数据表名，查询条件是净资产收益率大于 20。时间为 2019 年 10 月 22 日。单击工具栏中的 ▶运行 按钮，运行结果如图 13.31 所示。

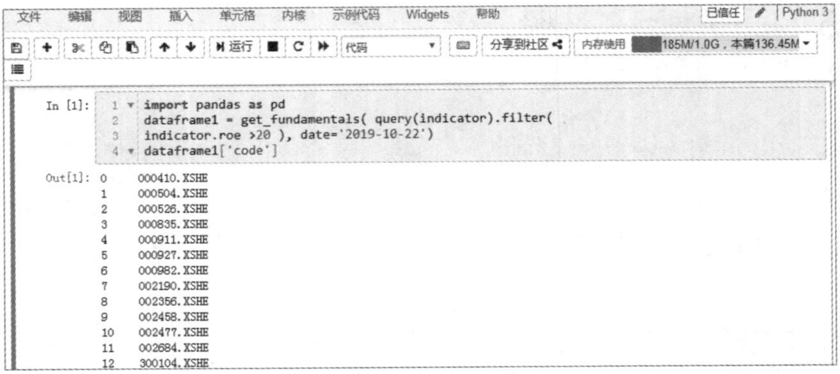

图 13.31　净资产收益率选股

显示净资产收益率大于 20 的股票的近 12 个交易日的收盘价信息，具体代码如下：

```
    dataframe2 = history(12, unit='1d', field='close', security_list=dataframe1['code'], df=True, skip_paused=False, fq='pre')
    dataframe2
```

单击工具栏中的 ▶| 运行 按钮，运行结果如图 13.32 所示。

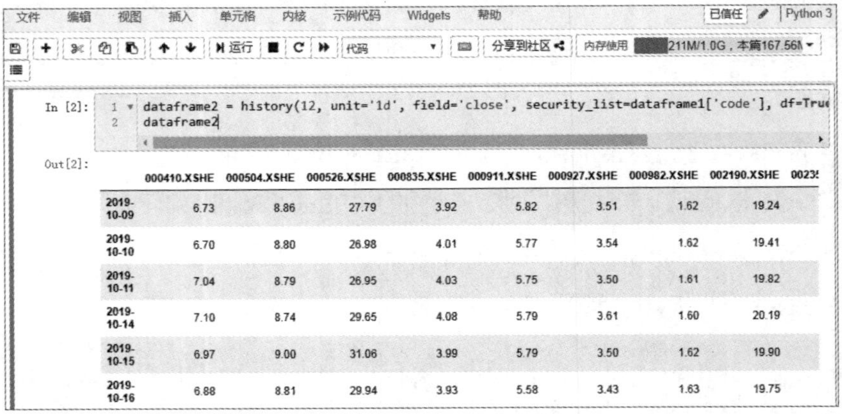

	000410.XSHE	000504.XSHE	000526.XSHE	000835.XSHE	000911.XSHE	000927.XSHE	000982.XSHE	002190.XSHE
2019-10-09	6.73	8.86	27.79	3.92	5.82	3.51	1.62	19.24
2019-10-10	6.70	8.80	26.98	4.01	5.77	3.54	1.62	19.41
2019-10-11	7.04	8.79	26.95	4.03	5.75	3.50	1.61	19.82
2019-10-14	7.10	8.74	29.65	4.08	5.79	3.61	1.60	20.19
2019-10-15	6.97	9.00	31.06	3.99	5.79	3.50	1.62	19.90
2019-10-16	6.88	8.81	29.94	3.93	5.58	3.43	1.63	19.75

图 13.32　净资产收益率大于 20 的股票的近 12 个交易日的收盘价信息

13.5.2　总资产净利率（roa）选股

总资产是指某一经济实体拥有或控制的、能够带来经济利益的全部资产。一般可以认为，某一会计主体的总资产金额等于其资产负债表的“资产总计”金额。

总资产净利率是指公司净利润与平均资产总额的百分比，其计算公式如下：

总资产净利率 = 净利润 ÷ 平均资产总额 × 100%

其中，平均资产总额 =（期初资产总额 + 期末资产总额）÷2

总资产净利率反映的是公司运用全部资产所获得利润的水平，即公司每占用 1 元的资产平均能获得多少元的利润。总资产净利率越高，表明公司投入产出水平越高，资产运营越有效，成本费用的控制水平越高。

单击聚宽 JoinQuant 量化炒股平台中的“策略研究 / 研究环境”命令，进入 Jupyter Notebook 的研究平台。然后单击“新建”按钮，创建 Python 3 文件，并重命名文件为“Python13-18”，接着输入如下代码：

```
import pandas as pd
dataframe1 = get_fundamentals( query(indicator.code,
                                      indicator.roe,
                                      indicator.roa
                                    ).filter(
indicator.roe > 10   ,
indicator.roa > 6), date='2019-10-22')
dataframe1
```

indicator 为财务指标数据表名，查询条件有两个，分别是净资产收益率大于 15 和总资产净利率大于 6。时间为 2019 年 10 月 22 日。

单击工具栏中的 ⏭运行 按钮，运行结果如图 13.33 所示。

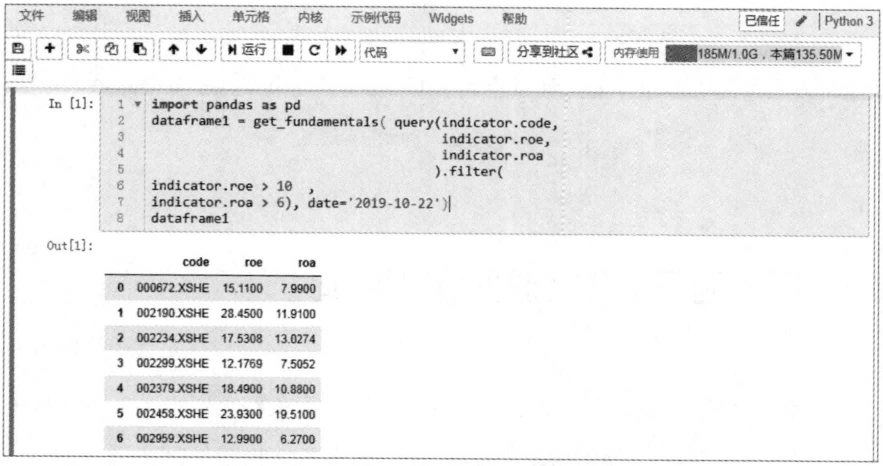

图 13.33　总资产净利率选股

利用图表显示净资产收益率大于 15、总资产净利率大于 6 的股票的净资产收益率和总资产净利率信息，具体代码如下：

```
from matplotlib import pyplot as plt
```

```
myc1 = dataframe1['roe']            #净资产收益率
myc2 = dataframe1['roa']            #总资产净利率
matplotlib.rcParams.update({'font.size': 15, 'font.family': 'serif'})
fig, ax = plt.subplots()
ax.plot(myc1, label="净资产收益率")
ax.plot(myc2, label="总资产净利率")
ax.legend();
ax.set_title('净资产收益率和总资产净利率')
```

单击工具栏中的 ⏯运行 按钮，运行结果如图 13.34 所示。

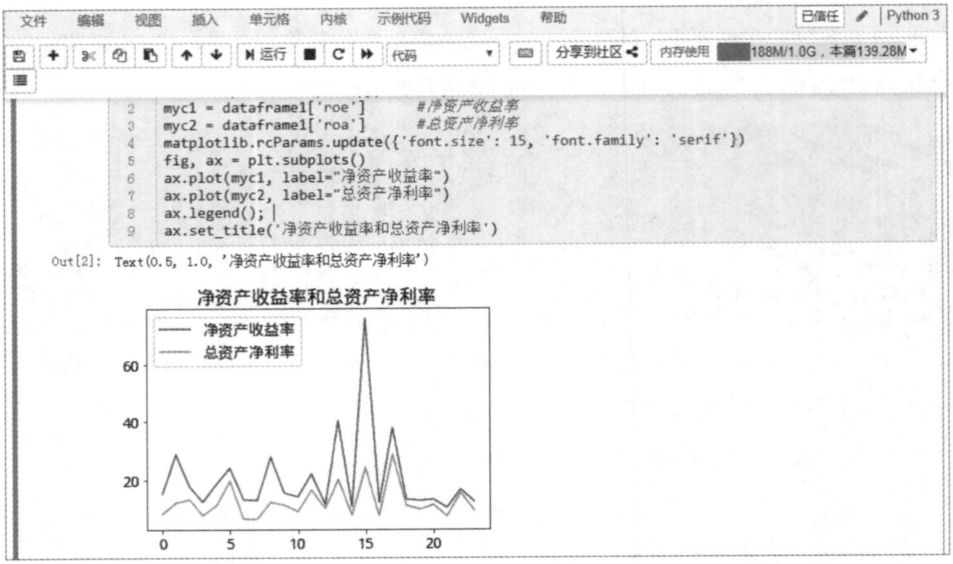

图 13.34　利用图表显示净资产收益率大于 15、总资产净利率大于 6 的股票的净资产收益率和总资产净利率信息

13.6　财务因子量化选股的注意事项

前面讲解了成长类因子、规模类因子、价值类因子和质量类因子的选股方法与技巧，但这都是从一个表中提出数据，并且选股条件的多个因子也来源于一张表。如果来源于多张表，那么该如何操作呢？下面进行具体讲解。

财务因子存在于多张表中，如前面实例中的财务指标数据表（indicator）、市值数据表（valuation），还有资产负债数据表（balance）、现金流数据表（cash_flow）和利润数据表（income）。

假如仍是选出符合条件的股票代码，条件是换手率（该字段在 valuation 表中）大于 15、流动资产合计大于流动负债合计（这两个字段在 balance 中）、经营活动现金流入小计大于经营活动现金流出小计（这两个字段在 cash_flow 中）、营业净利润（该字段在 income 表中）大于 10000 万、销售毛利率（该字段在 indicator 表中）大于 50。

单击聚宽 JoinQuant 量化炒股平台中的“策略研究 / 研究环境”命令，进入 Jupyter Notebook 的研究平台。然后单击“新建”按钮，创建 Python 3 文件，并重命名文件为“Python13-19”，接着输入如下代码：

```
    import pandas as pd
    dataframe1 = get_fundamentals( query(indicator).filter(
    valuation.turnover_ratio > 15  ,
    balance.total_current_assets > balance.total_current_liability  ,
    cash_flow.subtotal_operate_cash_inflow > cash_flow.subtotal_operate_cash_outflow ,
    income.net_profit > 10000  ,
    indicator.gross_profit_margin > 50 ), date='2019-10-22')
    dataframe1['code']
```

在这里可以看到，查询的表是财务指标数据表（indicator），是一张表，但查询条件是来源于 5 张表，写法是表名 . 字段名即可。查询时间是 2019 年 10 月 22 日。

单击工具栏中的 ⏭运行 按钮，运行结果如图 13.35 所示。

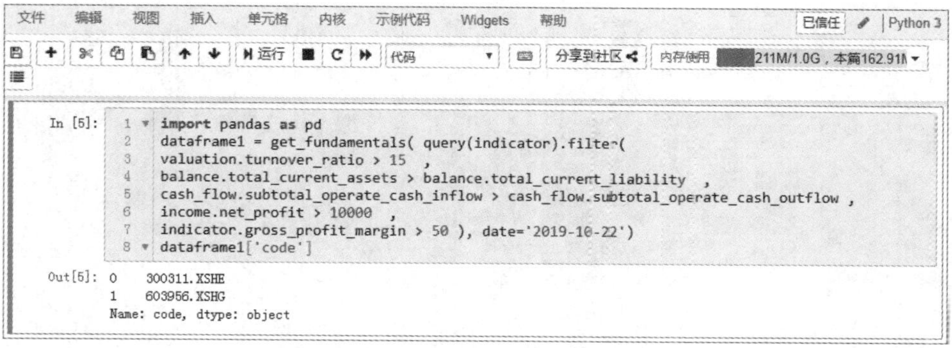

图 13.35　来源于多张表的财务因子选股

显示选出股票的近 10 个交易日的收盘价信息，具体代码如下：

```
    dataframe2 = history(10, unit='1d', field='close', security_list=dataframe1['code'], df=True, skip_paused=False, fq='pre')
    dataframe2
```

单击工具栏中的 ⏭运行 按钮，运行结果如图 13.36 所示。

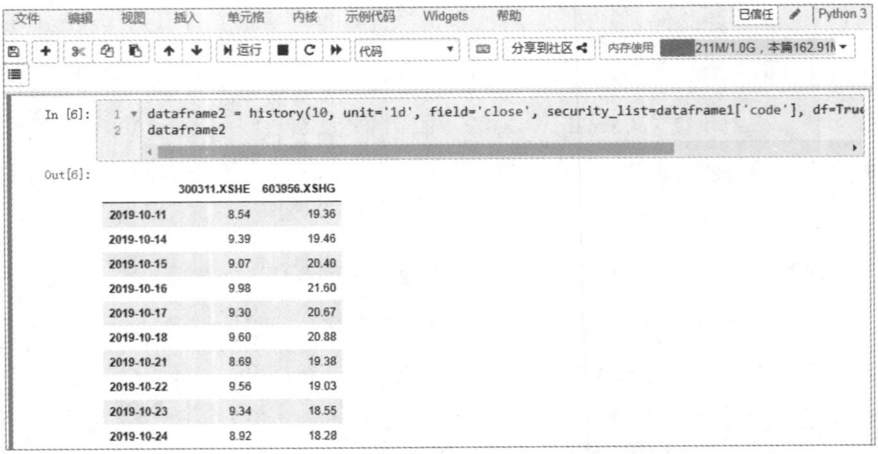

	300311.XSHE	603956.XSHG
2019-10-11	8.54	19.36
2019-10-14	9.39	19.46
2019-10-15	9.07	20.40
2019-10-16	9.98	21.60
2019-10-17	9.30	20.67
2019-10-18	9.60	20.88
2019-10-21	8.69	19.38
2019-10-22	9.56	19.03
2019-10-23	9.34	18.55
2019-10-24	8.92	18.28

图 13.36　选出股票的近 10 个交易日的收盘价信息

利用图表显示选出股票的近 10 个交易日的收盘价信息，具体代码如下：

```
from matplotlib import pyplot as plt
matplotlib.rcParams.update({'font.size': 12, 'font.family': 'serif'})
fig, ax = plt.subplots()
ax.plot(dataframe2['300311.XSHE'], label=" 任子行 ")
ax.plot(dataframe2['603956.XSHG'], label=" 威派格 ")
ax.legend();
ax.set_xlabel(' 选出股票的日期 ')
ax.set_ylabel(' 选出股票的价格 ')
ax.set_title(' 选出股票的近 10 个交易日的收盘价 ')
```

单击工具栏中的 运行 按钮，运行结果如图 13.37 所示。

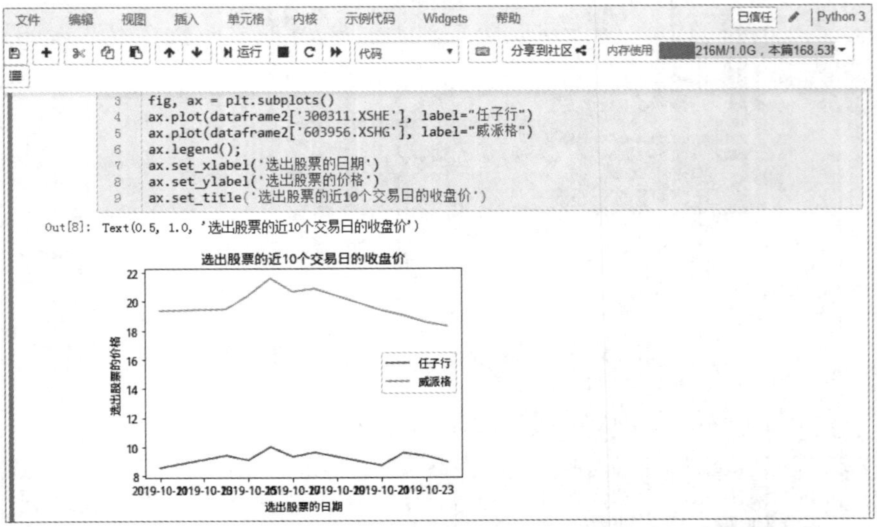

图 13.37　利用图表显示选出股票的近 10 个交易日的收盘价信息

第 14 章

Python 量化炒股的数据信息获取

在炒股实战中，为了提高选股的质量，往往需要获取更多关注个股的数据信息，如个股的员工情况，管理人员任职情况，大股东信息，股份质押和冻结信息以及分红送股信息等。

本章主要内容包括：

- 获取上市公司员工情况信息和获取上市公司基本信息
- 获取上市公司状态变动信息和获取股票上市信息
- 获取股票简称变更情况信息和获取公司管理人员任职情况信息
- 获取上市公司的十大股东信息和获取上市公司的十大流通股东信息
- 获取股东股份质押信息和获取股东股份冻结信息
- 股东户数信息和大股东减持信息
- 上市公司股本变动信息
- 获取上市公司分红送股数据信息
- 获取沪深股市每日成交概况信息

14.1 获取上市公司概况信息

获取上市公司概况信息，即获取上市公司员工情况信息、基本信息、状态变动、股票上市信息、股票简称变更情况信息和管理人员任职情况信息。

14.1.1 获取上市公司员工情况信息

上市公司的员工情况数据，都存放在 STK_EMPLOYEE_INFO 表中，该表保存在 finance 包中。要查看表中的数据信息，需要使用 query() 函数。下面举例说明。

单击聚宽 JoinQuant 量化炒股平台中的“策略研究 / 研究环境”命令，进入 Jupyter Notebook 的研究平台。然后单击“新建”按钮，创建 Python 3 文件，并重命名文件为“Python14-1”，接着输入如下代码：

```
    from jqdata import finance
    q=query(finance.STK_EMPLOYEE_INFO).filter(finance.STK_EMPLOYEE_INFO.
code=='600036.XSHG')
    df=finance.run_query(q)
    df
```

在这里是利用 finance 包中的 run_query() 函数来运行 query() 函数的，所以首先要导入 finance 包。

在这里显示的是 STK_EMPLOYEE_INFO 表中的所有字段信息，条件是上市公司的证券代码为 600036，即显示招商银行的员工情况。

单击工具栏中的 ⏭ 运行 按钮，运行结果如图 14.1 所示。

STK_EMPLOYEE_INFO 表的字段意义如下。

company_id：公司 ID。

code：证券代码。

name：证券名称。

end_date：报告期截止日。

pub_date：公告日期。

employee：在职员工总数。

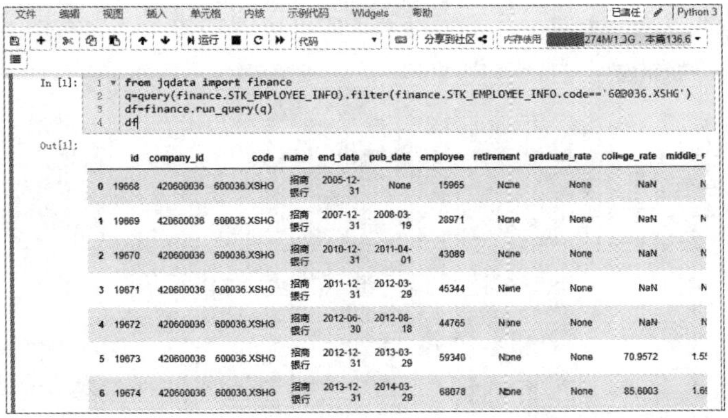

```
In [1]: from jqdata import finance
        q=query(finance.STK_EMPLOYEE_INFO).filter(finance.STK_EMPLOYEE_INFO.code=='600036.XSHG')
        df=finance.run_query(q)
        df
```

Out[1]:

	id	company_id	code	name	end_date	pub_date	employee	retirement	graduate_rate	college_rate	middle_r
0	19668	420600036	600036.XSHG	招商银行	2005-12-31	None	15965	None	None	NaN	N
1	19669	420600036	600036.XSHG	招商银行	2007-12-31	2008-03-19	28971	None	None	NaN	N
2	19670	420600036	600036.XSHG	招商银行	2010-12-31	2011-04-01	43089	None	None	NaN	N
3	19671	420600036	600036.XSHG	招商银行	2011-12-31	2012-03-29	45344	None	None	NaN	N
4	19672	420600036	600036.XSHG	招商银行	2012-06-30	2012-08-18	44765	None	None	NaN	N
5	19673	420600036	600036.XSHG	招商银行	2012-12-31	2013-03-29	59340	None	None	70.9572	1.5
6	19674	420600036	600036.XSHG	招商银行	2013-12-31	2014-03-29	68078	None	None	85.6003	1.6

图 14.1 招商银行的员工情况

retirement：离退休人员。

graduate_rate：研究生以上人员比例。

college_rate：大学专科以上人员比例。

middle_rate：中专及以下人员比例。

同时显示多只股票的员工情况信息，具体代码如下：

```
from jqdata import finance
q=query(finance.STK_EMPLOYEE_INFO).filter(finance.STK_EMPLOYEE_INFO.
code.in_(['600036.XSHG','600019.XSHG','000002.XSHE']))
df=finance.run_query(q)
df
```

在这里同时显示 3 只股票，即招商银行（600036）、宝钢股份（600019）和万科 A（000002）的员工情况信息。

单击工具栏中的 运行 按钮，运行结果如图 14.2 所示。

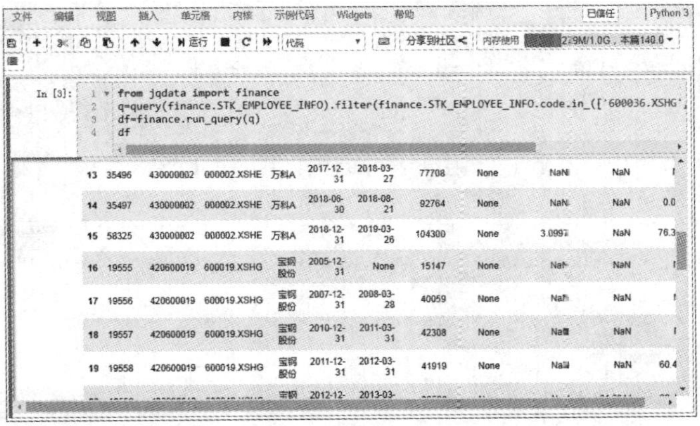

```
In [3]: from jqdata import finance
        q=query(finance.STK_EMPLOYEE_INFO).filter(finance.STK_EMPLOYEE_INFO.code.in_(['600036.XSHG',
        df=finance.run_query(q)
        df
```

13	35496	430000002	000002.XSHE	万科A	2017-12-31	2018-03-27	77708	None	NaN	NaN	
14	35497	430000002	000002.XSHE	万科A	2018-06-30	2018-08-21	92764	None	NaN	NaN	0.0
15	58325	430000002	000002.XSHE	万科A	2018-12-31	2019-03-26	104300	None	3.0997	NaN	76.3
16	19555	420600019	600019.XSHG	宝钢股份	2005-12-31	None	15147	None	NaN	NaN	
17	19556	420600019	600019.XSHG	宝钢股份	2007-12-31	2008-03-28	40059	None	NaN	NaN	
18	19557	420600019	600019.XSHG	宝钢股份	2010-12-31	2011-03-31	42308	None	NaN	NaN	
19	19558	420600019	600019.XSHG	宝钢股份	2011-12-31	2012-03-31	41919	None	NaN	NaN	60.4

图 14.2 3 只股票的员工情况

知识就是力量，下面来显示研究生学历或以上的员工，占公司总员工人数的 50% 以上的股票代码。具体代码如下：

```
    from jqdata import finance
    q=query(finance.STK_EMPLOYEE_INFO).filter(finance.STK_EMPLOYEE_INFO.
graduate_rate>50)
    df=finance.run_query(q)
    print(df['code'])
```

单击工具栏中的 ▶| 运行 按钮，运行结果如图 14.3 所示。

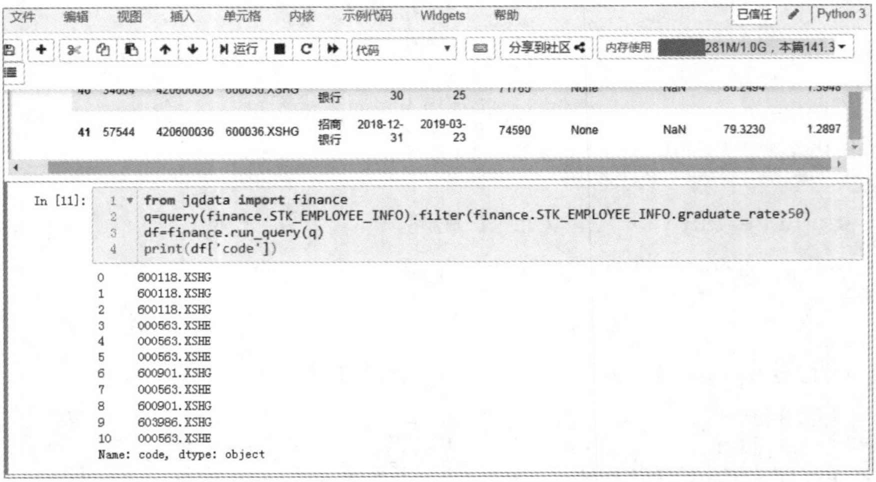

图 14.3 研究生学历或以上的员工，占公司总员工人数的 50% 以上的股票代码

如果一个上市公司退休人员太多，往往意味着公司要付的额外费用就多，所以在选股时不要选择退休人员太多的上市公司。

显示退休人员占在职人员人数的 30% 以上的股票代码，具体代码如下：

```
    from jqdata import finance
    q=query(finance.STK_EMPLOYEE_INFO).filter(finance.STK_EMPLOYEE_INFO.
retirement>finance.STK_EMPLOYEE_INFO.employee*0.3)
    df=finance.run_query(q)
    print(df['code'])
```

单击工具栏中的 ▶| 运行 按钮，运行结果如图 14.4 所示。

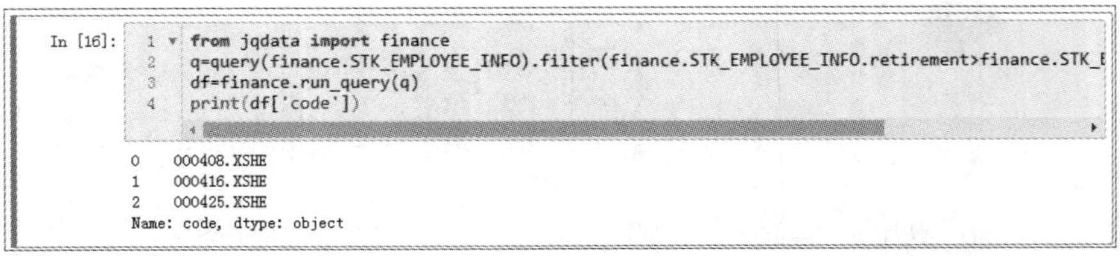

图 14.4 退休人员占在职人员人数的 30% 以上的股票代码

14.1.2　获取上市公司基本信息

上市公司的基本信息，都存放在 STK_COMPANY_INFO 表中，该表保存在 finance 包中。要查看表中的数据信息，需要使用 query() 函数。下面举例说明。

单击聚宽 JoinQuant 量化炒股平台中的“策略研究 / 研究环境”命令，进入 Jupyter Notebook 的研究平台。然后单击“新建”按钮，创建 Python 3 文件，并重命名文件为“Python14-2”，接着输入如下代码：

```
    from jqdata import finance
    q=query(finance.STK_COMPANY_INFO).filter(finance.STK_COMPANY_INFO.
code=='600036.XSHG')
    df=finance.run_query(q)
    df
```

单击工具栏中的 ▶| 运行 按钮，运行结果如图 14.5 所示。

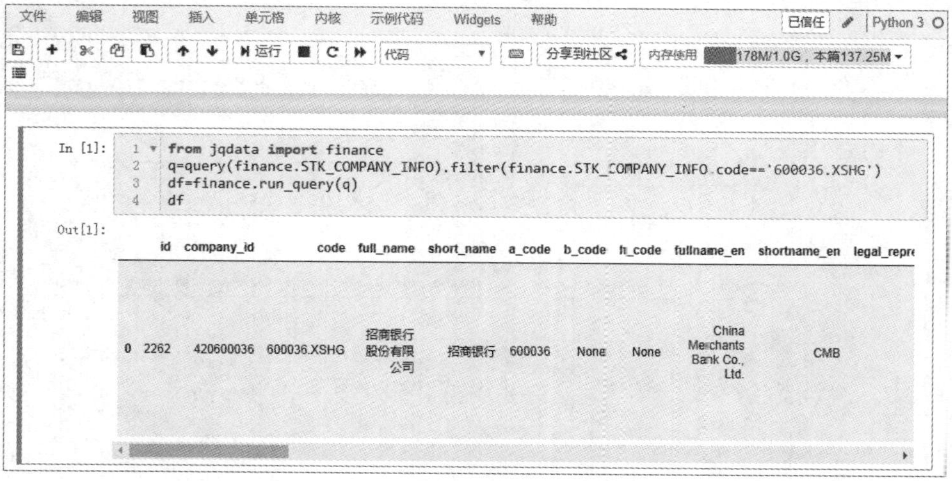

图 14.5　招商银行的基本信息

STK_COMPANY_INFO 表的字段很多，常用字段意义如下。

code：证券代码。

full_name：公司名称。

short_name：公司简称。

register_location：注册地址。

office_address：办公地址。

register_capital：注册资金（万元）。

main_business：主营业务。

business_scope：经营范围。

city：所属城市。

ceo：总经理。

legal_representative：法人代表。

显示招商银行的总经理、法人代表、注册资金、所属城市、主营业务和经营范围信息，具体代码如下：

```
print("总经理 :",df['ceo'])
print("法人代表 :",df['legal_representative'])
print("注册资金 :",df['register_capital'])
print("所属城市 :",df['city'])
print()
print("主营业务 :",df['main_business'])
print("经营范围 :",df['business_scope'])
```

单击工具栏中的 运行 按钮，运行结果如图 14.6 所示。

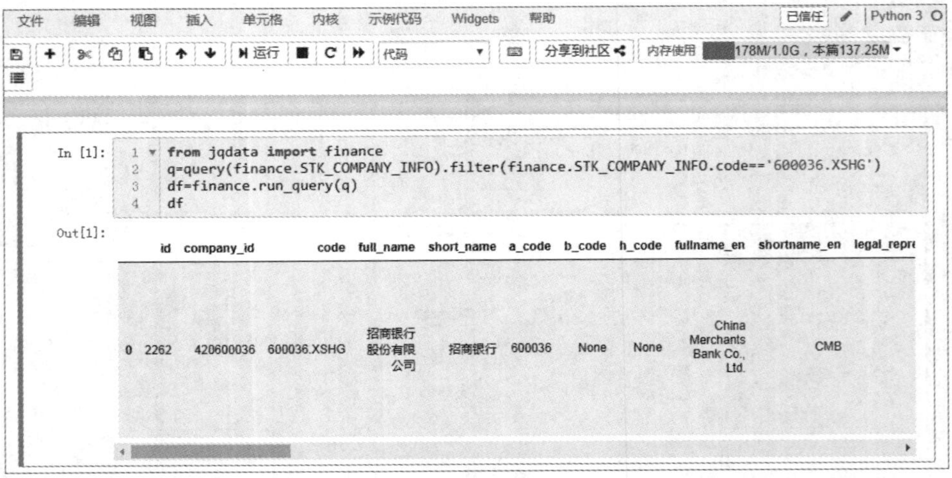

图 14.6　招商银行的总经理、法人代表、注册资金、所属城市、主营业务和经营范围信息

显示所属城市为上海市、注册资金小于 1 亿的股票代码，具体代码如下：

```
q1=query(finance.STK_COMPANY_INFO).filter(finance.STK_COMPANY_INFO.
city=='上海市',finance.STK_COMPANY_INFO.register_capital<10000)
df1=finance.run_query(q1)
df1['code']
```

单击工具栏中的 运行 按钮，运行结果如图 14.7 所示。

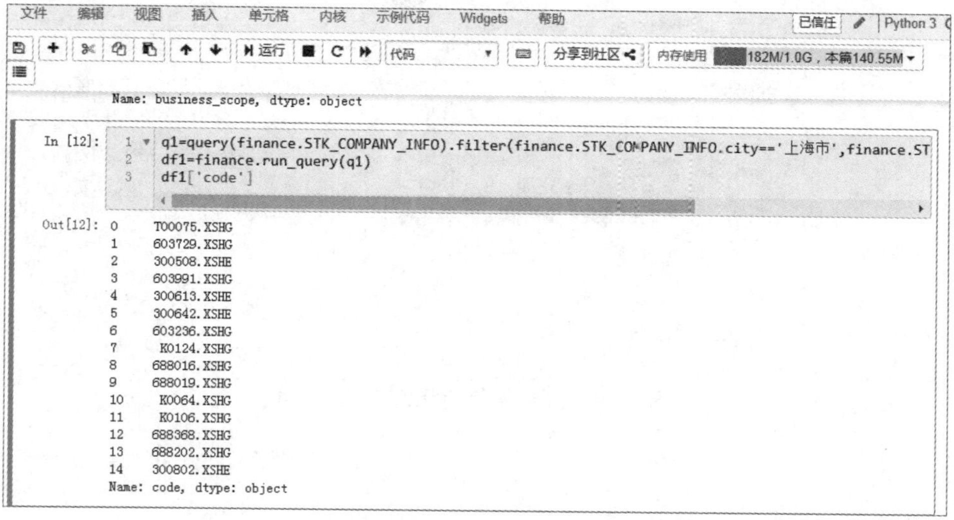

图 14.7 所属城市为上海市、注册资金小于 1 亿的股票代码

14.1.3 获取上市公司状态变动信息

上市公司的状态变动信息，即上市公司已发行未上市、正常上市、实行 ST、*ST、暂停上市、终止上市的变动情况，都存放在 STK_STATUS_CHANGE 表中，该表保存在 finance 包中。要查看表中的数据信息，需要使用 query() 函数。下面举例说明。

单击聚宽 JoinQuant 量化炒股平台中的“策略研究 / 研究环境”命令，进入 Jupyter Notebook 的研究平台。然后单击“新建”按钮，创建 Python 3 文件，并重命名文件为“Python14-3”，接着输入如下代码：

```
    from jqdata import finance
    q=query(finance.STK_STATUS_CHANGE).filter(finance.STK_STATUS_CHANGE.
code=='600057.XSHG')
    df=finance.run_query(q)
    print(" 招商银行的上市状态编码: ",df['public_status_id'][0])
    print(" 招商银行的上市状态: ",df['public_status'][0])
    print(" 招商银行的变更原因: ",df['change_reason'][0])
    print(" 招商银行的变更类型编码: ",df['change_type_id'][0])
    print(" 招商银行的变更类型: ",df['change_type'][0])
```

在这里显示的是招商银行的状态变动信息。

单击工具栏中的 运行 按钮，运行结果如图 14.8 所示。

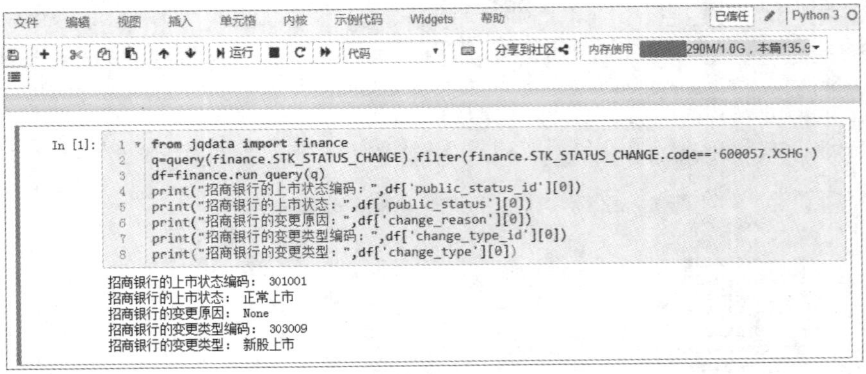

图 14.8　招商银行的状态变动信息

在 STK_STATUS_CHANGE 表中，有 2 个重要字段，分别是 public_status_id（上市状态编码）和 change_type_id（变更类型编码）。

上市状态编码及意义如下：

301001 表示正常上市、301002 表示 ST、301003 表示 *ST、301004 表示暂停上市、301005 表示进入退市整理期、301006 表示终止上市、301007 表示已发行未上市、301008 表示预披露、301009 表示未过会、301010 表示发行失败、301011 表示暂缓发行、301012 表示暂缓上市、301013 表示停止转让、301014 表示正常转让、301015 表示实行投资者适当性管理标识、301099 表示其他。

变更类型编码及意义如下：

303001 表示恢复上市、303002 表示摘星、303003 表示摘帽、303004 表示摘星摘帽、303005 表示披星、303006 表示戴帽、303007 表示戴帽披星、303008 表示拟上市、303009 表示新股上市、303010 表示发行失败、303011 表示暂停上市、303012 表示终止上市、303013 表示退市整理、303014 表示暂缓发行、303015 表示暂缓上市、303016 表示实行投资者适当性管理标识、303017 表示未过会、303018 表示预披露、303019 表示正常转让、303020 表示停止转让、303021 表示重新上市、303099 表示其他。

显示摘星的股票代码，具体代码如下：

```
    from jqdata import finance
    q=query(finance.STK_STATUS_CHANGE).filter(finance.STK_STATUS_CHANGE.
change_type_id==303002)
    df=finance.run_query(q)
    print(" 摘星的股票代码：\n",df['code'].values)
```

需要注意的是，df['code'] 的类型是 dict，即字典。如果只显示字典中的数据，而不显示字典中的索引，则需要使用 values 属性。

单击工具栏中的 ▶运行 按钮，运行结果如图 14.9 所示。

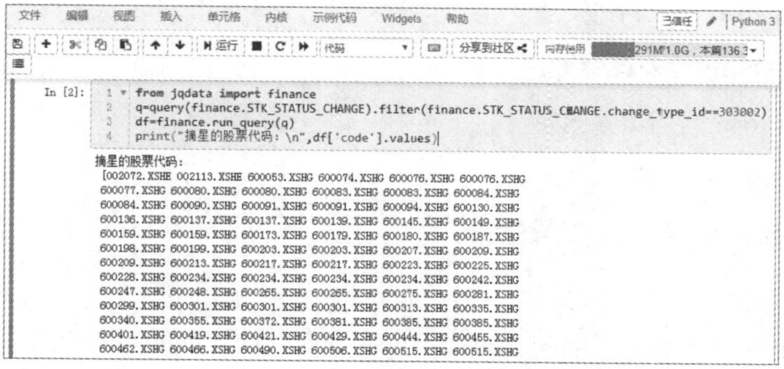

图 14.9　摘星的股票代码

14.1.4　获取股票上市信息

股票上市信息，即上市日期、交易所、发行价格、初始上市数量等，都存放在 STK_LIST 表中，该表保存在 finance 包中。要查看表中的数据信息，需要使用 query() 函数。下面举例说明。

单击聚宽 JoinQuant 量化炒股平台中的"策略研究 / 研究环境"命令，进入 Jupyter Notebook 的研究平台。然后单击"新建"按钮，创建 Python 3 文件，并重命名文件为"Python14-4"，接着输入如下代码：

```
from jqdata import finance
q=query(finance.STK_LIST).filter(finance.STK_LIST.code=='600036.XSHG')
df=finance.run_query(q)
df
```

在这里查看了招商银行的上市信息。

单击工具栏中的 ▶运行 按钮，运行结果如图 14.10 所示。

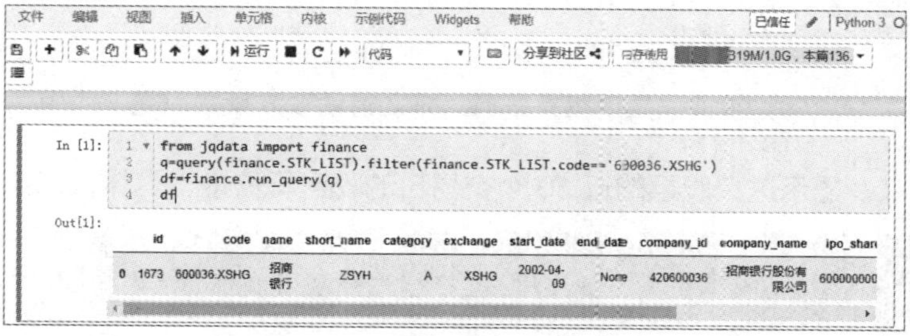

图 14.10　招商银行的上市信息

STK_LIST 表的常用字段意义如下。

code：证券代码。

full_name：公司名称。

short_name：公司简称。

exchange：上市的交易所。

start_date：上市日期。

ipo_shares：初始上市数量。

book_price：发行价格。

显示招商银行的上市时间，再显示招商银行上市之前的股票信息，注意这里只显示 3 条信息，具体代码如下：

```
print("招商银行的上市时间：",df['start_date'])
q=query(finance.STK_LIST).filter(finance.STK_LIST.start_date>df['start_date'][0]).limit(3)
df1=finance.run_query(q)
df1['code']
```

单击工具栏中的 ▶| 运行 按钮，运行结果如图 14.11 所示。

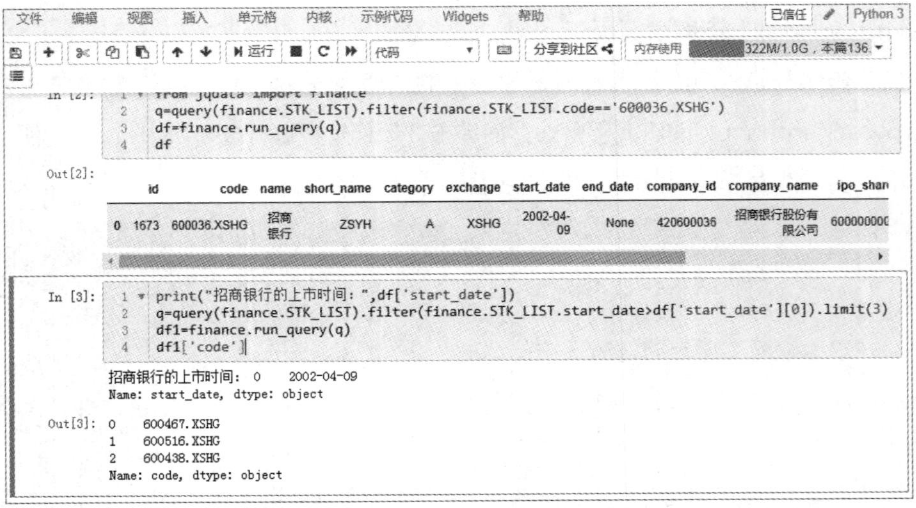

图 14.11 显示招商银行上市之前的 3 只股票信息

接下来，显示这只股票的近 10 个交易日的收盘价信息，具体代码如下：

```
dataframe2 = history(12, unit='1d', field='close', security_list=df1['code'], df=True, skip_paused=False, fq='pre')
dataframe2
```

单击工具栏中的 ▶| 运行 按钮，运行结果如图 14.12 所示。

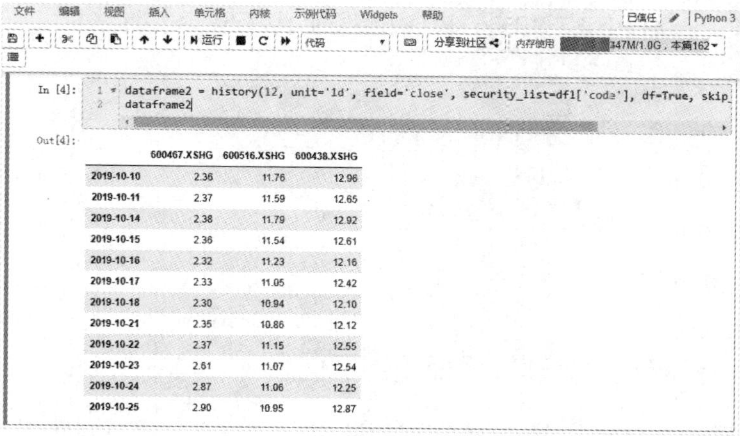

```
In [4]:
dataframe2 = history(12, unit='1d', field='close', security_list=df1['code'], df=True, skip_
dataframe2
```

Out[4]:

	600467.XSHG	600516.XSHG	600438.XSHG
2019-10-10	2.36	11.76	12.96
2019-10-11	2.37	11.59	12.65
2019-10-14	2.38	11.79	12.92
2019-10-15	2.36	11.54	12.61
2019-10-16	2.32	11.23	12.16
2019-10-17	2.33	11.05	12.42
2019-10-18	2.30	10.94	12.10
2019-10-21	2.35	10.86	12.12
2019-10-22	2.37	11.15	12.55
2019-10-23	2.61	11.07	12.54
2019-10-24	2.87	11.06	12.25
2019-10-25	2.90	10.95	12.87

图 14.12　显示这只股票的近 10 个交易日的收盘价信息

14.1.5　获取股票简称变更情况信息

股票简称变更情况信息，都存放在 STK_NAME_HISTORY 表中，该表保存在 finance 包中。要查看表中的数据信息，需要使用 query() 函数。下面举例说明。

单击聚宽 JoinQuant 量化炒股平台中的“策略研究 / 研究环境”命令，进入 Jupyter Notebook 的研究平台。然后单击“新建”按钮，创建 Python 3 文件，并重命名文件为“Python14-5”，接着输入如下代码：

```
    from jqdata import finance
    q=query(finance.STK_NAME_HISTORY).filter(finance.STK_NAME_HISTORY.
code=='600010.XSHG')
    df=finance.run_query(q)
    df
```

在这里查看的是包钢股份（600010）股票的简称变更情况。

单击工具栏中的 运行 按钮，运行结果如图 14.13 所示。

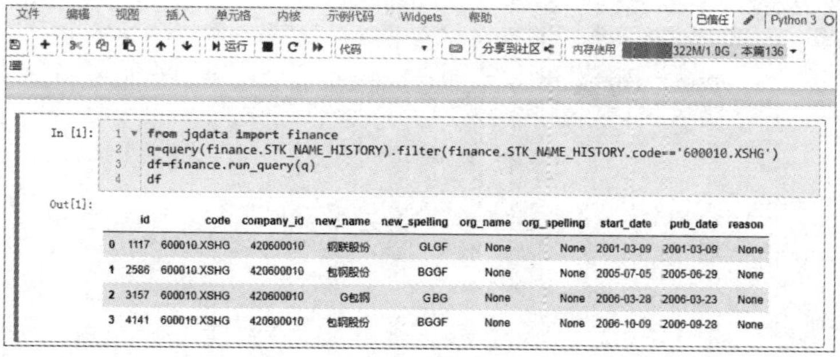

```
In [1]:
from jqdata import finance
q=query(finance.STK_NAME_HISTORY).filter(finance.STK_NAME_HISTORY.code=='600010.XSHG')
df=finance.run_query(q)
df
```

Out[1]:

	id	code	company_id	new_name	new_spelling	org_name	org_spelling	start_date	pub_date	reason
0	1117	600010.XSHG	420600010	钢联股份	GLGF	None	None	2001-03-09	2001-03-09	None
1	2586	600010.XSHG	420600010	包钢股份	BGGF	None	None	2005-07-05	2005-06-29	None
2	3157	600010.XSHG	420600010	G包钢	GBG	None	None	2006-03-28	2006-03-23	None
3	4141	600010.XSHG	420600010	包钢股份	BGGF	None	None	2006-10-09	2006-09-28	None

图 14.13　包钢股份（600010）股票的简称变更情况

STK_NAME_HISTORY 表的常用字段意义如下。

code：证券代码。

new_name：新股票简称。

org_name：原证券简称。

start_date：开始日期。

pub_date：公告日期。

14.1.6 获取公司管理人员任职情况信息

公司管理人员任职情况信息，都存放在 STK_MANAGEMENT_INFO 表中，该表保存在 finance 包中。要查看表中的数据信息，需要使用 query() 函数。下面举例说明。

单击聚宽 JoinQuant 量化炒股平台中的“策略研究 / 研究环境”命令，进入 Jupyter Notebook 的研究平台。然后单击“新建”按钮，创建 Python 3 文件，并重命名文件为“Python14-6”，接着输入如下代码：

```
    from jqdata import finance
    q=query(finance.STK_MANAGEMENT_INFO).filter(finance.STK_MANAGEMENT_INFO.
code=='600036.XSHG').limit(6)
    df=finance.run_query(q)
    df
```

在这里查看了招商银行的公司管理人员任职情况。

单击工具栏中的 运行 按钮，运行结果如图 14.14 所示。

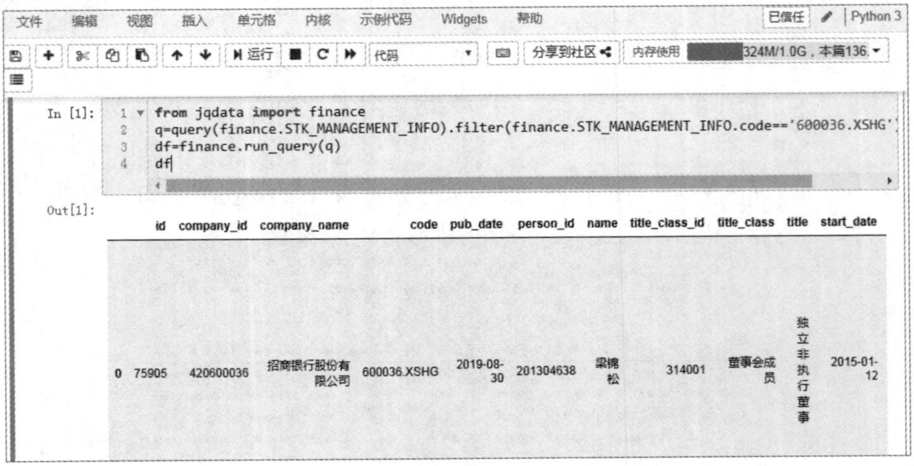

图 14.14　招商银行的公司管理人员任职情况

STK_MANAGEMENT_INFO 表的常用字段意义如下。

code：证券代码。

title：职务名称。

start_date：任职日期。

leave_date：离职日期。

leave_reason：离职原因。

highest_degree：最高学历。

titile_level：职级。

profession_certificate：专业技术资格。

security_career_start_year：从事证券业开始年份。

14.2 获取上市公司股东和股本信息

获取上市公司股东和股本信息，即获取上市公司的十大股东信息、十大流通股东信息、股东股份质押信息、股东股份冻结信息、股东户数信息、大股东减持信息和上市公司股本变动信息。

14.2.1 获取上市公司的十大股东信息

上市公司的十大股东数据，都存放在 STK_SHAREHOLDER_TOP10 表中，该表保存在 finance 包中。要查看表中的数据信息，需要使用 query() 函数。下面举例说明。

单击聚宽 JoinQuant 量化炒股平台中的“策略研究 / 研究环境”命令，进入 Jupyter Notebook 的研究平台。然后单击“新建”按钮，创建 Python 3 文件，并重命名文件为“Python14-7”，接着输入如下代码：

```
    from jqdata import finance
    q=query(finance.STK_SHAREHOLDER_TOP10).filter(finance.STK_SHAREHOLDER_
TOP10.code=='600036.XSHG')
    df=finance.run_query(q)
    df
```

在这里查看了招商银行的十大股东信息。

单击工具栏中的 ▶|运行 按钮，运行结果如图 14.15 所示。

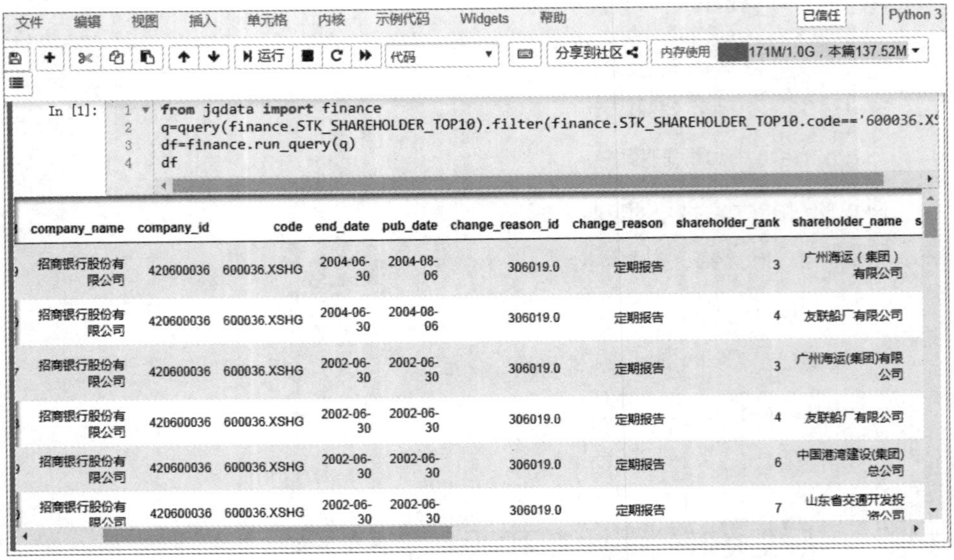

图 14.15 招商银行的十大股东信息

STK_SHAREHOLDER_TOP10 表的常用字段意义如下。

code：证券代码。

company_name：公司名称。

shareholder_name：股东名称。

shareholder_rank：股东名次。

share_number：持股数量。

share_ratio：持股比例。

Sharesnature：股份性质。

显示招商银行的第一大股东的名称、持股数量和持股比例，具体代码如下：

```
    from jqdata import finance
    q=query(finance.STK_SHAREHOLDER_TOP10.shareholder_name,finance.STK_
SHAREHOLDER_TOP10.share_number,finance.STK_SHAREHOLDER_TOP10.share_ratio).
filter(finance.STK_SHAREHOLDER_TOP10.code=='600036.XSHG',finance.STK_
SHAREHOLDER_TOP10.shareholder_rank==1)
    df1=finance.run_query(q)
    print("招商银行的第一大股东的名称、持股数量和持股比例:\n",df1)
```

单击工具栏中的 ▶运行 按钮，运行结果如图 14.16 所示。

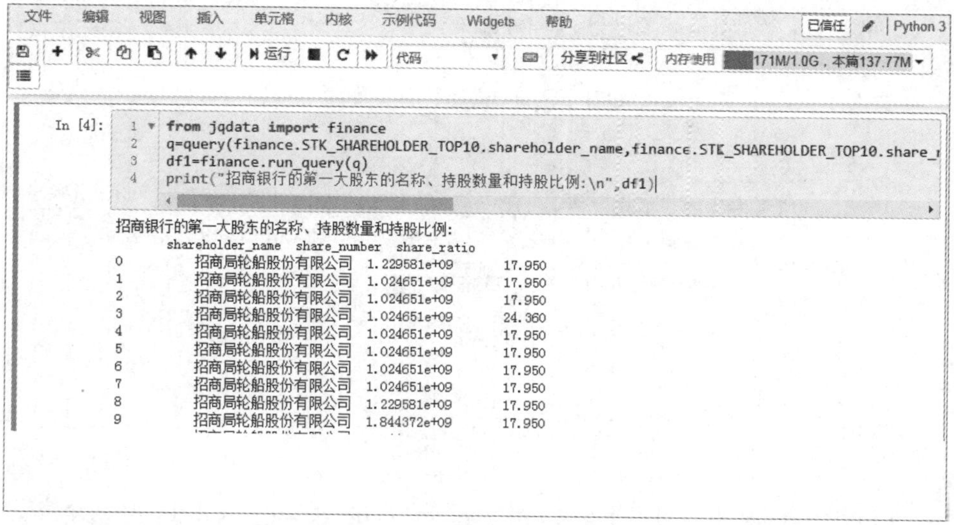

图 14.16 招商银行的第一大股东的名称、持股数量和持股比例

显示招商局轮船股份有限公司是十大股东的股票代码，具体代码如下：

```
from jqdata import finance
q=query(finance.STK_SHAREHOLDER_TOP10).filter(finance.STK_SHAREHOLDER_
TOP10.shareholder_name==' 招商局轮船股份有限公司 ')
df2=finance.run_query(q)
b = set(df2['code'])
print(" 招商局轮船股份有限公司是十大股东的股票代码: ",b)
```

这里需要注意：利用 df2['code'] 获取满足条件的股票代码后，还要转化为集合变量，这样可以保证股票代码不重复出现。

单击工具栏中的 ▶运行 按钮，运行结果如图 14.17 所示。

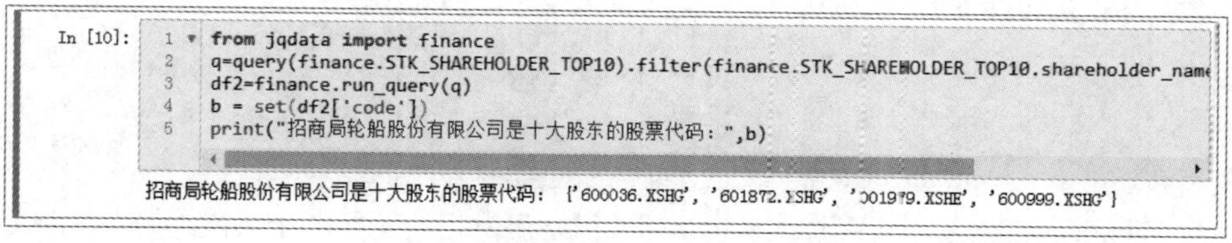

图 14.17 招商局轮船股份有限公司是十大股东的股票代码

再来显示招商局轮船股份有限公司是十大股东的股票，近 10 个交易日的收盘价信息，具体代码如下：

```
    import pandas as pd
    dataframe1 = history(10, unit='1d', field='close', security_list=b, df
=True, skip_paused=False, fq='pre')
    print("招商局轮船股份有限公司是十大股东的股票，近 10 个交易日的收盘价信息：\n",
dataframe1)
```

单击工具栏中的 ▶| 运行 按钮，运行结果如图 14.18 所示。

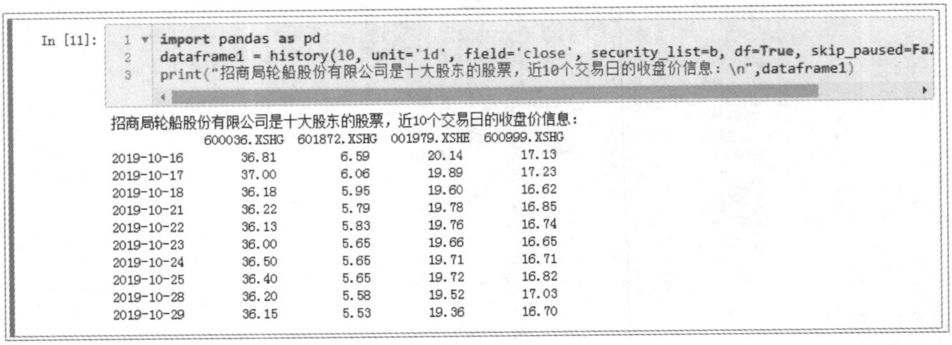

```
In [11]:  1  import pandas as pd
          2  dataframe1 = history(10, unit='1d', field='close', security_list=b, df=True, skip_paused=Fal
          3  print("招商局轮船股份有限公司是十大股东的股票，近10个交易日的收盘价信息：\n",dataframe1)
```

招商局轮船股份有限公司是十大股东的股票，近10个交易日的收盘价信息：

	600036.XSHG	601872.XSHG	001979.XSHE	600999.XSHG
2019-10-16	36.81	6.59	20.14	17.13
2019-10-17	37.00	6.06	19.89	17.23
2019-10-18	36.18	5.95	19.60	16.62
2019-10-21	36.22	5.79	19.78	16.85
2019-10-22	36.13	5.83	19.76	16.74
2019-10-23	36.00	5.65	19.66	16.65
2019-10-24	36.50	5.65	19.71	16.71
2019-10-25	36.40	5.65	19.72	16.82
2019-10-28	36.20	5.58	19.52	17.03
2019-10-29	36.15	5.53	19.36	16.70

图 14.18　招商局轮船股份有限公司是十大股东的股票，近 10 个交易日的收盘价信息

14.2.2　获取上市公司的十大流通股东信息

上市公司的十大流通股东数据，都存放在 STK_SHAREHOLDER_FLOATING_TOP10 表中，该表保存在 finance 包中。要查看表中的数据信息，需要使用 query() 函数。下面举例说明。

单击聚宽 JoinQuant 量化炒股平台中的“策略研究 / 研究环境”命令，进入 Jupyter Notebook 的研究平台。然后单击“新建”按钮，创建 Python 3 文件，并重命名文件为“Python14-8”，接着输入如下代码：

```
    from jqdata import finance
    q=query(finance.STK_SHAREHOLDER_FLOATING_TOP10).filter(finance.STK_
SHAREHOLDER_FLOATING_TOP10.code=='600036.XSHG',finance.STK_SHAREHOLDER_
FLOATING_TOP10.pub_date>'2019-01-01')
    df=finance.run_query(q)
    df
```

下面显示的是公告日期 2019 年 1 月 1 日之后的招商银行的十大流通股东信息。

单击工具栏中的 ▶| 运行 按钮，运行结果如图 14.19 所示。

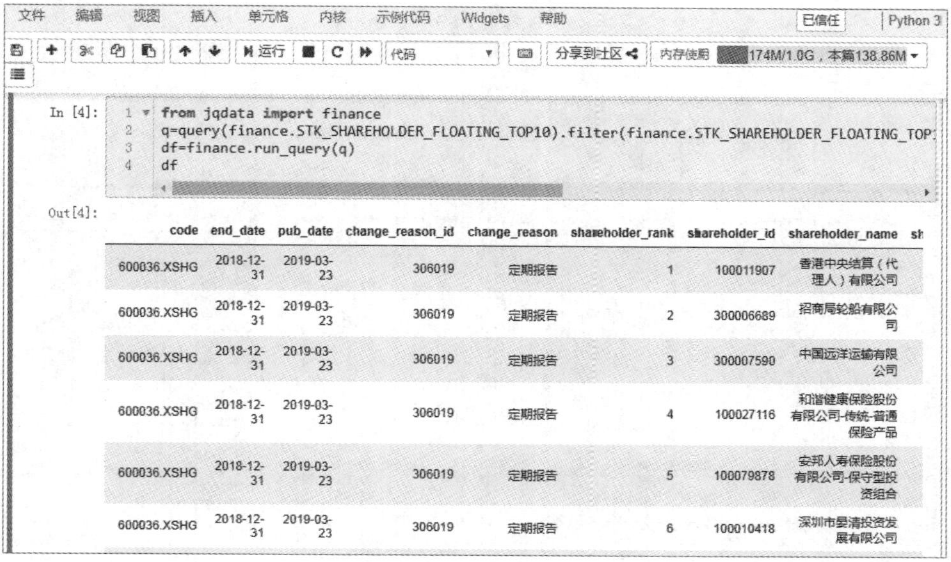


```
from jqdata import finance
q=query(finance.STK_SHAREHOLDER_FLOATING_TOP10).filter(finance.STK_SHAREHOLDER_FLOATING_TOP1
df=finance.run_query(q)
df
```

	code	end_date	pub_date	change_reason_id	change_reason	shareholder_rank	shareholder_id	shareholder_name	sh
	600036.XSHG	2018-12-31	2019-03-23	306019	定期报告	1	100011907	香港中央结算（代理人）有限公司	
	600036.XSHG	2018-12-31	2019-03-23	306019	定期报告	2	300006689	招商局轮船有限公司	
	600036.XSHG	2018-12-31	2019-03-23	306019	定期报告	3	300007590	中国远洋运输有限公司	
	600036.XSHG	2018-12-31	2019-03-23	306019	定期报告	4	100027116	和谐健康保险股份有限公司-传统-普通保险产品	
	600036.XSHG	2018-12-31	2019-03-23	306019	定期报告	5	100079878	安邦人寿保险股份有限公司-保守型投资组合	
	600036.XSHG	2018-12-31	2019-03-23	306019	定期报告	6	100010418	深圳市晏清投资发展有限公司	

图 14.19　公告日期 2019 年 1 月 1 日之后的招商银行的十大流通股东信息

STK_SHAREHOLDER_FLOATING_TOP10 表的常用字段，与 STK_SHAREHOLDER_TOP10 表相同，这里不再赘述。

14.2.3　获取股东股份质押信息

上市公司的股东股份质押数据，都存放在 STK_SHARES_PLEDGE 表中，该表保存在 finance 包中。要查看表中的数据信息，需要使用 query() 函数。下面举例说明。

单击聚宽 JoinQuant 量化炒股平台中的“策略研究 / 研究环境”命令，进入 Jupyter Notebook 的研究平台。然后单击“新建”按钮，创建 Python 3 文件，并重命名文件为“Python14-9”，接着输入如下代码：

```
    from jqdata import finance
    q=query(finance.STK_SHARES_PLEDGE).filter(finance.STK_SHARES_PLEDGE.
code=='000002.XSHE')
    df=finance.run_query(q)
    df
```

下面显示的是万科 A 的股东股份质押信息。

单击工具栏中的 运行 按钮，运行结果如图 14.20 所示。

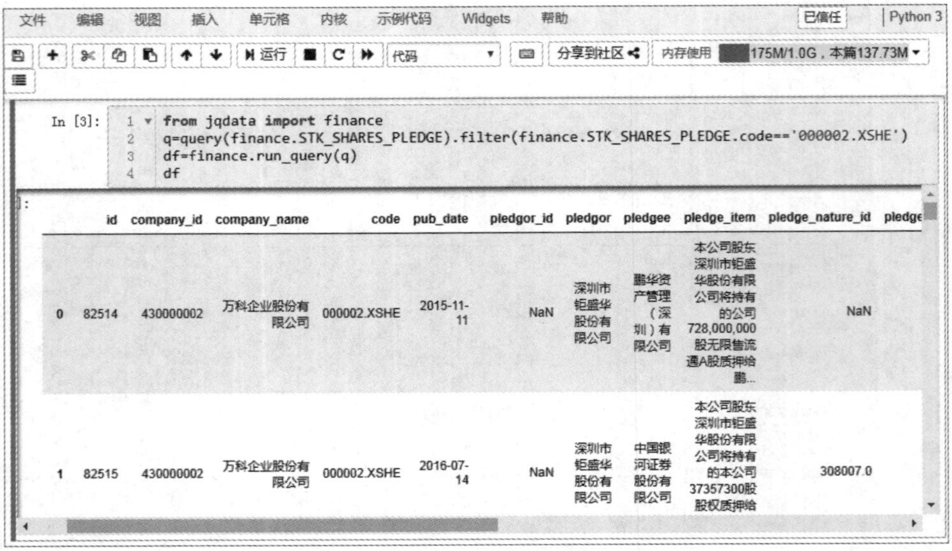

图 14.20　万科 A 的股东股份质押信息

STK_SHARES_PLEDGE 表的常用字段意义如下。

code：证券代码。

company_name：公司名称。

pledgor：出质人。

pledgee：质权人。

pledge_item：质押事项。

pledge_number：质押数量。

pledge_total_ratio：占总股本比例。

start_date：质押起始日。

end_date：质押终止日。

unpledged_date：质押解除日。

unpledged_number：质押解除数量。

unpledged _detail：解除质押说明。

14.2.4　获取股东股份冻结信息

上市公司的股东股份冻结数据，都存放在 STK_SHARES_FROZEN 表中，该表保存在 finance 包中。要查看表中的数据信息，需要使用 query() 函数。下面举例说明。

单击聚宽 JoinQuant 量化炒股平台中的“策略研究 / 研究环境”命令，进入 Jupyter Notebook 的研究平台。然后单击“新建”按钮，创建 Python 3 文件，并重命名文件为“Python14-10”，接着输入如下代码：

```
    from jqdata import finance
    q=query(finance.STK_SHARES_FROZEN).filter(finance.STK_SHARES_FROZEN.
code=='600520.XSHG')
    df=finance.run_query(q)
    df
```

下面显示的是铜陵三佳的股东股份冻结信息。

单击工具栏中的 ▶|运行 按钮，运行结果如图 14.21 所示。

STK_SHARES_FROZEN 表的常用字段意义如下。

code：证券代码。

company_name：公司名称。

frozen_number：冻结数量。

frozen_total_ratio：占总股份比例。

start_date：冻结起始日。

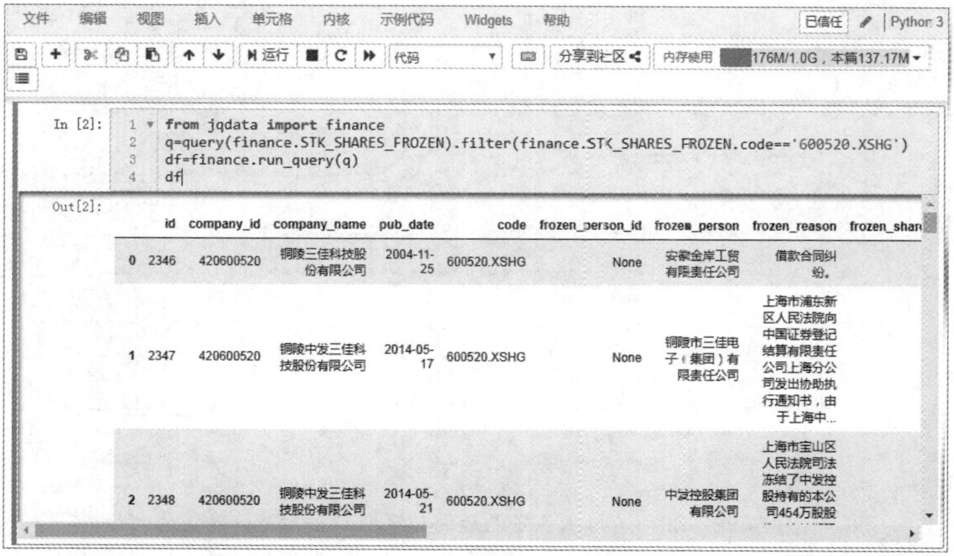

图 14.21　铜陵三佳的股东股份冻结信息

end_date：冻结终止日。

unfrozen_date：解冻日期。

unfrozen_number：累计解冻数量。

unfrozen_detail：解冻处理说明。

14.2.5　股东户数信息

上市公司的股东户数数据，都存放在 STK_HOLDER_NUM 表中，该表保存在 finance 包中。要查看表中的数据信息，需要使用 query() 函数。下面举例说明。

单击聚宽 JoinQuant 量化炒股平台中的“策略研究 / 研究环境”命令，进入 Jupyter Notebook 的研究平台。然后单击“新建”按钮，创建 Python 3 文件，并重命名文件为“Python14-11”，接着输入如下代码：

```
    from jqdata import finance
    q=query(finance.STK_HOLDER_NUM).filter(finance.STK_HOLDER_NUM.
code=='600036.XSHG',finance.STK_HOLDER_NUM.pub_date>'2018-01-01')
    df=finance.run_query(q)
    df
```

下面显示的是 2018 年 1 月 1 日之后的招商银行的股东户数信息。

单击工具栏中的 ▶运行 按钮，运行结果如图 14.22 所示。

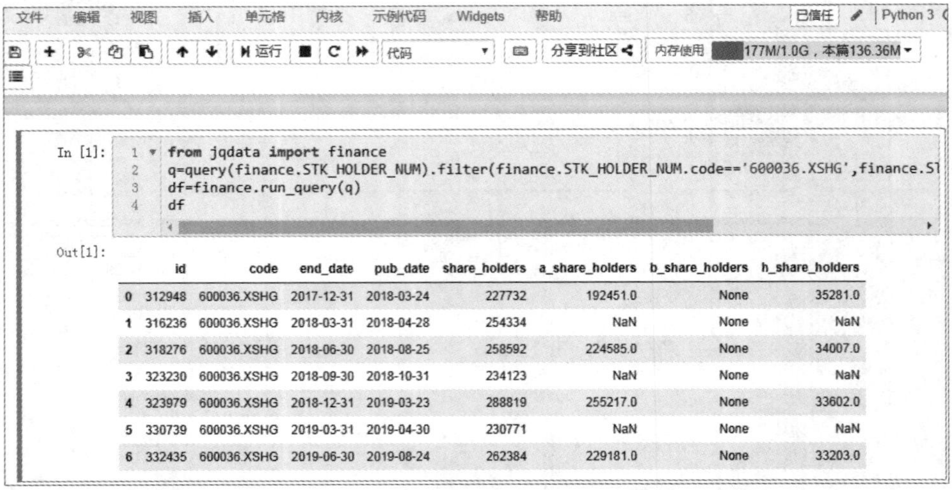

	id	code	end_date	pub_date	share_holders	a_share_holders	b_share_holders	h_share_holders
0	312948	600036.XSHG	2017-12-31	2018-03-24	227732	192451.0	None	35281.0
1	316236	600036.XSHG	2018-03-31	2018-04-28	254334	NaN	None	NaN
2	318276	600036.XSHG	2018-06-30	2018-08-25	258592	224585.0	None	34007.0
3	323230	600036.XSHG	2018-09-30	2018-10-31	234123	NaN	None	NaN
4	323979	600036.XSHG	2018-12-31	2019-03-23	288819	255217.0	None	33602.0
5	330739	600036.XSHG	2019-03-31	2019-04-30	230771	NaN	None	NaN
6	332435	600036.XSHG	2019-06-30	2019-08-24	262384	229181.0	None	33203.0

图 14.22　2018 年 1 月 1 日之后的招商银行的股东户数信息

STK_HOLDER_NUM 表的常用字段意义如下。

code：证券代码。

pub_date：公告日期。

end_date：截止日期。

share_holders：股东总户数。

a_share_holders：A 股股东总户数。

b_share_holders：B 股股东总户数。

h_share_holders：H 股股东总户数。

14.2.6 大股东减持信息

上市公司的大股东减持数据，都存放在 STK_SHAREHOLDERS_SHARE_CHANGE 表中，该表保存在 finance 包中。要查看表中的数据信息，需要使用 query() 函数。下面举例说明。

单击聚宽 JoinQuant 量化炒股平台中的“策略研究 / 研究环境”命令，进入 Jupyter Notebook 的研究平台。然后单击“新建”按钮，创建 Python 3 文件，并重命名文件为“Python14-12”，接着输入如下代码：

```
from jqdata import finance
q=query(finance.STK_SHAREHOLDERS_SHARE_CHANGE).filter(finance.STK_SHAREHOLDERS_SHARE_CHANGE.code=='000002.XSHE')
df=finance.run_query(q)
df
```

下面显示的是万科 A 的大股东减持信息。

单击工具栏中的 ▶运行 按钮，运行结果如图 14.23 所示。

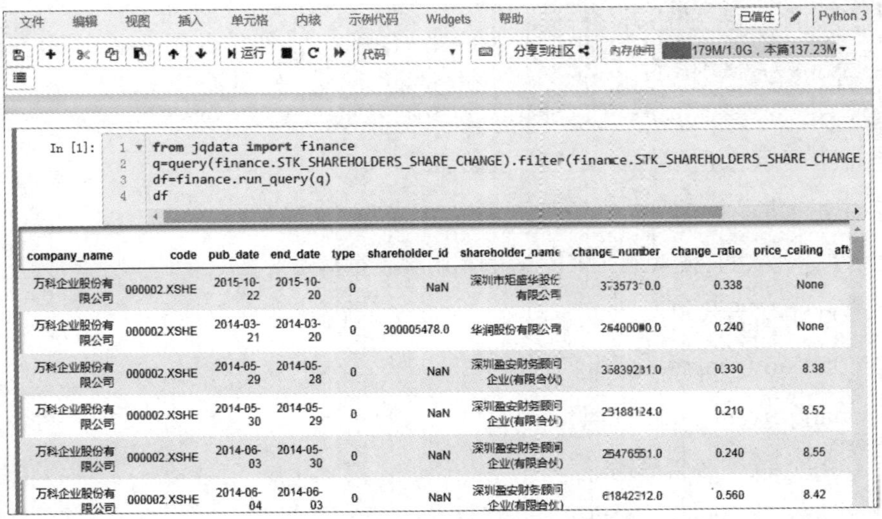

company_name	code	pub_date	end_date	type	shareholder_id	shareholder_name	change_number	change_ratio	price_ceiling
万科企业股份有限公司	000002.XSHE	2015-10-22	2015-10-20	0	NaN	深圳市钜盛华投资有限公司	[illegible]	0.338	None
万科企业股份有限公司	000002.XSHE	2014-03-21	2014-03-20	0	300005478.0	华润股份有限公司	[illegible]	0.240	None
万科企业股份有限公司	000002.XSHE	2014-05-29	2014-05-28	0	NaN	深圳盈安财务顾问企业(有限合伙)	33839231.0	0.330	8.38
万科企业股份有限公司	000002.XSHE	2014-05-30	2014-05-29	0	NaN	深圳盈安财务顾问企业(有限合伙)	23188124.0	0.210	8.52
万科企业股份有限公司	000002.XSHE	2014-06-03	2014-05-30	0	NaN	深圳盈安财务顾问企业(有限合伙)	25476551.0	0.240	8.55
万科企业股份有限公司	000002.XSHE	2014-06-04	2014-06-03	0	NaN	深圳盈安财务顾问企业(有限合伙)	61842312.0	0.560	8.42

图 14.23　万科 A 的大股东减持信息

STK_SHAREHOLDERS_SHARE_CHANGE 表的常用字段意义如下。

code：证券代码。

pub_date：公告日期。

change_number：变动数量。

change_ratio：变动数量占总股本比例。

price_ceiling：增（减）持价格上限，公告中一般会给一个增持或者减持的价格区间，上限就是增持价格或减持价格的最高价。

after_change_ratio：变动后占比。

end_date：增（减）持截止日。

type：增（减）持类型，0 表示增持，1 表示减持。

14.2.7 上市公司股本变动信息

上市公司的股本变动数据，都存放在 STK_CAPITAL_CHANGE 表中，该表保存在 finance 包中。要查看表中的数据信息，需要使用 query() 函数。下面举例说明。

单击聚宽 JoinQuant 量化炒股平台中的“策略研究 / 研究环境”命令，进入 Jupyter Notebook 的研究平台。然后单击“新建”按钮，创建 Python 3 文件，并重命名文件为“Python14-13”，接着输入如下代码。

```
    from jqdata import finance
    q=query(finance.STK_CAPITAL_CHANGE).filter(finance.STK_CAPITAL_CHANGE.
code=='600036.XSHG')
    df=finance.run_query(q)
    df
```

下面显示的是招商银行的股本变动信息。

单击工具栏中的 ▶运行 按钮，运行结果如图 14.24 所示。

STK_CAPITAL_CHANGE 表的常用字段意义如下。

code：证券代码。

company_name：公司名称。

change_date：变动日期。

pub_date：公告日期。

change_reason：变动原因。

share_total：总股本。总股本 = 未流通股份 + 已流通股份，单位：万股。

share_non_trade：未流通股份。未流通股份 = 发起人股份 + 募集法人股份 + 内部职工股 + 优先股 + 转配股 + 其他未流通股 + 配售法人股 + 已发行未上市股份。

share_start：发起人股份。发起人股份 = 国家持股 + 国有法人持股 + 境内法人持股 + 境外法人持股 + 自然人持股。

share_management：高管股。

share_management_limited：限售高管股。

control_shareholder_limited：控股股东、实际控制人 (受限)。

core_employee_limited：核心员工 (受限)。

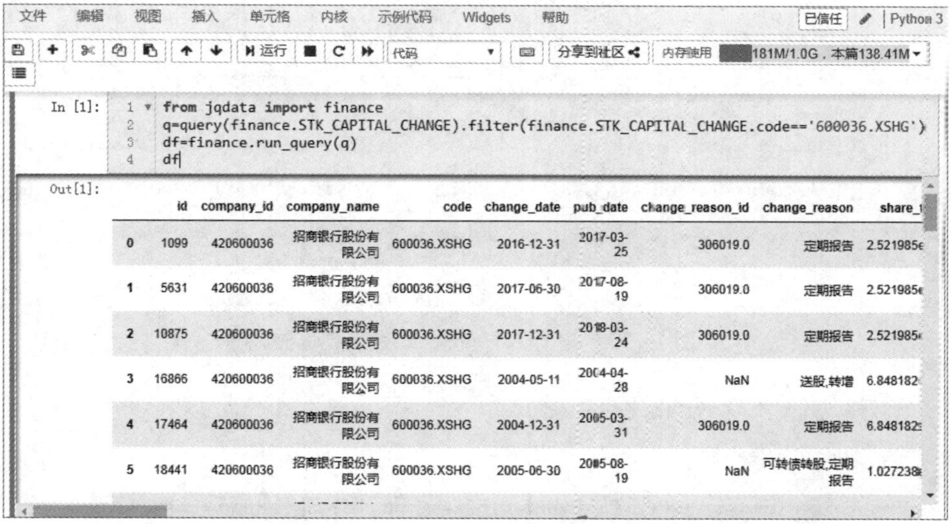

图 14.24　招商银行的股本变动信息

14.3　获取上市公司分红送股数据信息

上市公司分红送股数据，都存放在 STK_XR_XD 表中，该表保存在 finance 包中。要查看表中的数据信息，需要使用 query() 函数。下面举例说明。

单击聚宽 JoinQuant 量化炒股平台中的“策略研究 / 研究环境”命令，进入 Jupyter Notebook 的研究平台。然后单击“新建”按钮，创建 Python 3 文件，

并重命名文件为“Python14-14”，接着输入如下代码：

```
    from jqdata import finance
    q=query(finance.STK_XR_XD).filter(finance.STK_XR_XD.code =='600036.
XSHG')
    df = finance.run_query(q)
    df
```

下面显示的是招商银行的分红送股数据信息。

单击工具栏中的 ▶运行 按钮，运行结果如图 14.25 所示。

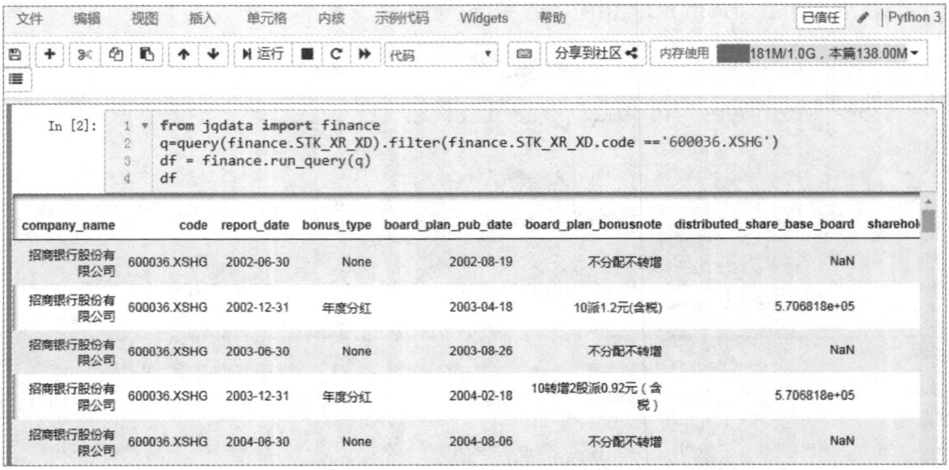

company_name	code	report_date	bonus_type	board_plan_pub_date	board_plan_bonusnote	distributed_share_base_board	sharehol
招商银行股份有限公司	600036.XSHG	2002-06-30	None	2002-08-19	不分配不转增	NaN	
招商银行股份有限公司	600036.XSHG	2002-12-31	年度分红	2003-04-18	10派1.2元(含税)	5.706818e+05	
招商银行股份有限公司	600036.XSHG	2003-06-30	None	2003-08-26	不分配不转增	NaN	
招商银行股份有限公司	600036.XSHG	2003-12-31	年度分红	2004-02-18	10转增2股派0.92元（含税）	5.706818e+05	
招商银行股份有限公司	600036.XSHG	2004-06-30	None	2004-08-06	不分配不转增	NaN	

图 14.25 招商银行的分红送股数据信息

STK_XR_XD 表的常用字段意义如下。

code：证券代码。

bonus_type：分红类型。分红类型有 6 种，分别是年度分红、中期分红、季度分红、特别分红、向公众股东赠送和股改分红。

board_plan_pub_date：董事会预案公告日期。

board_plan_bonusnote：董事会预案分红说明，即每 10 股送 ×× 转增 ×× 派 ×× 元。

dividend_ratio：送股比例，即每 10 股送 ×× 股。

transfer_ratio：转增比例，每 10 股转增 ×× 股。

a_transfer_arrival_date：A 股转增股份到账日。

14.4 获取沪深股市每日成交概况信息

沪深股市每日成交概况信息，都存放在 STK_EXCHANGE_TRADE_INFO 表中，该表保存在 finance 包中。要查看表中的数据信息，需要使用 query() 函数。下面举例说明。

单击聚宽 JoinQuant 量化炒股平台中的“策略研究 / 研究环境”命令，进入 Jupyter Notebook 的研究平台。然后单击“新建”按钮，创建 Python 3 文件，并重命名文件为“Python14-15”，接着输入如下代码：

```
    from jqdata import finance
    q=query(finance.STK_EXCHANGE_TRADE_INFO).filter(finance.STK_EXCHANGE_
TRADE_INFO.date>='2019-10-28')
    df = finance.run_query(q)
    df
```

在这里显示的是 2019 年 10 月 28 日之后的沪深股市每日成交概况信息。

单击工具栏中的 运行 按钮，运行结果如图 14.26 所示。

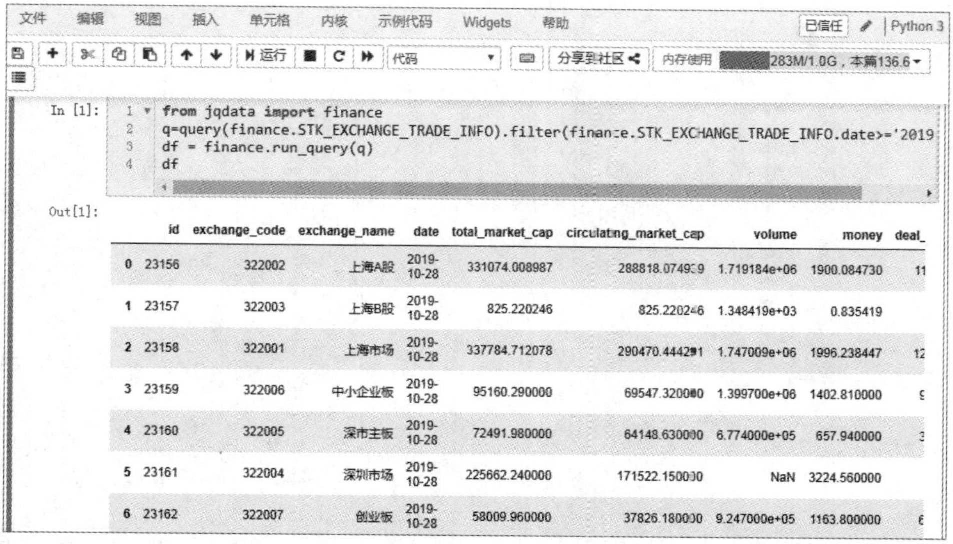


```
from jqdata import finance
q=query(finance.STK_EXCHANGE_TRADE_INFO).filter(finance.STK_EXCHANGE_TRADE_INFO.date>='2019
df = finance.run_query(q)
df
```

	id	exchange_code	exchange_name	date	total_market_cap	circulating_market_cap	volume	money	deal_
0	23156	322002	上海A股	2019-10-28	331074.008987	288818.074939	1.719184e+06	1900.084730	11
1	23157	322003	上海B股	2019-10-28	825.220246	825.220246	1.348419e+03	0.835419	
2	23158	322001	上海市场	2019-10-28	337784.712078	290470.444291	1.747009e+06	1996.238447	12
3	23159	322006	中小企业板	2019-10-28	95160.290000	69547.320000	1.399700e+06	1402.810000	9
4	23160	322005	深市主板	2019-10-28	72491.980000	64148.630000	6.774000e+05	657.940000	3
5	23161	322004	深圳市场	2019-10-28	225662.240000	171522.150000	NaN	3224.560000	
6	23162	322007	创业板	2019-10-28	58009.960000	37826.180000	9.247000e+05	1163.800000	6

图 14.26　2019 年 10 月 28 日之后的沪深股市每日成交概况信息

STK_EXCHANGE_TRADE_INFO 表的常用字段意义如下。

exchange_name：市场名称。市场名称有 7 种，分别是上海市场、上海 A 股、上海 B 股、深圳市场、深市主板、中小企业板和创业板。

date：交易日期。

total_market_cap：市价总值，单位：亿。

circulating_market_cap：流通市值，单位：亿。

volume：成交量，单位：万。

money：成交金额，单位：亿。

deal_number：成交笔数，单位：万笔。

pe_average：平均市盈率。上海市场市盈率计算方法：市盈率 = ∑（收盘价 × 发行数量）/ ∑（每股收益 × 发行数量），统计时剔除亏损及暂停上市的上市公司。深圳市场市盈率计算方法：市盈率 = ∑市价总值 / ∑（总股本 × 上年每股利润），剔除上年利润为负的公司。

turnover_ratio：换手率。

第 15 章

Python 量化择时的技术指标函数

技术指标通过对原始数据（开盘价、收盘价、最低价、最高价、成交量、成交金额、成交笔数）的处理，来反映出市场的某一方面深层的内涵，这些内涵是很难通过原始数据直接看出来的。技术指标能客观地反映某些既成过去的事实，将某些市场的数据形象化、直观化，将某些分析理论数量化和精细化。正因为技术指标可以提供具体量化条件，所以可以实现量化买卖，这也是在量化交易中，技术指标应用最为广泛的原因。

本章主要内容包括:

- 量化择时概述
- 趋向指标函数
- 反趋向指标函数
- 压力支撑指标函数
- 量价指标函数

15.1 量化择时概述

量化择时是指利用数量化的方法，通过各种技术分析的量化分析，找到自选股中的股票的买点和卖点时机。在各种技术分析中，技术指标是非常重要的量化分析手段，也是最常用的量化分析工具。

目前，应用于股市的技术指标有几百种，按照不同的计算原理和反映状况，可大致分为 4 类，分别是趋向指标、反趋向指标、压力支撑指标和量价指标，如图 15.1 所示。

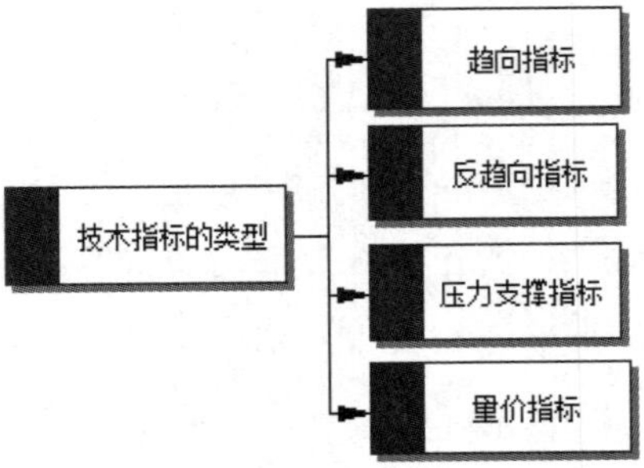

图 15.1　技术指标的类型

1. 趋向指标

趋向指标是识别和追踪有趋势的图形类指标，其特点是不试图猜顶和测底，如均线指标、MACD 指标等。

2. 反趋向指标

反趋向指标，又称振荡指标，是识别和追踪趋势运行的转折点的图形类指标，其特点是具有强烈的捕顶和捉底的意图，对市场转折点较敏感，如随机指标 KDJ、强弱指标 RSI 等。

3. 压力支撑指标

压力支撑指标，又称通道指标，是通过顶部轨道线和底部轨道线，试图捕捉行情的顶部和底部的图形类指标，其特点是具有明显的压力线，也有明显的支撑线，如 BOLL 指标、XS 指标。

4. 量价指标

量价指标就是通过成交量变动来分析捕捉价格未来走势的图形类指标，其特点是以"成交量是市场元气"为依据，揭示成交与价格涨跌关系，如 OBV 指标、VOL 指标等。

15.2 趋向指标函数

趋向指标是投资者最容易在市场中获利的方法，也是股票、期货、外汇市场中最为著名的格言"让利润充分增长，限制损失"的真实反映。

15.2.1 MACD 指标函数

MACD 指标，即平滑异同平均线。在 Python 量化炒股策略中，平滑异同平均线 MACD 的语法格式如下：

```
MACD(security_list, check_date, SHORT = 12, LONG = 26, MID = 9)
```

各参数意义如下。

security_list：股票列表，可以是一只股票，也可是多只股票。

check_date：要查询数据的日期。

SHORT：统计的天数 SHORT。

LONG：统计的天数 LONG。

MID：统计的天数 MID。

返回 DIF、DEA 和 MACD 的值，返回类型为字典（dict），键（key）为股票代码，值（value）为数据。

平滑异同平均线 MACD 用法具体如下：

第一，DIFF、DEA 均为正，DIFF 向上突破 DEA，买入信号。

第二，DIFF、DEA 均为负，DIFF 向下跌破 DEA，卖出信号。

第三，DEA 线与 K 线发生背离，行情反转信号。

第四，分析 MACD 柱状线，由红变绿（正变负），卖出信号；由绿变红，买入信号。

> 提醒：DIFF 线是指收盘价短期、长期指数平滑移动平均线间的差；DEA 线是指 DIFF 线的 M 日指数平滑移动平均线；MACD 线是指 DIFF 线与 DEA 线的差，用彩色柱状线表示。

单击聚宽 JoinQuant 量化炒股平台中的“策略研究 / 研究环境”命令，进入 Jupyter Notebook 的研究平台。然后单击“新建”按钮，创建 Python 3 文件，并重命名文件为“Python15-1”，接着输入如下代码：

```
# 导入 technical_analysis 库
from jqlib.technical_analysis import *
# 定义股票池列表
security_list1 = '600036.XSHG'
# 计算并输出 security_list1 的 MACD 值
macd_diff, macd_dea, macd_macd = MACD(security_list1,check_date='2019-08-01', SHORT = 12, LONG = 26, MID = 9)
print(" 招商银行的 MACD 指标的 DIFF 值: ",macd_diff[security_list1])
print(" 招商银行的 MACD 指标的 DEA 值: ",macd_dea[security_list1])
print(" 招商银行的 MACD 指标的 MACD 值: ",macd_macd[security_list1])
```

首先导入 technical_analysis 库，这样才可以使用函数 MACD()。在这里定义计算的股票为招商银行（600036），接着就调用函数 MACD()，获得 DIF、DEA 和 MACD 的值，最后利用 print() 函数显示。

单击工具栏中的 ▶ 运行 按钮，运行结果如图 15.2 所示。

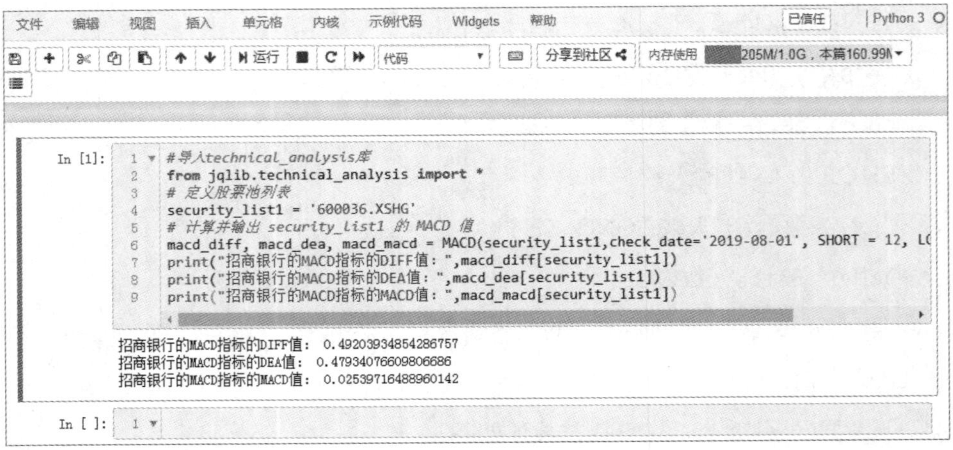

图 15.2　MACD 指标函数

利用函数 MACD() 获得 DIF、DEA 和 MACD 的值后，就可以量化择时，进行股票的买卖操作。

例如，DIFF、DEA 均为正，DIFF 向上突破 DEA，买入信号，转为 Python 代码如下：

```
macd_diff  >  0
macd_dea  >  0
macd_diff  >  macd_dea
```

DIFF、DEA 均为负，DIFF 向下跌破 DEA，卖出信号，转为 Python 代码如下：

```
macd_diff  <  0
macd_dea  <  0
macd_diff  <  macd_dea
```

15.2.2 EMV 指标函数

EMV 指标，即简易波动指标。在 Python 量化炒股策略中，简易波动指标 EMV 的语法格式如下：

```
EMV(security_list, check_date, N = 14, M = 9)
```

其中，security_list 和 check_date 参数与 MACD 指标相同，这里不再赘述。

参数 N 和 M 表示统计的天数 N 和统计的天数 M。

返回 EMV 和 MAEMV 的值，返回类型也与 MACD 指标相同，这里不再赘述。

简易波动指标 EMV 用法具体如下：

第一，EMV 由下往上穿越 0 轴时，视为中期买进信号。

第二，EMV 由上往下穿越 0 轴时，视为中期卖出信号。

第三，EMV 的平均线穿越 0 轴，产生假信号的机会较少。

需要注意的是，须长期使用 EMV 指标才能获得最佳利润。

单击聚宽 JoinQuant 量化炒股平台中的“策略研究 / 研究环境”命令，进入 Jupyter Notebook 的研究平台。然后单击“新建”按钮，创建 Python 3 文件，并重命名文件为“Python15-2”，接着输入如下代码：

```
    # 导入 technical_analysis 库
    from jqlib.technical_analysis import *
    # 定义股票池列表
    security_list1 = ['000001.XSHE','000002.XSHE','601211.XSHG','603177.
XSHG']
    # 计算并输出 security_list1 的 EMV 值
    EMV1,MAEMV1 = EMV(security_list1,check_date='2019-08-01', N = 14, M
= 9)
    for stock in security_list1:
        print(EMV1[stock])
        print(MAEMV1[stock])
```

注意：这里显示多只股票的 EMV 指标的参数值，要使用 for 循环语句显示。

单击工具栏中的 ▶| 运行 按钮，运行结果如图 15.3 所示。

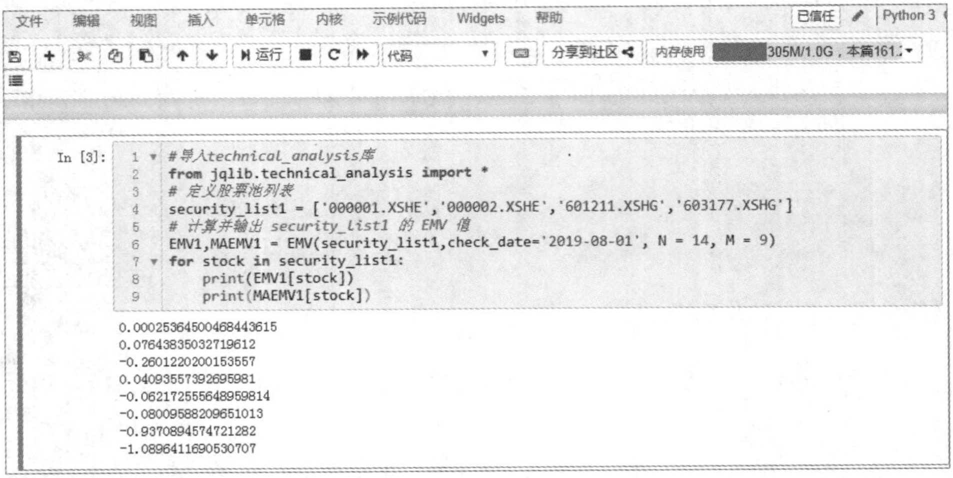

图 15.3　EMV 指标函数

15.2.3　UOS 指标函数

UOS 指标，即终极指标。其语法格式如下：

```
UOS(security_list, check_date, N1 = 7, N2 = 14, N3 = 28, M = 6)
```

其中，security_list 和 check_date 参数与 MACD 指标相同，这里不再赘述。

参数 N1、N2、N3 和 M 分别表示统计的天数 N1、N2、N3 以及统计的天数 M。

返回终极指标和 MAUOS 的值，返回类型也与 MACD 指标相同，这里不再赘述。

终极指标 UOS 用法具体如下：

第一，UOS 上升至 50 ~ 70 之间，而后向下跌破其 N 字曲线低点时，为短线卖点。

第二，UOS 上升超过 70，而后向下跌破 70 时，为中线卖点。

第三，UOS 下跌至 45 以下，而后向上突破其 N 字曲线高点时，为短线买点。

第四，UOS 下跌至 35 以下，产生一底比一底高的背离现象时，为底部特征。

需要注意的是，上述各项数据会因个股不同而略有不同，投资者可以利用参考线自行修正。

单击聚宽 JoinQuant 量化炒股平台中的“策略研究 / 研究环境”命令，进入 Jupyter Notebook 的研究平台。然后单击“新建”按钮，创建 Python 3 文件，并重命名文件为“Python15-3”，接着输入如下代码。

```
    # 导入 technical_analysis 库
    from jqlib.technical_analysis import *
    # 定义股票池列表
    security_list1 = '000002.XSHE'
    # 计算并输出 security_list1 的 UOS 值
    uos_ultiInc, uos_mauos = UOS(security_list1,check_date='2019-08-01',
N1 = 7, N2 = 14, N3 = 28, M = 6)
    print(" 万科 A 的终极指标 UOS 的终极指标值: ",uos_ultiInc[security_list1])
    print(" 万科 A 的终极指标 UOS 的 MAUOS 的值: ",uos_mauos[security_list1])
```

单击工具栏中的 ▶运行 按钮，运行结果如图 15.4 所示。

图 15.4　UOS 指标函数

15.2.4　GDX 指标函数

GDX 指标，即鬼道线。其语法格式如下：

```
GDX(security_list, check_date, N = 30, M = 9)
```

其中，security_list 和 check_date 参数与 MACD 指标相同，这里不再赘述。

参数 N 和 M 分别表示统计的天数 N 和统计的天数 M。

返回济安线、压力线和支撑线的值，返回类型也与 MACD 指标相同，这里不再赘述。

鬼道线指标 GDX，是一种用技术手段和经验判断来决定买卖股票的方法。该公式对趋势线做了平滑和修正处理，更精确地反映了股价运行规律。

当股价上升到压力线时，投资者就卖出股票。

当股价下跌到支撑线时，投资者就进行相应的补进。

单击聚宽 JoinQuant 量化炒股平台中的“策略研究 / 研究环境”命令，进入 Jupyter Notebook 的研究平台。然后单击“新建”按钮，创建 Python 3 文件，并重命名文件为“Python15-4”，接着输入如下代码：

```
# 导入 technical_analysis 库
from jqlib.technical_analysis import *
# 定义股票池列表
security_list1 = '600036.XSHG'
security_list2 = ['600036.XSHG','000002.XSHE','600019.XSHG']
# 计算并输出 security_list1 的 GDX 值
gdx_jax, gdx_ylx, gdx_zcx = GDX(security_list1,check_date='2019-6-
10', N = 30, M = 9)
print(" 招商银行的济安线的值: ",gdx_jax[security_list1])
print(" 招商银行的压力线的值: ",gdx_ylx[security_list1])
print(" 招商银行的支撑线的值: ",gdx_zcx[security_list1])
# 输出 security_list2 的 GDX 值
gdx_jax, gdx_ylx, gdx_zcx = GDX(security_list2,check_date='2019-6-
10', N = 30, M = 9)
print("\n\n 招商银行、万科 A、宝钢股份的济安线、压力线和支撑线的值: \n")
for stock in security_list2:
    print(gdx_jax[stock])
    print(gdx_ylx[stock])
    print(gdx_zcx[stock])
```

单击工具栏中的 ▶运行 按钮，运行结果如图 15.5 所示。

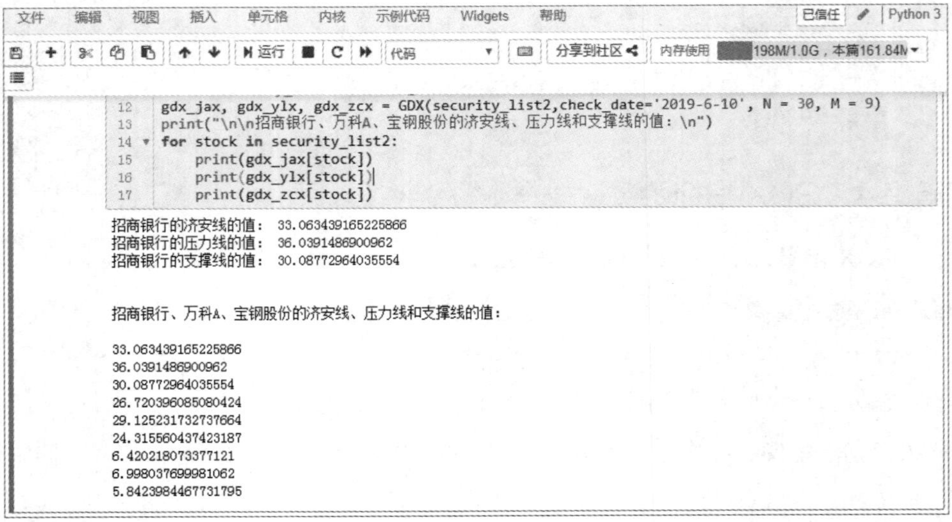

图 15.5　GDX 指标函数

15.2.5 JS 指标函数

JS 指标，即加速线。其语法格式如下：

```
JS(security_list, check_date, N = 5, M1 = 5, M2 = 10, M3 = 20)
```

其中，security_list 和 check_date 参数与 MACD 指标相同，这里不再赘述。

参数 N1、M1、M2 和 M3 表示统计的天数。

返回 JS、MAJS1、MAJS2 和 MAJS3 的值，返回类型也与 MACD 指标相同，这里不再赘述。

加速线指标是衡量股价涨速的工具，加速线指标上升表明股价上升动力增加，加速线指标下降表明股价下降压力增加。

加速线适用于 DMI 表明趋势明显时（DMI.ADX 大于 20）使用：

第一，如果加速线在 0 值附近形成平台，则表明既不是最好的买入时机也不是最好的卖入时机；

第二，在加速线发生金叉后，均线形成底部是买入时机；

第三，在加速线发生死叉后，均线形成顶部是卖出时机。

单击聚宽 JoinQuant 量化炒股平台中的“策略研究 / 研究环境”命令，进入 Jupyter Notebook 的研究平台。然后单击“新建”按钮，创建 Python 3 文件，并重命名文件为“Python15-5”，接着输入如下代码：

```
#导入 technical_analysis 库
from jqlib.technical_analysis import *
# 定义股票池列表
security_list1 = ['000001.XSHE','000002.XSHE','601211.XSHG']
# 输出 security_list2 的 JS 值
js_jsx, js_majsx1, js_majsx2, js_majsx3 = JS(security_list1,check_date='2019-08-01', N = 5, M1 = 5, M2 = 10, M3 = 20)
for stock in security_list1:
    print(js_jsx[stock])
    print(js_majsx1[stock])
    print(js_majsx2[stock])
    print(js_majsx3[stock])
```

单击工具栏中的 ▶| 运行 按钮，运行结果如图 15.6 所示。

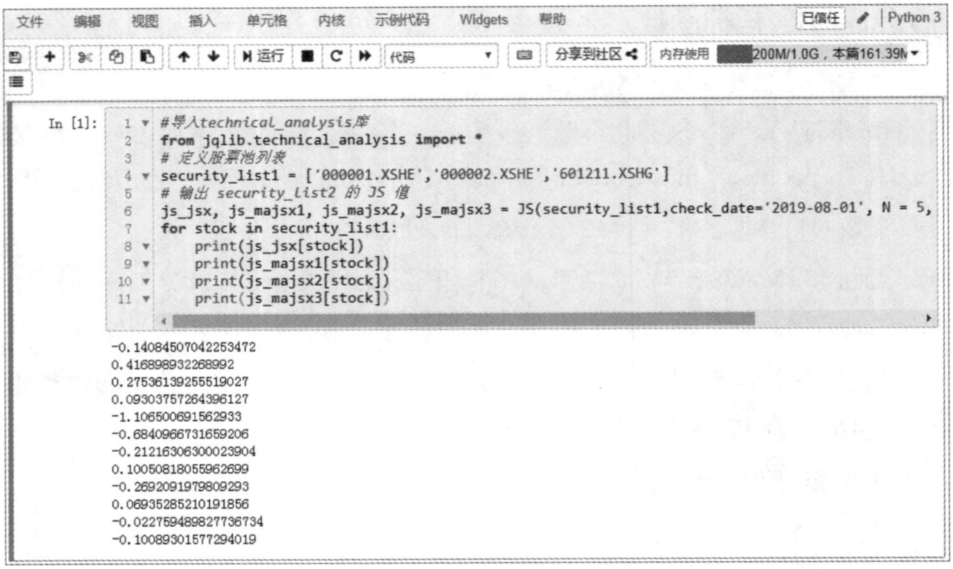

图 15.6 JS 指标函数

15.2.6 MA 指标函数

MA 指标，即均线。其语法格式如下。

```
MA(security_list, check_date, timeperiod=5)
```

其中，security_list 和 check_date 参数与 MACD 指标相同，这里不再赘述。

参数 timeperiod 表示统计的天数。

返回 MA 的值，返回类型也与 MACD 指标相同，这里不再赘述。

均线 MA 指标用法具体如下：

第一，股价高于平均线，视为强势；股价低于平均线，视为弱势；

第二，平均线向上涨升，具有助涨力道；平均线向下跌降，具有助跌力道；

第三，2 条以上平均线向上交叉时，买进；

第四，2 条以上平均线向下交叉时，卖出；

第五，移动平均线的信号经常落后股价，若以 EXPMA、VMA 辅助，可以改善。

单击聚宽 JoinQuant 量化炒股平台中的“策略研究 / 研究环境”命令，进入 Jupyter Notebook 的研究平台。然后单击“新建”按钮，创建 Python 3 文件，并重命名文件为“Python15-6”，接着输入如下代码：

```
#导入 technical_analysis 库
```

```
from jqlib.technical_analysis import *
#定义股票池列表
security_list1 = '000001.XSHE'
# 计算并输出 security_list1 的 MA 值
MA1 = MA(security_list1, check_date='2019-08-01', timeperiod=5)
MA2 = MA(security_list1, check_date='2019-08-01', timeperiod=10)
MA3 = MA(security_list1, check_date='2019-08-01', timeperiod=30)
print("平安银行的 5 日均线：",MA1[security_list1])
print("平安银行的 10 日均线：",MA2[security_list1])
print("平安银行的 30 日均线：",MA3[security_list1])
```

单击工具栏中的 ▶运行 按钮，运行结果如图 15.7 所示。

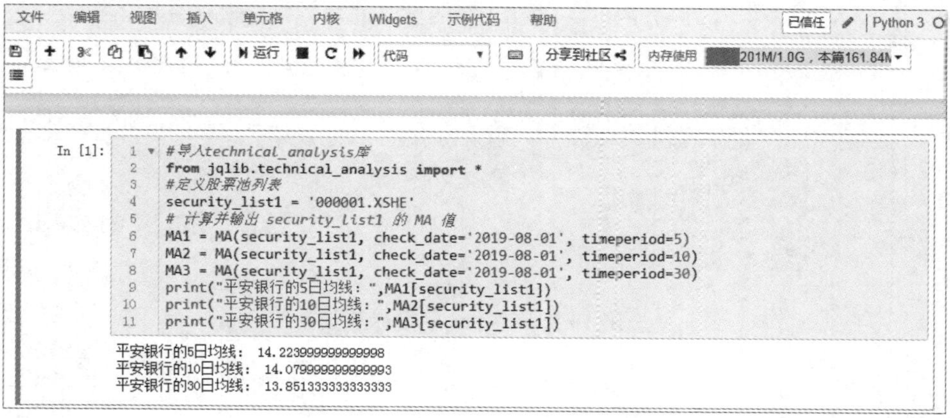

图 15.7　MA 指标函数

15.2.7　EXPMA 指标函数

EXPMA 指标，即指数平均线。其语法格式如下：

```
EXPMA(security_list, check_date, timeperiod = 12)
```

其中，security_list 和 check_date 参数与 MACD 指标相同，这里不再赘述。

参数 timeperiod 表示统计的天数。

返回 EXPMA 的值，返回类型也与 MACD 指标相同，这里不再赘述。

指数平均线 EXPMA 指标用法具体如下：

第一，EXPMA 一般以观察 12 日和 50 日 2 条均线为主；

第二，12 日指数平均线向上交叉 50 日指数平均线时，买进；

第三，12 日指数平均线向下交叉 50 日指数平均线时，卖出。

单击聚宽 JoinQuant 量化炒股平台中的“策略研究 / 研究环境”命令，进入 Jupyter Notebook 的研究平台。然后单击“新建”按钮，创建 Python 3 文件，

并重命名文件为“Python15-7”，接着输入如下代码：

```
# 导入 technical_analysis 库
from jqlib.technical_analysis import *
security_list1 = ['000001.XSHE','000002.XSHE','601211.XSHG']
# 输出 security_list2 的 EXPMA 值
EXPMA1 = EXPMA(security_list1,check_date='2019-08-01', timeperiod=12)
for stock in security_list1:
    print(EXPMA1[stock])
```

单击工具栏中的 ▶ 运行 按钮，运行结果如图 15.8 所示。

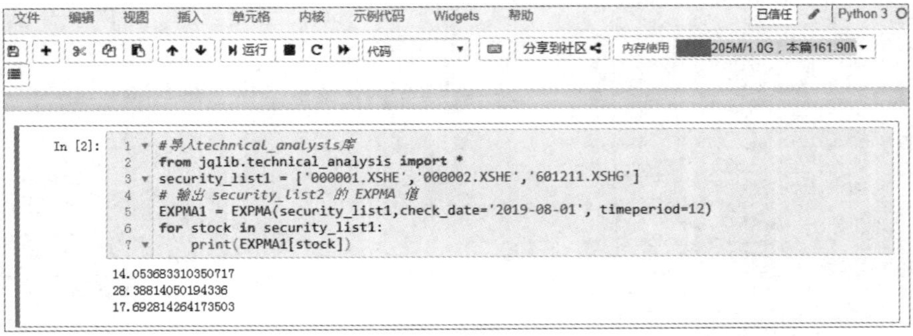

图 15.8　EXPMA 指标函数

15.2.8　VMA 指标函数

VMA 指标，即变异平均线。其语法格式如下。

```
VMA(security_list, check_date, timeperiod = 12)
```

其中，security_list 和 check_date 参数与 MACD 指标相同，这里不再赘述。

参数 timeperiod，表示统计的天数。

返回 VMA 的值，返回类型也与 MACD 指标相同，这里不再赘述。

变异平均线 VMA 指标用法具体如下：

第一，股价高于平均线，视为强势；股价低于平均线，视为弱势。

第二，平均线向上涨升，具有助涨力道；平均线向下跌降，具有助跌力道。

第三，2 条以上平均线向上交叉时，买进。

第四，2 条以上平均线向下交叉时，卖出。

> 提醒：VMA 比一般平均线的敏感度更高，消除了部分平均线落后的缺陷。

单击聚宽 JoinQuant 量化炒股平台中的“策略研究 / 研究环境”命令，进入 Jupyter Notebook 的研究平台。然后单击“新建”按钮，创建 Python 3 文件，

并重命名文件为“Python15-8”，接着输入如下代码：

```
#导入technical_analysis库
from jqlib.technical_analysis import *
# 定义股票池列表，调用get_concept_stocks函数，获取风力发电概念板块的成分股
security_list1 = get_concept_stocks('GN036')
# 输出 security_list1的12日变异平均线值
VMA1 = VMA(security_list1,check_date='2019-08-01', timeperiod=12)
for stock in security_list1:
    print(VMA1[stock])
```

单击工具栏中的 运行 按钮，运行结果如图 15.9 所示。

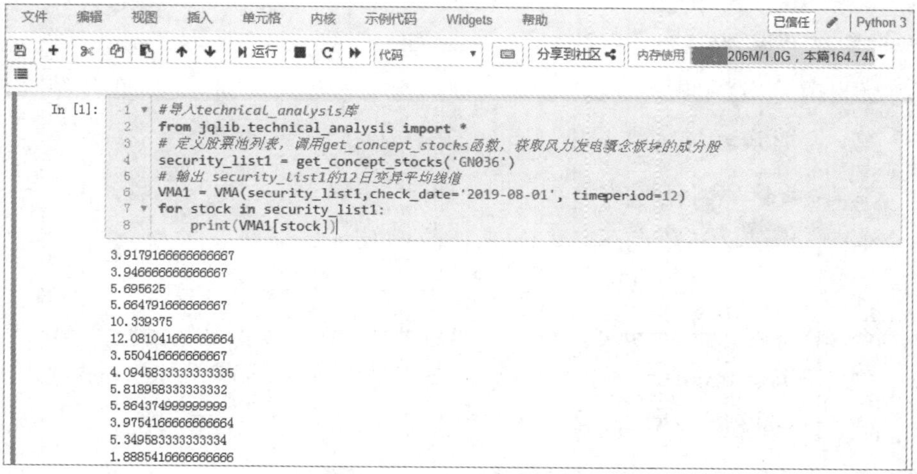

图 15.9　VMA 指标函数

15.3　反趋向指标函数

反趋向指标，又称超买超卖型技术指标。对某种股票的过度买入称之为超买，反之，对某种股票的过度卖出则称之为超卖。反趋向指标属于分析大势的一种技术分析指标，它的主要作用是观测股市行情的涨跌气势，使股市潜在的趋势清楚地表现出来。

15.3.1　KD 指标函数

KD 指标，即随机指标。其语法格式如下：

```
KD(security_list, check_date, N =9, M1=3, M2=3)
```

各参数意义如下。

security_list：股票列表，可以是一只股票，也可是多只股票。

check_date：要查询数据的日期。

N：统计的天数 N。

M1：统计的天数 M1。

M2：统计的天数 M2。

随机指标 KD 的返回值是 K 和 D 的值，是一个字典 (dict) 类型，其中，键 (key) 为股票代码，值 (value) 为数据。

随机指标 KD 用法具体如下：

第一，指标 >80 时，回档概率大；指标 <20 时，反弹概率大。

第二，K 在 20 左右向上交叉 D 时，视为买进信号。

第三，K 在 80 左右向下交叉 D 时，视为卖出信号。

> 提醒：KD 波动于 50 左右的任何信号，其作用不大。

单击聚宽 JoinQuant 量化炒股平台中的“策略研究 / 研究环境”命令，进入 Jupyter Notebook 的研究平台。然后单击“新建”按钮，创建 Python 3 文件，并重命名文件为“Python15-9”，接着输入如下代码：

```
#导入 technical_analysis 库
from jqlib.technical_analysis import *
# 定义股票池列表
security_list1 = '000001.XSHE'
# 计算并输出 security_list1 的 KD 值
K1,D1 = KD(security_list1, check_date = '2019-08-01',N = 9,M1 = 3,M2 = 3)
print("KD 指标的 K 值: ",K1[security_list1])
print("KD 指标的 D 值: ",D1[security_list1])
```

单击工具栏中的 ▶ 运行 按钮，运行结果如图 15.10 所示。

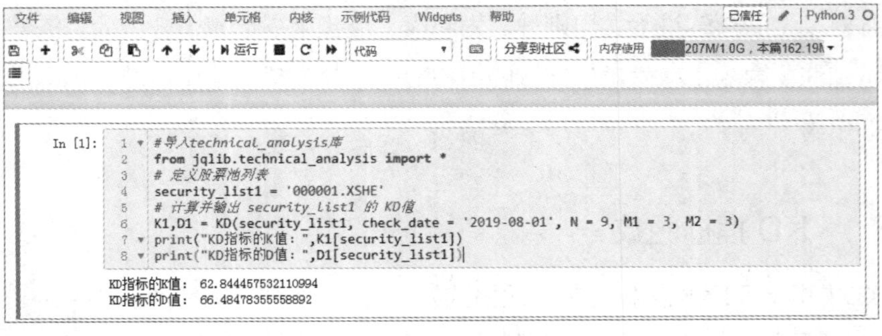

图 15.10　KD 指标函数

15.3.2 MFI 指标函数

MFI 指标，即资金流量指标。其语法格式如下：

```
MFI(security_list, check_date, timeperiod=14)
```

各参数意义与 MACD 指标相同，这里不再赘述。返回值是一个字典 (dict) 类型，也与 MACD 指标相同，这里不再赘述。

资金流量指标 MFI 用法具体如下：

第一，MFI>80 为超买，当其回头向下跌破 80 时，为短线卖出时机。

第二，MFI<20 为超卖，当其回头向上突破 20 时，为短线买进时机。

第三，MFI>80，而产生背离现象时（价格在上涨，但资金流量指数在下跌），视为卖出信号。

第四，MFI<20，而产生背离现象时（价格在下跌，但资金流量指数在上涨），视为买进信号。

单击聚宽 JoinQuant 量化炒股平台中的“策略研究 / 研究环境”命令，进入 Jupyter Notebook 的研究平台。然后单击“新建”按钮，创建 Python 3 文件，并重命名文件为“Python15-10”，接着输入如下代码：

```
# 导入 technical_analysis 库
from jqlib.technical_analysis import *
# 定义股票池列表
security_list1 = ['000001.XSHE','000002.XSHE','000009.XSHG']
# 计算并输出 security_list1 的 MFI 值
MFI1 = MFI(security_list1,check_date='2019-08-01', timeperiod=14)
print("平安银行(000001)、万科A(000002)、中国宝安(000009)的资金流量具体如下：")
for stock in security_list1:
    print(MFI1[stock])
```

单击工具栏中的 ▶运行 按钮，运行结果如图 15.11 所示。

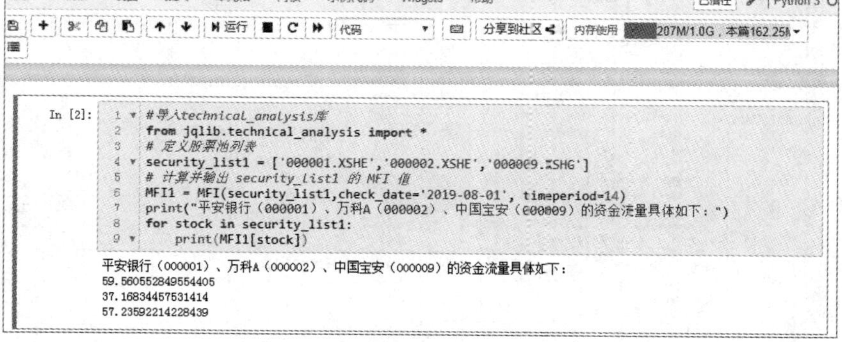

图 15.11 MFI 指标函数

15.3.3 RSI 指标函数

RSI 指标，即相对强弱指标。其语法格式如下：

```
RSI(security_list, check_date, N1=6)
```

其中，security_list 和 check_date 参数与 MACD 指标相同，这里不再赘述。

参数 N1 表示统计的天数。

返回 RSI 的值，返回类型也与 MACD 指标相同，这里不再赘述。

相对强弱指标 RSI 用法具体如下：

第一，RSI>80 为超买，RSI<20 为超卖。

第二，RSI 以 50 为中界线，大于 50 视为多头行情，小于 50 视为空头行情。

第三，RSI 在 80 以上形成 M 头或头肩顶形态时，视为向下反转信号。

第四，RSI 在 20 以下形成 W 底或头肩底形态时，视为向上反转信号。

第五，RSI 向上突破其高点连线时，买进；RSI 向下跌破其低点连线时，卖出。

单击聚宽 JoinQuant 量化炒股平台中的“策略研究 / 研究环境”命令，进入 Jupyter Notebook 的研究平台。然后单击“新建”按钮，创建 Python 3 文件，并重命名文件为“Python15-11”，接着输入如下代码。

```
#导入 technical_analysis 库
from jqlib.technical_analysis import *
# 定义股票池列表
security_list1 = ['000001.XSHE','000002.XSHE','000009.XSHG']
# 计算并输出 security_list1 的 RSI 值
RSI1 = RSI(security_list1, check_date='2019-08-01', N1=6)
print("平安银行(000001)、万科A(000002)、中国宝安(000009)的RSI值具体如下:")
for stock in security_list1:
    print(RSI1[stock])
```

单击工具栏中的 ▶ 运行 按钮，运行结果如图 15.12 所示。

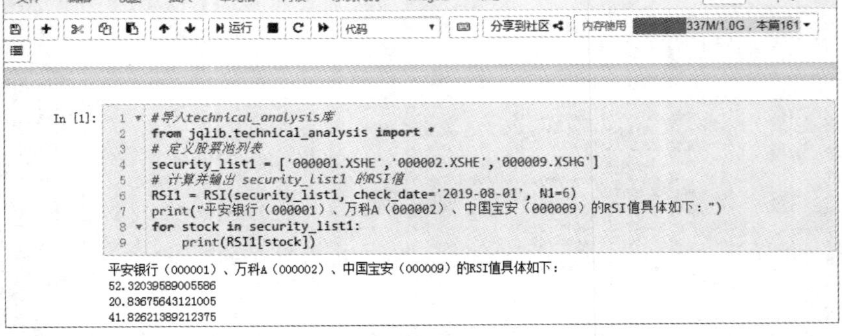

图 15.12　RSI 指标函数

15.3.4 OSC 指标函数

OSC 指标，即变动速率线。在 Python 量化交易策略中，变动速率线 OSC 的语法格式如下：

```
OSC(security_list, check_date, N = 20, M = 6
```

其中，security_list 和 check_date 参数与 MACD 指标相同，这里不再赘述。

参数 N 和 M 分别表示统计的天数 N 和统计的天数 M。

返回 OSC 和 MAOSC 的值，返回类型也与 MACD 指标相同，这里不再赘述。

变动速率线 OSC 用法具体如下：

第一，OSC 以 100 为中轴线，OSC>100 为多头市场；OSC<100 为空头市场。

第二，OSC 向上交叉其平均线时，买进；OSC 向下交叉其平均线时卖出。

第三，OSC 在高水平或低水平与股价产生背离时，应注意股价随时有反转的可能。

> 提醒：OSC 的超买超卖界限值随个股不同而不同，投资者应自行调整。

单击聚宽 JoinQuant 量化炒股平台中的“策略研究 / 研究环境”命令，进入 Jupyter Notebook 的研究平台。然后单击“新建”按钮，创建 Python 3 文件，并重命名文件为“Python15-12”，接着输入如下代码：

```
    # 导入 technical_analysis 库
    from jqlib.technical_analysis import *
    # 定义股票池列表，调用 get_industry_stocks 函数，获取计算机 / 互联网行业的成分股
    security_list1 = get_industry_stocks('I64')
    # 计算并输出 security_list1 的 OSC 值
    OSC1, MAOSC1 = OSC(security_list1, check_date = '2019-08-01', N = 20,
M = 6)
    print(" 计算机 / 互联网行业的成分股的 OSC 值具体如下：")
    for stock in security_list1:
        print(OSC1[stock],"        ",MAOSC1[stock])
```

单击工具栏中的 ▶运行 按钮，运行结果如图 15.13 所示。

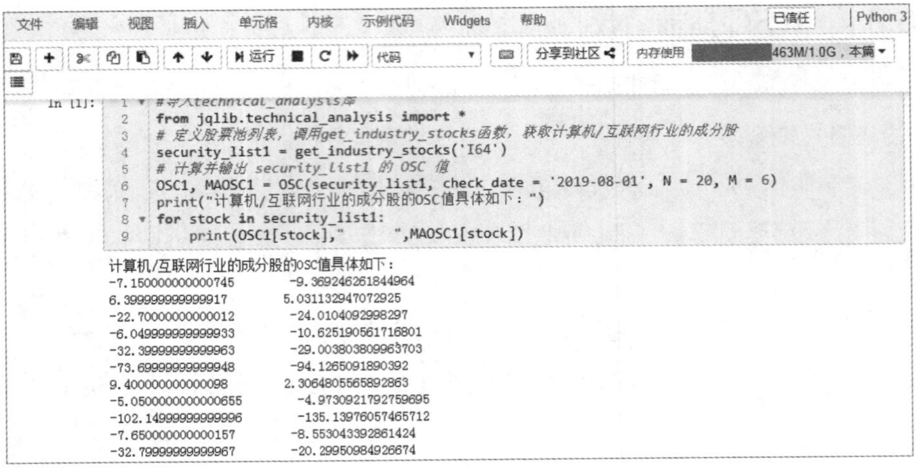

图 15.13 OSC 指标函数

15.3.5 WR 指标函数

WR 指标，即威廉指标。在 Python 量化交易策略中，威廉指标 WR 的语法格式如下：

```
WR(security_list, check_date, N = 10, N1 = 6)
```

其中，security_list 和 check_date 参数与 MACD 指标相同，这里不再赘述。参数 N 和 N1 分别表示统计的天数 N 和统计的天数 N1。

返回 WR 和 MAWR 的值，返回类型也与 MACD 指标相同，这里不再赘述。

威廉指标 WR 用法具体如下。

第一，WR 波动于 0~100，100 置于顶部，0 置于底部。

第二，WR 以 50 为中轴线，高于 50 视为股价转强；低于 50 视为股价转弱。

第三，WR 高于 20 后再度向下跌破 20，卖出；低于 80 后再度向上突破 80，买进。

第四，WR 连续触底 3~4 次，股价向下反转概率大；连续触顶 3 ~ 4 次，股价向上反转概率大。

单击聚宽 JoinQuant 量化炒股平台中的“策略研究 / 研究环境”命令，进入 Jupyter Notebook 的研究平台。然后单击“新建”按钮，创建 Python 3 文件，并重命名文件为“Python15-13”，接着输入如下代码：

```
# 导入 technical_analysis 库
```

```
from jqlib.technical_analysis import *
# 定义股票池列表，调用 get_industry_stocks 函数，获取纺织业的成分股
security_list1 = get_industry_stocks('C17')
# 计算并输出 security_list1 的 OSC 值
WR1, MAWR1 = WR(security_list1, check_date = '2019-08-01', N = 10, N1
= 6)
print("纺织业的成分股的 WR 值具体如下：")
for stock in security_list1:
    print(WR1[stock],"       ",MAWR1[stock])
```

单击工具栏中的 ▶|运行 按钮，运行结果如图 15.14 所示。

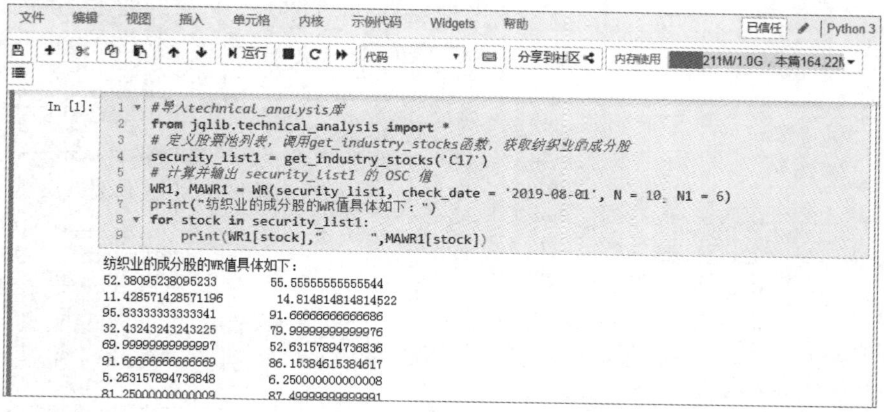

图 15.14　WR 指标函数

15.3.6　CCI 指标函数

CCI 指标，即顺势指标。在 Python 量化交易策略中，顺势指标 CCI 的语法格式如下：

```
CCI(security_list, check_date, N=14)
```

其中，security_list 和 check_date 参数与 MACD 指标相同，这里不再赘述。参数 N 表示统计的天数 N。

返回 CCI 的值，返回类型也与 MACD 指标相同，这里不再赘述。

顺势指标 CCI 用法具体如下：

第一，CCI 为正值时，视为多头市场；为负值时，视为空头市场。

第二，常态行情时，CCI 波动于 ±100 之间；强势行情，CCI 会超出 ±100。

第三，CCI>100 时，买进，直到 CCI<100 时，卖出。

第四，CCI<−100 时，先卖出，直到 CCI>−100 时，再买进。

单击聚宽 JoinQuant 量化炒股平台中的“策略研究 / 研究环境”命令，进入 Jupyter Notebook 的研究平台。然后单击“新建”按钮，创建 Python 3 文件，并重命名文件为“Python15-14”，接着输入如下代码：

```
# 导入 technical_analysis 库
from jqlib.technical_analysis import *
# 定义股票池列表
security_list1 = '000001.XSHE'
# 计算并输出 security_list1 的 CCI 值
CCI1 = CCI(security_list1, check_date='2019-08-01', N=14)
print("平安银行的顺势指标 CCI 的值：",CCI1[security_list1])
```

单击工具栏中的 运行 按钮，运行结果如图 15.15 所示。

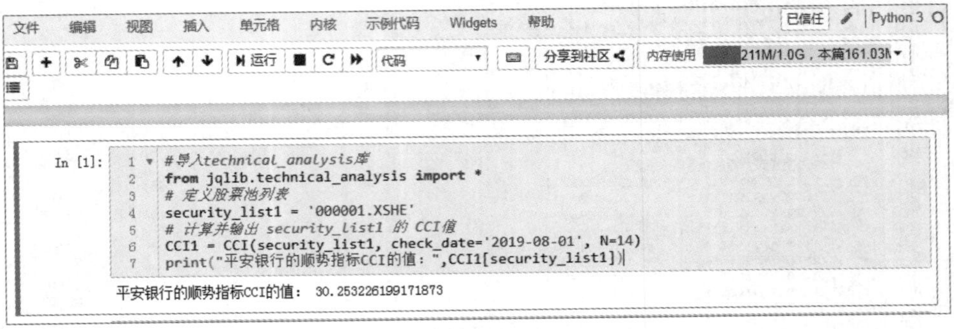

图 15.15　CCI 指标函数

15.4　压力支撑指标函数

压力支撑指标的图形区分为上限带和下限带。上限代表压力，下限代表支撑。其指标图形特点：股价向上触碰上限会回档；股价向下触碰下限会反弹；不同指标有特殊的不同含义。

15.4.1　BOLL 指标函数

BOLL 指标，即布林通道线指标。其语法格式如下：

```
    Bollinger_Bands(security_list, check_date, timeperiod=20, nbdevup=2,
nbdevdn=2)
```

其中，security_list 和 check_date 参数与 MACD 指标相同，这里不再赘述。

参数 timeperiod、nbdevup 和 nbdevdn 表示统计的天数 timeperiod、

nbdevup 和 nbdevdn。

返回上轨线 UB、中轨线 MB 和下轨线 LB 的值，返回类型也与 MACD 指标相同，这里不再赘述。

布林通道线 BOLL 指标用法具体如下：

第一，股价上升穿越布林线上限时，回档概率大。

第二，股价下跌穿越布林线下限时，反弹概率大。

第三，布林通道线振动波带变窄时，表示变盘在即。

单击聚宽 JoinQuant 量化炒股平台中的“策略研究 / 研究环境”命令，进入 Jupyter Notebook 的研究平台。然后单击“新建”按钮，创建 Python 3 文件，并重命名文件为“Python15-15”，接着输入如下代码：

```
# 导入 technical_analysis 库
from jqlib.technical_analysis import *
# 定义股票池列表
security_list1 = '000001.XSHE'
# 计算并输出 security_list1 的 BOLL 值
upperband, middleband, lowerband = Bollinger_Bands(security_list1,
check_date='2019-08-01', timeperiod=20, nbdevup=2, nbdevdn=2)
print(" 平安银行的布林通道线 BOLL 的上轨线 UB 值：",upperband[security_list1])
print(" 平安银行的布林通道线 BOLL 的中轨线 MB 值：",middleband[security_list1])
print(" 平安银行的布林通道线 BOLL 的下轨线 LB 值：",lowerband[security_list1])
```

单击工具栏中的 ▶运行 按钮，运行结果如图 15.16 所示。

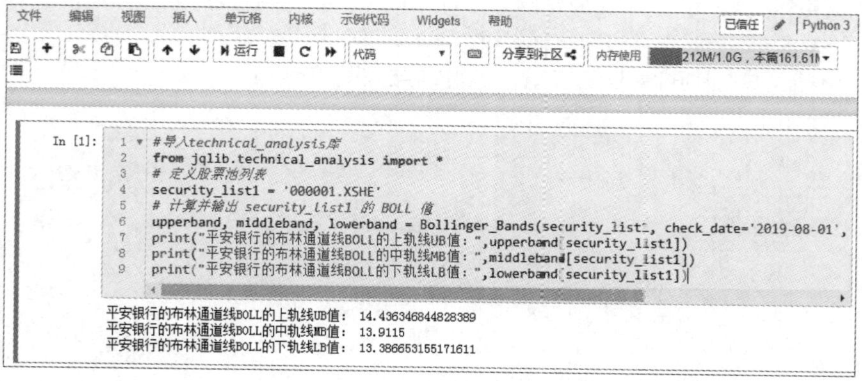

图 15.16　BOLL 指标函数

15.4.2　MIKE 指标函数

MIKE 指标，即麦克支撑压力线。在 Python 量化交易策略中，麦克支撑压力线 MIKE 的语法格式如下：

```
MIKE(security_list, check_date, timeperiod = 10)
```

各参数意义与 MACD 指标相同，这里不再赘述。

返回 STOR、MIDR、WEKR、WEKS、MIDS、STOS 的值，返回类型也与 MACD 指标相同，这里不再赘述。

麦克支撑压力线 MIKE 指标用法具体如下：

第一，MIKE 指标共有 6 条曲线，上方 3 条压力线，下方 3 条支撑线。

第二，当股价往压力线方向涨升时，其下方支撑线不具参考价值。

第三，当股价往支撑线方向下跌时，其上方压力线不具参考价值。

单击聚宽 JoinQuant 量化炒股平台中的“策略研究 / 研究环境”命令，进入 Jupyter Notebook 的研究平台。然后单击“新建”按钮，创建 Python 3 文件，并重命名文件为“Python15-16”，接着输入如下代码：

```
# 导入 technical_analysis 库
from jqlib.technical_analysis import *
# 定义股票池列表
security_list1 = '000001.XSHE'
# 计算并输出 security_list1 的 MIKE 值
stor1, midr1, wekr1, weks1, mids1, stos1 = MIKE(security_list1,check_
date='2019-08-01',timeperiod = 10)
print(stor1[security_list1])
print(midr1[security_list1])
print(wekr1[security_list1])
print(weks1[security_list1])
print(mids1[security_list1])
print(stos1[security_list1])
```

单击工具栏中的 ▶运行 按钮，运行结果如图 15.17 所示。

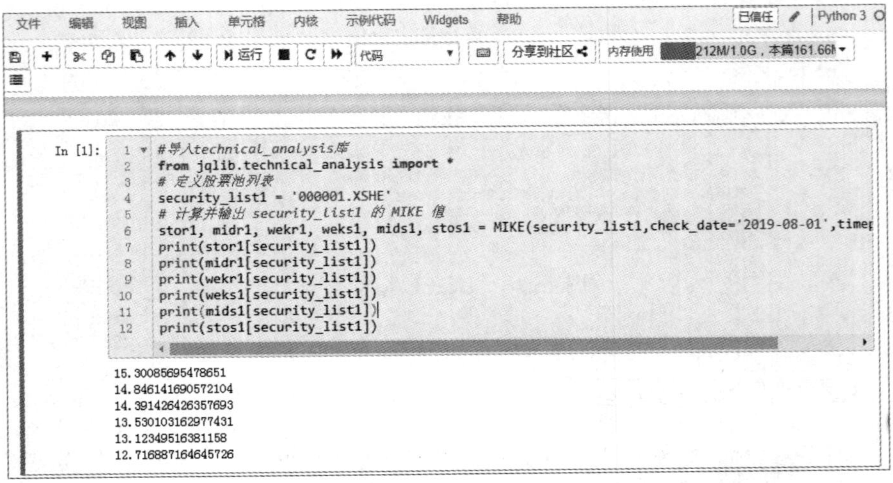

图 15.17　MIKE 指标函数

15.4.3 XS 指标函数

XS 指标，即薛斯通道线。其语法格式如下：

```
XS(security_list, check_date, timeperiod = 13)
```

各参数意义与 MACD 指标相同，这里不再赘述。

返回 SUP、SDN、LUP、LDN 的值，返回类型也与 MACD 指标相同，这里不再赘述。

在薛斯通道中，股价实际上是被短期小通道包容着在长期大通道中上下运行，基本买卖策略是当短期小通道接近长期大通道时，预示着趋势的近期反转。在上沿接近时趋势向下反转，可捕捉短期卖点。在下沿接近时趋势向上反转，可捕捉短期买点。研究这个方法可以在每一波行情中成功地逃顶捉底，寻求最大限度的盈利。薛斯通道线 XS 指标的用法具体如下：

第一，长期大通道反映该股票的长期趋势状态，趋势有一定惯性，延伸时间较长，反映股票大周期，可以反映股票整体趋势，适于中长线投资。

第二，短期小通道反映该股票的短期走势状态，包容股票的涨跌起伏，有效地滤除股票走势中的频繁振动，但保留了股票价格在大通道内的上下波动，反映股票小周期，适于中短线炒作。

第三，长期大通道向上，即大趋势总体向上，此时短期小通道触及（或接近）长期大通道底部时，即买压增大，有反弹的可能。而短期小通道触及长期大通道顶部，既卖压增大，形态出现回调或盘整，有向长期大通道靠近的趋势。如果 K 线走势与短期小通道走势亦吻合得很好，那么更为有效。

第四，长期大通道向上，而短期小通道触及长期大通道顶部，此时该股为强力拉长阶段，可适当观望，待短期转平转头向下时，为较好出货点，但穿透区为风险区，应注意反转信号，随时出货。

第五，长期大通道向下，即大趋势向下，此时短期小通道价格触顶卖压增大，有再次下跌趋势。而触底形态即买压增大，有缓跌调整或止跌要求，同时价格运动将趋向近长期大通道上沿。对于回调宜慎重对待，待确认反转后方可买入。

第六，长期大通道向下，而短期小通道向下穿透长期大通道线，此时多为暴跌过程，有反弹要求，但下跌过程会持续，不宜立即建仓，应慎重，待长期大通道走平且有上趋势，短期小通道回头向上穿回时，是较好的低位仓机会。

第七，当长期大通道长期横向走平时，为盘整行情，价格沿通道上下振荡，此时为调整、建仓、洗盘阶段，预示着一轮行情的出现，短线炒家可逢高抛出，逢低买入。若以短期小通道强力上穿长期大通道，且长期大通道转向，则表明强劲上涨行情开始。若以短期小通道向下穿透长期大通道，且长期大通道向下转向，则表明下跌将持续。

单击聚宽 JoinQuant 量化炒股平台中的“策略研究 / 研究环境”命令，进入 Jupyter Notebook 的研究平台。然后单击“新建”按钮，创建 Python 3 文件，并重命名文件为“Python15-17”，接着输入如下代码：

```
#导入 technical_analysis 库
from jqlib.technical_analysis import *
# 定义股票池列表
security_list1 = '000001.XSHE'
# 计算并输出 security_list1 的 XS 值
sup1, sdn1, lup1, ldn1 = XS(security_list1,check_date='2019-08-01',timeperiod = 13)
print(sup1[security_list1])
print(sdn1[security_list1])
print(lup1[security_list1])
print(ldn1[security_list1])
```

单击工具栏中的 ⏭运行 按钮，运行结果如图 15.18 所示。

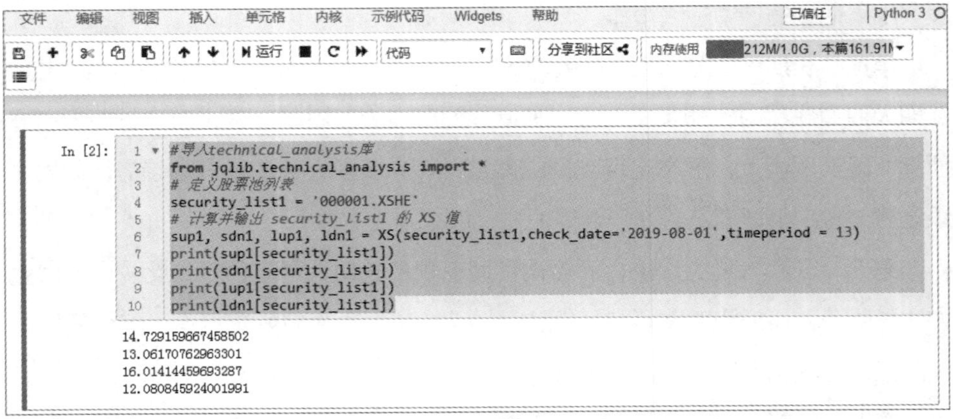

图 15.18 XS 指标函数

15.5 量价指标函数

量价指标是将市场中公众对股票追涨的热情进行量化。股市若形成一波多头行情，则必须要有相应的活跃程度，也就是必须要有一定的成交量，而这些成交量又必须要有散户公众大量参与。否则，没有散户帮助庄家接下股价上涨过程中的解套盘及获利盘，大多数庄家是不可能顺利拉高股价的，而且股价拉高后没有散户接盘，主力也就无法兑现炒作利润，它的炒作也就毫无意义。

15.5.1 OBV 指标函数

OBV 指标，即累积能量线。在 Python 量化交易策略中，累积能量线 OBV 的语法格式如下：

```
OBV(security_list, check_date, timeperiod=30)
```

各参数意义与 MACD 指标相同，这里不再赘述。

返回 OBV 的值，是一个字典 (dict) 类型，也与 MACD 指标相同，这里不再赘述。

累积能量线 OBV 指标用法具体如下：

第一，股价一顶比一顶高，而 OBV 一顶比一顶低，暗示头部即将形成。

第二，股价一底比一底低，而 OBV 一底比一底高，暗示底部即将形成。

第三，OBV 突破其 N 字形波动的高点次数达 5 次时，为短线卖点。

第四，OBV 跌破其 N 字形波动的低点次数达 5 次时，为短线买点。

单击聚宽 JoinQuant 量化炒股平台中的“策略研究 / 研究环境”命令，进入 Jupyter Notebook 的研究平台。然后单击“新建”按钮，创建 Python 3 文件，并重命名文件为“Python15-18”，接着输入如下代码：

```
# 导入 technical_analysis 库
from jqlib.technical_analysis import *
# 定义股票池列表
security_list1 = '000001.XSHE'
# 计算并输出 security_list1 的 OBV 值
OBV1 = OBV(security_list1,check_date='2019-08-01', timeperiod=30)
print(" 平安银行的累积能量线 OBV 的 OBV 值: ",OBV1[security_list1])
```

单击工具栏中的 ▶| 运行 按钮，运行结果如图 15.19 所示。

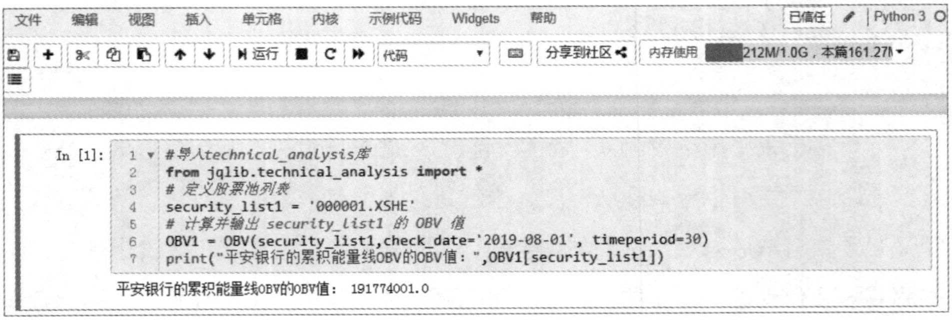

图 15.19　OBV 指标函数

15.5.2　VOL 指标函数

VOL 指标，即成交量指标。在 Python 量化交易策略中，成交量指标 VOL 的语法格式如下：

```
VOL(security_list, check_date, M1=5, M2=10)
```

各参数意义与 MACD 指标相同，这里不再赘述。

返回 VOL 和 MAVOL 的值，返回类型也与 MACD 指标相同，这里不再赘述。

成交量指标 VOL 用法如下：

第一，成交量大，代表交投比较热，可界定为热门股；

第二，底部起涨点出现大成交量（成交手数），代表攻击量；

第三，头部地区出现大成交量（成交手数），代表出货量；

第四，观察成交金额的变化，比观察成交手数更有意义，因为成交手数并未反映股价涨跌之后所应支出的实际金额。

单击聚宽 JoinQuant 量化炒股平台中的“策略研究 / 研究环境”命令，进入 Jupyter Notebook 的研究平台。然后单击“新建”按钮，创建 Python 3 文件，并重命名文件为“Python15-19”，接着输入如下代码：

```
    #导入 technical_analysis 库
    from jqlib.technical_analysis import *
    # 定义股票池列表
    security_list1 = ['000001.XSHE','000002.XSHE','601211.XSHG']
    # 输出 security_list1 的 VOL 值
    VOL1,MAVOL11,MAVOL12 = VOL(security_list1, check_date='2019-08-01',
M1=5, M2=10)
    for stock in security_list1:
        print(VOL1[stock])
        print(MAVOL11[stock])
        print(MAVOL12[stock])
```

其中，VOL1 表示 2019 年 8 月 1 日的成交量，MAVOL11 表示成交量的 5 日均线，MAVOL12 表示成交量的 10 日均线。

单击工具栏中的 ⏭ 运行 按钮，运行结果如图 15.20 所示。

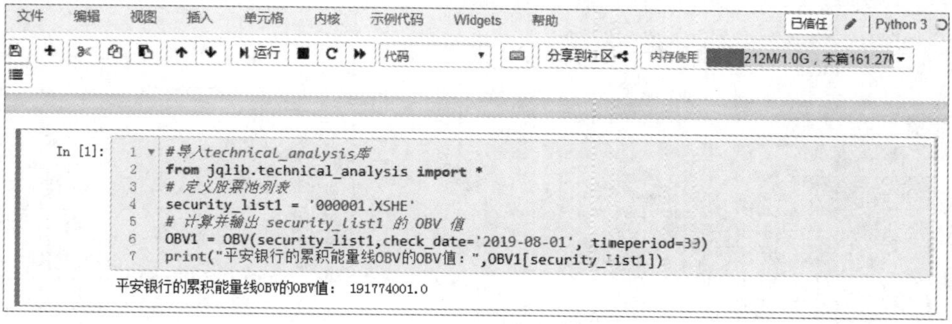

图 15.20　VOL 指标函数

15.5.3　MASS 指标函数

MASS 指标，即梅斯线。其语法格式如下：

```
MASS(security_list, check_date, N1=9, N2=25, M=6)
```

其中，security_list 和 check_date 参数与 MACD 指标相同，这里不再赘述。

参数 N1、N2 和 M 分别表示统计的天数 N1、N2 和统计的天数 M。

返回 MASS 和 MAMASS 的值，返回类型也与 MACD 指标相同，这里不再赘述。

梅斯线 MASS 指标用法具体如下。

第一，当 MASS>27 时，随后又跌破 26.5，此时股价若呈上涨状态，则卖出。

第二，当 MASS>27 时，随后又跌破 26.5，此时股价若呈下跌状态，则买进。

第三，MASS<20 的行情，不宜进行投资。

单击聚宽 JoinQuant 量化炒股平台中的“策略研究 / 研究环境”命令，进入 Jupyter Notebook 的研究平台。然后单击“新建”按钮，创建 Python 3 文件，并重命名文件为“Python15-20”，接着输入如下代码：

```
# 导入 technical_analysis 库
from jqlib.technical_analysis import *
# 定义股票池列表
security_list1 = ['000001.XSHE','000002.XSHE','601211.XSHG']
# 输出 security_list1 的 MASS 值
```

```
    MASS1,MAMASS1 = MASS(security_list1, check_date='2019-08-01', N1=9,
N2=25, M=6)
    for stock in security_list1:
        print(MASS1[stock])
        print(MAMASS1[stock])
```

单击工具栏中的 ▶| 运行 按钮，运行结果如图 15.21 所示。

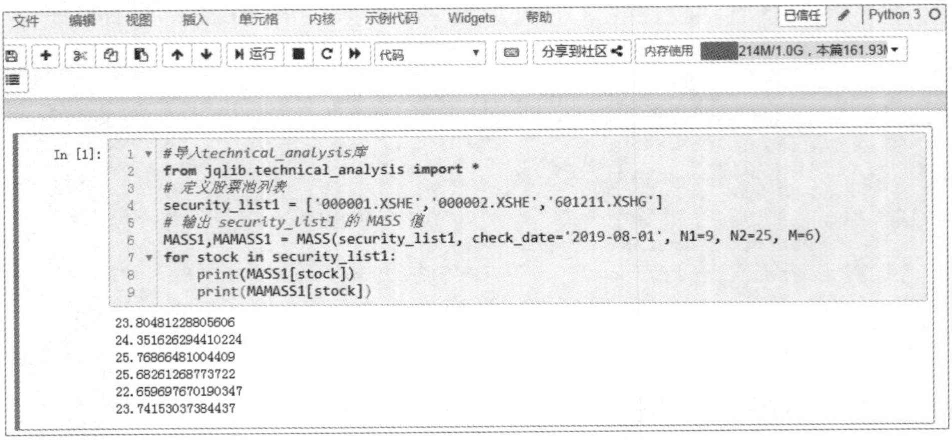

图 15.21 MASS 指标函数

15.5.4 VR 指标函数

VR 指标，即成交量变异率。在 Python 量化交易策略中，成交量变异率 VR 的语法格式如下：

```
VR(security_list, check_date, N=26, M=6)
```

其中，security_list 和 check_date 参数与 MACD 指标相同，这里不再赘述。

参数 N 和 M 分别表示统计的天数 N 和 M。

返回 VR 和 MAVR 的值，返回类型也与 MACD 指标相同，这里不再赘述。

成交量变异率 VR 用法具体如下：

第一，当 VR>450 时，市场成交过热，应反向卖出。

第二，当 VR<40 时，市场成交低迷，人心看淡之际，应反向买进。

第三，VR 由低档直接上升至 250，股价仍为遭受阻力，此为大行情的前兆。

单击聚宽 JoinQuant 量化炒股平台中的“策略研究 / 研究环境”命令，进入 Jupyter Notebook 的研究平台。然后单击“新建”按钮，创建 Python 3 文件，并重命名文件为“Python15-21”，接着输入如下代码：

```
# 导入 technical_analysis 库
from jqlib.technical_analysis import *
# 定义股票池列表
security_list1 = '000001.XSHE'
# 计算并输出 security_list1 的 VR 值
VR1,MAVR1 = VR(security_list1, check_date='2019-08-01', N=26, M=6)
print(" 平安银行的成交量变异率 VR 的 VR 值: ",VR1[security_list1])
print(" 平安银行的成交量变异率 VR 的 MAVR 值: ",MAVR1[security_list1])
```

单击工具栏中的 ▶|运行 按钮，运行结果如图 15.22 所示。

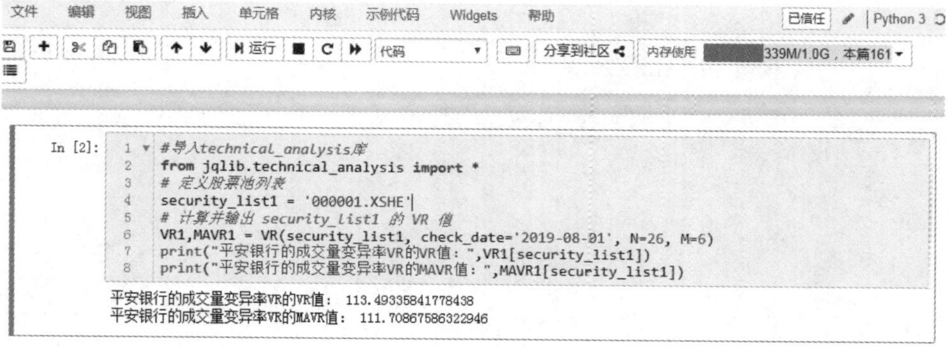

图 15.22　VR 指标函数

第 16 章

Python 量化炒股的统计数据图

在量化炒股中，有时还需要绘制选中股票的统计数据图，即近一段时间以来的收益统计图。本章将进行详细讲解。

本章主要内容包括：

- Seaborn 包概述
- 查看单只股票的收盘价信息
- 利用 pct_change() 函数计算收益率情况
- 利用 dropna() 函数处理空值
- 利用 distplot() 函数绘制收益统计图
- 显示宝钢股份（600019）近一年来的收益统计图
- 利用 jointplot() 函数绘制两只股票的相关性分析图
- 利用 Pairplot() 函数绘制多只股票的相关性分析图

16.1 Seaborn 包概述

Seaborn 是 Python 常用的统计数据可视化包。需要注意的是，Seaborn 在 Matplotlib 的基础上进行了更高级的 API 封装，使得绘图更加容易，图形更加漂亮。

尽管 Seaborn 可以满足大部分情况下的数据分析需求，但是针对一些特殊情况，还是需要用到 Matplotlib。Matplotlib 更加灵活，可定制化，而 Seaborn 像是更高级的封装，使用方便快捷。所以，应该把 Seaborn 视为 Matplotlib 的补充，而不是替代物。

16.2 单只股票的收益统计图

下面通过实例来讲解，如何绘制单只股票的收益统计图。

16.2.1 查看单只股票的收盘价信息

单击聚宽 JoinQuant 量化炒股平台中的“策略研究 / 研究环境”命令，进入 Jupyter Notebook 的研究平台。然后单击“新建”按钮，创建 Python 3 文件，并重命名文件为“Python16-1”，接着输入如下代码：

```
    import pandas as pd
    import seaborh as sns
    df = get_price('600036.XSHG', start_date='2019-01-10', end_date='2019-01-18', frequency='daily', fields=['close'])
    print(df)
```

首先导入 Pandas 包和 Seaborn 包，然后利用 get_price() 函数获取招商银行（600036）2019 年 1 月 10 日 ~ 2019 年 1 月 18 日的收盘价信息，最后显示出来。

单击工具栏中的 ⏭ 运行 按钮，运行结果如图 16.1 所示。

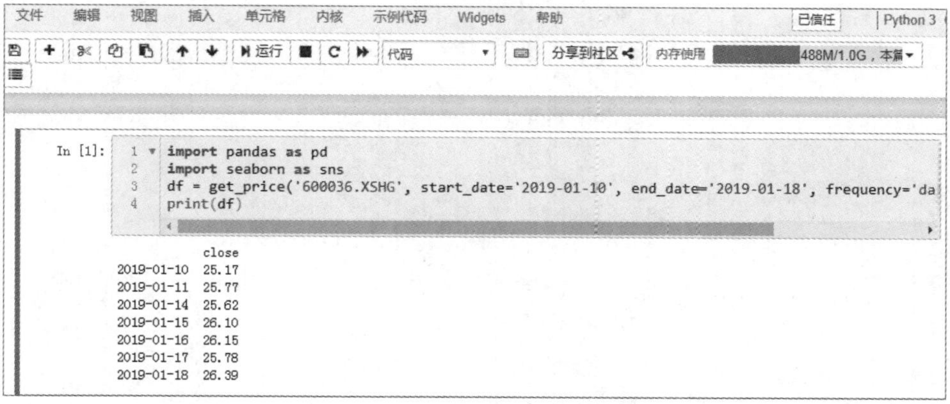

图 16.1 招商银行（600036）2019 年 1 月 10 日～2019 年 1 月 18 日的收盘价信息

16.2.2 利用 pct_change() 函数计算收益率情况

假如投资者在 2019 年 1 月 10 日以收盘价买进招商银行（600036），那么每天的收益率情况如何呢？

要计算每天的收益率，需要使用 Dataframe 的 pct_change() 函数。该函数用来计算百分数变化，其语法格式如下：

```
pct_change(periods=1, fill_method='pad', limit=None, **kwargs)
```

各参数意义如下。

periods：用来设置计算百分数变化的周期，默认为 1，即计算当前元素与先前元素的相差百分比。

fill_method：用来设置填充空值的方法，默认为 pad，即空值填充为 NaN。

limit：用来设置默认值。

该函数的返回值是 Series 或 Dataframe。

利用代码查看招商银行（600036）每天的收益率百分数变化，具体如下：

```
myr = df.pct_change()
print(myr)
```

单击工具栏中的 运行 按钮，运行结果如图 16.2 所示。

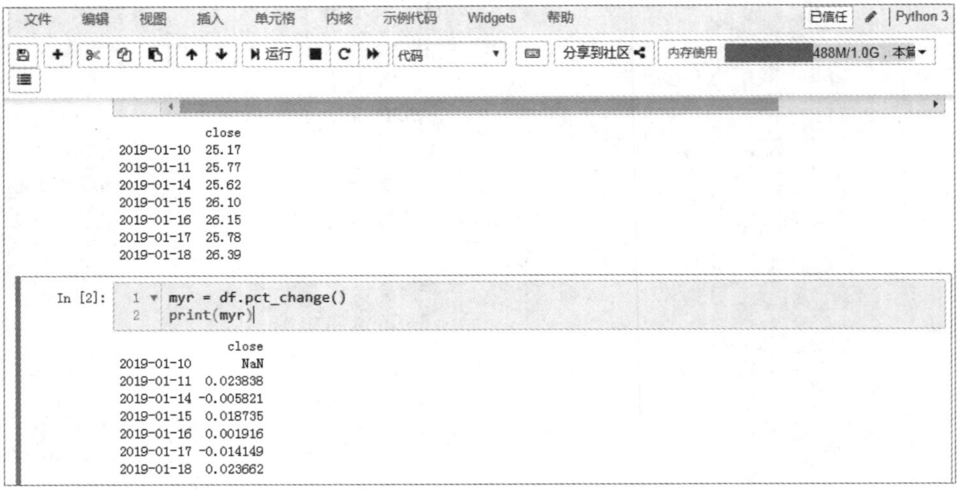

图 16.2　招商银行（600036）每天的收益率百分数变化

由于这里 pct_change() 函数采用默认参数，所以计算的是每天的收益率百分数变化。需要注意的是，由于投资者在 2019 年 1 月 10 日以收盘价买进，所以这一天的收益是一个空值，默认填充为“NaN”。

其后每个交易日的收益率百分数是如何计算的呢？下面以 2019 年 1 月 11 日为例来讲解。

（2019 年 1 月 11 日的收盘价 −2019 年 1 月 10 日的收盘价）÷2019 年 1 月 10 日的收盘价 =（25.77 − 25.17）÷25.17 = 0.023838。

同理，其他交易日的收益率也是这样计算出来的。

16.2.3　利用 dropna() 函数处理空值

在绘制收益统计图时，空值往往会导致绘制错误，所以在绘制之前，要进行处理。在这里利用 dropna() 函数来处理空值，即直接删除空值，具体代码如下：

```
myr = df.pct_change()
print(myr)
```

单击工具栏中的 运行 按钮，运行结果如图 16.3 所示。

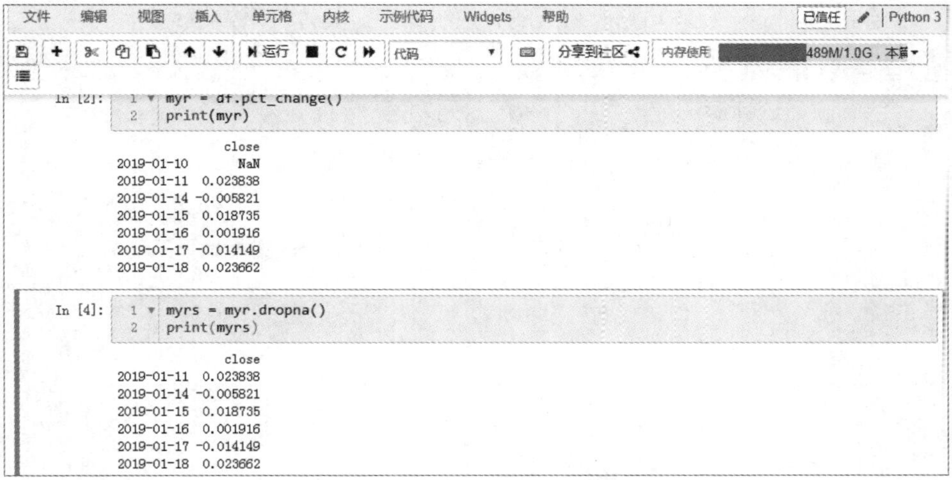

图 16.3　利用 dropna() 函数处理空值

16.2.4　利用 distplot() 函数绘制收益统计图

distplot() 函数是 Seaborn 包中的函数，用来绘制直方图。

直方图，又称质量分布图，是表示资料变化情况的一种主要工具。用直方图可以解析出资料的规则性，比较直观地看出产品质量特性的分布状态，使资料分布状况一目了然，便于投资者判断其总体质量分布情况。直方图表示通过沿数据范围形成分箱，然后绘制条用来显示落入每个分箱的观测次数的数据分布。

distplot() 函数的语法格式如下：

```
    distplot(a, bins=None, hist=True, kde=True, rug=False, fit=None,
hist_kws=None, kde_kws=None, rug_kws=None, fit_kws=None, color=None,
vertical=False, norm_hist=False, axlabel=None, label=None, ax=None)
```

重要参数意义如下。

a：绘制直方图的数据。

hist：用来设置是否显示直方图，默认 hist=True，即显示直方图，如果其值为 False，则不显示直方图。

kde：用来设置是否显示核密度估计，默认 kde=True，即显示核密度估计，如果其值为 False，则不显示核密度估计。核密度估计在概率论中用来估计未知的密度函数，属于非参数检验方法之一。通过核密度估计图可以比较直观地看出数据样本本身的分布特征。

color：用来设置绘制图时的颜色。

绘制招商银行（600036）每天的收益统计图，具体代码如下：

```
sns.distplot(myrs.iloc[:,0])
```

绘制收益统计图的数据是，所有行，列为第一列。

单击工具栏中的 ⏭运行 按钮，运行结果如图 16.4 所示。

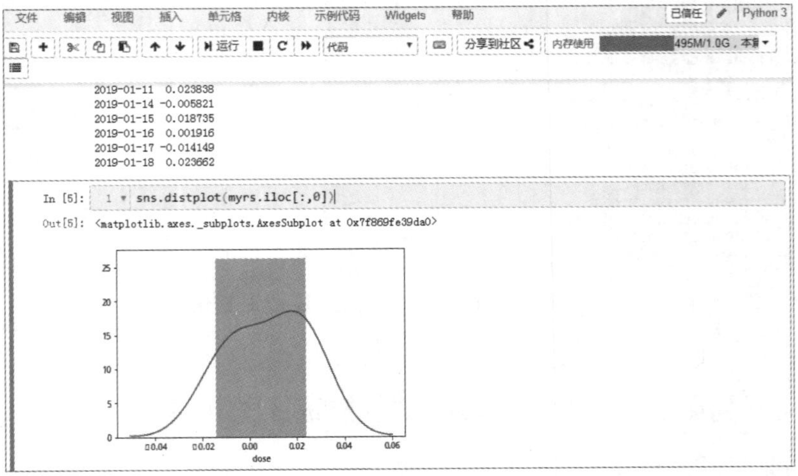

图 16.4　利用 distplot() 函数绘制收益统计图

通过收益统计图，可以清楚地看到招商银行（600036）每天的收益率大数集中的范围。

编写代码，不显示直方图，只显示核密度估计，具体代码如下：

```
sns.distplot(myrs.iloc[:,0],hist=False,color='red')
```

单击工具栏中的 ⏭运行 按钮，运行结果如图 16.5 所示。

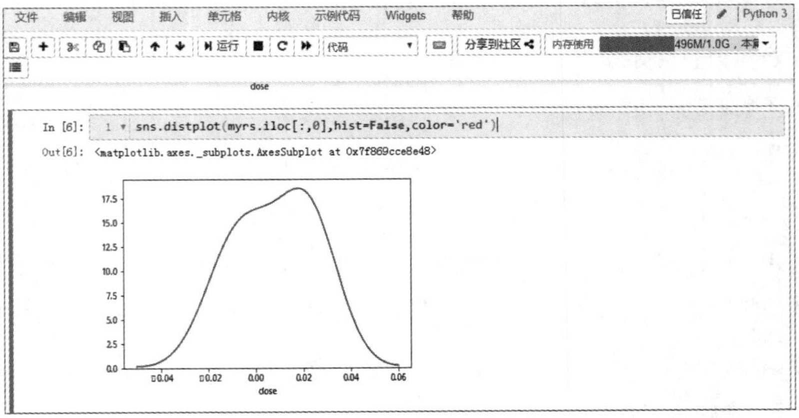

图 16.5　只显示核密度估计

编写代码，只显示直方图，不显示核密度估计，具体代码如下：

```
sns.distplot(myrs.iloc[:,0],kde=False,color='green')
```

单击工具栏中的 运行 按钮，运行结果如图 16.6 所示。

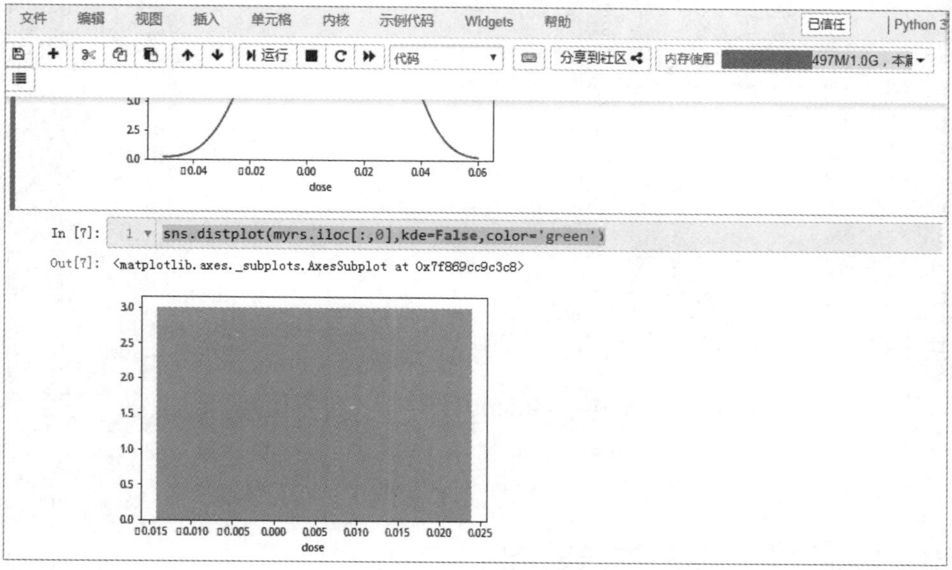

图 16.6　只显示直方图

16.2.5　显示宝钢股份（600019）近一年来的收益统计图

单击聚宽 JoinQuant 量化炒股平台中的“策略研究 / 研究环境”命令，进入 Jupyter Notebook 的研究平台。然后单击“新建”按钮，创建 Python 3 文件，并重命名文件为“Python16-2”，接着输入如下代码：

```
import pandas as pd
import seaborn as sns
df = get_price('600019.XSHG', start_date='2018-06-01', end_date='2019-06-1', frequency='daily', fields=['open','close'])
returns = df.pct_change().dropna()
sns.distplot(returns.iloc[:,0:1],color='red')
```

统计时间为 2018 年 6 月 1 日 ~ 2019 年 6 月 1 日，统计的字段为收盘价和开盘价。

单击工具栏中的 运行 按钮，运行结果如图 16.7 所示。

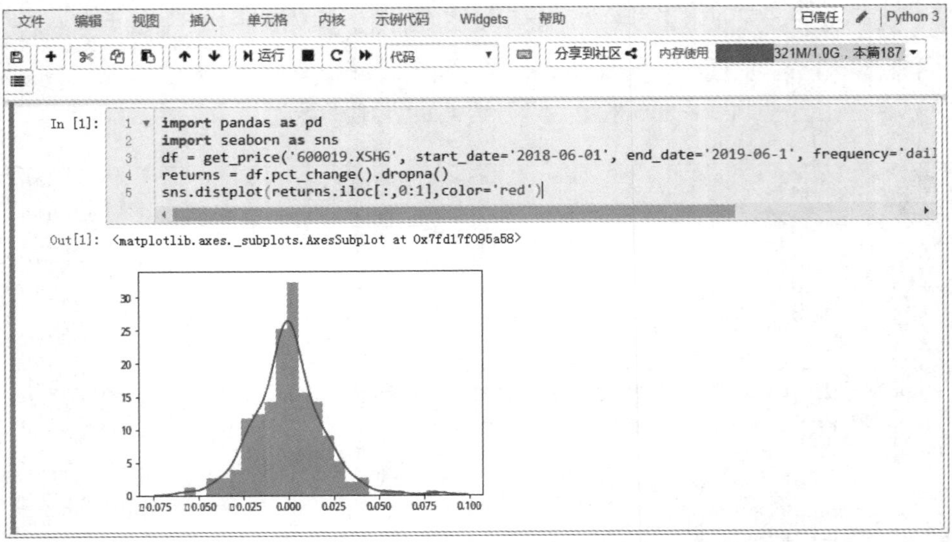

图 16.7　宝钢股份（600019）近一年来的收益统计图

16.3　股票的相关性分析图

股票的相关性分析有两种：一种是两只股票的相关性分析；另一种是多只股票的相关性分析。

16.3.1　利用 jointplot() 函数绘制两只股票的相关性分析图

jointplot() 函数是 Seaborn 包中的函数，用于两个变量的绘图，其语法格式如下：

```
    jointplot(x, y, data=None, kind='scatter', stat_func=<function
pearsonr>, color=None, size=6, ratio=5, space=0.2, dropna=True, xlim=None,
ylim=None, joint_kws=None, marginal_kws=None, annot_kws=None, **kwargs)
```

重要参数意义如下。

x：第一个变量的值。

y：第二个变量的值。

kind：设置绘制图的类型，共有 4 种，分别是 scatter（散点图）、reg（回归图）、kde（核密度估计）和 hex（六角图）。

color：用来设置绘制图时的颜色。

单击聚宽 JoinQuant 量化炒股平台中的“策略研究 / 研究环境”命令，进入 Jupyter Notebook 的研究平台。然后单击“新建”按钮，创建 Python 3 文件，并重命名文件为“Python16-3”，接着输入如下代码：

```
    import pandas as pd
    import seaborn as sns
    pingan = get_price('600019.XSHG', start_date='2018-01-01', end_date='2019-01-01', frequency='daily', fields=['open'])
    fuxing = get_price('600036.XSHG', start_date='2018-01-01', end_date='2019-01-01', frequency='daily', fields=['close'])
    returns_pingan = pingan.pct_change().dropna()
    returns_fuxing = fuxing.pct_change().dropna()
    sns.jointplot(returns_pingan['open'], returns_fuxing['close'], kind='kde')
```

在这里获取宝钢股份（600019）2018 年 1 月 1 日 ~ 2019 年 1 月 1 日的开盘价信息、招商银行（600036）2018 年 1 月 1 日 ~ 2019 年 1 月 1 日的开盘价信息。

然后分别对数据进行百分数变化并直接删除空值。

最后利用 jointplot() 函数绘制两只股票的相关性分析图，需要注意类型为 kde，即两个变量的数据图及对应的统计图都是核密度估计。

单击工具栏中的 ▶| 运行 按钮，运行结果如图 16.8 所示。

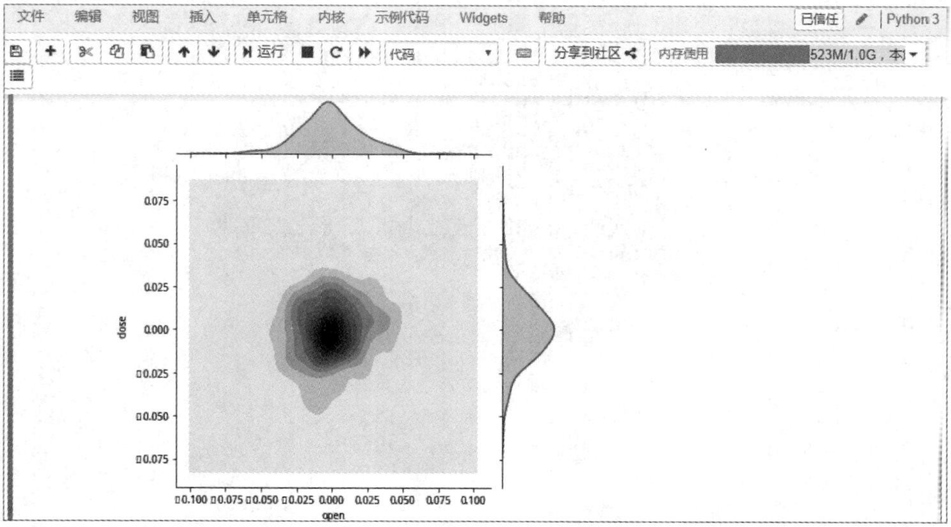

图 16.8　利用 jointplot() 函数绘制两只股票的相关性分析图

如果把 kind 的类型改为 scatter，那么两个变量的数据图为散点图，而对应的两个统计图为直方图，具体修改代码如下：

```
sns.jointplot(returns_pingan['open'], returns_fuxing['close'],
kind='scatter')
```

单击工具栏中的 ▶| 运行 按钮，运行结果如图 16.9 所示。

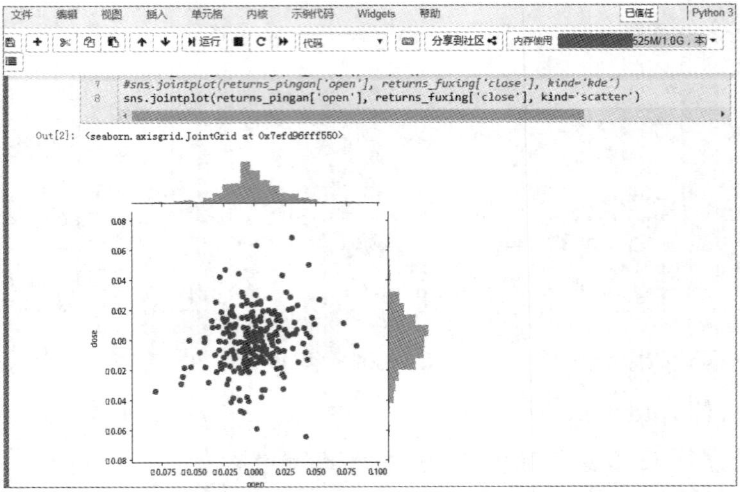

图 16.9　两个变量的数据图为散点图，而对应的两个统计图为直方图

如果把 kind 的类型改为 reg，那么两个变量的数据图为回归图，而对应的两个统计图为直方图和核密度估计，具体修改代码如下：

```
sns.jointplot(returns_pingan['open'], returns_fuxing['close'],
kind='reg')
```

单击工具栏中的 ▶| 运行 按钮，运行结果如图 16.10 所示。

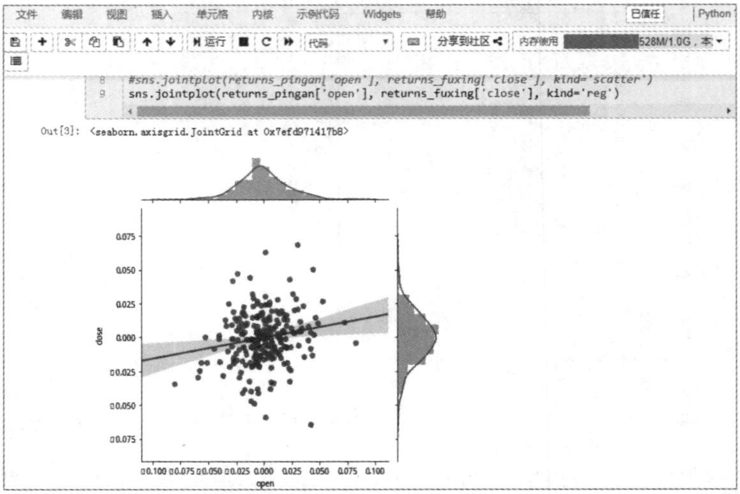

图 16.10　两个变量的数据图为回归图，而对应的两个统计图为直方图和核密度估计

如果把 kind 的类型改为 hex，那么两个变量的数据图为六角图，而对应的两个统计图为直方图，具体修改代码如下：

```
    sns.jointplot(returns_pingan['open'], returns_fuxing['close'],
kind='hex')
```

单击工具栏中的 ▶运行 按钮，运行结果如图 16.11 所示。

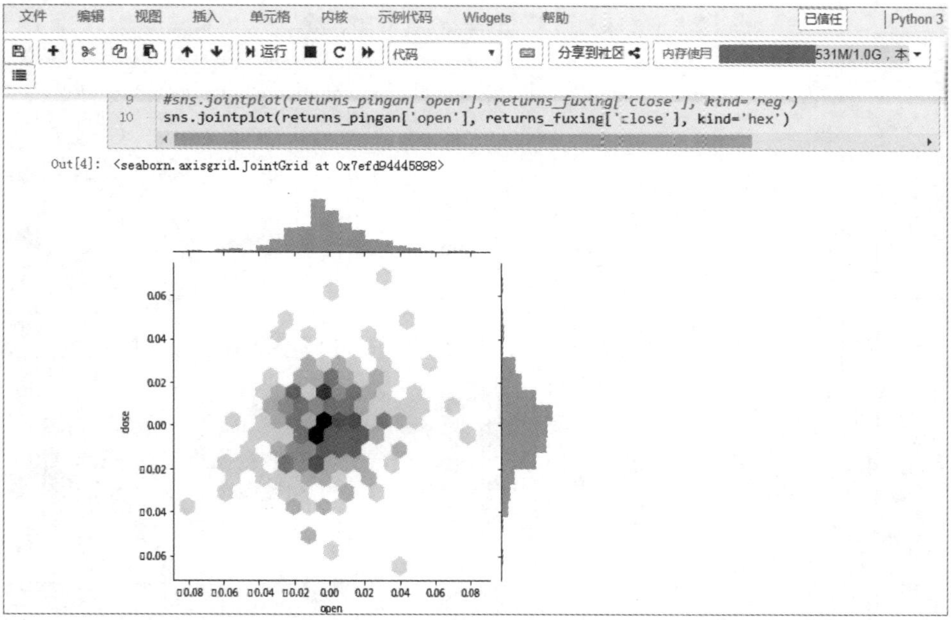

图 16.11　两个变量的数据图为六角图，而对应的两个统计图为直方图

16.3.2　利用 pairplot() 函数绘制多只股票的相关性分析图

下面通过实例来讲解多只股票的相关性分析。

单击聚宽 JoinQuant 量化炒股平台中的“策略研究 / 研究环境”命令，进入 Jupyter Notebook 的研究平台。然后单击“新建”按钮，创建 Python 3 文件，并重命名文件为“Python16-4”，接着输入如下代码：

```
    import pandas as pd
    import seaborn as sns
    dataframe1 = history(100, unit='1d', field='open', security_list=get_
industry_stocks('C27'), df=True, skip_paused=False, fq='pre')
    dataframe1
```

在这里利用 history() 函数显示医药制造业（代码为 C27）所有股票的近 100 个交易日的开盘价信息。

单击工具栏中的 ▶运行 按钮，运行结果如图 16.12 所示。

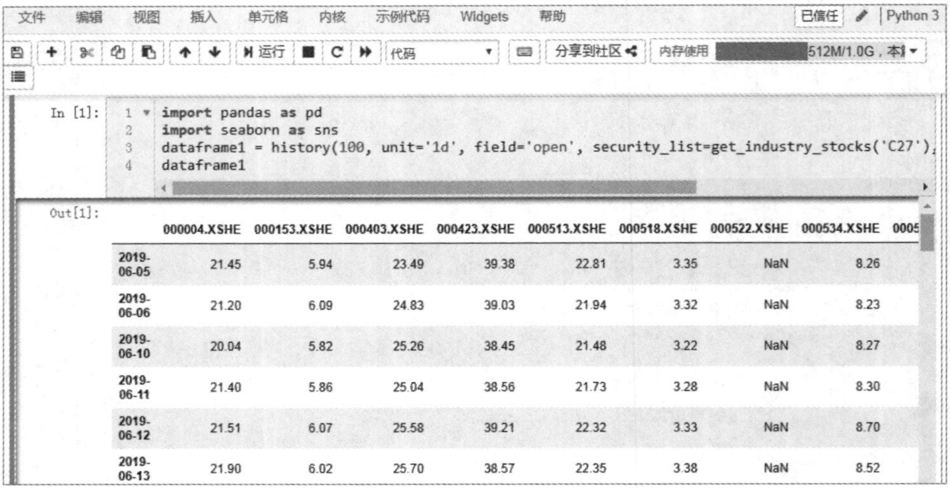

```
In [1]:
import pandas as pd
import seaborn as sns
dataframe1 = history(100, unit='1d', field='open', security_list=get_industry_stocks('C27'),
dataframe1
```

Out[1]:

	000004.XSHE	000153.XSHE	000403.XSHE	000423.XSHE	000513.XSHE	000518.XSHE	000522.XSHE	000534.XSHE	0005
2019-06-05	21.45	5.94	23.49	39.38	22.81	3.35	NaN	8.26	
2019-06-06	21.20	6.09	24.83	39.03	21.94	3.32	NaN	8.23	
2019-06-10	20.04	5.82	25.26	38.45	21.48	3.22	NaN	8.27	
2019-06-11	21.40	5.86	25.04	38.56	21.73	3.28	NaN	8.30	
2019-06-12	21.51	6.07	25.58	39.21	22.32	3.33	NaN	8.70	
2019-06-13	21.90	6.02	25.70	38.57	22.35	3.38	NaN	8.52	

图 16.12　医药制造业（代码为 C27）所有股票的近 100 个交易日的开盘价信息

为了便于分析，这里只需 3 只股票，具体代码如下：

```
dataframe2 = dataframe1.iloc[:,0:3]
dataframe2
```

单击工具栏中的 ▶运行 按钮，运行结果如图 16.13 所示。

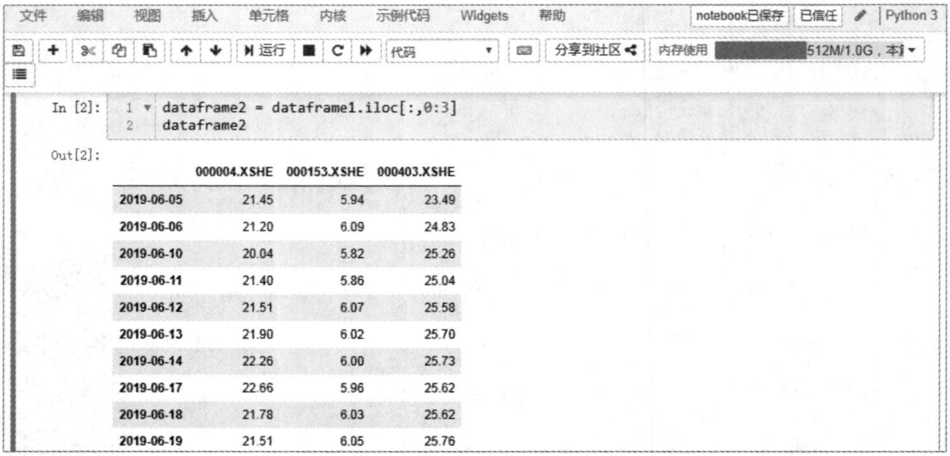

```
In [2]:
dataframe2 = dataframe1.iloc[:,0:3]
dataframe2
```

Out[2]:

	000004.XSHE	000153.XSHE	000403.XSHE
2019-06-05	21.45	5.94	23.49
2019-06-06	21.20	6.09	24.83
2019-06-10	20.04	5.82	25.26
2019-06-11	21.40	5.86	25.04
2019-06-12	21.51	6.07	25.58
2019-06-13	21.90	6.02	25.70
2019-06-14	22.26	6.00	25.73
2019-06-17	22.66	5.96	25.62
2019-06-18	21.78	6.03	25.62
2019-06-19	21.51	6.05	25.76

图 16.13　3 只股票的近 100 个交易日的开盘价信息

接下来进行数据处理，具体代码如下：

```
returns = dataframe2.pct_change().dropna()
returns
```

单击工具栏中的 ▶ 运行 按钮，运行结果如图 16.14 所示。

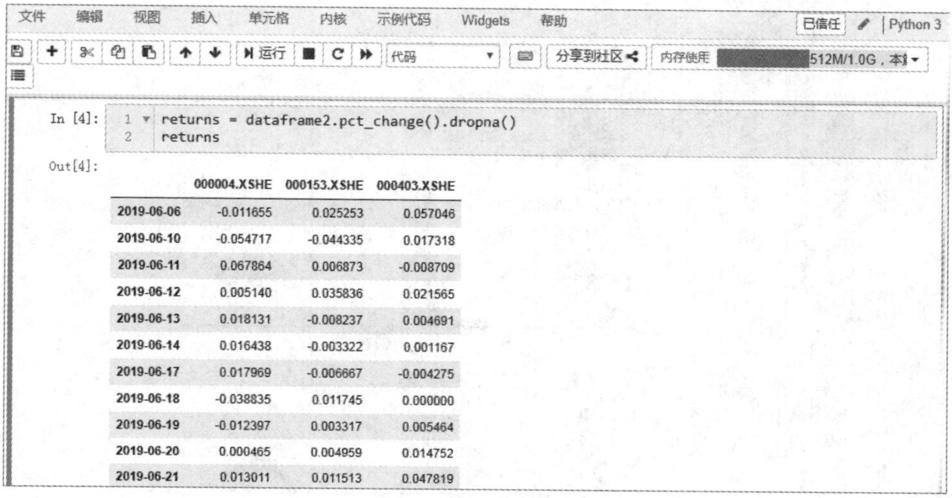


```
returns = dataframe2.pct_change().dropna()
returns
```

	000004.XSHE	000153.XSHE	000403.XSHE
2019-06-06	-0.011655	0.025253	0.057046
2019-06-10	-0.054717	-0.044335	0.017318
2019-06-11	0.067864	0.006873	-0.008709
2019-06-12	0.005140	0.035836	0.021565
2019-06-13	0.018131	-0.008237	0.004691
2019-06-14	0.016438	-0.003322	0.001167
2019-06-17	0.017969	-0.006667	-0.004275
2019-06-18	-0.038835	0.011745	0.000000
2019-06-19	-0.012397	0.003317	0.005464
2019-06-20	0.000465	0.004959	0.014752
2019-06-21	0.013011	0.011513	0.047819

图 16.14　数据处理

接下来就可以利用 pairplot() 函数绘制多只股票的相关性分析图。下面先来看一下 pairplot() 函数的语法格式。

```
pairplot(data, hue=None, hue_order=None, palette=None, vars=None, x_vars=None, y_vars=None, kind='scatter', diag_kind='hist', markers=None, size=2.5, aspect=1, dropna=True, plot_kws=None, diag_kws=None, grid_kws=None)
```

重要参数意义如下。

data：绘制分析图的数据，即对多只股票要进行分析的相关数据。

kind：设置绘制图的类型，共有 2 种，分别是 scatter（散点图）和 reg（回归图），默认为散点图。

diag_kind：设置对角线的绘图类型，共有 2 种，分别是 hist（直方图）和 kde（核密度估计）。

设置绘制图的类型为散点图，对角线的绘图类型为直方图，具体代码如下：

```
sns.pairplot(returns, kind='scatter',diag_kind='hist')
```

单击工具栏中的 ▶ 运行 按钮，运行结果如图 16.15 所示。

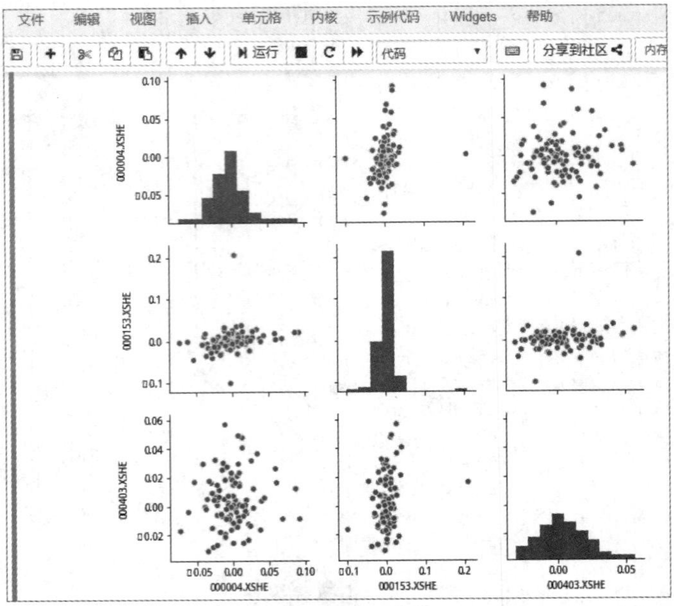

图 16.15　绘制图的类型为散点图，对角线的绘图类型为直方图

如果设置绘制图的类型为回归图，对角线的绘图类型为直方图，则具体代码如下：

```
sns.pairplot(returns, kind='reg',diag_kind='hist')
```

单击工具栏中的 ▶运行 按钮，运行结果如图 16.16 所示。

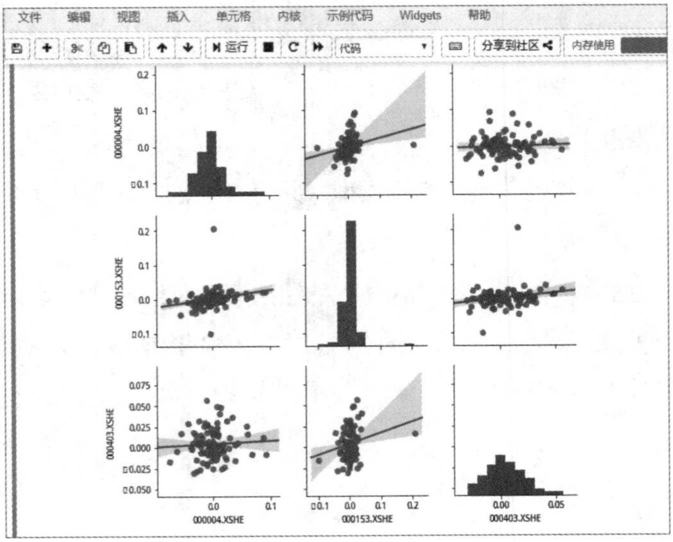

图 16.16　绘制图的类型为回归图，对角线的绘图类型为直方图

如果设置绘制图的类型为回归图，对角线的绘图类型为核密度估计，则具体代码如下：

```
sns.pairplot(returns, kind='reg',diag_kind='kde')
```

单击工具栏中的 ▶运行 按钮，运行结果如图 16.17 所示。

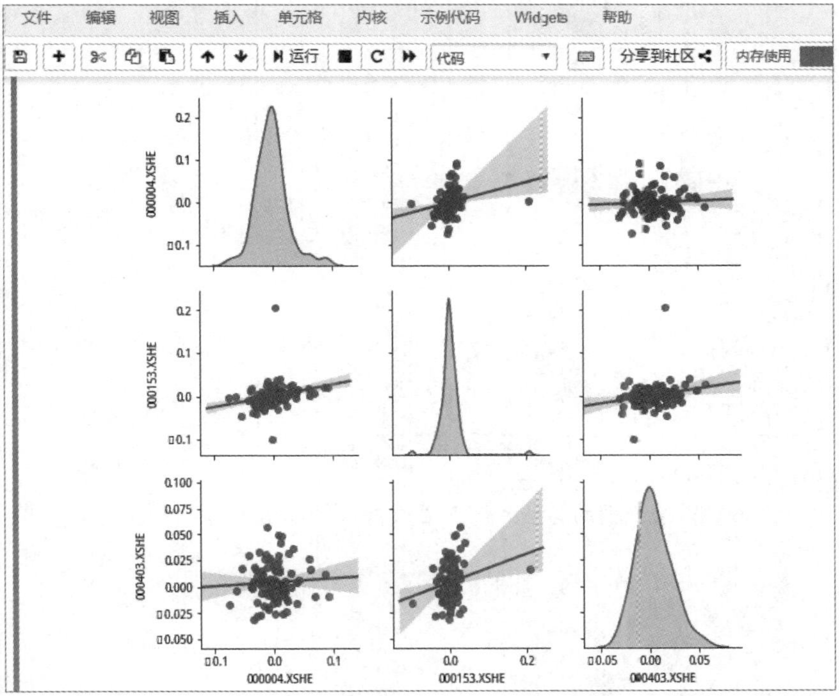

图 16.17 绘制图的类型为回归图，对角线的绘图类型为核密度估计

如果设置绘制图的类型为散点图，对角线的绘图类型为核密度估计，则具体代码如下：

```
sns.pairplot(returns, kind='scatter',diag_kind='kde')
```

单击工具栏中的 ▶运行 按钮，运行结果如图 16.18 所示。

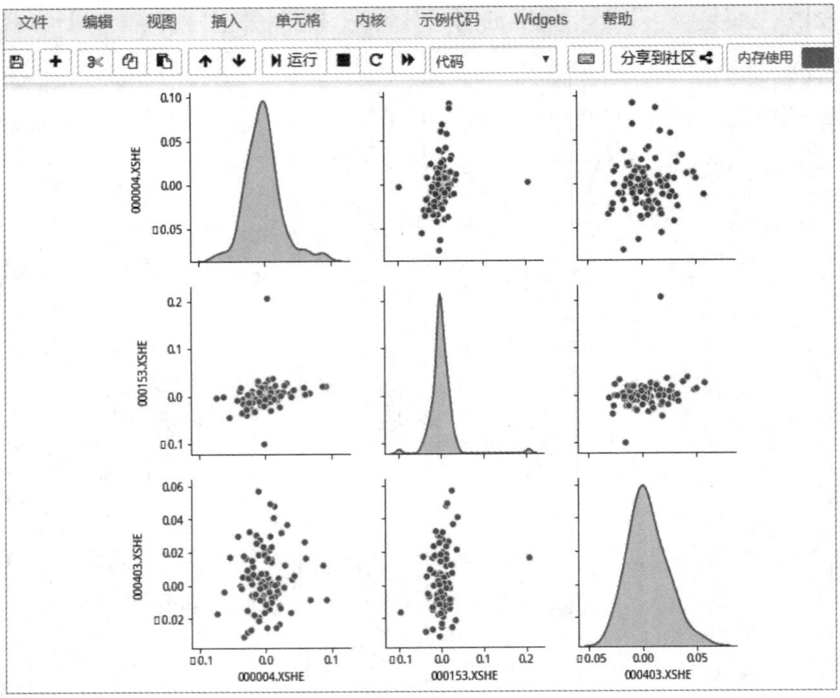

图 16.18　绘制图的类型为散点图，对角线的绘图类型为核密度估计

第 17 章
Python 量化炒股策略的回测

股票投资者可以采用丰富的历史数据对量化炒股策略的过去表现进行衡量，从而为量化炒股策略可以用于实盘中提供可靠的证据。因此，量化炒股策略回测的意义主要在于证实策略的有效性，从而帮助我们筛选策略并使参数最优化。

本章主要内容包括：

- 量化炒股策略回测的流程
- 量化炒股策略的编辑页面
- 量化炒股策略的初始化函数
- 量化炒股策略的单位时间调用函数
- 量化炒股策略的回测参数设置
- 量化炒股策略的回测详情
- 量化炒股策略的风险指标

17.1 量化炒股策略回测的流程

量化炒股策略回测的流程具体如下：

第一，利用 Python 编写好量化炒股策略，选择要操作的股票池，实现 handle_data 函数。对于 handle_data 函数每个单位时间会调用一次，如果按天回测，则每天调用一次；如果按分钟回测，则每分钟调用一次。

> **提醒：**一个量化炒股策略一般情况下包括 4 个函数，分别是初始化函数（initialize）、开盘前运行函数（before_market_open）、开盘时运行函数（market_open）、收盘后运行函数（after_market_close）。为了简化编写，一个简单的量化交易策略，只需两个函数即可，一个是初始化函数，另一个是 handle_data 函数。

第二，选定一个回测开始日期和结束日期，再选择初始资金、调仓间隔（每天还是每分钟），然后就可以开始回测。

第三，通过选择的股票池和日期，取得股票数据，然后每一天或者每一分钟调用一次 handle_data 函数。同时告诉用户现金、持仓情况和股票在上一天或者上一分钟的数据。在 handle_data 函数中，还可以调用其他函数获取任何多天的历史数据，然后做出调仓决定。

第四，下单后，会根据接下来时间的实际交易情况，处理用户的订单。

第五，下单后，可以调用 get_open_orders 函数取得所有未完成的订单，调用 cancel_order 函数取消订单。

第六，可以在 handle_data 中调用 record() 函数记录某些数据，这样会以图表的方式显示在回测结果页面中。

第七，可以在任何时候调用 log.info()、debug()、warn() 或 error() 函数来打印一些日志。

第八，回测结束后，会画出收益和基准收益的曲线，列出每日持仓、每日交易和一系列风险数据。

17.2 利用 Python 编写量化炒股策略并回测

下面利用 Python 编写 MACD 指标量化炒股策略，然后进行回测。

MACD 指标量化炒股策略，实现 DIFF、DEA 均为正，DIFF 向上突破 DEA，买入股票；DIFF、DEA 均为负，DIFF 向下跌破 DEA，卖出股票。

17.2.1 量化炒股策略的编辑页面

在浏览器的地址栏中输入“https://www.joinquant.com”，然后回车，就进入聚宽 JoinQuant 量化炒股平台的首页页面。

单击菜单栏中的“策略研究 / 策略列表”命令，就可以进入策略列表页面，如图 17.1 所示。

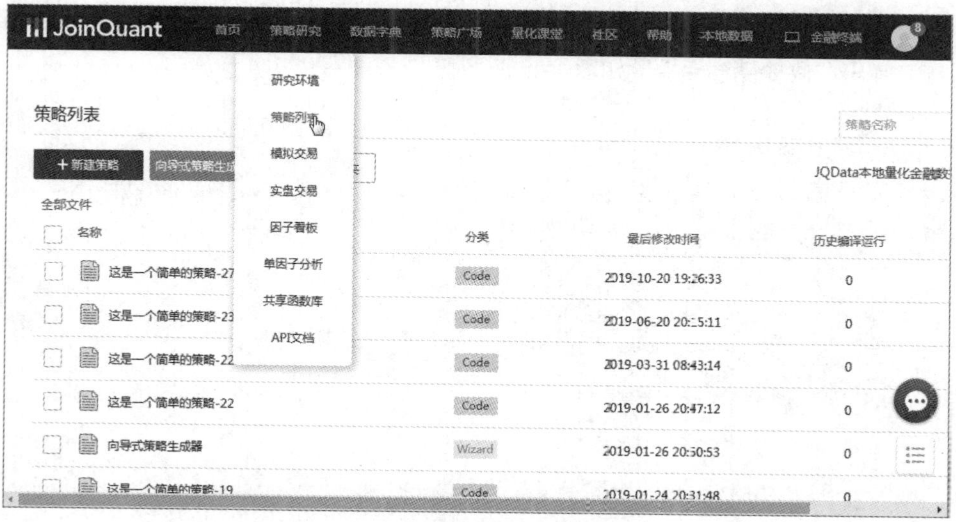

图 17.1 策略列表页面

单击“新建策略”按钮，在弹出菜单中单击“股票策略”命令，就会新建一个股票策略，然后双击策略名称，重新命名为“MACD 指标量化炒股策略”，如图 17.2 所示。

图 17.2　量化炒股策略的编辑策略页面

在左侧列表框中，可以看到 Python 代码，这里的代码编写方法很简单，直接在列表框中输入即可。如果出现编写错误，则修改方法与 Word 文档相同。

为了方便编写代码，这里还提供了一些常用快捷键。单击列表框上方的按钮，弹出“快捷键”面板，如图 17.3 所示。

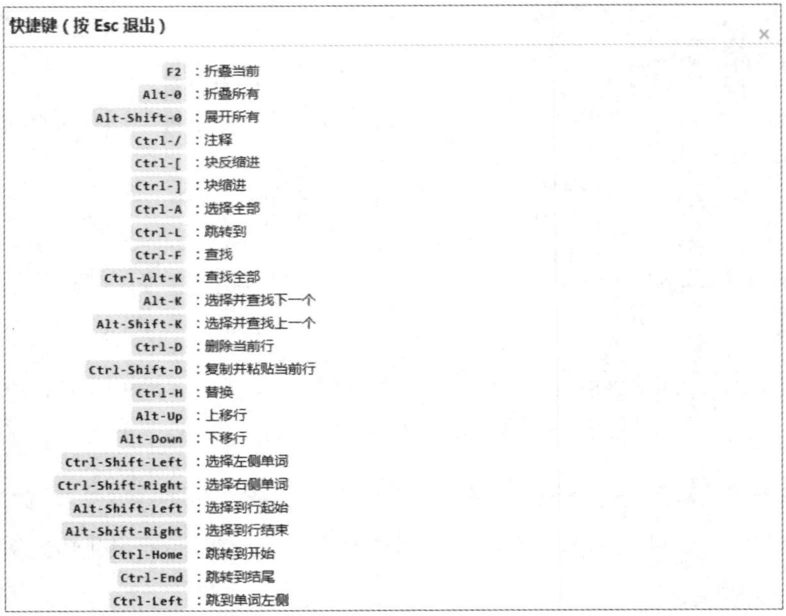

图 17.3　“快捷键”面板

为了方便代码的修改，还提供了查找功能。单击列表框上方的按钮，弹出“查找”面板，如图 17.4 所示。

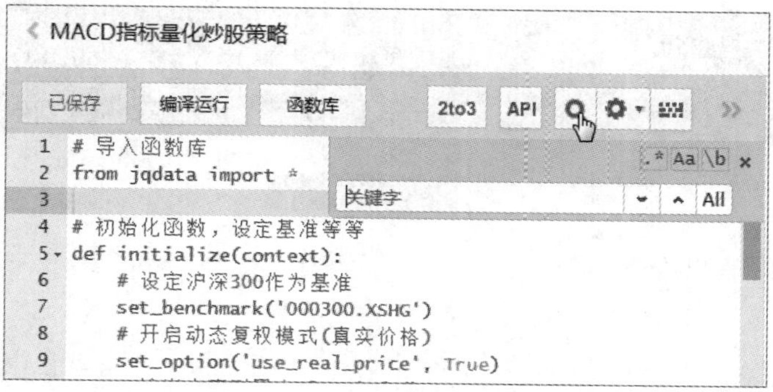

图 17.4 “查找”面板

在这里还可以设置查找模式，即正则匹配，选中 .* 按钮；区分大小写，即选中 Aa 按钮；整词查找，即选中 \b 按钮。

另外，还可以设置代码的字体大小、背景颜色等。单击列表框上方的⚙▾按钮，弹出下拉菜单，可以看到相对应的子菜单命令，如图 17.5 所示。

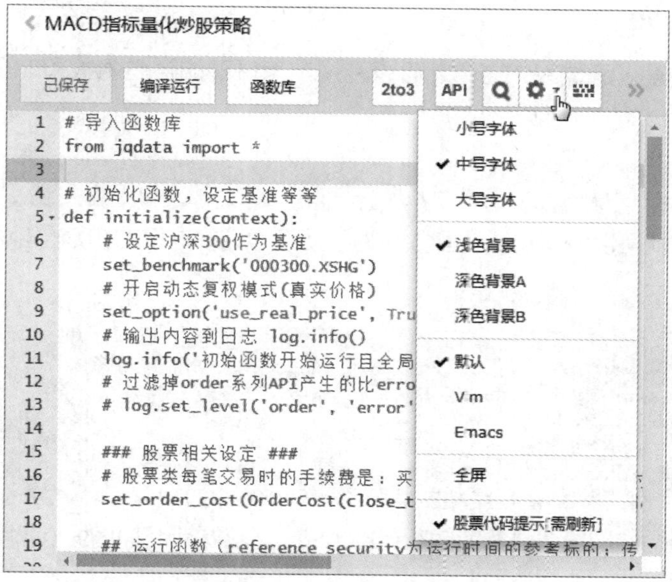

图 17.5 设置代码的字体大小、背景颜色

单击“2to3”按钮，就可以跳转到“Python 2 to 3 代码在线转换”页面，从而实现 Python2 到 Python3 代码的转换，如图 17.6 所示。

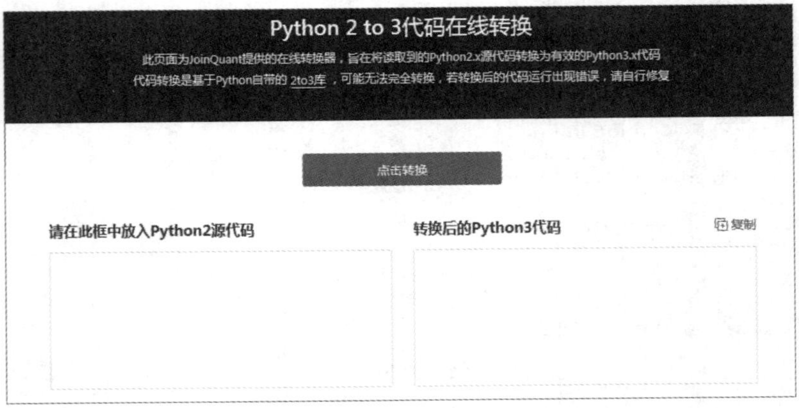

图 17.6　“Python 2 to 3 代码在线转换”页面

17.2.2　量化炒股策略的初始化函数

为了更好地利用 Python 编写量化炒股策略，下面删除文本框中的所有代码，然后重新编写代码。

首先要导入函数库，这样才可以利用前面讲解的各类函数和 MACD 指标，具体代码如下：

```
import jqdata
from jqlib.technical_analysis import *
```

接下来就可以编写初始化函数。为了便于学习，这里的初始化函数相对简单，具体代码如下：

```
def initialize(context):
    # 定义一个全局变量，保存要操作的股票，这里要操作的股票是招商银行（600036）
    g.security = '600036.XSHG'
    # 设定上证指数作为基准
    set_benchmark('000001.XSHG')
    # 开启动态复权模式（真实价格）
    set_option('use_real_price', True)
```

这时要操作的股票是招商银行（600036），设置参照基准为上证指数（000001.XSHG）。

17.2.3　量化炒股策略的单位时间调用函数

单位时间调用的函数，即每个单位时间（如果按天回测，则每天调用一次；如果按分钟回测，则每分钟调用一次）调用一次的函数，具体代码如下：

```
    def handle_data(context, data):
        #获取初始化中要操作的股票
        security = g.security
        #调用 MACD 函数，并获取股票的 MACD 指标的 DIFF、DEA 和 MACD 的值
        macd_diff, macd_dea, macd_macd = MACD(security,check_date=context.
current_dt, SHORT = 12, LONG = 26, MID = 9)
        # 获取当前的现金
        cash = context.portfolio.cash
        # 如果当前有余额，并且 DIFF、DEA 均为正，DIFF 向上突破 DEA
         if macd_diff[security] > 0 and macd_dea[security] >0 and macd_
diff[security] > macd_dea[security] :
            #调用按价值下单函数，用所有 cash 买入股票
            order_value(security, cash)
            # 记录这次买入，即写入 log 日志
            log.info(" 买入股票 %s" % (security))
        # 如果 DIFF、DEA 均为负，DIFF 向下跌破 DEA，并且目前有头寸
        elif macd_diff[security] < 0 and macd_dea[security] < 0 and macd_
diff[security] < macd_dea[security] and context.portfolio.positions
[security].closeable_amount> 0:
            # 全部卖出，即持有仓位为 0
            order_target(security, 0)
            # 记录这次卖出，即写入 log 日志
            log.info(" 卖出股票 %s" % (security))
```

注意：这里调用 MACD 函数，从而获得股票的 MACD 指标的 DIFF、DEA 和 MACD 的值，还需要注意这里的参数 check_date=context.current_dt，表示获取当前回测日期。

在这里买入股票的条件是，当前有余额，并且 DIFF、DEA 均为正，DIFF 向上突破 DEA，具体代码如下：

```
    if macd_diff[security] > 0 and macd_dea[security] >0 and macd_
diff[security] > macd_dea[security] :
```

当满足上述买入条件时，就调用按价值下单函数 order_value()，全仓买进股票。

卖出股票的条件是，DIFF、DEA 均为负，DIFF 向下跌破 DEA，并且目前有头寸，具体代码如下：

```
    elif macd_diff[security] < 0 and macd_dea[security] < 0 and
macd_diff[security] < macd_dea[security]  and context.portfolio.
positions[security].closeable_amount> 0:
```

当满足上述卖出条件时，就卖出手中持有的股票所有仓位，即全部平仓。

17.2.4 量化炒股策略的回测参数设置

量化炒股策略编写完成后，即可进行回测，但在回测之前，还可以进一步设置回测参数。

设置回测的开始时间和结束时间。单击右侧列表框上的文本框，就会弹出“设置时间”面板，如图 17.7 所示。

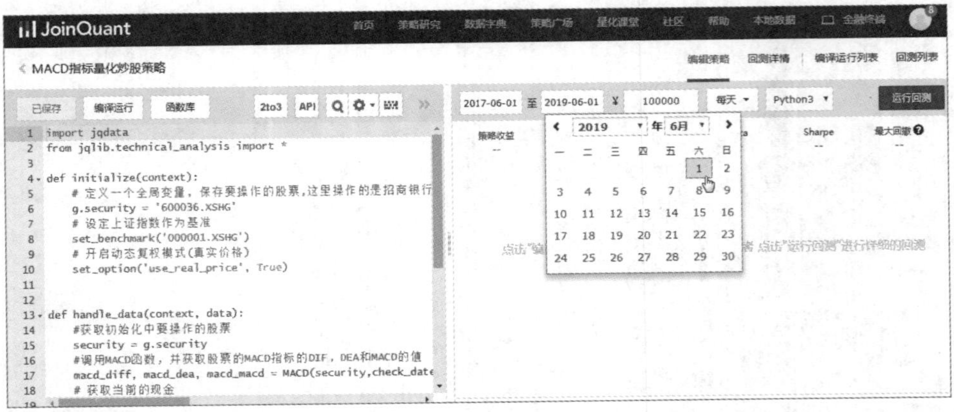

图 17.7　“设置时间”面板

在这里设置开始时间为 2017 年 6 月 1 日，结束时间为 2019 年 6 月 1 日，这样可以测试最近两年来该炒股策略的交易效果。

接下来可以设置回测资金，在结束时间文本框右侧的文本框中直接修改即可，在这里也采用默认，即 10 万元。

接下来可以设置回测的运行频率，即按天运行，还是按分钟运行，如图 17.8 所示。在这里采用默认，即每天。

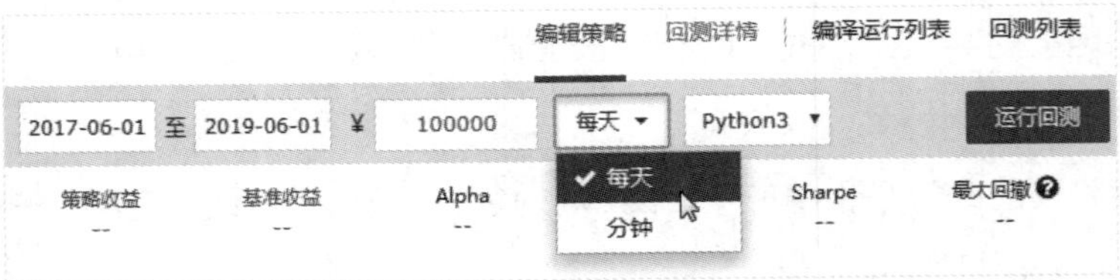

图 17.8　设置回测的运行频率

下面来详细讲解运行频率。

1. Bar 的概念

在一定时间段内的时间序列就构成了一根 K 线，单根 K 线被称为 Bar。如果是一分钟内的 Tick 序列，则构成一根分钟 K 线，又称分钟 Bar，如图 17.9 所示。

图 17.9　分钟 Bar

如果是一天内的分钟序列，则构成一根日线 K 线，又称日线 Bar，如图 17.10 所示。

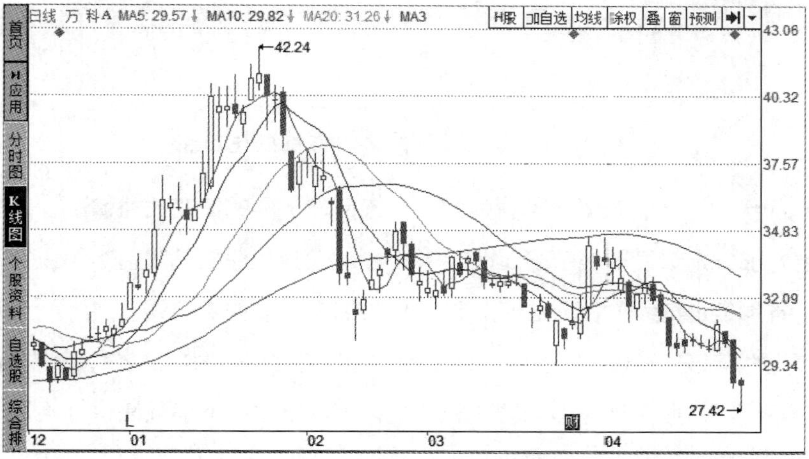

图 17.10　日线 Bar

> 提醒：Bar 就是时间维度上，价格在空间维度上变化构成的数据单元。

2. 频率详解

当选择“每天”频率时，算法在每根日线 Bar 都会运行一次，即每天运行一次。

当选择“分钟”频率时，算法在每根分钟 Bar 都会运行一次，即每分钟运行一次。

最后，还可以设置 Python 代码的版本，即 Python 3 和 Python 2，在这里设置为 Python 3，即采用默认。

17.2.5 量化炒股策略的回测详情

量化炒股策略的回测参数设置完成后，单击“运行回测”按钮，就可以回测 MACD 指标量化策略，回测运行结束后，就会进入“回测详情”页面，看到 MACD 指标量化策略的收益概述图表，如图 17.11 所示。

图 17.11　量化炒股策略的收益概述图表

默认状态下，看到的是设置时间（最近两年）内的策略收益情况。图表中蓝色（上方那条走势线）表示招商银行（600036）这只股票的收益走势线，而暗红色（下方那条走势线）表示上证指数（000001）的收益走势线。

最近两年该策略收益率为 43.84%，策略年化收益率为 20.42%，从收益来看，是一个不错的炒股策略。但需要注意的是，该策略对上证指数来讲，不是一个好策略，因为该策略两年来的收益为 −7.01%。

另外，还可以查看最近 1 个月的收益概述图表或最近 1 年的收益概述图表。单击“1 年”，就可以看到量化炒股策略最近一年的收益概述图表，如图 17.12 所示。

单击左侧列表框中的“交易详情”，就可以看到量化炒股策略的交易详情，即交易类型、下单类型、成交数量、成交价、成交额等信息，如图 17.13 所示。

单击左侧列表框中的“每日持仓 & 收益”，就可以看到量化炒股策略的持仓和收益信息，即数量、收盘价 / 结算价、盈亏 / 逐笔浮盈、开仓均价等信息，如图 17.14 所示。

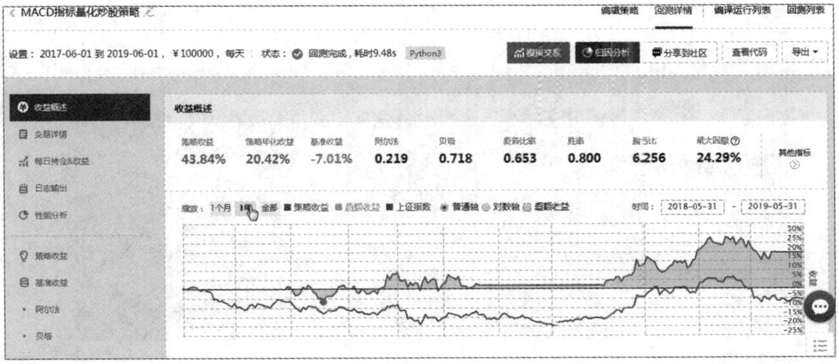

图 17.12　量化炒股策略最近一年的收益概述图表

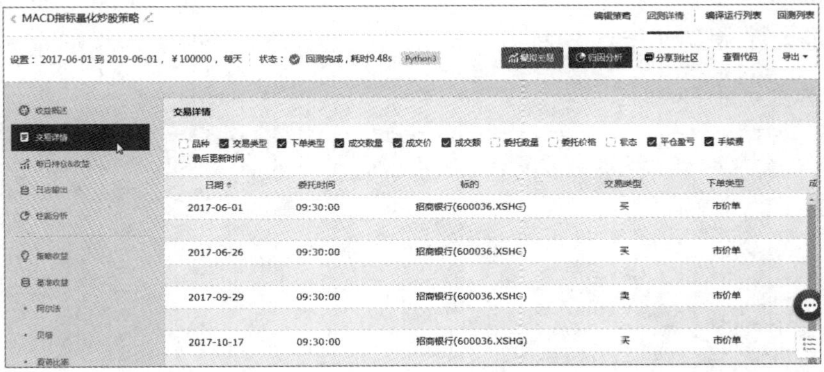

图 17.13　量化炒股策略的交易详情

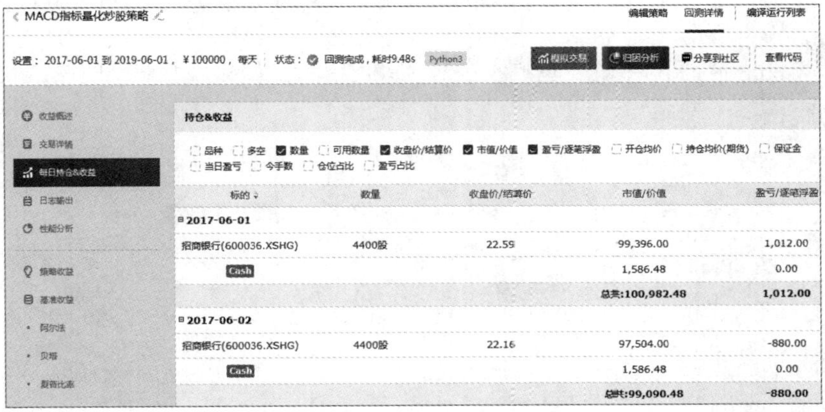

图 17.14　量化炒股策略的持仓和收益信息

单击左侧列表框中的“日志输出”，就可以看到量化炒股策略的日志输出信息，如图 17.15 所示。

图 17.15　量化炒股策略的日志输出信息

单击左侧列表框中的“策略收益”，就可以看到量化炒股策略的策略收益信息，如图 17.16 所示。

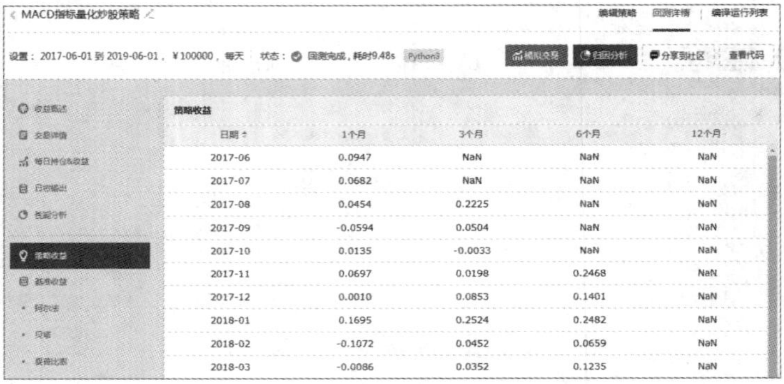

日期	1个月	3个月	6个月	12个月
2017-06	0.0947	NaN	NaN	NaN
2017-07	0.0682	NaN	NaN	NaN
2017-08	0.0454	0.2225	NaN	NaN
2017-09	-0.0594	0.0504	NaN	NaN
2017-10	0.0135	-0.0033	NaN	NaN
2017-11	0.0697	0.0198	0.2468	NaN
2017-12	0.0010	0.0853	0.1401	NaN
2018-01	0.1695	0.2524	0.2482	NaN
2018-02	-0.1072	0.0452	0.0659	NaN
2018-03	-0.0086	0.0352	0.1235	NaN

图 17.16　量化炒股策略的策略收益信息

单击左侧列表框中的“基准收益”，就可以看到量化炒股策略的基准收益信息，如图 17.17 所示。

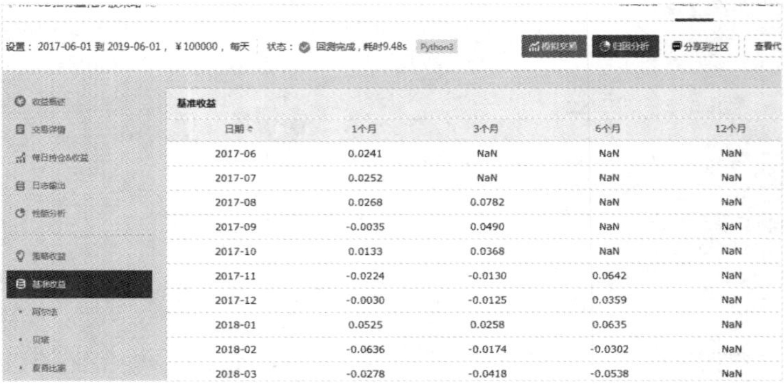

日期	1个月	3个月	6个月	12个月
2017-06	0.0241	NaN	NaN	NaN
2017-07	0.0252	NaN	NaN	NaN
2017-08	0.0268	0.0782	NaN	NaN
2017-09	-0.0035	0.0490	NaN	NaN
2017-10	0.0133	0.0368	NaN	NaN
2017-11	-0.0224	-0.0130	0.0642	NaN
2017-12	-0.0030	-0.0125	0.0359	NaN
2018-01	0.0525	0.0258	0.0635	NaN
2018-02	-0.0636	-0.0174	-0.0302	NaN
2018-03	-0.0278	-0.0418	-0.0538	NaN

图 17.17　量化炒股策略的基准收益信息

17.3 量化炒股策略的风险指标

风险指标有利于投资者对策略进行客观的评价。需要注意的是，无论是回测还是模拟，所有风险指标都只会根据每天收盘后的收益计算每天更新一次，并不考虑每天盘中的收益情况。

17.3.1 阿尔法（Alpha）

投资中面临着系统性风险（Beta）和非系统性风险（Alpha），阿尔法（Alpha）是投资者获得的与市场波动无关的回报。比如投资者获得了 15% 的回报，其基准获得了 10% 的回报，那么阿尔法（Alpha）或者价值增值的部分就是 5%。

Alpha 的计算公式如下：

$$Alpha = \alpha = R_p - [R_f + \beta_p(R_m - R_f)]$$

各参数意义如下：

R_p= 策略年化收益率

R_m= 基准年化收益率

R_f= 无风险利率（默认 0.04）

β_p= 策略 beta 值

在回测详情页面中，单击左侧列表框中的“阿尔法”，就可以看到量化炒股策略的阿尔法（Alpha）信息，如图 17.18 所示。

图 17.18　量化炒股策略的阿尔法（Alpha）信息

17.3.2 贝塔（Beta）

贝塔（Beta）表示投资的系统性风险，反映了策略对大盘变化的敏感性。例如，一个策略的贝塔（Beta）为 1.5，则大盘涨 1% 的时候，策略可能涨 1.5%，反之亦然；如果一个策略的贝塔（Beta）为 −1.5，则大盘涨 1% 的时候，策略可能跌 1.5%，反之亦然。

Beta 的计算公式如下：

$$Beta = \beta_p = \frac{Cov(D_p, D_m)}{Var(D_m)}$$

各参数意义如下：

D_p= 策略每日收益

D_m= 基准每日收益

$Cov(D_p, D_m)$= 策略每日收益与基准每日收益的协方差

$Var(D_m)$= 基准每日收益的方差

当 $\beta<0$，投资组合和基准的走向通常相反，如空头头寸类。如果 $\beta=0$，则投资组合和基准的走向没有相关性，如固定收益类。$0<\beta<1$，投资组合和基准的走向相同，但是比基准的移动幅度更小。如果 $\beta=1$，则投资组合和基准的走向相同，并且与基准的移动幅度贴近。如果 $\beta>1$，则投资组合和基准的走向相同，但是比基准的移动幅度更大。

在回测详情页面中，单击左侧列表框中的“贝塔”，就可以看到量化炒股策略的贝塔（Beta）信息，如图 17.19 所示。

日期	1个月	3个月	6个月	12个月
2017-06	1.2996	NaN	NaN	NaN
2017-07	1.2953	NaN	NaN	NaN
2017-08	1.4600	1.3718	NaN	NaN
2017-09	0.4160	1.3501	NaN	NaN
2017-10	0.8366	1.2843	NaN	NaN
2017-11	0.9277	0.8012	1.1647	NaN
2017-12	2.0166	1.3151	1.3169	NaN
2018-01	0.9196	1.2832	1.2778	NaN
2018-02	0.6507	0.9533	0.9259	NaN
2018-03	0.0358	0.5904	0.7430	NaN

图 17.19　量化炒股策略的贝塔（Beta）信息

17.3.3　夏普比率（Sharpe）

夏普比率（Sharpe）表示每承担一单位总风险，会产生多少超额报酬，可以同时对策略的收益与风险进行综合考虑。

Sharpe 的计算公式如下：

$$Sharpe\ Ratio = \frac{R_p - R_f}{\sigma_p}$$

各参数意义如下：

R_p= 策略年化收益率

R_f= 无风险利率（默认 0.04）

σ_p= 策略收益波动率

在回测详情页面中，单击左侧列表框中的“夏普比率”，就可以看到量化炒股策略的夏普比率（Sharpe）信息，如图 17.20 所示。

夏普比率

日期	1个月	3个月	6个月	12个月
2017-06	4.9054	NaN	NaN	NaN
2017-07	3.5799	NaN	NaN	NaN
2017-08	2.0781	3.4794	NaN	NaN
2017-09	-3.6542	0.6441	NaN	NaN
2017-10	0.6618	-0.2246	NaN	NaN
2017-11	3.8383	0.1863	1.7947	NaN
2017-12	-0.1006	1.3337	0.9732	NaN
2018-01	18.7928	4.8679	1.9839	NaN
2018-02	-2.3975	0.5555	0.3818	NaN
2018-03	-3.1775	0.4562	0.8928	NaN

图 17.20　量化炒股策略的夏普比率（Sharpe）信息

17.3.4　索提诺比率（Sortino）

索提诺比率（Sortino）表示每承担一单位下行风险，将会获得多少超额回报。

Sortino 的计算公式如下：

$$Sortino\ Ratio = \frac{R_p - R_f}{\sigma_{pd}}$$

各参数意义如下：

R_p= 策略年化收益率

R_f= 无风险利率（默认 0.04）

σ_{pd}= 策略下行波动率

在回测详情页面中，单击左侧列表框中的“索提诺比率”，就可以看到量化炒股策略的索提诺比率（Sortino）信息，如图 17.21 所示。

日期	1个月	3个月	6个月	12个月
2017-06	12.2394	NaN	NaN	NaN
2017-07	9.0185	NaN	NaN	NaN
2017-08	4.4622	7.7703	NaN	NaN
2017-09	-6.8243	1.4410	NaN	NaN
2017-10	1.4312	-0.4732	NaN	NaN
2017-11	6.1790	0.3845	3.7592	NaN
2017-12	-0.1821	2.3327	1.9048	NaN
2018-01	43.1951	8.8306	3.9682	NaN
2018-02	-3.4763	0.8084	0.5945	NaN
2018-03	0.0000	0.5583	1.2558	NaN
2018-04	0.0000	-1.8901	1.0669	NaN
2018-05	-7.2077	-3.6582	-0.6521	1.0601
2018-06	0.0000	-3.4266	-0.6555	0.4060
2018-07	0.0000	-3.1803	-1.9322	-0.0044
2018-08	-0.5507	-0.1309	-1.4910	-0.3305

图 17.21　量化炒股策略的索提诺比率（Sortino）信息

17.3.5　信息比率（Information Ratio）

信息比率（Information Ratio）用来衡量单位超额风险带来的超额收益。信息比率越大，说明该策略单位跟踪误差所获得的超额收益越高。因此，信息比率较大的策略的表现要优于信息比率较小的基准。合理的投资目标应该是在承担适度风险下，尽可能追求高信息比率。

Information Ratio 的计算公式如下：

$$Information\ Ratio = \frac{R_p - R_m}{\sigma_t}$$

各参数意义如下：

R_p= 策略年化收益率

R_m= 基准年化收益率

σ_t= 策略每日收益与基准每日收益差值的年化标准差

在回测详情页面中，单击左侧列表框中的“信息比率”，就可以看到量化炒股策略的信息比率（Information Ratio）信息，如图 17.22 所示。

日期	1个月	3个月	6个月	12个月
2017-06	4.3248	NaN	NaN	NaN
2017-07	2.7956	NaN	NaN	NaN
2017-08	1.2065	2.7666	NaN	NaN
2017-09	-3.0996	0.0264	NaN	NaN
2017-10	0.0184	-0.7886	NaN	NaN
2017-11	5.0694	0.5858	1.5666	NaN
2017-12	0.2236	1.8386	0.9339	NaN
2018-01	16.8506	5.2275	1.8120	NaN
2018-02	-0.5419	1.0768	0.8359	NaN
2018-03	1.1572	1.3110	1.5678	NaN
2018-04	1.9351	-0.0047	1.8005	NaN
2018-05	-4.5287	-0.5655	0.2977	0.8874
2018-06	3.4429	0.6182	0.9355	0.9372
2018-07	-0.0630	0.1202	0.0486	0.7479
2018-08	2.5550	2.2081	0.9467	0.8632

图 17.22　量化炒股策略的信息比率（Information Ratio）信息

17.3.6　波动率（Volatility）

波动率（Volatility）用来测量策略的风险性，波动越大代表策略风险越高。

Volatility 的计算公式如下：

$$Volatility = \sigma_p = \sqrt{\frac{250}{n-1}\sum_{i=1}^{n}(r_p - \bar{r_p})^2}$$

各参数意义如下：

r_p= 策略每日收益率

$\bar{r_p}$= 策略每日收益率的平均值 =1n Σ i=1nr_p

n= 策略执行天数

在回测详情页面中，单击左侧列表框中的“波动率”，就可以看到量化炒股策略的波动率（Volatility）信息，如图 17.23 所示。

日期	1个月	3个月	6个月	12个月
2017-06	0.3580	NaN	NaN	NaN
2017-07	0.3224	NaN	NaN	NaN
2017-08	0.2793	0.3163	NaN	NaN
2017-09	0.1525	0.2614	NaN	NaN
2017-10	0.2699	0.2387	NaN	NaN
2017-11	0.2895	0.2433	0.2836	NaN
2017-12	0.2745	0.2749	0.2669	NaN
2018-01	0.2600	0.2745	0.2583	NaN
2018-02	0.3708	0.3057	0.2746	NaN
2018-03	0.0418	0.2581	0.2656	NaN
2018-04	0.0000	0.1971	0.2454	NaN
2018-05	0.1469	0.0925	0.2224	0.2556
2018-06	0.0000	0.0910	0.1926	0.2335
2018-07	0.0632	0.0959	0.1509	0.2143
2018-08	0.2712	0.1631	0.1333	0.2131

图 17.23　量化炒股策略的波动率（Volatility）信息

17.3.7　基准波动率（Benchmark Volatility）

基准波动率（Benchmark Volatility）用来测量基准的风险性，波动越大代表基准风险越高。

Benchmark Volatility 的计算公式如下：

$$Benchmark\ Volatility = \sigma_m = \sqrt{\frac{250}{n-1}\sum_{i=1}^{n}(r_m - \bar{r_m})^2}$$

各参数意义如下：

r_m= 基准每日收益率

$\bar{r_m}$= 基准每日收益率的平均值 =1n Σ i=1nr_m

n= 基准执行天数

在回测详情页面中，单击左侧列表框中的“基准波动率”，就可以看到量化炒股策略的基准波动率（Benchmark Volatility）信息，如图 17.24 所示。

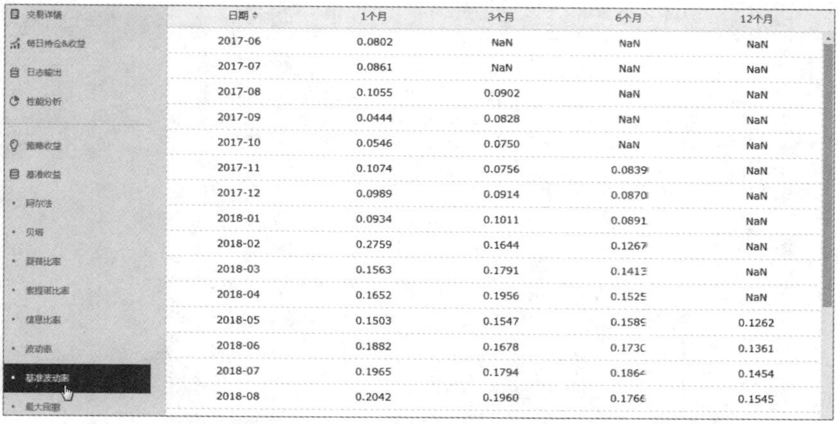

日期	1个月	3个月	6个月	12个月
2017-06	0.0802	NaN	NaN	NaN
2017-07	0.0861	NaN	NaN	NaN
2017-08	0.1055	0.0902	NaN	NaN
2017-09	0.0444	0.0828	NaN	NaN
2017-10	0.0546	0.0750	NaN	NaN
2017-11	0.1074	0.0756	0.0839	NaN
2017-12	0.0989	0.0914	0.0870	NaN
2018-01	0.0934	0.1011	0.0891	NaN
2018-02	0.2759	0.1644	0.1267	NaN
2018-03	0.1563	0.1791	0.1413	NaN
2018-04	0.1652	0.1956	0.1525	NaN
2018-05	0.1503	0.1547	0.1589	0.1262
2018-06	0.1882	0.1678	0.1730	0.1361
2018-07	0.1965	0.1794	0.1864	0.1454
2018-08	0.2042	0.1960	0.1766	0.1545

图 17.24　量化炒股策略的基准波动率（Benchmark Volatility）信息

17.3.8　最大回撤（Max Drawdown）

最大回撤（Max Drawdown）用来描述策略可能出现的最糟糕的情况，即最极端可能的亏损情况。

Max Drawdown 的计算公式如下：

$$Max\ Drawdown = Max(P_x - P_y)/P_x$$

其中，P_x,P_y= 策略某日股票和现金的总价值。

在回测详情页面中，单击左侧列表框中的“最大回撤”，就可以看到量化炒股策略的最大回撤（Max Drawdown）信息，如图 17.25 所示。

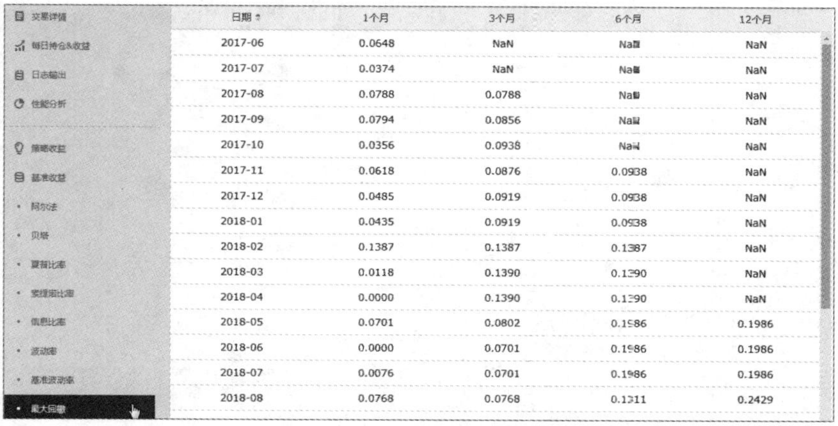

日期	1个月	3个月	6个月	12个月
2017-06	0.0648	NaN	NaN	NaN
2017-07	0.0374	NaN	NaN	NaN
2017-08	0.0788	0.0788	NaN	NaN
2017-09	0.0794	0.0856	NaN	NaN
2017-10	0.0356	0.0938	NaN	NaN
2017-11	0.0618	0.0876	0.0938	NaN
2017-12	0.0485	0.0919	0.0938	NaN
2018-01	0.0435	0.0919	0.0938	NaN
2018-02	0.1387	0.1387	0.1387	NaN
2018-03	0.0118	0.1390	0.1390	NaN
2018-04	0.0000	0.1390	0.1390	NaN
2018-05	0.0701	0.0802	0.1986	0.1986
2018-06	0.0000	0.0701	0.1986	0.1986
2018-07	0.0076	0.0701	0.1986	0.1986
2018-08	0.0768	0.0768	0.1311	0.2429

图 17.25　量化炒股策略的最大回撤（Max Drawdown）信息

第 18 章

Python 量化炒股策略的因子分析

在量化交易中，因子就是量化选股或量化择时的标准。例如，认为净利润同比增长率高的公司就是好公司，就把净利润同比增长率大于 50% 的股票选出来。净利润同比增长率大于 50% 就是因子。

本章主要内容包括：

- 因子的分类和因子分析的作用
- 因子分析中变量的含义
- 在因子分析中可以使用的基础因子
- calc() 方法的参数及返回值
- 新建因子
- 因子的收益分析、IC 分析和换手分析
- calc_factors() 函数的语法格式
- 因子在研究和回测中的运用实例
- 基本面因子应用实例

18.1 初识因子分析

下面先来讲解因子的类型，然后讲解因子分析的作用。

18.1.1 因子的类型

因子在量化炒股中可以分为两类，分别是量化选股因子（好股票的标准）和量化择时因子（好股票买卖的标准）。

量化选股因子，大多为财务指数，如营业利润率、销售净利率、营业收入环比增长率等。量化择时因子，大多为技术指标，如均线、MACD 指标、KDJ 指标、换手率、波动率等。

18.1.2 因子分析的作用

聚宽 JoinQuant 量化炒股平台提供了因子分析功能，这样就方便投资者测试自己的量化因子，相比之前只能在回测模块中一个一个测试每个指标来说，因子分析系统规避了回测的噪声、复杂的资产配置和交易系统产生的导致指标失真的问题。

18.2 利用 Python 代码实现因子分析

在量化炒股中，要实现因子分析功能，需要自定义因子的类，该类要继承 Factor 类，并实现 calc() 方法，具体代码如下：

```
class MA30(Factor):
    name = 'ma30'
    max_window =30
    dependencies = ['close']
    def calc(self, data):
        return data['close'][-30:].mean()
```

18.2.1 因子分析中变量的含义

在自定义类中，有 3 个变量，分别是 name、max_window 和 dependencies。

1. name

name 是因子的名称。在给因子命名时，必须符合 Python 中变量的命名规则，即名称只能由字母、数字和下画线组成，并且第一个字符不能是数字，另外，不能与 Python 中的关键字相同，也不能与基础因子冲突。name='ma30' 表示因子的名字为 ma30。

2. max_window

max_window 是用来获取数据的最长时间窗口。需要注意的是，返回的是日线级别的数据。max_window =30 表示要获取 30 个交易日的数据。

3. dependencies

dependencies 用来设置依赖的基础因子名称。dependencies = ['close'] 表示基础因子名称为 close，即收盘价。

18.2.2 在因子分析中可以使用的基础因子

在因子分析中，可以使用的基础因子很多，如价量因子、财务数据因子、行业因子、概念因子、指数因子和资金流因子，如图 18.1 所示。

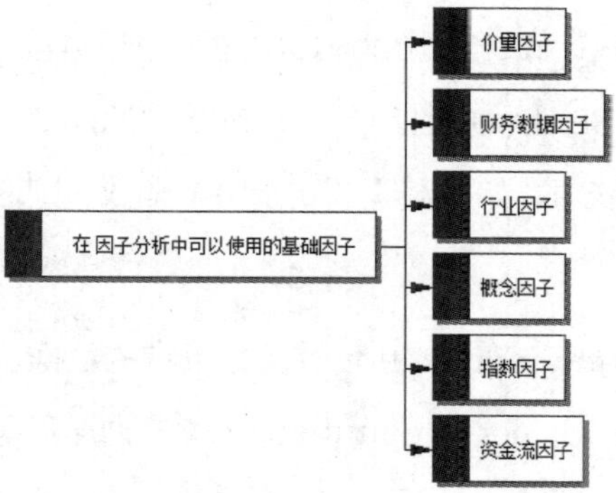

图 18.1　在因子分析中可以使用的基础因子

1. 价量因子

价量因子，是指利用 get_price() 函数可以获取到的价量信息，如 open（开盘价）、close（收盘价）、high（最高价）、low（最低价）、volume（成交量）、money（成交金额）等。

2. 财务数据因子

财务数据因子，是指当日可以看到的最新单季财务指标，如 pe_ratio（动态市盈率）、turnover_ratio（换手率）、pb_ratio（市净率）、market_cap（股票的总市值）、circulating_market_cap（股票的流通市值）等。

3. 行业因子

行业因子包含证监会行业分类，聚宽一、二级行业分类以及申万一、二、三级行业分类，如 A01（农业）、A02（林业）、B06（煤炭开采和洗选业）、B07（石油和天然气开采业）、C36（汽车制造业）等。

返回值是一个哑变量，如果某股票属于某行业，则返回 1，否则，返回 0。

> 提醒：哑变量，又称虚设变量、名义变量，是量化了的质变量，通常取值为 0 或 1。

4. 概念因子

概念因子，即概念板块代码，如 GN028（智能电网）、GN030（物联网）、GN092（高端装备制造）、GN181（一带一路）等。

返回值是一个哑变量，如果某股票属于某个概念，则返回 1，否则，返回 0。

5. 指数因子

指数因子，即指数代码，如 000001.XSHG（上证指数）、000002.XSHG（A 股指数）、000003.XSHG（B 股指数）、000006.XSHG（地产指数）等。

返回值是一个哑变量，如果某股票属于某个指数，则返回 1，否则，返回 0。

6. 资金流因子

资金流因子，即 get_money_flow() 函数查询的数据。可以使用的字段包括：change_pct（涨跌幅）、net_amount_main（主力净额）、net_pct_main（主力净占比）、net_amount_xl（超大单净额）、net_pct_xl（超大单净占比）、net_amount_l（大单净额）、net_pct_l（大单净占比）、net_amount_m（中单净额）、net_pct_m（中单净占比）、net_amount_s（小单净额）和 net_pct_s（小单净占比）。

18.2.3 calc() 方法的参数及返回值

在 calc() 方法中，可以通过 data 参数获取通过 max_window 和 dependencies 定义的数据。参数 data 是一个 dict 对象，即字典对象，其 key 属性是 dependencies 中的因子名称，value 属性是 pandas.DataFrame。

DataFrame 的 column 是股票代码，可以选择沪深 300 作为股票池。

DataFrame 的 index 是一个时间序列，结束时间是当前时间，长度是 max_window。

calc() 方法返回一个 pandas.Series。其中，index 属性是股票代码，value 属性是因子值。

18.3 新建因子并查看因子分析结果

前面讲解因子分析的基础知识及实现代码，下面利用聚宽 JoinQuant 量化炒股平台新建因子，并查看因子分析结果。

18.3.1 新建因子

在浏览器的地址栏中输入“https://www.joinquant.com”，然后回车，就进入聚宽 JoinQuant 量化炒股平台的首页页面。

单击菜单栏中的“策略研究 / 单因子分析”命令，进入“我的因子”页面，如图 18.2 所示。

图 18.2 “我的因子”页面

在“我的因子”页面中，单击“新建因子”按钮，就可以新建一个因子，并命名为“myc1”，然后编写 Python 代码，具体如下：

```
from jqfactor import Factor
class MONEY(Factor):
    # 设置因子名称
    name = 'ma'
    # 设置获取数据的时间窗口长度
    max_window = 1
    # 设置依赖的数据
    dependencies = ['money']
    # 计算因子的函数，需要返回一个 pandas.Series，index 是股票代码，value 是因子值
     def calc(self, data):
         ma = data['money'].mean()
         return zscore(ma)
# 标准化函数
def zscore(series):
     std = series.std()
     mean = series.mean()
     return (series - mean)/std
```

第一行代码：from jqfactor import Factor，是指从 jqfactor 模块中导入 Factor 类。其他代码与前面讲过的代码基本相同，这里不再赘述。

下面来设置因子分析的开始时间和结束时间，在这里都采用默认，即开始时间是 2019 年 4 月 1 日，结束时间是 2019 年 10 月 1 日。还要设置股票池，在这里股票池要么是沪深 300，要么是中证 500，在此设置为“沪深 300”，如图 18.3 所示。

图 18.3　设置因子分析的开始时间、结束时间和股票池

接下来就可以编译运行代码，单击“编译运行”按钮即可。在编译运行过程中，可以查看“日志”，单击⌃按钮即可。在“日志”中可以看到因子分析过程中的提示信息，如图 18.4 所示。

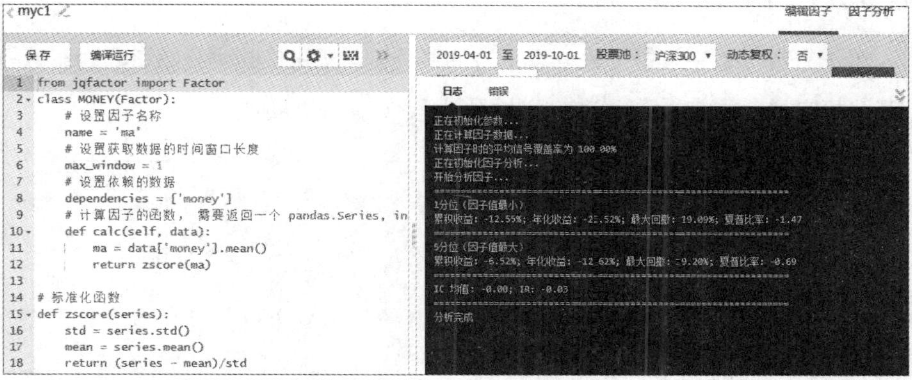

图 18.4 查看“日志”

编译运行完成后，单击⌄按钮，就可以看到分位数累积收益图表信息，如图 18.5 所示。

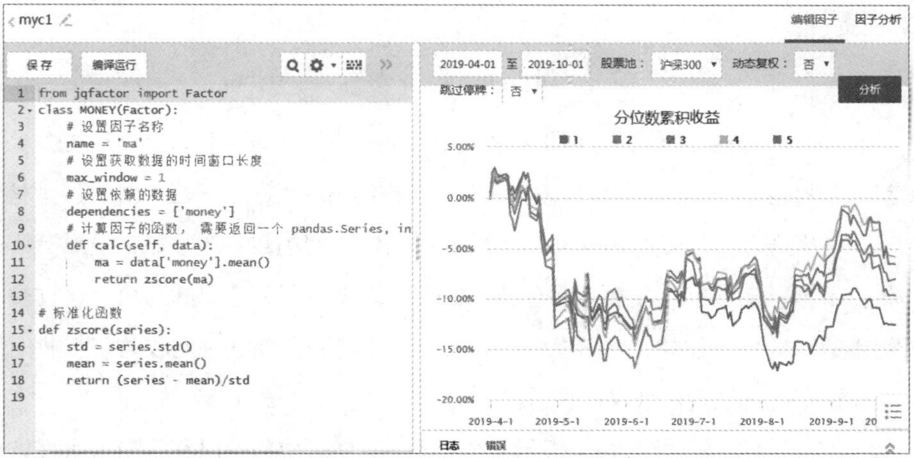

图 18.5 分位数累积收益图表信息

需要注意的是，为了实现测试因子是否有效的结果，我们往往会分层测试：将样本排序后划分为 5 类，每一类成为一个分位数，同时构建一个策略组合，分别测试其收益。

这里测试了股市中“热钱效应”的因子（money），会发现该效应短时间内的预测效应较强，即单日成交额较大的股票在未来短时间内上涨可能性更大。

18.3.2 因子的收益分析

单击分位数累积收益图表信息上方的“分析”按钮，即可开始进行因子分析，因子分析完成后，首先看到的就是收益分析，如图 18.6 所示。

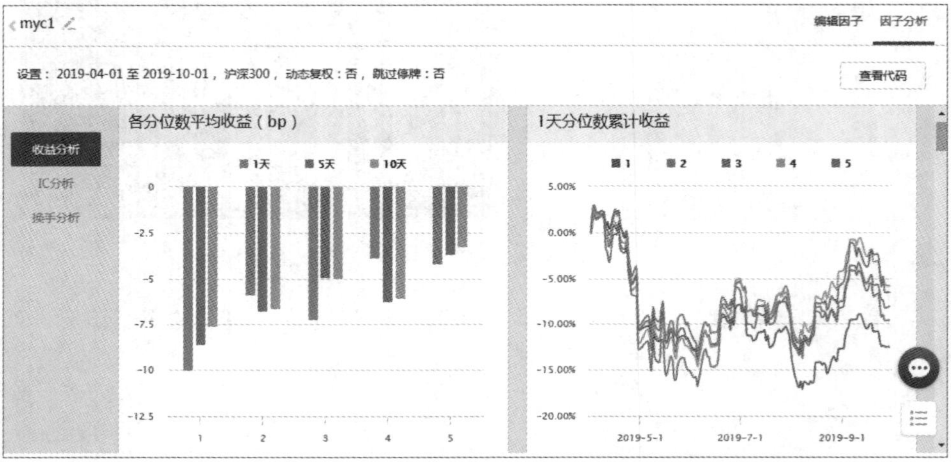

图 18.6　收益分析

收益分析包括 18 种，分别是各分位数平均收益、1 天分位数累计收益、1 天多空组合收益、5 天分位数累计收益、5 天多空组合收益、10 天分位数累计收益、10 天多空组合收益、房地产指数平均收益、日常消费指数平均收益、能源指数平均收益、金融指数平均收益、信息技术指数平均收益、医疗保健指数平均收益、公用事业指数平均收益、材料指数平均收益、电信服务指数平均收益、工业指数平均收益和可选消费指数平均收益。

（1）各分位数平均收益：表示持仓 1 天后，各分位数可以获得的平均收益。

（2）1 天分位数累计收益：表示持仓 1 天后，各分位数持仓收益的累计值。

（3）1 天多空组合收益：表示持仓 1 天后，做多一分位，做空五分位的投资组合的收益。

（4）5 天分位数累计收益：表示持仓 5 天后，各分位数持仓收益的累计值。

1 天多空组合收益和 5 天分位数累计收益如图 18.7 所示。

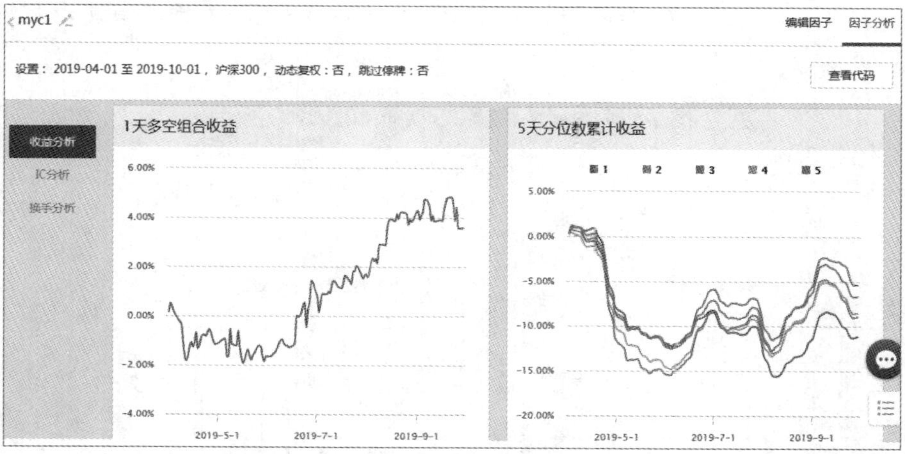

图 18.7　1 天多空组合收益和 5 天分位数累计收益

（5）5 天多空组合收益：表示持仓 5 天后，做多一分位，做空五分位的投资组合的收益。

（6）10 天分位数累计收益：表示持仓 10 天后，各分位数持仓收益的累计值。

5 天多空组合收益和 10 天分位数累计收益如图 18.8 所示。

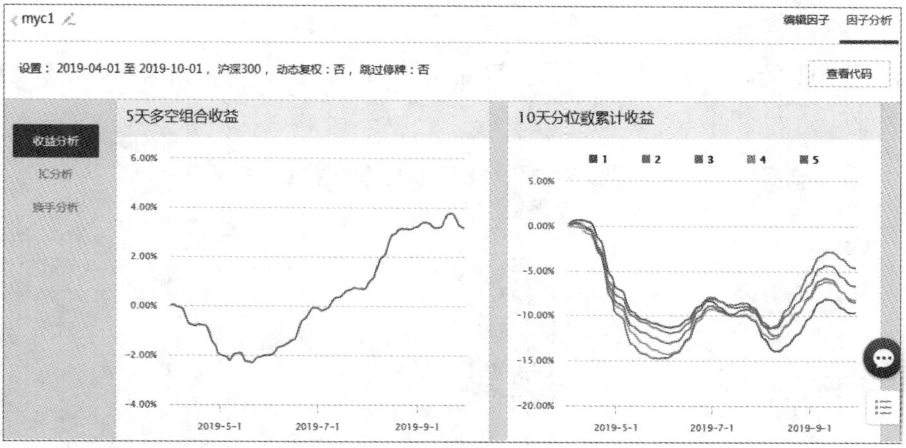

图 18.8　5 天多空组合收益和 10 天分位数累计收益

（7）10 天多空组合收益：表示持仓 10 天后，做多一分位，做空五分位的投资组合的收益。

提醒：在收益分析中，利用分位数平均收益、各分位数累积收益和分位数多空组合收益三方面观察因子的表现。第一分位数的因子值最大，第五分位数的因子值最小。

（8）房地产指数平均收益：表示持仓 1、5、10 天后，房地产指数可以获得的平均收益。

10 天多空组合收益和房地产指数平均收益如图 18.9 所示。

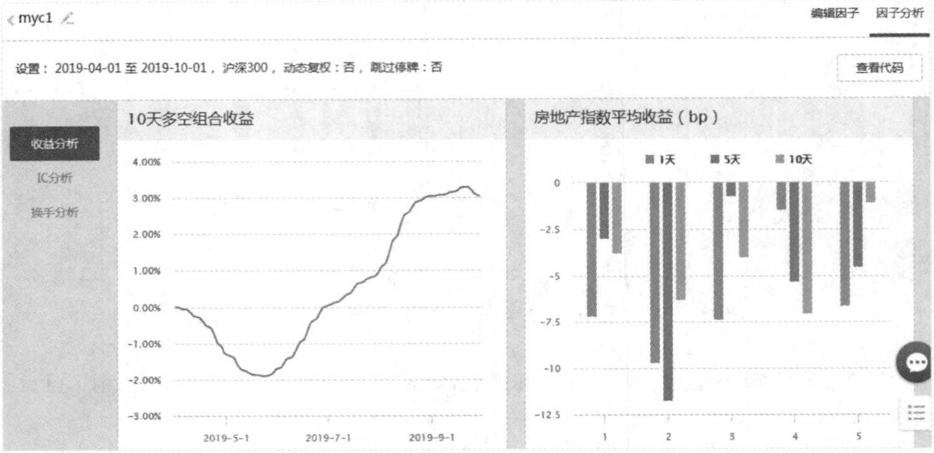

图 18.9　10 天多空组合收益和房地产指数平均收益

（9）日常消费指数平均收益：表示持仓 1、5、10 天后，日常消费指数可以获得的平均收益。

（10）能源指数平均收益：表示持仓 1、5、10 天后，能源指数可以获得的平均收益。

日常消费指数平均收益和能源指数平均收益如图 18.10 所示。

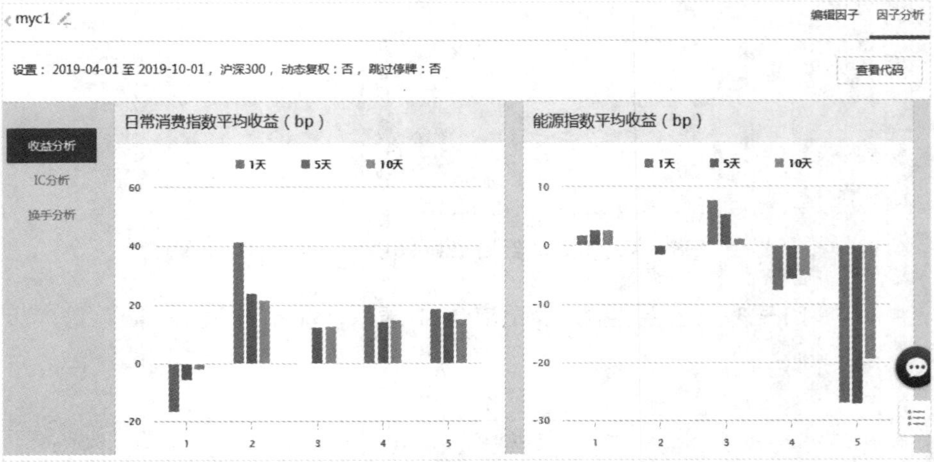

图 18.10　日常消费指数平均收益和能源指数平均收益

通过向下拖动垂直滚动条，还可以查看持仓 1、5、10 天后，金融指数、信息技术指数、医疗保健指数、公用事业指数、材料指数、电信服务指数、工业指数、可选消费指数可以获得的平均收益。

18.3.3 因子的 IC 分析

IC 是 Information Coefficient 的缩写，IC 代表预测值和实现值之间的相关性，通常用以评价预测能力。取值在 −1 ~ 1 之间，值越大，表示预测能力越好。

IC 的计算，一般有两种方法，即 normal IC 和 rank IC。normal IC 是因子载荷与因子收益之间的相关系数。rank IC 是因子载荷的排序值与收益的排序值之间的相关系数。JoinQuant（聚宽）量化交易平台计算的是 rank IC。

由于单日 IC 的波动较大，这里提供了 IC 的月度移动平均线作为参考，即 22 日移动平均线。

单击左侧的“IC 分析”，就可以看到 1 天 IC 和 5 天 IC，如图 18.11 所示。

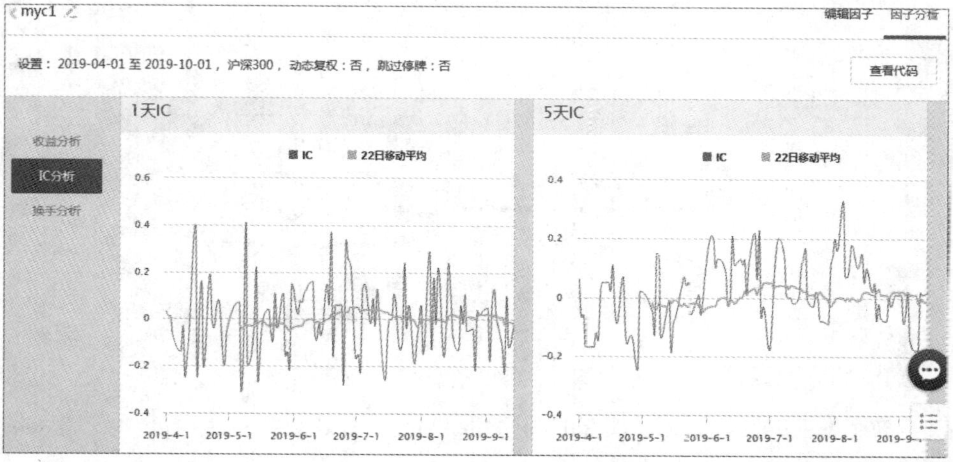

图 18.11　1 天 IC 和 5 天 IC

向下拖动垂直滚动条，还可以查看 10 天 IC 和行业 IC，如图 18.12 所示。

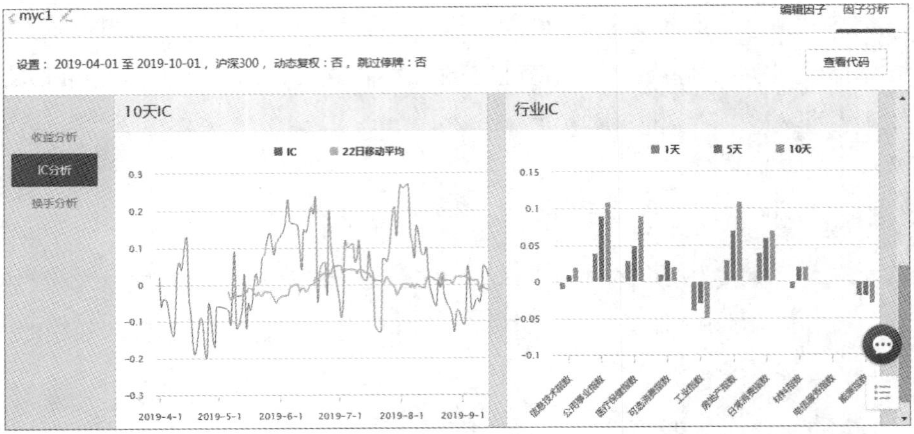

图 18.12　10 天 IC 和行业 IC

18.3.4　因子的换手分析

换手分析，即换手率分析。因子的换手率用于在不同的时间周期下，观察因子各分位中个股的进出情况。例如，某因子第一分位持有的股票数量为 30 只，一天后有一只发生变动，换手率为 $1 \div 30 \times 100\% = 3.33\%$。

因子分位数换手率的价值体现在两个方面，分别是因子稳定性和衡量交易成本，如图 18.13 所示。

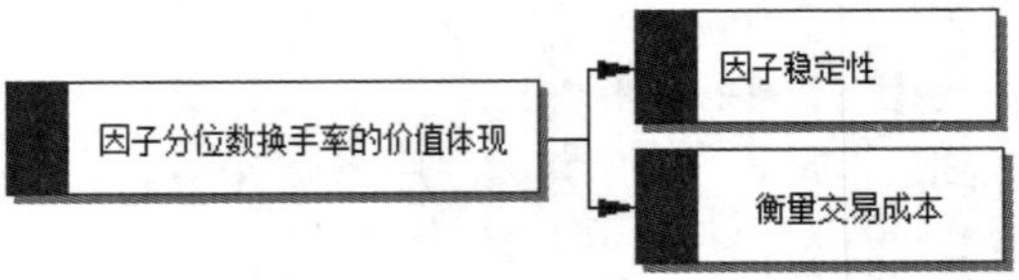

图 18.13　因子分位数换手率的价值体现

1. 因子稳定性

换手率低的因子，因子值在时间序列层面的持续性更好。

2. 衡量交易成本

在实际的交易过程中，假设我们要维护投资组合的因子表现恒定，对于高换手率因子，则需要进行更多的交易，交易中的税费和滑点，也会吞噬掉我们的部分利润。

单击左侧的“换手分析”，就可以看到 1 天换手率和 5 天换手率，如图 18.14 所示。

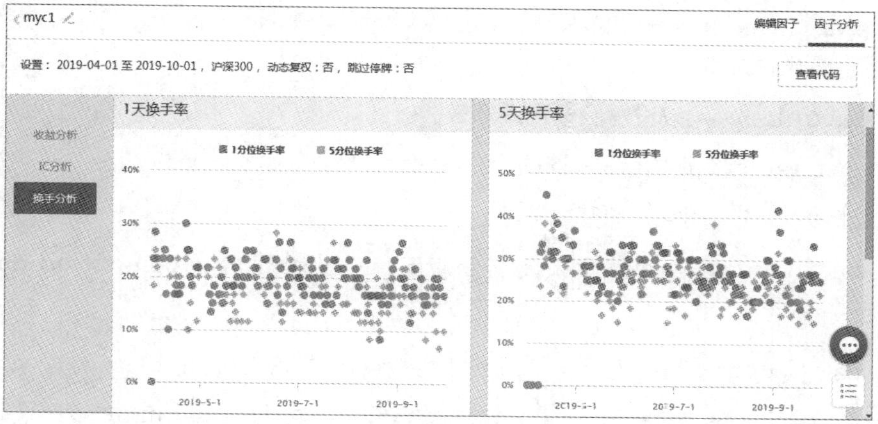

图 18.14　1 天换手率和 5 天换手率

向下拖动垂直滚动条，还可以查看 10 天换手率，如图 18.15 所示。

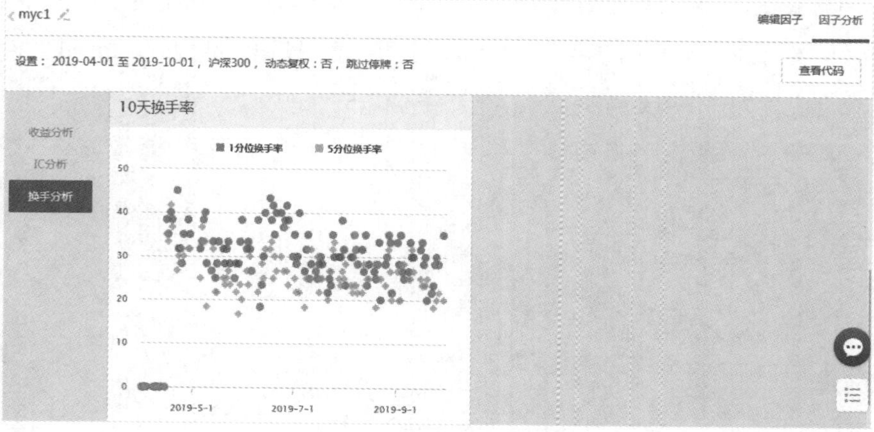

图 18.15　10 天换手率

18.4　因子在研究和回测中的运用技巧

在研究和回测中，可以通过调用 calc_factors() 函数来计算单因子分析中定义的因子值。

18.4.1 calc_factors() 函数的语法格式

calc_factors() 函数的语法格式如下：

```
calc_factors(securities, factors, start_date, end_date)
```

各参数意义如下。

securities：用来设置股票代码列表。

factors：用来设置因子列表。

start_date：用来设置开始日期。

end_date：在回测中使用时，注意应该保证截止日期小于 context.current_dt。

calc_factors() 函数返回一个 dict 对象，key 是各 factors 的 name，value 是一个 pandas.DataFrame。DataFrame 的 index 是日期，column 是股票代码。

18.4.2 因子在研究和回测中的运用实例

单击聚宽 JoinQuant 量化炒股平台中的"策略研究 / 研究环境"命令，进入 Jupyter Notebook 的研究平台。然后单击"新建"按钮，创建 Python 3 文件，并重命名文件为"Python18-1"，接着输入如下代码：

```
#从 jqfactor 模块中导入 Factor 类
from jqfactor import Factor
#自定义 myalpha 类，继续 Factor 类
class myalpha(Factor):
        name = 'myalpha1'
        max_window = 1
        # 设置依赖的数据
        dependencies = ['high','low','volume','money']
         # 计算因子的函数，需要返回一个 pandas.Series,index 是股票代码，value
是因子值
        def calc(self, data):
            high = data['high']
            low = data['low']
            vwap = data['money']/data['volume']
        # 返回因子值，这里求平均值是为了把只有一行的 dataframe 转成 series
            return (np.power(high*low,0.5) - vwap).mean()
securities = ['000001.XSHG','000002.XSHG','000009.XSHG']
#调用 calc_factors() 函数来计算单因子分析中定义的因子值
factors = calc_factors(securities, [myalpha()], start_date='2019-06-
01', end_date='2019-08-12')
factors['myalpha1']
```

单击 运行 按钮，运行代码，显示结果如图 18.16 所示。

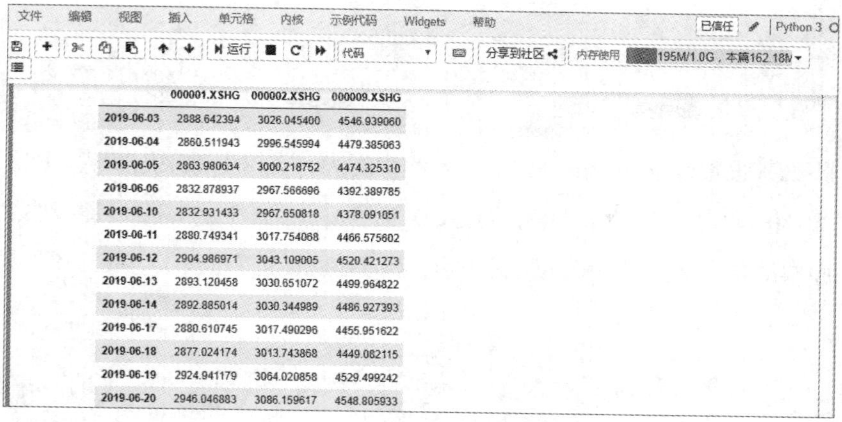

	000001.XSHG	000002.XSHG	000009.XSHG
2019-06-03	2888.642394	3026.045400	4546.939060
2019-06-04	2860.511943	2996.545994	4479.385063
2019-06-05	2863.980634	3000.218752	4474.325310
2019-06-06	2832.878937	2967.566696	4392.389785
2019-06-10	2832.931433	2967.650818	4378.091051
2019-06-11	2880.749341	3017.754068	4466.575602
2019-06-12	2904.986971	3043.109005	4520.421273
2019-06-13	2893.120458	3030.651072	4499.964822
2019-06-14	2892.885014	3030.344989	4486.927393
2019-06-17	2880.610745	3017.490296	4455.951622
2019-06-18	2877.024174	3013.743868	4449.082115
2019-06-19	2924.941179	3064.020858	4529.499242
2019-06-20	2946.046883	3086.159617	4548.805933

图 18.16　因子在研究中的运用

18.5　基本面因子应用实例

在浏览器的地址栏中输入“https://www.joinquant.com”，然后回车，就进入聚宽 JoinQuant 量化炒股平台的首页页面。单击菜单栏中的“策略研究 / 单因子分析”命令，进入“我的因子”页面。

在“我的因子”页面中，单击“新建因子”按钮，就可以新建一个因子，并命名为“myc2”，然后编写 Python 代码，具体如下：

```
from jqfactor import Factor
class mygross(Factor):
    # 设置因子名称
    name = ' mygross 1'
    # 设置获取数据的时间窗口长度
    max_window = 1
    # 设置依赖的数据
    dependencies = ['total_operating_revenue','total_operating_cost','total_assets']
    # 计算因子的函数，需要返回一个 pandas.Series, index 是股票代码，value 是因子值
    def calc(self, data):
        # 获取单季度的营业总收入数据 ,index 是日期，column 是股票代码，value 是营业总收入
        total_operating_revenue = data['total_operating_revenue']
        # 获取单季度的营业总成本数据
        total_operating_cost = data['total_operating_cost']
        # 获取总资产
        total_assets = data['total_assets']
        # 计算 gross_profitability
```

```
            gross_profitability = (total_operating_revenue - total_
operating_cost)/total_assets
            #  由于 gross_profitability 是一个一行 n 列的 dataframe，可以直接求
mean 转成 series
        return gross_profitability.mean()
```

下面来设置因子分析的开始时间和结束时间，在这里都采用默认，即开始时间是 2019 年 3 月 15 日，结束时间是 2019 年 10 月 15 日。还要设置股票池，在这里股票池要么是沪深 300，要么是中证 500。在此设置中证 500，如图 18.17 所示。

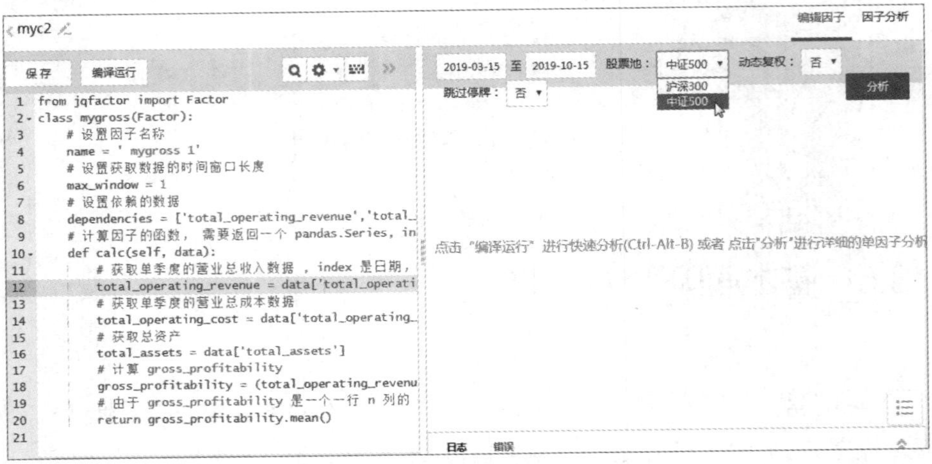

图 18.17　设置各项参数

设置好各项参数后，单击“编译运行”按钮，进行编译运行。编译运行完成后，就可以看到分位数累计收益图表信息，如图 18.18 所示。

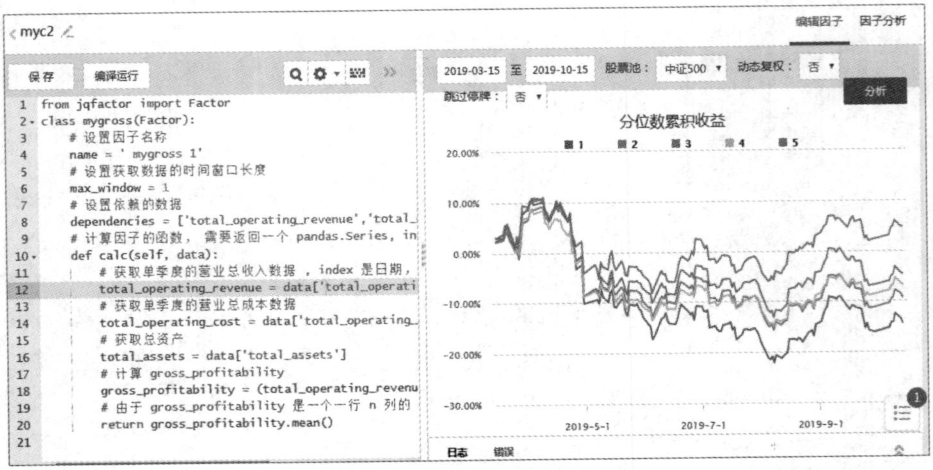

图 18.18　分位数累计收益图表信息

单击分位数累积收益图表信息上方的“分析”按钮，即可开始进行因子分析。因子分析完成后，首先看到的就是基本面因子的收益分析，如图 18.19 所示。

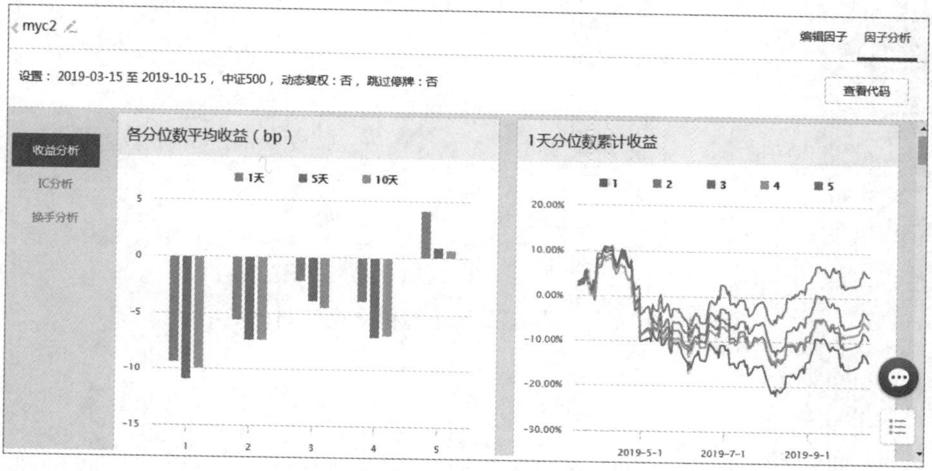

图 18.19　基本面因子的收益分析

单击左侧的“IC 分析”，就可以看到基本面因子的 IC 分析，如图 18.20 所示。

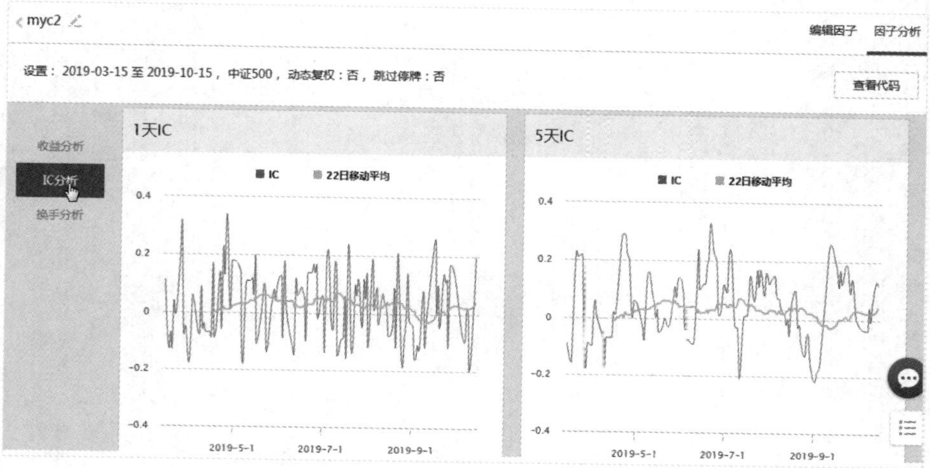

图 18.20　基本面因子的 IC 分析

单击左侧的“换手分析”，就可以看到基本面因子的换手率分析，如图 18.21 所示。

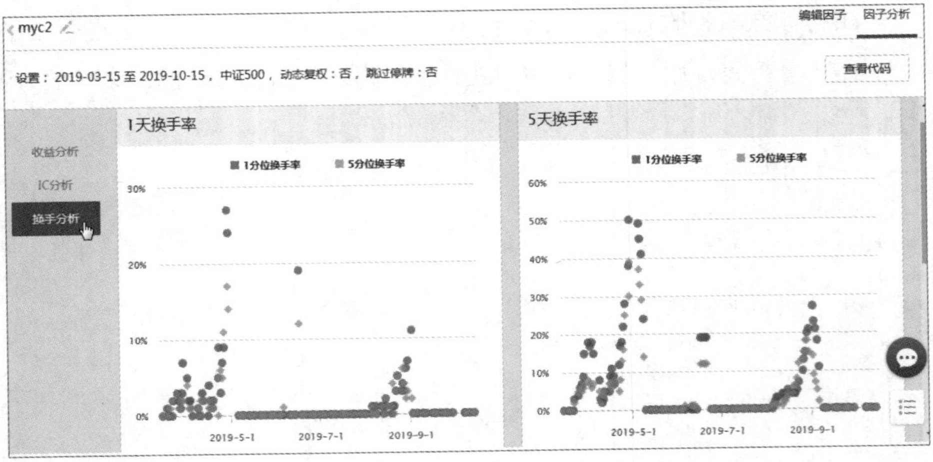

图 18.21　基本面因子的换手率分析

第 19 章

Python 量化炒股策略实战案例

通过编写 Python 量化炒股策略实战案例，可以使股票投资者提高对量化炒股策略的综合认识，并真正掌握量化炒股技巧，从而学以致用。

本章主要内容包括：

- 均线量化炒股策略
- 多均线量化炒股策略
- 随机指标量化炒股策略
- 布林通道线指标量化炒股策略
- 多股票持仓均线量化炒股策略
- 白酒板块轮动量化炒股策略
- 多个小市值股票量化炒股策略

19.1　均线量化炒股策略

均线是反映价格运行趋势的重要指标，其运行趋势一旦形成，将在一段时间内继续保持，趋势运行所形成的高点或低点又分别具有阻挡或支撑作用，因此均线指标所在的点位往往是十分重要的支撑位或阻力位，这就提供了买进或卖出的有利时机，均线系统的价值也正在于此。下面利用均线指标来编写一个量化炒股策略，实现当价格高于 5 日均线平均价格 1.05 时买入，当价格低于 5 日均线平均价格 0.95 时卖出。

19.1.1　均线量化炒股策略的初始化函数

单击聚宽 JoinQuant 量化炒股平台中的“策略研究 / 研究列表”命令，进入研究列表页面。然后单击“新建策略”按钮，在弹出菜单中单击“股票策略”命令，就会新建一个股票策略。接着双击策略名称，重新命名为“均线量化炒股策略”。

为了更好地利用 Python 编辑量化炒股策略，下面删除文本框中的所有代码，然后重新编写代码。

首先要导入函数包，这样才可以利用前面讲解的各类函数和均线指标，具体代码如下：

```
import jqdata
from jqlib.technical_analysis import *
```

接下来即可编写初始化函数。为了便于学习，这里的初始化函数相对简单，具体代码如下：

```
def initialize(context):
    # 定义一个全局变量，保存要操作的股票
    # 贵州茅台 (600519)
    g.security = '600519.XSHG'
    # 设定沪深 300 作为基准
    set_benchmark('000300.XSHG')
    # 开启动态复权模式 ( 真实价格 )
    set_option('use_real_price', True)
```

在这里设置要操作的股票为贵州茅台（600519），参照对比的基准是沪深 300（000300）。

19.1.2 均线量化炒股策略的单位时间调用函数

单位时间调用的函数，即每个单位时间（如果按天回测，则每天调用一次；如果按分钟回测，则每分钟调用一次）调用一次的函数，具体代码如下：

```
    def handle_data(context, data):
        security = g.security
        # 获取股票近 5 个交易日的收盘价
        close_data = attribute_history(security, 5, '1d', ['close'])
        # 利用 mean() 函数计算出近 5 个交易日的平均收盘价
        MA5 = close_data['close'].mean()
        # 取得上一时间点股票的价格
        current_price = close_data['close'][-1]
        # 取得当前的现金
        cash = context.portfolio.cash
        # 如果上一时间点价格高出 5 天平均价 10%，则全仓买入
        if current_price > 1.05 * MA5 and context.portfolio.cash >0 :
            # 用所有 cash 买入股票
            order_value(security, cash)
            # 记录这次买入
            log.info("Buying %s" % (security))
        # 如果上一时间点价格低于 5 天平均价，则空仓卖出
          elif current_price < 0.95 * MA5 and context.portfolio.
positions[security].closeable_amount > 0:
            # 卖出所有股票，使这只股票的最终持有量为 0
            order_target(security, 0)
            # 记录这次卖出
            log.info("Selling %s" % (security))
```

这时调用 attribute_history() 函数获得贵州茅台（600519）最近 5 个交易日的收盘价，利用 mean() 函数，取最近 5 天的平均价，再取得上一时间点股票的价格。

在这里买入股票的条件是，当前有余额，并且上一时间点股票的价格高出近 5 个交易日平均价的 5%，具体代码如下：

```
    if current_price > 1.05 * MA5 and context.portfolio.cash >0 :
```

卖出股票的条件是，上一时间点股票的价格低出 5 个交易日平均价的 95%，并且目前有头寸，具体代码如下：

```
      elif current_price < 0.95 * MA5 and context.portfolio.positions
[security].closeable_amount > 0:
```

19.1.3 均线量化炒股策略的回测

在回测之前，设置开始时间为 2017 年 9 月 1 日，结束时间为 2019 年 9 月 1 日。设置账户交易资金为 10 万元，交易频率为每天，如图 19.1 所示。

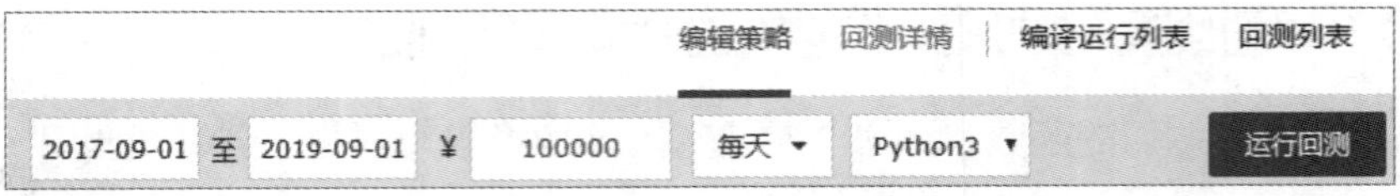

图 19.1　设置回测时间和频率

设置好各项参数后，单击“编译运行”按钮，就可以编译运行均线量化炒股策略，运行完毕后，就可以看到策略收益和基准收益对比图表，如图 19.2 所示。

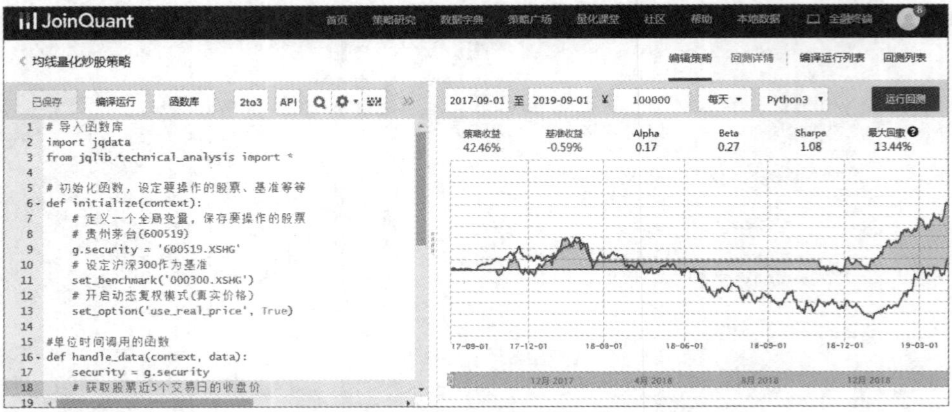

图 19.2　策略收益和基准收益对比图表

在这里可以看到，基准收益为 −0.59%，而策略收益为 42.46%，这表明均线量化炒股策略对基准（沪深300）来说，是一个不好的策略，但对贵州茅台（600519）这只股票来说，策略收益较高，是一个很好的量化炒股策略。

19.2　多均线量化炒股策略

在炒股实战中，往往需要多条均线一起使用，如 5 日、10 日、30 日均线等。下面利用多均线来编写一个量化炒股策略，实现功能如下：

当 5 日均线大于 10 日均线，10 日均线大于 30 日均线，同时，收盘价格高于 5 日均线价格的 1.02 倍，买入股票；当 5 日均线小于 10 日均线，10 日均线小于 30 日均线，同时，收盘价格低于 5 日均线价格的 0.98 倍，卖出股票。

19.2.1 多均线量化炒股策略的初始化函数

单击聚宽 JoinQuant 量化炒股平台中的“策略研究 / 研究列表”命令，进入研究列表页面。然后单击“新建策略”按钮，在弹出菜单中单击“股票策略”命令，就会新建一个股票策略。接着双击策略名称，重新命名为“多均线量化炒股策略”。

删除文本框中所有代码，重新编写代码。首先导入函数，然后编写初始化函数，具体代码如下：

```
    # 导入函数库
    import jqdata
    from jqlib.technical_analysis import *
    def initialize(context):
        # 定义一个全局变量，保存要操作的股票
        # 恒顺醋业 (600305)
        g.security = '600305.XSHG'
        # 设定上证指数 (000001) 作为基准
        set_benchmark('000001.XSHG')
        # True 为开启动态复权模式，使用真实价格交易
        set_option('use_real_price', True)
        # 设定成交量比例
        set_option('order_volume_ratio', 1)
        # 股票类交易手续费是：买入时佣金万分之三，卖出时佣金万分之三加千分之一印花税，
每笔交易佣金最低扣 5 元钱
        set_order_cost(OrderCost(open_tax=0, close_tax=0.001, \
                                            open_commission=0.0003, close_
commission=0.0003,\
                                            close_today_commission=0, min_
commission=5), type='stock')
        # 运行函数
        run_daily(trade, 'every_bar')
```

注意：在初始化函数中，设置要操作的股票为恒顺醋业（600305），参照基准为上证指数（000001）。开启动态复权模式，即使用真实价格交易。股票每笔交易时的手续费，即买入时佣金万分之三，卖出时佣金万分之三加千分之一印花税，每笔交易佣金最低扣 5 元钱。最后定义运行函数 run_daily()，调用交易程序函数 trade()。

19.2.2 多均线量化炒股策略的交易程序函数

在定时函数 run_daily 中，调用了交易程序函数 trade()，该函数的具体代码如下：

```
    def trade(context):
        security = g.security
        # 设定均线
        n1 = 5
```

```
        n2 = 10
        n3 = 30
        # 获取股票的收盘价，其中 df 为 False，表示返回值是一个字典类型，不是 DataFrame
类型
        close_data = attribute_history(security, n3+2, '1d', ['close'],df=
False)
        # 取得过去 30 个交易日的平均收盘价
        ma_n1 = close_data['close'][-n1:].mean()
        # 取得过 10 个交易日的平均收盘价
        ma_n2 = close_data['close'][-n2:].mean()
        # 取得过去 5 个交易日的平均收盘价
        ma_n3 = close_data['close'][-n3:].mean()
        # 取得上一时间点价格
        current_price = close_data['close'][-1]
        # 取得当前的现金
        cash = context.portfolio.cash
        # 如果当前有余额，并且 5 日均线大于 10 日均线，10 日均线大于 30 日均线，上一时间
点价格高出 5 天平均价 2%，则全仓买入
        if ma_n1 > ma_n2 and ma_n2 > ma_n3 and current_price> 1.02*ma_n1
and cash>0 :
            # 用所有 cash 买入股票
            order_value(security, cash)
            # 记录这次买入
            log.info("Buying %s" % (security))
        # 如果 5 日均线小于 10 日均线，10 日均线小于 30 日均线，上一时间点价格低于 5 天
平均价 2%，并且目前有头寸
        elif ma_n1 < ma_n2 and ma_n2 < ma_n3 and current_price< 0.98*ma_
n1 and context.portfolio.positions[security].closeable_amount > 0:
            # 全部卖出
            order_target(security, 0)
            # 记录这次卖出
            log.info("Selling %s" % (security))
```

利用 attribute_history() 函数获取股票数据，然后获取 5 日、10 日、30 日均线的值及上一时间点价格。

如果当前有余额，并且 n1 日均线大于 n2 日均线，n2 日均线大于 n3 日均线，上一时间点价格高出 5 天平均价 2%，则全仓买入，代码如下：

```
    if ma_n1 > ma_n2 and ma_n2 > ma_n3 and current_price> 1.02*ma_n1 and
cash>0 :
```

如果 n1 日均线小于 n2 日均线，n2 日均线小于 n3 日均线，上一时间点价格低于 5 天平均价 2%，并且目前有头寸，代码如下：

```
    elif ma_n1 < ma_n2 and ma_n2 < ma_n3 and current_price< 0.98*ma_n1
and context.portfolio.positions[security].closeable_amount > 0:
```

19.2.3 多均线量化炒股策略的回测

在回测之前，设置开始时间为 2018 年 9 月 1 日，结束时间为 2019 年 9 月 1 日。设置账户交易资金为 10 万元，交易频率为每天，如图 19.3 所示。

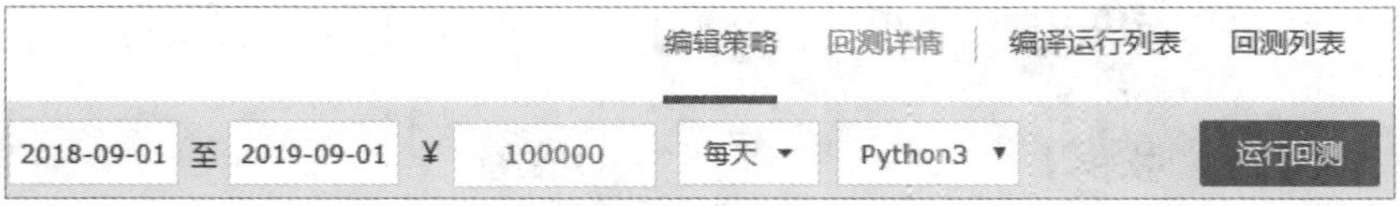

图 19.3　设置回测时间和频率

设置好各项参数后，单击“编译运行”按钮，就可以编译运行多均线量化炒股策略，运行完毕后，就可以看到策略收益和基准收益对比图表，如图 19.4 所示。

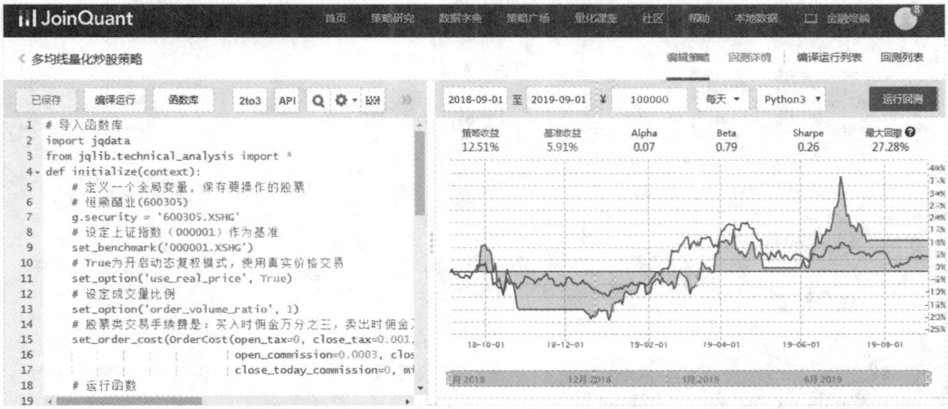

图 19.4　策略收益和基准收益对比图表

在这里可以看到，基准收益为 5.91%，而策略收益为 12.51%，这表明多均线量化炒股策略对基准，即上证指数（000001）来说，是一个很一般的策略，但对恒顺醋业（600305）这只股票来说，策略收益还算不错，是一个不错的量化炒股策略。

19.3　随机指标量化炒股策略

下面利用超买超卖型技术指标，即随机指标 KD，编写一个超买超卖型技术指标量化交易策略。实现 K 在 15 左右向上交叉 D 时，买入股票；K 在 85 左右向下交叉 D 时，卖出股票。

19.3.1 随机指标量化炒股策略的初始化函数

单击聚宽 JoinQuant 量化炒股平台中的“策略研究 / 研究列表”命令，进入研究列表页面。然后单击“新建策略”按钮，在弹出菜单中单击“股票策略”命令，就会新建一个股票策略。接着双击策略名称，重新命名为“随机指标量化炒股策略”。

删除文本框中所有代码，重新编写代码。首先导入函数，然后编写初始化函数，具体代码如下：

```
    # 导入函数库
    import jqdata
    from jqlib.technical_analysis import *
    # 初始化函数，设定基准等
    def initialize(context):
        # 设定沪深 300 作为基准
        set_benchmark('000300.XSHG')
        # 开启动态复权模式（真实价格）
        set_option('use_real_price', True)
        # 输出内容到日志 log.info()
        log.info('初始函数开始运行且全局只运行一次')
        ### 股票相关设定 ###
        # 股票类每笔交易时的手续费是：买入时佣金万分之三，卖出时佣金万分之三加千分之一
印花税，每笔交易佣金最低扣 5 元钱
        set_order_cost(OrderCost(close_tax=0.001, open_commission=0.0003,
close_commission=0.0003, min_commission=5), type='stock')
        ## 运行函数（reference_security 为运行时间的参考标的；传入的标的只做种类区
分，因此传入 '000300.XSHG' 或 '510300.XSHG' 是一样的）
          # 开盘前运行
          run_daily(before_market_open, time='before_open', reference_
security='000300.XSHG')
          # 开盘时运行
          run_daily(market_open, time='open', reference_security='000300.
XSHG')
          # 收盘后运行
          run_daily(after_market_close, time='after_close', reference_
security='000300.XSHG')
```

19.3.2 随机指标量化炒股策略的开盘前运行函数

随机指标量化炒股策略的开盘前运行函数，具体实现代码如下：

```
    def before_market_open(context):
        # 输出运行时间
         log.info('函数运行时间 (before_market_open): '+str(context.current_
dt.time()))
        # 给微信发送消息
        send_message('美好的一天，祝您交易顺利！')
        # 要操作的股票：第一创业（002797）
        g.security = '002797.XSHE'
```

19.3.3 随机指标量化炒股策略的开盘时运行函数

随机指标量化炒股策略的开盘时运行函数，具体实现代码如下：

```
    def market_open(context):
        log.info('函数运行时间(market_open):'+str(context.current_dt.
time()))
        security = g.security
        # 调用 KD 函数，获取该函数的 K 值和 D 值
        K1,D1= KD(security, check_date = context.current_dt, N = 9, M1 = 3,
M2 = 3)
        # 取得当前的现金
        cash = context.portfolio.available_cash
        # 如果 K 在 15 左右向上交叉 D，则全仓买入
        if K1[security]>=15 and K1[security]>D1[security] and cash>0 :
            # 记录这次买入
            log.info("买入股票 %s" % (security))
            # 用所有 cash 买入股票
            order_value(security, cash)
        # 如果 K 在 85 左右向下交叉 D，并且目前有头寸，则全仓卖出
        elif K1[security]<=85 and K1[security]<D1[security] and context.
portfolio.positions[security].closeable_amount > 0:
            # 记录这次卖出
            log.info("卖出股票 %s" % (security))
            # 卖出所有股票，使这只股票的最终持有量为 0
            order_target(security, 0)
```

注意：这里调用 KD 函数，从而获得 KD 指标的不同参数值，即 K 值和 D 值，还需要注意的是，这里的参数 check_date=context.current_dt，表示获取当前回测日期。

在这里买入股票的条件：当前有余额，并且 K 在 15 左右向上交叉 D。具体代码如下：

```
    if K1[security]>=15 and K1[security]>D1[security] and cash>0 :
```

卖出股票的条件：K 在 85 左右向下交叉 D，并且目前有头寸。具体代码如下：

```
    elif K1[security]<=85 and K1[security]<D1[security] and context.
portfolio.positions[security].closeable_amount > 0:
```

19.3.4 随机指标量化炒股策略的收盘后运行函数

随机指标量化炒股策略的收盘后运行函数，具体实现代码如下：

```
    def after_market_close(context):
        log.info(str('函数运行时间(after_market_close):'+str(context.
current_dt.time())))
        #得到当天所有成交记录
        trades = get_trades()
        for _trade in trades.values():
            log.info('成交记录：'+str(_trade))
        log.info('一天的交易结束，祝你心情愉快！')
```

19.3.5 随机指标量化炒股策略的回测

在回测之前，设置开始时间为 2018 年 8 月 26 日，结束时间为 2019 年 2 月 26 日。设置账户交易资金为 10 万元，交易频率为每天，如图 19.5 所示。

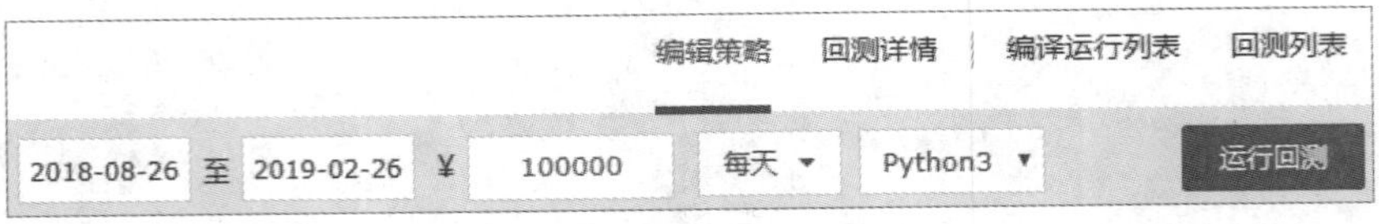

图 19.5 设置回测时间和频率

设置好各项参数后，单击“编译运行”按钮，就可以编译运行随机指标量化炒股策略，运行完毕后，就可以看到策略收益和基准收益对比图表，如图 19.6 所示。

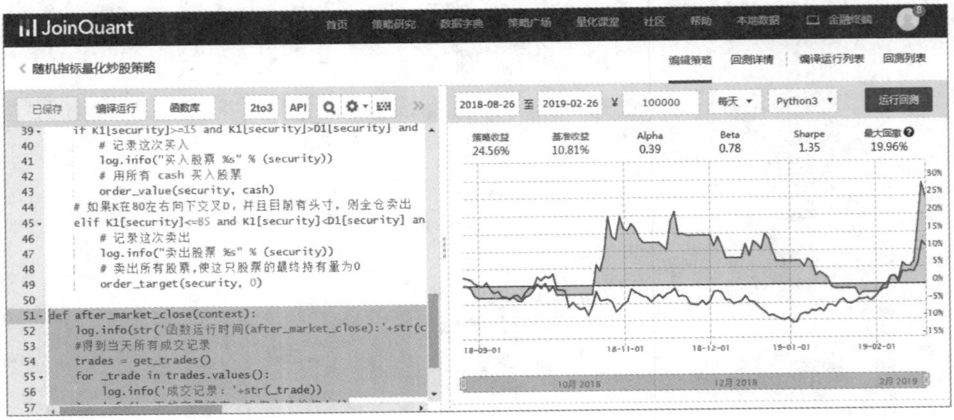

图 19.6 策略收益和基准收益对比图表

在这里可以看到，基准收益为 10.81%，而策略收益为 24.56%，这表明随机指标量化炒股策略是一个不错的量化炒股策略。

19.4 布林通道线指标量化炒股策略

布林通道线指标是股市技术分析的常用工具之一，通过计算股价的“标准差”，再求股价的“信赖区间”。利用布林通道线指标编写一个量化交易策略，实现功能如下：

当 5 日均线大于 10 日均线，10 日均线大于 30 日均线，同时，收盘价格高于布林通道线指标的中轨，买入股票；当 5 日均线大于 10 日均线，10 日均线大于 30 日均线，同时，收盘价格高于布林通道线指标的上轨，卖出股票。

19.4.1 布林通道线指标量化炒股策略的初始化函数

单击聚宽 JoinQuant 量化炒股平台中的“策略研究 / 研究列表”命令，进入研究列表页面。然后单击“新建策略”按钮，在弹出菜单中单击“股票策略”命令，就会新建一个股票策略。接着双击策略名称，重新命名为“布林通道线指标量化炒股策略”。

删除文本框中所有代码，重新编写代码。首先导入函数，然后编写初始化函数，具体代码如下：

```
    # 导入函数库
    import jqdata
    from jqlib.technical_analysis import *
    # 初始化函数，设定基准等
    def initialize(context):
        # 设定沪深 300 作为基准
        set_benchmark('000300.XSHG')
        # 开启动态复权模式（真实价格）
        set_option('use_real_price', True)
        # 输出内容到日志 log.info()
        log.info('初始函数开始运行且全局只运行一次')
        # 过滤掉 order 系列 API 产生的比 error 级别低的 log
        # log.set_level('order', 'error')
        ### 股票相关设定 ###
        # 股票类每笔交易时的手续费是：买入时佣金万分之三，卖出时佣金万分之三加千分之一
印花税，每笔交易佣金最低扣 5 元钱
        set_order_cost(OrderCost(close_tax=0.001, open_commission=0.0003,
close_commission=0.0003, min_commission=5), type='stock')
    # 运行函数（reference_security 为运行时间的参考标的；传入的标的只做种类区分，因
此传入 '000300.XSHG' 或 '510300.XSHG' 是一样的）
        # 开盘前运行
        run_daily(before_market_open, time='before_open', reference_
security='000300.XSHG')
        # 开盘时运行
        run_daily(market_open, time='open', reference_security='000300.
XSHG')
        # 收盘后运行
        run_daily(after_market_close, time='after_close', reference_
security='000300.XSHG')
```

19.4.2 布林通道线指标量化炒股策略的开盘前运行函数

布林通道线指标量化炒股策略的开盘前运行函数，具体实现代码如下：

```
    def before_market_open(context):
        # 输出运行时间
         log.info(' 函数运行时间 (before_market_open): '+str(context.current_
dt.time()))
        # 给微信发送消息（添加模拟交易，并绑定微信生效）
        send_message(' 美好的一天 ~')
        # 要操作的股票：云南白药（g. 为全局变量）
        g.security = '000538.XSHE'
```

19.4.3 布林通道线指标量化炒股策略的开盘时运行函数

布林通道线指标量化炒股策略的开盘时运行函数，具体实现代码如下：

```
    def market_open(context):
         log.info(' 函 数 运 行 时 间 (market_open):'+str(context.current_dt.
time()))
        security = g.security
        # 获取股票的收盘价
         # 设定均线
        n1 = 5
        n2 = 10
        n3 = 30
        # 获取股票的收盘价
          close_data = attribute_history(security, n3+2, '1d',
['close'],df=False)
        # 取得过去 ma_n1 天的平均价格
        ma_n1 = close_data['close'][-n1:].mean()
        # 取得过去 ma_n2 天的平均价格
        ma_n2 = close_data['close'][-n2:].mean()
        # 取得过去 ma_n3 天的平均价格
        ma_n3 = close_data['close'][-n3:].mean()
        # 取得上一时间点价格
        current_price = close_data['close'][-1]
        # 获得 BOLL 指标的上轨值、中轨值和下轨值
         upperband, middleband, lowerband = Bollinger_Bands(security,
check_date=context.current_dt, timeperiod=20, nbdevup=2, nbdevdn=2)
        # 取得当前的现金
        cash = context.portfolio.available_cash
        # 如果上一时间点价格高出中轨值，则全仓买入
         if ma_n1 > ma_n2 and ma_n2> ma_n3 and current_price > middleband
[security] :
            # 记录这次买入
            log.info(" 收盘价站上 BOLL 指标中轨，买入 %s" % (security))
            # 用所有 cash 买入股票
            order_value(security, cash)
        # 如果上一时间点价格低于 5 天平均价，则空仓卖出
        elif ma_n1 > ma_n2 and ma_n2> ma_n3 and current_price > upperband
[security] and context.portfolio.positions[security].closeable_amount > 0:
            # 记录这次卖出
            log.info(" 收盘价站上 BOLL 指标上轨，卖出 %s" % (security))
            # 卖出所有股票，使这只股票的最终持有量为 0
            order_target(security, 0)
```

在这里买入股票的条件：当 5 日均线大于 10 日均线，10 日均线大于 30 日均线，同时，收盘价格高于 BOLL 的中轨。具体代码如下：

```
    if ma_n1 > ma_n2 and ma_n2> ma_n3 and current_price > middleband[security] :
```

卖出股票的条件：当 5 日均线大于 10 日均线，10 日均线大于 30 日均线，同时，收盘价格高于 BOLL 的上轨，并且有头寸。具体代码如下：

```
    elif ma_n1 > ma_n2 and ma_n2> ma_n3 and current_price > upperband[security] and context.portfolio.positions[security].closeable_amount > 0:
```

19.4.4 布林通道线指标量化炒股策略的收盘后运行函数

布林通道线指标量化炒股策略的收盘后运行函数，具体实现代码如下：

```
    def after_market_close(context):
        log.info(str('函数运行时间(after_market_close):'+str(context.current_dt.time())))
        #得到当天所有成交记录
        trades = get_trades()
        for _trade in trades.values():
            log.info('成交记录：'+str(_trade))
        log.info('一天结束')
    log.info('##############################################################')
```

19.4.5 布林通道线指标量化炒股策略的回测

在回测之前，设置开始时间为 2017 年 6 月 1 日，结束时间为 2018 年 6 月 1 日。设置账户交易资金为 10 万元，交易频率为每天，如图 19.7 所示。

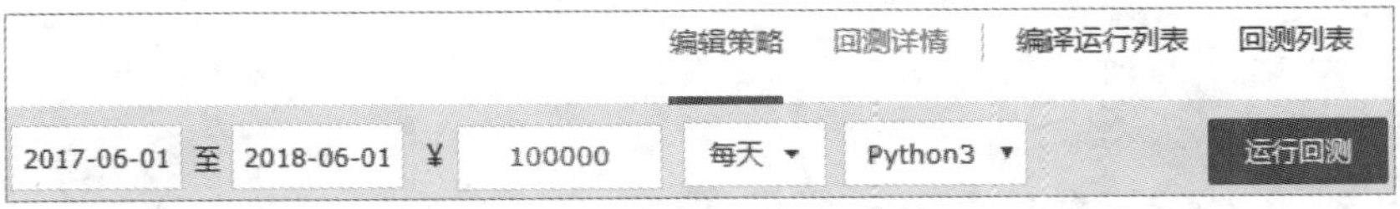

图 19.7 设置回测时间和频率

设置好各项参数后，单击“编译运行”按钮，就可以编译运行布林通道线指标量化炒股策略，运行完毕后，就可以看到策略收益和基准收益对比图表，如图 19.8 所示。

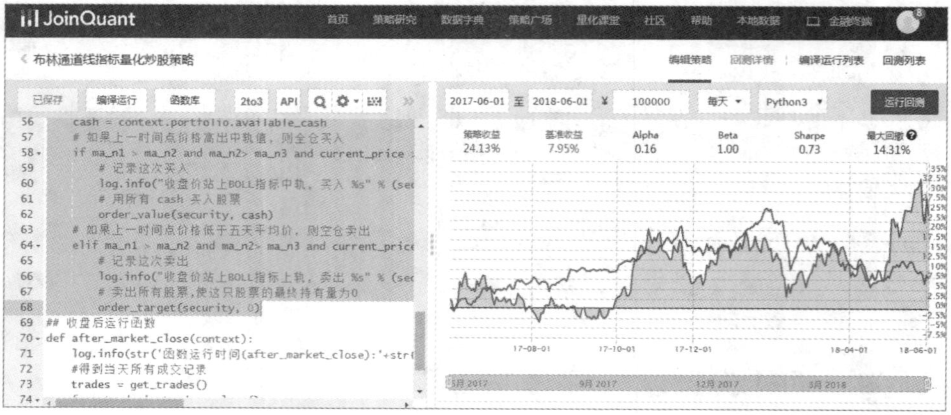

图 19.8　策略收益和基准收益对比图表

在这里可以看到，基准收益为 7.95%，而策略收益为 24.13%，这表明布林通道线指标量化炒股策略是一个不错的量化炒股策略。

19.5　多股票持仓均线量化炒股策略

前面讲解的量化炒股策略都只是针对单只股票，如果同时对多只股票进行操作，那么该如何编写量化炒股策略呢？下面编写一个多股票持仓均线量化炒股策略，实现当价格高于 5 天平均价 ×1.002 时，则买入 500 股，当价格小于 5 天平均价 ×0.998 时，则卖出。

19.5.1　多股票持仓均线量化炒股策略的初始化函数

单击聚宽 JoinQuant 量化炒股平台中的“策略研究 / 研究列表”命令，进入研究列表页面。然后单击“新建策略”按钮，在弹出菜单中单击“股票策略”命令，就会新建一个股票策略。接着双击策略名称，重新命名为“多股票持仓均线量化炒股策略”。

删除文本框中所有代码，重新编写代码。首先导入函数，然后编写初始化函数，具体代码如下：

```
import jqdata
from jqlib.technical_analysis import *
```

```
    def initialize(context):
        # 设置我们要操作的股票池
         g.stocks = ['002201.XSHE','002861.XSHE','300709.XSHE','002796.
XSHE']
        # 设定深证成指（399001）作为基准
        set_benchmark('399001.XSHE')
        # 开启动态复权模式（真实价格）
        set_option('use_real_price', True)
```

需要注意的是，这里要操作的股票有 4 只，分别是九鼎新材（002201）、瀛通通讯（002861）、精研科技（300709）、世嘉科技（002796）。参照标准是深证成指（399001）。

19.5.2 多股票持仓均线量化炒股策略的单位时间调用函数

多股票持仓均线量化炒股策略的单位时间调用函数，具体实现代码如下：

```
    def handle_data(context, data):
        # 循环每只股票
        for security in g.stocks:
            # 得到股票之前 5 天的平均价
            vwap = data[security].vwap(5)
            # 得到上一时间点股票平均价
            price = data[security].close
            # 得到当前资金余额
            cash = context.portfolio.cash
            # 如果上一时间点价格小于 5 天平均价 ×0.998，并且持有该股票，则卖出
               if price < vwap * 0.998 and context.portfolio.positions
[security].closeable_amount > 0:
                # 下入卖出单
                order(security,-500)
                # 记录这次卖出
                log.info("卖出股票 %s" % (security))
            # 如果上一时间点价格大于 5 天平均价 ×1.002，并且有现金余额，则买入
            elif price > vwap * 1.002 and cash > 0:
                # 下入买入单
                order(security,500)
                # 记录这次买入
                log.info("买入股票 %s" % (security))
```

需要注意的是，由于这里操作的是多只股票，所以这里使用了 for 循环语句。在这里买入股票的条件：如果上一时间点价格大于 5 天平均价 ×1.002，并且有现金余额。具体代码如下：

```
    elif price > vwap * 1.002 and cash > 0:
```

卖出股票的条件：如果上一时间点价格小于 5 天平均价 ×0.998，并且持有该股票。具体代码如下：

```
    if price < vwap * 0.998 and context.portfolio.positions[security].
closeable_amount > 0:
```

19.5.3 多股票持仓均线量化炒股策略的回测

在回测之前，设置开始时间为 2019 年 1 月 1 日，结束时间为 2019 年 10 月 1 日。设置账户交易资金为 10 万元，交易频率为每天，如图 19.9 所示。

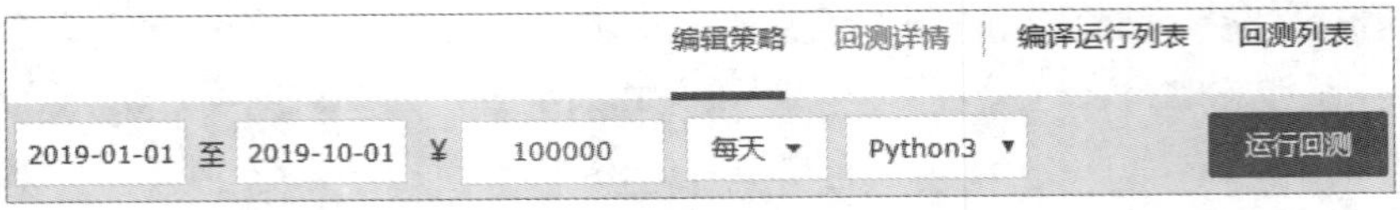

图 19.9　设置回测时间和频率

设置好各项参数后，单击“编译运行”按钮，就可以编译运行多股票持仓均线量化炒股策略，运行完毕后，就可以看到策略收益和基准收益对比图表，如图 19.10 所示。

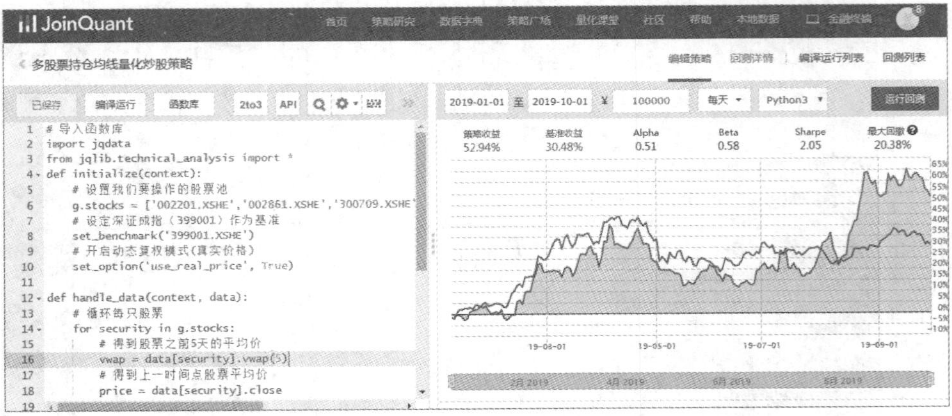

图 19.10　策略收益和基准收益对比图表

在这里可以看到，基准收益为 30.48%，而策略收益为 52.94%，这表明多股票持仓均线量化炒股策略是一个很好的量化炒股策略。

19.6 白酒板块轮动量化炒股策略

白酒板块轮动量化炒股策略，即始终持有中证白酒指数（399997）成分股中市净率最低的白酒股票，每周检查一次，如果发现有新的白酒股的市净率低于原有的股票，则予以换仓。

19.6.1 白酒板块轮动量化炒股策略的初始化函数

单击聚宽 JoinQuant 量化炒股平台中的“策略研究 / 研究列表”命令，进入研究列表页面。然后单击“新建策略”按钮，在弹出菜单中单击“股票策略”命令，就会新建一个股票策略。接着双击策略名称，重新命名为“白酒板块轮动量化炒股策略”。

删除文本框中所有代码，重新编写代码。首先导入函数，然后编写初始化函数，具体代码如下：

```
    import jqdata
    ## 初始化函数，设定要操作的股票、基准等
    def initialize(context):
        # 设定中证白酒指数作为基准
        set_benchmark('399997.XSHE')
        # True 为开启动态复权模式，使用真实价格交易
        set_option('use_real_price', True)
        # 设定成交量比例
        set_option('order_volume_ratio', 1)
        # 股票类交易手续费是：买入时佣金万分之三，卖出时佣金万分之三加千分之一印花税，
每笔交易佣金最低扣 5 元钱
        set_order_cost(OrderCost(open_tax=0, close_tax=0.001, \
                                   open_commission=0.0003, close_
commission=0.0003,\
                                   close_today_commission=0, min_
commission=5), type='stock')
        # 运行函数 , 按周运行，在每周第一个交易日运行
        run_weekly(chenk_stocks, weekday=1, time='before_open') #选股
        run_weekly(trade, weekday=1, time='open') #交易
```

19.6.2 白酒板块轮动量化炒股策略的选股函数

白酒板块轮动量化炒股策略的选股函数，即选出中证白酒指数成分股中市净率最低的白酒股，具体代码如下：

```
    def chenk_stocks(context):
        # 得到中证白酒指数成分股
        g.stocks = get_index_stocks('399997.XSHE')
        # 查询股票的市净率，并按照市净率升序排序
        if len(g.stocks) > 0:
            g.df = get_fundamentals(
                query(
                    valuation.code,
                    valuation.pb_ratio
                ).filter(
                    valuation.code.in_(g.stocks)
                ).order_by(
                    valuation.pb_ratio.asc()
                )
            )
```

```
        # 找出市净率最低的一只股票
        g.code = g.df['code'][0]
```

19.6.3 白酒板块轮动量化炒股策略的交易函数

白酒板块轮动量化炒股策略的交易函数，即每周检查一次，如果发现有新的白酒股的市净率低于原有的股票，则予以换仓，具体代码如下：

```
def trade(context):
    if len(g.stocks) > 0:
        code = g.code
        # 如果持仓股票不是市净率最低的股票，则卖出
        for stock in context.portfolio.positions.keys():
            if stock != code:
                order_target(stock,0)
        # 持仓该股票
        if len(context.portfolio.positions) > 0:
            return
        else:
            order_value(code, context.portfolio.cash)
```

19.6.4 白酒板块轮动量化炒股策略的回测

在回测之前，设置开始时间为 2018 年 12 月 1 日，结束时间为 2019 年 10 月 31 日。设置账户交易资金为 10 万元，交易频率为每天，如图 19.11 所示。

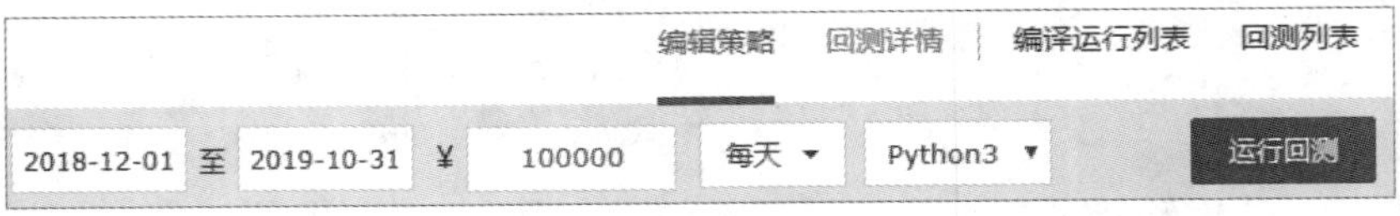

图 19.11 设置回测时间和频率

设置好各项参数后，单击“编译运行”按钮，就可以编译运行白酒板块轮动量化炒股策略，运行完毕后，就可以看到策略收益和基准收益对比图表，如图 19.12 所示。

在这里可以看到，基准收益为 79.81%，而策略收益为 19.02%，这表明白酒板块轮动量化炒股策略对中证白酒指数来说，是一个很好的量化炒股策略，但对个股来讲，不算是一个较好的量化炒股策略。

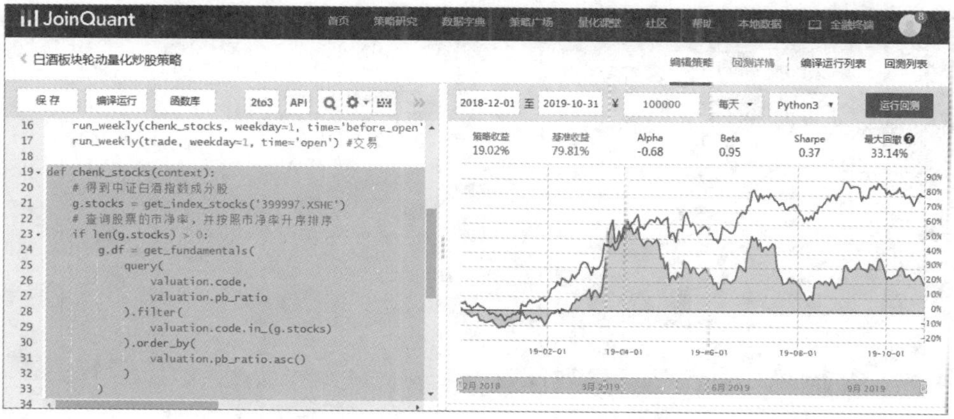

图 19.12　策略收益和基准收益对比图表

19.7　多个小市值股票量化炒股策略

多个小市值股票量化炒股策略，即筛选出市值介于 20 亿 ~ 30 亿元的股票，选取其中市值最小的 4 只股票，然后每天开盘买入，持有 10 个交易日，然后调仓。

19.7.1　多个小市值股票量化炒股策略的初始化函数

单击聚宽 JoinQuant 量化炒股平台中的“策略研究 / 研究列表”命令，进入研究列表页面。然后单击“新建策略”按钮，在弹出菜单中单击“股票策略”命令，就会新建一个股票策略。接着双击策略名称，重新命名为“多个小市值股票量化炒股策略”。

删除文本框中所有代码，重新编写代码。首先导入函数，然后编写初始化函数，具体代码如下：

```
import jqdata
## 初始化函数，设定要操作的股票、基准等
def initialize(context):
    # 设定沪深 300 作为基准
    set_benchmark('000300.XSHG')
    # True 为开启动态复权模式，使用真实价格交易
    set_option('use_real_price', True)
    # 设定成交量比例
    set_option('order_volume_ratio', 1)
```

```
    # 股票类交易手续费是：买入时佣金万分之三，卖出时佣金万分之三加千分之一印花税，每笔交易佣金最低扣 5 元钱
    set_order_cost(OrderCost(open_tax=0, close_tax=0.001, \
                             open_commission=0.0003, close_commission=0.0003,\
                             close_today_commission=0, min_commission=5), type='stock')
    # 持仓数量
    g.stocknum =4
    # 交易日计时器
    g.days = 0
    # 调仓频率
    g.refresh_rate = 10
    # 运行函数
    run_daily(trade, 'every_bar')
```

19.7.2 多个小市值股票量化炒股策略的选股函数

多个小市值股票量化炒股策略的选股函数，即筛选出市值介于 20 亿 ~ 30 亿元的股票，选取其中市值最小的 4 只股票，具体代码如下：

```
def check_stocks(context):
    # 设定查询条件
    q = query(
            valuation.code,
            valuation.market_cap
        ).filter(
            valuation.market_cap.between(20,30)
        ).order_by(
            valuation.market_cap.asc()
        )
    # 选出低市值的股票，构成 buylist
    df = get_fundamentals(q)
    buylist =list(df['code'])
    # 过滤停牌股票
    buylist = filter_paused_stock(buylist)
    return buylist[:g.stocknum]
```

19.7.3 多个小市值股票量化炒股策略的过滤停牌股票函数

多个小市值股票量化炒股策略的过滤停牌股票函数，具体代码如下：

```
def filter_paused_stock(stock_list):
    current_data = get_current_data()
    return [stock for stock in stock_list if not current_data[stock].paused]
```

19.7.4 多个小市值股票量化炒股策略的交易函数

多个小市值股票量化炒股策略的交易函数，即每天开盘买入，持有 10 个交易日，然后调仓，具体代码如下：

```
def trade(context):
    if g.days%g.refresh_rate == 0:
        ## 获取持仓列表
        sell_list = list(context.portfolio.positions.keys())
        # 如果有持仓，则卖出
        if len(sell_list) > 0 :
            for stock in sell_list:
                order_target_value(stock, 0)
        ## 分配资金
        if len(context.portfolio.positions) < g.stocknum :
            Num = g.stocknum - len(context.portfolio.positions)
            Cash = context.portfolio.cash/Num
        else:
            Cash = 0
        ## 选股
        stock_list = check_stocks(context)
        ## 买入股票
        for stock in stock_list:
            if len(context.portfolio.positions.keys()) < g.stocknum:
                order_value(stock, Cash)
        # 天计数加一
        g.days = 1
    else:
        g.days += 1
```

19.7.5 多个小市值股票量化炒股策略的回测

在回测之前，设置开始时间为 2018 年 10 月 1 日，结束时间为 2019 年 10 月 1 日。设置账户交易资金为 10 万元，交易频率为每天，如图 19.13 所示。

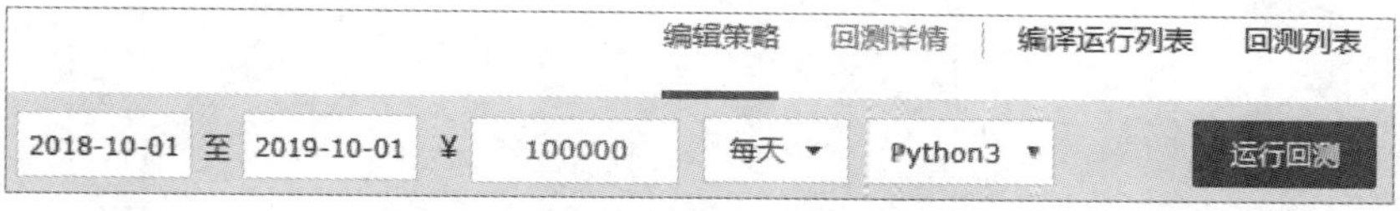

图 19.13　设置回测时间和频率

设置好各项参数后，单击“编译运行”按钮，就可以编译运行多个小市值股票量化炒股策略，运行完毕后，就可以看到策略收益和基准收益对比图表，如图 19.14 所示。

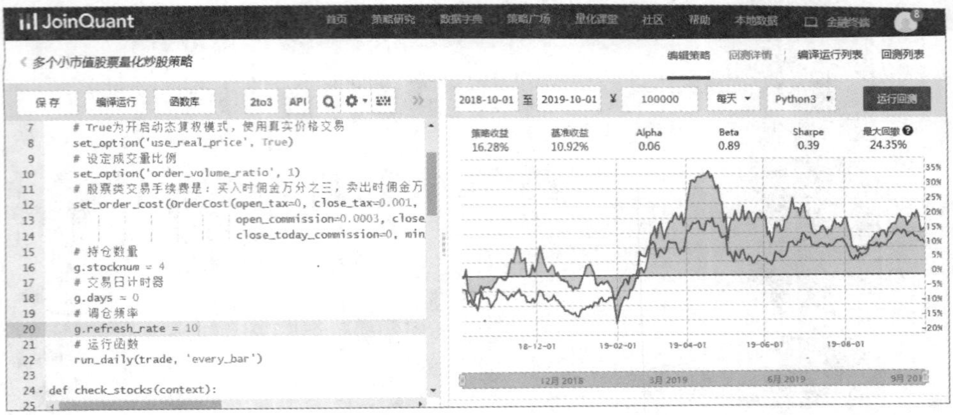

图 19.14　策略收益和基准收益对比图表

在这里可以看到，基准收益为 10.92%，而策略收益为 16.28%，这表明多个小市值股票量化炒股策略，是一个一般的量化炒股策略。